Original illisible
NF Z 43-120-10

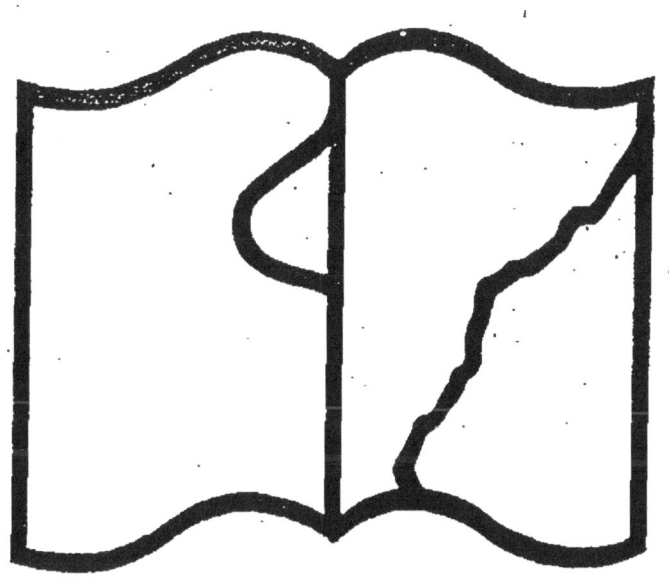

Texte détérioré — reliure défectueuse
NF Z 43-120-11

"VALABLE POUR TOUT OU PARTIE DU DOCUMENT REPRODUIT".

L h³ 171.

SOUVENIRS

DE LA

VIE MILITAIRE

EN AFRIQUE.

L'éditeur de cet ouvrage se réserve le droit de le traduire ou de le faire traduire en toutes les langues, il poursuivra, en vertus des lois, décrets et traités internationaux, toutes contrefaçons ou toutes traductions faites au mépris de ses droits.

Corbeil. — Typ. et stér. de Crété.

SOUVENIRS

DE LA

VIE MILITAIRE

EN AFRIQUE,

PAR LE COMTE P. DE CASTELLANE.

« Plust à Diéu que nous qui portons les armes prinsions cette coutume d'escrire ce que nous voyons et pensons, car il me semble que cela serait mieux accomodé de nostre main, j'entends du fait de la guerre, que non pas des gens de lettres, car ils déguisent trop les choses, et cela sent trop son clerc. »

(BLAISE DE MONTLUC.)

PARIS,

VICTOR LECOU, LIBRAIRE-ÉDITEUR,

Rue du Boulot, 10.

—

MDCCCLII.

LA PROVINCE D'ALGER.

LE GÉNÉRAL CHANGARNIER.

I

Alger, si vous arrivez par mer, vous apparaît comme une ville endormie le long d'une colline, calme et insouciante au milieu des fraîches campagnes qui l'entourent ; mais si vous approchez, si vous pénétrez dans ses murailles blanchies, vous vous apercevez bientôt que cette apparence nonchalante cache une activité tout européenne. C'en est fait, Alger la musulmane disparaît chaque jour pour faire place à la cité française. De la terrasse d'une maison où nous avions reçu une bienveillante hospitalité, nous ne pouvions nous lasser de regarder cette foule agitée, où personne ne marche, où tout le monde court. Mélange bizarre de costumes et de races diverses : tantôt l'Européen, nouveau débarqué, tout effaré au milieu de cette cohue ; tantôt les Biskris (1), qui s'en vont d'un pas

(1) Gens de Biscara, qui viennent faire le métier de portefaix à Alger.

rapide et cadencé, portant un lourd fardeau suspendu à un long bâton; ou bien l'Arabe et son bournous, le Turc chargé de son turban, le Juif aux vêtements sombres, à la mine cauteleuse, le porteur d'huile avec ses outres de peau de chèvre; et, à travers ce tumulte, les légions de *bourriquets* et leurs conducteurs nègres, les carrioles à deux et trois chevaux, les mulets du train qui s'en viennent en longues files charger les vivres aux magasins militaires, les cavaliers passant au galop en dépit des ordonnances de police, un colon au chapeau blanc à large bord, ou un brillant officier qui se croit tout permis dans la ville qu'il protége. Bref, le pêle-mêle, la confusion, l'agitation d'une fourmilière; partout l'activité, l'énergie, l'espérance, la vraie et féconde espérance, celle du travail.

Tandis que la ville basse est ainsi livrée à la *furie française*, le silence et le repos, le calme et la gravité musulmane se sont réfugiés dans les hauts quartiers. Croyez-moi, ne vous aventurez pas seul dans ces rues étroites et tortueuses, où deux hommes ont grand' peine à passer de front. Vous vous perdriez dans ce dédale qui semble habité par des ombres. De temps à autre, un fantôme blanc glisse à vos côtés, une porte s'entr'ouvre silencieusement, vous tournez la tête, et déjà le visiteur mystérieux a disparu. L'on dirait que du haut de la Casbah le souvenir des deys répand encore la terreur parmi leurs anciens sujets, et pourtant depuis longtemps le drapeau de la France flotte sur ces murs.

Chaque jour, en 1843, son ombre s'étendait sur le pays, chaque jour l'on faisait un pas vers la conquête, et la guerre s'éloignait de la ville. Nous avions hâte d'arriver au milieu des camps. Que nous importait Alger? Ses maisons immobiles ne pouvaient valoir à nos yeux le bivouac qui change chaque jour. Aussi comptions-nous les heures qui devaient s'écouler jusqu'au moment où nous aurions rejoint le général Changarnier, et où nous pourrions commencer nos courses dans l'intérieur du pays. Le jour du départ vint enfin. A peine éveillés, nous étions tous en route pour Blidah, résidence du général.

La route d'Alger à Blidah, en 1842 et 1843 (1), suivait la rue Babel-Oued, tournait à gauche près du tombeau d'Omar-Pacha, et, s'échelonnant dans le flanc de la montagne, gravissait jusqu'au *Tagarin* (2). Le voyageur avait d'abord à ses pieds le petit village de *Mustapha*, son grand quartier de cavalerie, la baie entière, les montagnes kabyles et ces fraîches oasis qui se détachent des rivages sablonneux de la mer. Bientôt la vision disparaissait. Pendant quelques heures, nous n'avions pour tout horizon que les mamelons couverts de palmiers nains du Sahel ; à la fin, l'on débouchait sur les hauteurs d'Ouled-Mandil ; de ce point, la Mitidja entière se déroulait à nos regards. Large d'environ cinq lieues, la Mitidja s'étend jusqu'aux montagnes qui s'élèvent sur une ligne parallèle aux collines du Sahel, de l'est à l'ouest, de la baie d'Alger au fond de la plaine. Les lentisques, les oliviers, couvrent le flanc de ces montagnes, et des roches grisâtres se dressent à leur sommet, au milieu des pins et des chênes verts. Près de la mer, à l'est, le voyageur apercevait le Fondouk ; droit devant lui, dans la plaine, les ombrages de Bouffarik ; à droite, au pied de la montagne, Blidah et ses bois d'orangers ; puis la coupure de la Chiffa et le col de Mouzaïa, célèbre par tant de brillants assauts dont le souvenir

(1) L'on a depuis construit une route nouvelle qui suit une autre direction.
(2) Bâtiment turc situé hors de la ville, et non loin de la Casbah.

restera dans notre histoire militaire; plus loin, l'Oued-Ger, le Bou-Roumi, qui tous ont vu couler le sang de nos soldats; au centre, Oued-Laleg, le tombeau d'un des bataillons réguliers de l'émir; enfin le lac Alloula, la vallée qui mène à Cherchell; et à l'ouest, aux dernières limites de l'horizon, près du territoire de ces Hadjoutes fameux, l'effroi de la banlieue d'Alger, le Chanouan, qui jette dans les airs son piton gigantesque à quelques pas du tombeau de *la Chrétienne* (1). Lorsque les nuages courent sa cime, garez-vous bien vite de la pluie, car elle ne tarde pas à s'abattre sur la terre. Or, à cette époque (mars 1843), la pluie était déjà tombée abondamment; aussi la verdure de la plaine étincelait sous les rayons du soleil, et nos chevaux secouaient joyeusement la tête, en respirant les parfums des grandes herbes, quand nous descendions la côte d'Ouled-Mandil.

Une heure après, nous entrions à Bouffarik. — Bâtie sur un terrain malsain, dans un endroit où, selon le dicton arabe, les corneilles elles-mêmes ne peuvent vivre, Bouffarik, malgré son insalubrité, qui bien des fois déjà a dévoré sa population, doit à sa position centrale une certaine prospérité. Grâce aux travaux entrepris, on espère voir disparaître ses fièvres terribles. Nous ne faisions heureusement que traverser la ville naissante; nous nous ar-

---

(1) Immense pâté de pierres qui s'élève sur les collines du Sahel, entre le Chanouan et la coupure du Mazafran. La tradition rapporte qu'autrefois, il y a de longs siècles, une chrétienne y fut enterrée, et qu'on déposa à ses pieds un trésor considérable. Une vache seule peut en indiquer l'entrée, à la condition de prononcer des paroles mystérieuses. Il y eut pourtant un pacha d'Alger qui, voulant s'emparer de ce trésor, ordonna la démolition du tombeau; mais, au premier coup de pioche, des milliers d'abeilles mirent en fuite les travailleurs.

rêtâmes toutefois, selon le vieil usage, au café célèbre de la *mère Gaspard*. — La mère Gaspard est une guerrière noircie dans maints combats. Débarquée en 1830, elle suivit constamment l'armée, vendant son rhum et son tabac, jusqu'au jour où l'on s'établit à Bouffarik. L'endroit lui plut, elle était lasse de suivre ces colonnes infatigables; alors la bohémienne prit une maison, et son cabaret ne tarda pas à être en grande renommée, si bien qu'au bout de quelques années elle avait terres, hôtel et café splendides. Le lieu était orné de peintures, de marbres, de glaces, et surtout de très-belles gravures d'après les tableaux d'Horace Vernet. Ces gravures avaient été placées là par la main même du célèbre artiste. Un jour en effet, comme il se mourait de soif, Horace Vernet s'arrêta chez la mère Gaspard. On lui offrit à boire et aussi des prairies à acheter. Il but et il acheta les prairies; mais, tout en signant le marché, il s'aperçut que les murs étaient couverts de mauvaises lithographies d'après ses tableaux. Aussitôt, en bon voisin, il promit d'envoyer les gravures, et, comme il l'a dit, il l'a fait. La mère Gaspard, toute fière, ne manque jamais de vous raconter cette grande histoire : n'est-ce pas une vanité de bohémienne? C'est possible; mais, à Bouffarik même, on me l'a racontée, et moi, à mon tour, je la répète.

On ne peut, hélas! s'arrêter toujours au cabaret de la *mère Gaspard*, et nous nous étions remis en route pour Blidah. Avant d'arriver à Beni-Mered, nous vîmes la colonne élevée au sergent Blandan et à ses braves compagnons. Le 11 avril 1840, la correspondance d'Alger partit de Bouffarik, sous l'escorte d'un brigadier et de quatre chasseurs d'Afrique. Le sergent Blandan et quinze hommes d'infanterie rejoignant leurs corps faisaient route avec eux. Ils cheminaient tranquillement, sans avoir aperçu un Arabe, quand tout à coup, du ravin qui précède Beni-Mered, quatre cents cavaliers s'élancèrent sur la petite troupe. Le chef courut au sergent et lui cria de se rendre. Un coup de fusil fut sa réponse ; et, se formant en carré, nos soldats firent tête à l'ennemi. Les balles les couchaient à terre un à un, les survivants se serraient sans perdre courage. — Défendez-vous jusqu'à la mort! s'écria le sergent en recevant un coup de feu ; face à l'ennemi ! — et il tomba aux pieds de ses compagnons. De vingt-deux hommes, il en restait cinq, couvrant de leurs corps le dépôt qui leur était confié, quand un bruit de chevaux, lancés au grand galop, ranima leur ardeur. Bientôt, d'une nuée de poussière, sortirent des cavaliers, qui, se précipitant sur les Arabes, les mirent en fuite : c'étaient Joseph de Breteuil et ses chasseurs. A Bouffarik, il faisait conduire les chevaux à l'abreuvoir, lorsqu'on entendit la fusillade. Aussitôt, ne laissant à ses hommes que le temps de prendre leur sabre, M. de Breteuil partit à fond de train, suivi de ses chasseurs montés au hasard. Le premier, il se jeta dans la bagarre, et, grâce à sa rapide énergie, il put sauver ces martyrs de l'honneur militaire. Aussi le sauveur fut-il compris dans la récompense glorieuse : la même ordonnance du roi nomma membres de la Légion d'honneur M. de Breteuil et les cinq compagnons de Blandan.

La route de Blidah traverse l'emplacement d'un bois d'orangers que le général Duvivier fit abattre au nom du génie militaire. Pendant deux ans, ces arbres servirent à chauffer les troupes ; ce qui en reste debout autour de la ville est encore assez beau pour rendre charmant le séjour de Blidah. C'était là, je l'ai dit, que le général Changarnier avait momentanément fixé sa résidence. A peine arrivés à Blidah, nous nous mîmes à chercher le quartier général; mais nous ne savions guère comment nous retrouver dans les rues, et, sans l'obligeance d'un Arabe, qui s'empressa, au nom du général, de marcher devant nous et de nous guider jusqu'à la maison du *Changarlo*, ainsi qu'il l'appelait, nous n'aurions jamais pu atteindre cette modeste demeure. Le général Changarnier habitait, en effet, une humble maison dans la ville arabe. Une sentinelle veillait à la porte, perdue au milieu de ce labyrinthe de rues, de places et de carrefours. Singulière habitation pour le chef glorieux d'une si grande province! Le général n'était pas chez lui, il était allé visiter quelques travaux et ne devait rentrer que dans une heure; mais son aide de camp, M. le capitaine Pourcet, nous offrit en son nom une gracieuse hospitalité. Rien de plus simple que cette maison : elle était composée de deux corps de logis. La porte d'entrée s'ouvrait sur une petite voûte qui soutenait un pavillon où couchait le général : c'était la seule et unique pièce au premier étage. La voûte franchie, l'on pénétrait dans une cour entourée d'une étroite galerie. A gauche, on trouvait une salle, longue comme les pièces mauresques, carrelée de gros carreaux à la marque du génie; quelques tables de bois blanc, chargées de cartes et de papiers; un lit caché par un rideau : c'était la chambre du capitaine Pourcet. Cette chambre servait aussi de bureau. Tout en face s'ouvrait la salle à manger. A droite et à gauche, deux chambres à peu près meublées étaient destinées aux étrangers. Dans l'autre corps de logis (toujours au rez-de-chaussée), il y avait une chambre qui prenait jour sous l'ombrage touffu d'un grand figuier, poussé au centre de la cour pour le plus grand bonheur des pigeons du voisinage. Pigeons et voyageurs étaient les bienvenus dans cette maison de l'hospitalité. A Blidah comme sous sa tente, l'hospitalité du général Changarnier était, en effet, passée en proverbe, même parmi les Arabes. Il ne nous fallut pas grand temps pour parcourir cette habitation de Spartiate, et nous allions prendre un peu de repos, lorsque le général rentra. Son accueil fut plein de bonne grâce; il nous salua comme des hôtes devenus des amis, dès qu'ils ont franchi le seuil de la maison. A notre grande joie, le général était à la veille de partir pour les expéditions dans lesquelles nous devions l'accompagner, et, dès notre arrivée à Blidah, nous n'eûmes qu'à songer au départ prochain.

La guerre, à cette époque (1843), durait depuis quatre ans dans la province d'Alger; mais, dès l'année précédente, elle était entrée dans sa seconde période. En 1839, en effet, lorsque l'assassinat d'un officier supérieur, le massacre de deux petites colonnes, les incendies et le pillage signalèrent la reprise des hostilités, nous eûmes à lutter contre un ennemi qui avait habituellement profité de la paix pour organiser sa puissance et réunir en un seul lieu les forces du pays. Il fallut rompre ce faisceau, désorganiser cette autorité nouvelle, avant d'amener les tribus à reconnaître une à une notre pouvoir. Ce fut l'œuvre de deux années. On n'a pu oublier les brillantes campagnes de 1840, où se fondèrent ces jeunes renommées qui devaient plus tard devenir les gloires de l'Afrique; le col de Mouzaïa et ses assauts, Médéah, Milianah, occupés par nos troupes, et nos colonnes s'avançant de tous côtés, brisant les obstacles, bravant fatigues et périls. A la fin de 1841, l'émir, cédant devant nos armes, reportait le théâtre de la lutte dans la province d'Oran, foyer de sa puissance. Alors commença la guerre de tribus; frappées par de vigoureux coups de main, pendant l'hiver de 1841-1842, les tribus de la Mitidja furent les premières à demander l'*aman* (1). En juin 1842, les colonnes d'Oran et d'Alger se réunissaient dans la vallée du Chéliff; et, à l'automne, les troupes d'Alger, à leur tour, s'avançaient jusque dans la province d'Oran, amenant avec elles les contingents des tribus alliées. Les soumissions arrivaient de tous côtés, incertaines encore, il est vrai; mais enfin, poursuivant son œuvre sans relâche, sans repos, l'armée faisait sans cesse de nouveaux progrès, lorsque, pendant l'hiver de 1843, Abd-el-Kader, par une pointe rapide, jeta la révolte parmi les Kabyles des Beni-Menacers, les sauvages habitants de ces montagnes affreuses qui séparent Cherchell de Milianah, et ralluma le foyer de la résistance dans l'Ouar-Senis, entre le Chéliff et le petit désert. Dominer cette révolte des Beni-Menacers; plus tard, dans deux mois, pénétrer dans l'Ouar-Senis et en châtier les populations, telle était l'œuvre que le général Changarnier était chargé d'accomplir. Malgré les difficultés de la saison et les dangers de l'opération, la confiance qu'il inspirait aux troupes était telle, que nul ne songeait au péril, et lorsque l'on partait avec lui, le succès n'était jamais douteux.

Le lendemain même du jour où nous arrivions à Blidah, les troupes devaient se mettre en marche. Aussi n'y avait-il que bruit et confusion dans cette ville du repos et de la solitude. Les boutiques étaient encombrées de sol-

---

(1) Demander l'*aman*, c'est demander à être reçu à merci. Donner l'*aman*, c'est accorder le pardon.

dats achetant leurs petites provisions de sucre, de café, de tabac ou de cigares, selon que leur bourse renfermait le modeste sou de poche (1) ou l'aristocratique pièce blanche. Les hommes de corvée partaient de leur côté, se rendant, sous la conduite d'officiers, aux magasins militaires; les cabarets enfin, le soir venu, fêtaient joyeusement, par de copieuses libations, l'heure du départ, jusqu'à ce que la retraite, ce couvre-feu militaire, eût chassé les buveurs attardés et rendu à la ville son grave repos. Le lendemain, chacun, en joyeuse humeur, en bon ordre et en belle tenue, le sac et les huit jours de vivres sur le dos, se mettait en marche pour Milianah. Que leur importaient, en effet, fatigues ou périls? C'étaient tous de vieux routiers, endurcis depuis de longues années, et d'ailleurs, ainsi qu'ils le disaient dans leur style familier, *avec le Changarnier, cela sent toujours le mouton* (2).

Nous devions les rejoindre en route; et le jour suivant, à trois heures du matin, nos mulets, prenant l'avance, se mettaient en marche. Il est difficile de s'imaginer tout ce que portent ces pauvres animaux. D'abord, à leur bât deux larges *cantines* s'accrochent par des anneaux de fer; puis, sur les cantines s'entassent orge, fourrage, sac de campement, poulets, bidons, gamelles, effets de toutes sortes, le chargement du voyageur, qui ne doit compter

---

(1) On sait qu'après avoir retenu la nourriture sur la solde on distribue cinq sous tous les cinq jours aux soldats pour leurs menus plaisirs.

(2) Le succès des nombreuses razzias du général Changarnier avait fait passer ces paroles en proverbe parmi les troupes. Au 13 juin 1849, le 6ᵉ bataillon de chasseurs, qui avait si longtemps servi sous les ordres du général en Afrique, ayant reçu l'ordre de charger l'émeute, partit en riant et en répétant, au grand étonnement des gardes nationaux, la vieille parole d'Afrique : « Cela sent le mouton. »

que sur lui pour la route : tout cela s'arrime, s'attache avec de longues cordes et tient tant bien que mal, quand un accident ne fait pas tourner le chargement au milieu des jurons bien accentués des conducteurs, maudissant le *ministre* (1) et ses maladresses.

De Blidah, nous devions nous rendre à Milianah. Nous suivîmes la direction ouest, longeant les montagnes sud de la plaine. A deux lieues de Blidah, la Chiffa fut traversée à gué ; les eaux étaient très-hautes, et le torrent n'avait pas moins de cent mètres de large : aussi avions-nous grand soin de prendre un point de direction sur la rive opposée ; car si vous laissez votre regard suivre le fil de l'eau, bientôt, saisi de vertige, vous êtes entraîné à bas de cheval. L'obstacle franchi, la route était facile, et nous eûmes bientôt atteint le Bou-Roumi, où nous nous arrêtâmes une heure avant de gravir les collines qui séparent la plaine de la vallée de l'Oued-Ger.

L'état-major était peu nombreux ; le général n'avait près de lui que deux officiers : un aide de camp, M. le capitaine Pourcet, qui, depuis cinq ans, ne l'avait pas quitté un instant ; et un officier d'ordonnance, M. Carayon-Latour, charmant homme, gai, toujours prêt à rire, prêt à se battre, sans soucis comme sans reproches, un de ces ca-

---

(1) Les mulets du train ne sont jamais appelés autrement en Afrique. — Si vous demandez pourquoi, les soldats vous répondront que les mulets sont chargés des *affaires de l'État*, ou bien encore qu'ils ont le télégraphe à leurs ordres, en vous montrant leurs longues oreilles toujours en mouvement. Il arriva qu'un vrai ministre, M. de Salvandy, je crois, visitant un jour la province de l'est, fut conduit de Philippeville à Constantine par des soldats du train. A une montée, il entend le mot de *ministre* retentir de tous côtés mêlé à de gros jurons. Étonné, il demanda ce que l'on voulait dire, et fut le premier à rire de l'explication qui lui fut donnée.

ractères remplis de droiture et de loyauté, si rares et si précieux. C'était bien peu pour un état-major, mais c'était assez, grâce à leur activité. Nuit et jour sur pieds, ils suffisaient à tout. Jamais un ordre, jamais un service n'éprouva le moindre retard. Selon son habitude, le général marchait en tête, pensif, silencieux, s'en allant au pas de son cheval favori. *Couscouss* était un vaillant petit cheval, râblé, trapu, sachant fièrement faire sonner son pied. Au feu, dévorant les balles, il se précipitait sur le danger, et, comme me disait un jour l'*ordonnance* qui le pansait, parlant du cheval et du maître : — C'est diable sur diable. — L'ordonnance avait, je crois, raison.

On ne suivait pas la vallée de l'Oued-Ger lorsque les communications entre Milianah et Blidah n'étaient pas libres : ses contre-forts rapides, garnis de lentisques et de chênes verts, présentaient de trop grandes difficultés. La route de nos colonnes, plus longue, mais plus sûre, passait par les crêtes et venait également aboutir au marabout de Sidi-Abd-el-Kader, où nous devions bivouaquer le soir. A trois heures en effet, après avoir traversé dix-huit fois l'Oued-Ger, nous rejoignions les troupes parties la veille, et nos tentes étaient dressées sous les oliviers séculaires que la hache française avait encore respectés. Pendant la nuit, le ciel s'était couvert de nuages, et la pluie tombait en abondance quand la diane fut battue ; mais heureusement le temps se leva lorsque nous traversâmes la vallée de l'Oued-Adélia, dont les fortes terres sont si pénibles pour les hommes et pour les chevaux. Depuis la vallée de l'Oued-Ger, la route suivait une direction sud. Nous allions avoir à choisir entre deux chemins : l'un remonte vers Milianah par les pentes du Gontas et la vallée du Chéliff, l'autre passe par le pays des Righas et gagne la ville du côté nord en longeant les pentes du Zaccar. La dernière était la plus courte, ce fut celle que nous prîmes; et arrivés, malgré la pluie et les terres glaises, sur les plateaux des Righas, nous aperçûmes, de l'autre côté d'un immense ravin boisé, Milianah, bâtie sur l'escarpement d'un rocher, entourée de jardins et de verdure. Le territoire qui se déroulait sous nos yeux était habité par une vaillante tribu. Longtemps dans l'exil, elle conserva le souvenir de ses montagnes, jusqu'au jour où, libre enfin, elle put, grâce à sa courageuse énergie, regagner la terre de ses aïeux. En 1780, la tribu des Righas fut en discussion avec le *marghzen* d'Alger. D'une discussion arabe à un coup de fusil il n'y a pas loin. La tribu des Righas se battit bravement. Deux aghas et quarante cavaliers à étriers d'or restèrent sur le terrain. A ces nouvelles, le pacha d'Alger s'était ému. Toutes les forces turques se mirent en mouvement. Trop faibles pour résister, les Righas durent se rendre à discrétion. Emmenés à Mostaganem par ordre du pacha, ils y restèrent jusqu'à la chute du pouvoir turc. En 1830, après cinquante ans d'exil, la tribu entière se mit en route pour regagner ses montagnes; mais l'anarchie régnait alors dans le pays, et tous couraient sus aux émigrés comme sur une proie qui leur était due. Les Righas s'avancèrent ainsi, formant une muraille de feu autour d'eux, emportant leurs blessés, enterrant leurs morts, jusqu'à ce qu'ils eussent regagné ces terres où leurs ancêtres avaient vécu. Longtemps notre ennemie, devenue notre alliée en 1842, cette tribu s'étend jusqu'aux murs de Milianah.

Une heure après avoir quitté la fontaine des Trembles, où l'on nous conta l'histoire de la tribu des Righas, nous entrions à Milianah par la porte du nord. Le poste prenait les armes, et les tambours battant aux champs annonçaient l'arrivée du commandant de la province.

II

Zaccar veut dire *celui qui refuse, qui ne veut pas se laisser gravir* : c'est le nom que les Arabes ont donné à cette longue crête rocheuse qui domine Milianah du côté du nord. Bâtie sur un plateau au pied de la montagne, la ville s'avance comme un promontoire au-dessus des dernières pentes qui continuent, une lieue durant, jusqu'à la vallée du Chéliff. Des flancs du Zaccar, de Milianah même, jaillissent des sources abondantes répandant partout la fraîcheur. Autour de la ville s'étendent ces jardins renommés dans toute l'Algérie ; des lierres, des mousses de toutes espèces, mille plantes aux longues tiges, semblent entourer d'une ceinture de verdure les maisons blanches aux tuiles rouges. De loin, le regard trompé ne voit qu'un riant aspect ; mais si vous approchez, vous ne trouverez bientôt que des sépulcres blanchis.

Une grande rue tracée par les Français, sur laquelle s'ouvrent toutes les boutiques des cantiniers, traverse la moitié de la ville, et s'arrête à l'entrée du quartier des Arabes près du minaret d'une mosquée en ruine. Aux chants du *muezzin* appelant les fidèles à la prière, ont succédé les sons bruyants des clairons français sonnant le service militaire. Milianah, en effet, n'était, à l'époque de notre séjour en 1843, qu'un vaste camp. Poste avancé jusqu'en 1841, cette ville était devenue, depuis cette époque, avec Médéah, la base de nos opérations dans la province d'Alger. L'on pouvait, du haut du minaret de la vieille mosquée, apprécier l'importance de cette position, car on voyait tout le pays qu'elle commande : les enroulements de mamelons qui la séparent de Médéah, la vallée du Chéliff courant de l'est à l'ouest, et, au delà, le rocher de l'Ouar-Senis, dominant ces montagnes kabyles que nous devions soumettre. C'était un imposant tableau. Quand les regards, après avoir parcouru les horizons lointains, revenaient se fixer sur la ville, ils rencontraient, au pied des murailles, un lieu marqué par de tristes souvenirs : ce cimetière qui reçut, en 1840, une garnison entière. De tous les points que nous avons occupés en Afrique, Milianah est peut-être la ville où nos soldats ont eu à supporter les plus rudes épreuves. Bien des scènes de désolation se sont passées sur cet étroit plateau ; mais tous ceux qui ont survécu ne vous racontent jamais leurs souffrances sans prononcer le nom du général Changarnier qui par deux fois fut leur sauveur. En juin 1840, l'armée se trouvait avec M. le maréchal Valée sous les murs de Médéah. Il fallait ravitailler Milianah, occupée depuis peu de temps par nos colonnes. Les généraux étaient d'un avis contraire ; l'entreprise semblait en ce moment trop difficile, la fatigue des troupes trop grande. Seul, le colonel Changarnier crut la chose possible ; et le maréchal, sans hésiter, confia l'expédition à celui qui venait avec le 2me léger de prendre une si brillante part aux assauts du col de Mouzaïa. Le lendemain, le colonel partait ; dérobant sa marche à l'ennemi, il faisait vingt-quatre lieues en trente heures. De retour quatre jours après, le succès justifiait la confiance du vieux maréchal, et le colonel Changarnier recevait les félicitations de l'armée entière.

La saison des chaleurs venue, les troupes avaient repris leurs cantonnements. Le gouverneur comptait sur le secours laissé dans la place pour que la garnison de Milianah pût attendre le ravitaillement de la fin de l'automne ; mais il comptait sans les maladies, sans la vermine, qui, se mettant dans les magasins en ruine, détruisit une partie des ressources. Les bœufs étaient morts. On ne pouvait sortir des remparts ; plus de viande, la disette commençait à se faire sentir. Pressés par la faim, les soldats mangeaient ce qu'ils pouvaient ramasser, jusqu'à des herbes et des mauves. Cette nourriture malsaine, agissant sur le cerveau, les portait à la nostalgie, au suicide. Sur douze cents hommes, sept cent cinquante avaient déjà succombé, quatre cents étaient à l'hôpital, les autres n'en valaient guère mieux. A peine si le peu d'hommes valides avaient la force de tenir leurs fusils. Les officiers eux-mêmes étaient obligés de veiller aux remparts, et chaque jour ils voyaient approcher le terme fatal où, faute de défenseurs, la ville serait prise. Aucunes lettres, aucunes nouvelles : les espions avaient été tués. Enfin une dépêche du commandant supérieur put passer, et l'on fut instruit à Alger de la triste situation de cette garnison. Le colonel Changarnier, devenu général depuis le premier ravitaillement de Milianah, avait vu s'accroître, par de nouveaux succès, sa réputation d'habileté et d'audace. Aussi, pour sauver la garnison, ce fut encore à lui que M. le maréchal Valée se confia. Deux mille hommes seulement étaient disponibles. Avec ces faibles ressources, il fallait traverser un pays d'une difficulté extrême, malgré l'émir d'Abd-el-Kader, dont la puissance venait à peine alors d'être ébranlée. Le général n'hésita pas. Plus la mission était périlleuse, plus le succès serait glorieux. S'il succombait, il pourrait au moins se rendre le témoignage de n'avoir point reculé devant un devoir. Il partit donc avec cette poignée d'hommes; parvint, en annonçant partout un ravitaillement sur Médéah, à dérober sa marche à l'ennemi ; puis, se faisant jour à travers ces multitudes, arriva à temps pour sauver le petit nombre de ceux qui survivaient dans la malheureuse garnison.

Tous ces événements étaient déjà loin de nous quand nous arrivâmes à Milianah, et en 1843 cinq mille hommes de belles et bonnes troupes attendaient dans cette ville les ordres du général Changarnier. Depuis son arrivée, le général passait ses journées dans une activité continuelle. Les conférences avec les chefs de service, les dépêches à écrire, et surtout les renseignements à prendre sur le difficile pays où nous devions opérer, ne lui laissaient pas un instant. Tous les jours, l'agha des Beni-Menacers, Ben-Tifour, venait avec des hommes de la tribu chez le général; et là, pendant des heures entières, à force de questions, en demandant les mêmes renseignements dix fois de suite et à dix individus différents, le chef de la province arrivait à se former des notions exactes sur le pays, les marchés, l'eau, les bivouacs. Cela dura ainsi toute une semaine. Pendant ce temps, renseignements et nouvelles s'échangeaient au moyen d'espions avec Cherchell. Certaines de ces lettres furent payées jusqu'à 500 francs, car les porteurs jouaient leur vie. Enfin, après de mûres réflexions, le plan du général fut arrêté, écrit, et les ordres donnés avec cette netteté, cette précision qui ne laisse jamais un doute, une équivoque. C'était là en effet un des traits du caractère du général Changarnier. L'obéissance avec lui était toujours facile, car le devoir n'était jamais incertain.

2.

Tandis que le général passait les nuits et les jours au travail, nous nous étions installés dans une chambre du *palais* de Milianah. Le palais se composait de trois pièces : l'une était réservée au général, l'autre servait de salle à manger ; dans la troisième chambre, nous bivouaquions pêle-mêle en compagnie des rats et des souris. Le jour, nous allions au cercle des officiers, charmant pavillon construit au milieu d'un jardin. L'eau, en courant à travers les plates-bandes, répandait partout la fraîcheur sous ces grands ombrages. C'est la chambre commune d'une garnison qui n'en a pas. Auprès du cercle est bâti le café, non loin d'une bibliothèque où se trouvent de bons et sérieux ouvrages. Un conseil d'administration choisi parmi les officiers de la garnison et présidé par le commandant supérieur lui-même, surveille l'établissement. Ainsi, dans les villes d'Afrique, comme à bord d'un navire durant de longues traversées, tout est prévu pour faire diversion aux ennuis de la solitude. Le soir, parfois, il y avait spectacle. Un spectacle à Milianah ! oui certes, et un charmant spectacle, où l'on riait d'un franc rire, d'un rire de bon aloi. Spectateurs et acteurs, les soldats en faisaient tous les frais. Chacun avait son emploi : un caporal l'amoureuse, un grenadier le père noble, un voltigeur la soubrette. Les vivandières prêtaient leurs robes et leurs bonnets, à la plus grande gaieté de tous. Je me rappelle encore avoir vu jouer à Milianah *le Caporal et la Payse*. La Déjazet de l'endroit, égrillarde *Artémise*, excitait l'hilarité de la salle entière, même celle du général Changarnier, qui assistait souvent à ces représentations dans sa loge de papier peint. On ne saurait croire combien ces divertissements, ces spectacles, que l'on traitera peut-être de futilités, contribuent à maintenir le moral des troupes, à chasser les idées noires, si souvent en Afrique avant-coureurs de la nostalgie et de la mort.

Les ordres expédiés à Cherchell étaient arrivés ; les troupes allaient donc se mettre en marche. Huit jours devaient suffire, d'après les calculs du général, pour mener l'opération à bonne fin. Sept colonnes y contribuèrent, chacune ayant son rôle assigné d'avance, chacune son itinéraire tracé. Toutes les prévisions se réalisèrent, grâce au beau temps qui nous favorisa, et malgré les difficultés affreuses de ce pays de ravins, de précipices et de crêtes escarpées. Les colonnes s'allongèrent comme autant de serpents. Un par un, les soldats descendirent dans les abîmes, remontèrent sur les crêtes par des sentiers de deux pieds de large dominant des précipices à pic. Dans ces ravines, où souvent les sapeurs du génie étaient obligés de tailler la route même pour l'infanterie, il y eut des chutes affreuses. Je me rappellerai toujours un malheureux chasseur qui suivait le sentier, lorsqu'un cheval s'arrêta brusquement devant le sien. Effrayé, l'animal se traverse ; à sa droite, c'était le précipice ; il tombe, et ce grand cheval blanc, tournant trois fois sur lui-même dans l'espace, va frapper de sa tête la pointe d'un rocher. Pour le chasseur, décroché au premier saut, nous le vîmes rouler dans l'abîme. On courut chercher le cadavre ; mais, par un bonheur inouï, un retrait d'eau de la rivière avait amorti la chute : le chasseur n'était pas mort et en fut quitte pour trois mois d'hôpital.

Souvent on marchait des heures entières avant d'atteindre ces montagnes que l'on croyait toucher ; mais les renseignements du général étaient si exacts, ses enlacements de colonnes si bien combinés, qu'au jour dit, sans qu'aucune population eût pu échapper, les troupes se trouvaient toutes réunies au rendez-vous fixé. Chacune de nos colonnes avait heureusement accompli sa mission, brisant les résistances qu'elles avaient pu rencontrer, et les chefs des Beni-Menacers étaient tous venus implorer l'*aman* au bivouac du général.

Cet important résultat rendait libre la plus grande partie des troupes pour la campagne du printemps; et le général, qui craignait d'être surpris par le mauvais temps, avait hâte de quitter le pays. Aussi, les conditions de la soumission promptement débattues et acceptées, nous reprîmes la direction de Milianah. Une marche de trois jours nous ramena dans cette ville; mais nous n'y fîmes qu'une halte de quelques heures. M. le maréchal Bugeaud rappelait le général à Blidah, afin d'arrêter, de concert avec lui, les opérations de la campagne du printemps qui allait s'ouvrir. A la suite de cette conférence nous devions revenir séjourner à Milianah, en attendant l'ouverture des prochaines hostilités. Fonder un poste dans la vallée du Chéliff, nouveau lien des provinces d'Alger et d'Oran; amener à nous les populations de cette vallée, soumettre les montagnes de l'Ouar-Senis, poursuivre enfin la *smala* sur les hauts plateaux du Serssous, et détruire cet arsenal mobile de l'émir : tel était le plan de la campagne du printemps de 1843. M. le maréchal Bugeaud devait créer le poste d'Orléansville. Au général Changarnier revenaient de droit les difficiles montagnes de l'Ouar-Senis. La smala enfin était réservée à M. le duc d'Aumale, qui commandait à Médéah.

Pour emporter les matériaux nécessaires à la fondation d'Orléansville, il fallait des prolonges; pour les prolonges, il fallait une route qui permît de franchir le Gontas, et d'atteindre ainsi la vallée du Chéliff. Les troupes de Milianah vinrent donc s'échelonner dans la vallée de l'Oued-Ger, car ces vingt lieues de route dans ces terrains difficiles devaient être achevées en quinze jours. Cette vallée, naguère si calme, retentissait maintenant du bruit des pioches et des joyeuses chansons des soldats travailleurs. De deux lieues en deux lieues, de petits camps étaient établis, et la route se créait comme par enchantement, gravissant la montagne du Gontas par de longs lacets, pour descendre ensuite dans la vallée du Chéliff.

En regagnant Milianah, nous suivîmes la route nouvelle. Les chefs du Djendel (1), Bou-Allam, et son frère Bagrdadi, de l'illustre famille des Ouled-Ben-Cherifa, vinrent saluer le général, lorsque nous descendions les dernières pentes de la montagne. Bou-Allam, l'ancien agha de la cavalerie irrégulière de l'émir, était un hardi compagnon, à l'œil aussi noir que la moustache, à la physionomie énergique, commandant le pays plus encore par la force de son bras que par l'antique renom de son sang illustre. Longtemps il fut notre ennemi acharné. Il était de toutes les entreprises. On le voyait partout, suivi de son fils, enfant d'une beauté merveilleuse et son unique affection. Ce dur soldat ne pouvait s'en séparer, craignant toujours pour lui dès qu'il était loin. Un jour, pourtant, il revint seul à sa tente : une balle française avait tué l'enfant. Depuis lors, dégoûté de la guerre, il songea à se soumettre. Une nuit (c'était en 1842), Bou-Allam se rendit au bivouac du général Changarnier, offrant la soumission de sept tribus, si le général voulait lui prêter son appui. Nous reconnûmes cet important service en maintenant dans ses mains le commandement qu'il partageait avec son frère, le borgne Bagrdadi.

(1) Le pays entre Médéah et Milianah.

Suivis de brillants cavaliers, les deux chefs arabes firent route avec nous vers Milianah. Nous traversions la vallée du Chéliff, et nous marchions sur le terrain même où les réguliers rouges et des flots de cavalerie se rencontraient en 1841 avec nos troupes. « Ils étaient si pressés, me disait un Arabe, qu'ils semblaient les épis d'un champ de blé que le vent agite. » Et maintenant nous ne voyions, sur le théâtre de ce rude combat, que les troupeaux nombreux allant s'abreuver au Chéliff, et la vallée entendait retentir, au lieu des clameurs des cavaliers ennemis, les cris des femmes arabes qui fêtaient l'arrivée du général par le *iou iou* (1) d'honneur. A l'Oued-Boutan, le nouveau hakem de la ville de Milianah, Omar-Pacha, de l'illustre famille du pacha de ce nom, nous attendait. Nous eûmes là une preuve nouvelle des traces profondes que les Turcs ont laissées dans ce pays. Après treize ans passés, leur souvenir est encore tellement vivant parmi ces populations, que le fils du pacha Omar était entouré du respect de tous ces chefs comme au jour de la puissance de sa famille.

Une heure après cette rencontre, l'escorte mettait pied à terre à Milianah. Que faire à Milianah, lorsqu'il faut y passer quinze longs jours? Prendre patience et répéter avec les Arabes : *C'était écrit*. C'était, en effet, écrit et bien écrit, dans ces nombreuses dépêches que le général Changarnier échangeait chaque jour avec le maréchal Bugeaud. Nous devions attendre, pour nous mettre en route, que la colonne d'Alger eût dépassé Milianah. Heureusement, en compensation à nos peines, l'on nous annonçait que l'ancien khalifat d'Abd-el-Kader à Milianah, Si-Embarek,

---

(1) Lorsque les femmes des tribus veulent faire honneur à un chef, elles se mettent devant les tentes en poussant des cris ou plutôt des roulades aiguës.

avait organisé une vigoureuse résistance parmi les Kabyles de l'Ouar-Senis. Ce nom était encore en vénération à Milianah; nos amis même ne le prononçaient qu'avec terreur. Les Arabes, en effet, ont, avant tout, le respect du passé; et la tradition, en transmettant le souvenir des temps écoulés, entoure les hommes du présent d'une auréole merveilleuse. Une famille est-elle devenue illustre dans le pays, tous se courbent devant elle. Milianah, depuis de longs siècles, semble avoir eu le privilége de cette influence du nom, qui s'impose souvent à une province entière. Les Ouled-Ben-Yousef, célèbres par leur esprit de sagesse, étaient originaires de Milianah, séjour aussi du serviteur fidèle de l'Émir, d'Embarek, avant qu'il se fût établi à Coléah. Il y a peu d'années enfin, les Omar s'étaient retirés dans la ville. Ces trois familles également illustres ont répandu sur Milianah une sorte de prestige. Les deux premières, celles des Ben-Yousef et des Embarek, descendaient de marabouts célèbres. Les récits du pays sur ces familles feront peut-être comprendre cette influence singulière des traditions, dont l'autorité est si grande encore parmi les Arabes. Quant à l'histoire des Omar, elle est un curieux chapitre de la politique turque et de la vie aventureuse des maîtres du pays, avant 1830.

Plutôt religieux que militaires, les souvenirs des Ben-Yousef vivent chez les habitants de ces terres; tous vous parleront de Si-Mohamed-ben-Yousef le voyageur qui vint, il y a quatre cents ans, finir ses jours à Milianah. Sa haute réputation de sagesse et de vertu s'était vite répandue dans le pays, et de toutes parts on accourait lui demander prières et conseils. En échange, chacun se croyait obligé de lui offrir un présent, si bien que l'homme du ciel eut bientôt toutes les richesses de la terre. Pour récompenser sans doute ses vertus, Dieu lui avait donné le pouvoir des miracles, et il devinait la vérité, la traduisant par des dictons rimés qui se répètent encore dans les tribus (1). A sa mort, on lui éleva un tombeau magnifique, et la vénération que l'on portait à l'aïeul entoure aujourd'hui même les seigneurs de Milianah. Les Ben-Yousef ne s'inclinent que devant la famille des Embarek, les marabouts de Coléah, dont les serviteurs les plus zélés se trouvaient non loin de la ville, dans la tribu des Hachems.

Comme pour les Ben-Yousef, une histoire religieuse plane sur leur berceau.

En 1580, un homme des Hachems de l'ouest, nommé Si-Embarek, quitta sa tribu avec deux domestiques, et vint à Milianah. A Milianah, comme il était pauvre, il renvoya ses domestiques, qui descendirent sur les bords du Chéliff et donnèrent naissance à la tribu des Hachems, que vous y retrouverez encore. Pour Sidi-Embarek, il se rendit à Coléah, et là il s'engagea comme *rhamès* (2) chez un nommé Ismaël; mais Si-Embarek, au lieu de travailler, ne faisait que dormir. Pendant ce temps, chose merveilleuse, la paire de bœufs marchait toute seule, de telle

---

(1) En voici quelques-uns qui nous reviennent à la mémoire :

« Accepte d'un riche qui a eu faim, — et jamais d'un parvenu. »

« Quel est ton père? disait-on à l'âne. — Le cheval est mon oncle, répondit-il. »

« Le silence, or; — le bavardage, argent. »

« Mange à ton goût, — et habille-toi au goût du monde. »

« Pèche dix fois devant Dieu, — et pas une devant les hommes. »

« Quand le chien a de l'argent, — on lui dit monseigneur le chien. »

Il y en a aussi sur les habitants de chaque ville :

« Celui que vous voyez vêtu d'un petit haïk, — tenant à la main un petit bâton, — debout sur un petit mamelon, — disant à la dispute : — Venez me trouver, — reconnaissez-le pour un enfant de Médéah. »

(2) *Rhamès*, espèce de métayer qui cultive au cinquième.

façon qu'au bout du jour ils avaient fait plus d'ouvrage que tous les autres. On rapporta ce prodige à Ismaël, qui, voulant s'en assurer de ses propres yeux, se cacha un jour près de là, et vit Embarek couché sous un arbre, tandis que ses bœufs labouraient. (1) Ismaël, se précipitant alors à ses genoux, lui dit : — Tu es l'élu de Dieu ; c'est moi qui suis ton serviteur, et tu es mon maître. — Aussitôt, le ramenant chez lui, il le traita avec le plus profond respect. Sa réputation de sainteté s'étendit bientôt au loin : de toutes parts, on venait solliciter ses prières et lui apporter des offrandes. Ses richesses ne tardèrent pas à devenir considérables ; mais son influence était plus grande encore, et les Turcs eux-mêmes la respectaient. Les descendants de ce saint personnage furent à leur tour regardés comme les protégés de Dieu ; en leurs mains habiles, cette puissance était toujours restée considérable. Lors de la guerre contre les Français, Ben-Allall, le chef des Embarek, marabout vénéré, guerrier illustre, fut nommé par Abd-el-Kader son khalifat à Milianah ; et le premier acte de sa puissance fut de détruire l'autorité que les Omar, depuis longues années déjà, avaient su se créer parmi les tribus.

La famille des Omar a des annales plus curieuses encore que celles des Ben-Yousef et des Si-Embarek. Leur histoire (2) se rattache à une de ces fortunes turques qui, selon l'expression arabe, *se créent par le bras;* et le dévouement d'une noble femme, dont le courage héroïque a deux fois

(1) La tradition même ajoute que les perdrix, pendant ce temps, s'approchaient de Si-Embarek pour lui enlever sa vermine.

(2) Nous devons la connaissance des détails de cette histoire à l'obligeance de M. Roche, notre consul général à Tanger, qui a bien voulu nous communiquer quelques-unes de ses curieuses recherches. — Moi-même j'ai beaucoup connu le fils d'Omar, dont il est ici question.

3

relevé sa famille abattue, est venu dans ces derniers temps y ajouter un nouveau cachet de grandeur.

Le plus célèbre d'entre eux fut un de ces soldats dont chacun pouvait se dire en entrant dans la milice : « S'il est écrit, je serai pacha. » Méhémet-Ali, celui-là même qui fut vice-roi, relâchant à Métélin lorsqu'il se rendait en Égypte, rencontra Omar (1), dont le frère occupait depuis quelques années déjà une position élevée auprès du pacha d'Alger. Méhémet-Ali et Omar se lièrent d'amitié et partirent ensemble pour tenter la fortune; mais, à peine arrivé en Égypte, Omar reçut une lettre de son frère Mohamed, qui l'appelait près de lui. Les deux nouveaux amis se séparèrent, non sans s'être juré que le premier qui réussirait ferait partager son sort à l'autre. A Oran, où son frère était devenu khalifat du bey, la belle taille d'Omar, son œil dont nul ne pouvait soutenir le regard, ses longues moustaches noires, sa beauté éclatante, le firent nommer *chaous* (2). Peu de temps après, la fille d'un Turc de Milianah, nommée Jemna, que tous citaient comme une merveille, devint sa femme. Mais la prospérité d'Omar ne dura pas. Son frère Mohamed, dont le crédit auprès du pacha d'Alger portait ombrage au bey d'Oran, fut jeté en prison, et le bey donna l'ordre de le tuer. Omar fut aussi traîné dans le cachot de son frère. Quand l'exécuteur entra, il voulut s'élancer pour défendre Mohamed ; mais son frère, l'arrêtant, lui dit : « L'heure de ma mort est arrivée, mon enfant. Il n'est pas donné à l'homme de résister au pouvoir du Très-Haut ;—prie-le seulement chaque jour

---

(1) Il était né en 1775.
(2) Le chaous est l'homme du chef, l'exécuteur de sa volonté et aussi du châtiment qu'il inflige, car le chaous est *bourreau*. Cette fonction est très-considérée par les Arabes.

qu'il te choisisse pour venger ma mort, et songe que tu es le mari de ma femme et le père de mes enfants. » Dès lors cette vengeance devint l'unique pensée d'Omar ; et, lorsque sur l'ordre du pacha le bey l'eut renvoyé à Alger, le frère de Mohamed ne songea qu'à s'élever, afin de hâter l'instant du châtiment. Omar fut bientôt nommé caïd des Aribs (1); et sa femme Jemna, qui n'avait pu d'abord quitter Oran avec lui, parvint à le rejoindre à travers mille périls, sous la conduite de son père, Si-Hassan, et d'un serviteur fidèle, Baba-Djelloull.

Les gens de Tunis s'étant avancés contre Alger, la bataille fut livrée ; et les Turcs, poussés par l'ennemi, reculaient déjà, lorsque Omar s'élance avec trente cavaliers, charge hardiment, entraîne tout le monde, et décide le succès. Au retour, la milice entière le demandait pour agha. Pendant ce temps, Méhémet-Ali avait vu, lui aussi, grandir sa fortune. Le massacre des mamelouks assurait sa puissance ; et une tente magnifique, envoyée à son ancien ami, témoignait du souvenir qu'il lui avait fidèlement gardé.

Le nouvel agha gouvernait ce pays dans *la paix et le bien*, faisant construire des ponts de pierre sur l'Isser et le Chéliff, bon aux riches, secourable aux malheureux. Comme le disait la chronique arabe, *la victoire accompagnait partout Omar*. Son nom faisait trembler ses ennemis et il était béni de tous, lorsque le bey d'Oran, toujours acharné contre le frère de Mohamed, et redoutant cette nouvelle puissance, persuada au pacha d'Alger qu'Omar voulait s'emparer du pouvoir. Une lettre interceptée

---

(1) Tribu voisine d'Alger. — Le caïd est le chef donné par l'État, M. le maire.

avertit heureusement Omar, qui courut aux casernes et assembla la milice. « C'est vous qui m'avez élevé, leur dit-il, je ne reconnais qu'à vous le droit de m'abaisser. Je viens me mettre entre vos mains ; vous me donnerez la mort ou me délivrerez de mes ennemis. » La milice furieuse se rua dans le palais du pacha, le poignarda (1810), et voulut nommer Omar. Celui-ci refusa ; le *khrasnadji* (1) fut alors élu. Tout-puissant, Omar put enfin travailler à sa vengeance. Le bey d'Oran s'étant révolté, il marcha contre lui, s'empara de son ennemi et le fit écorcher vif. Dans la province d'Oran, l'on vous parle encore du bey écorché, *bey el messeloug*.

En 1816, craignant les Coulouglis, le pacha voulut les faire massacrer tous, et confia son projet à Omar, qui, loin de s'y prêter, fit étouffer le pacha au bain. Cette fois, il fut contraint d'accepter le pachalik. En envoyant le cadeau à la Porte, il chargea Si-Hassan et son fils Mohamed de riches présents pour Méhémet-Ali, qui presque en même temps était nommé pacha. Pendant deux années, Omar tint tête à tous les fléaux, à la peste, aux sauterelles, au bombardement de lord Exmouth ; mais la pauvre Jemna avait perdu le repos, car elle savait que tous les deys mouraient de mort violente. Prise des douleurs de l'enfantement (1818), elle entendit des salves d'artillerie : saisie de crainte, elle voulut voir Omar, et, contre l'usage, elle l'envoya chercher par son fidèle serviteur, le vieux Baba-Djelloull ; mais le vieillard revint bientôt, et revint seul. Jemna avait compris. Elle tomba sans connaissance. Des coups nombreux furent au même instant frappés à la porte... C'étaient les *chaous* du nouveau dey qui venaient s'emparer des richesses d'Omar.

(1) Trésorier.

Jemna, revenue à elle, envoya demander l'hospitalité à un ancien ami de son mari. Se dépouillant de ses riches vêtements, elle en revêtit de plus simples, enveloppa ses deux enfants dans les *hatks* de ses nègres, fit ses adieux aux cent esclaves qui la servaient dans son palais, et sortit suivie de ses deux enfants, de son père, de Baba-Djelloull et de deux négresses qui l'avaient élevée ; puis, fermant la porte de la cour, elle chargea Baba-Djelloull de remettre la clef au pacha, en lui disant : La femme d'Omar sort du palais de son mari plus pauvre qu'elle n'y était entrée ; elle n'enlève aucune des richesses qui ont tenté la cupidité de son assassin. Ces richesses seront la récompense de son crime ; mais qu'il se presse de jouir du pouvoir et de la fortune, car Dieu ne permettra pas que son heure soit longue. — Puis elle quitta pour jamais ce magnifique palais, qui l'avait renfermée pendant dix années sans qu'elle fût sortie une seule fois. Bien qu'il soit difficile d'évaluer toutes les richesses qu'Omar avait amassées pendant ces dix années, quelques détails suffiront pour donner une idée de la magnificence des Turcs une fois arrivés au pouvoir. Le palais d'Omar renfermait trois cents négresses, cent nègres, dix Géorgiennes, vingt Abyssiniennes, quarante chevaux de pur sang, dix juments du désert. Dans ce palais se trouvait une salle entièrement garnie en or et en argent, ornée de pierres précieuses ; une autre remplie de coffres contenant de l'or et de l'argent monnayés, des étoffes de brocart, d'or et de soie. Chaque semaine, Jemna changeait de parure ; et dans le coffre qui renfermait chaque costume se trouvait une parure complète en diamants, composée d'un diadème, d'une aigrette, de boucles d'oreilles, d'un collier à quinze rangs de perles fines, de deux agrafes, de deux bracelets, de douze bagues, de deux anneaux pour le bas des jambes, d'une *sarma* (1) en étoffe d'or, enrichie de pierreries.

Toutes ces grandeurs avaient disparu; et la pauvre Jemna, à peine arrivée chez les amis hospitaliers qui lui donnaient asile, reprise des douleurs de l'enfantement, mit au monde un fils qu'elle nomma Omar, en souvenir de son père. Deux jours après cette fatale journée, le nouveau dey, Ali-Pacha, envoya son premier ministre auprès de la veuve de son prédécesseur. Ce fut à travers les barreaux de la chambre occupée par Jemna que le ministre lui fit connaître l'objet de sa mission. — « Ali-Pacha (que Dieu lui donne la victoire! envoie salut et bénédiction à la veuve de l'ex-pacha Omar (2). Calme ta douleur, te dit l'illustre souverain. Ton mari est mort de la mort des pachas, son heure était marquée : que Dieu lui fasse miséricorde! Mais il te reste des enfants; tes jours sont peu nombreux : tu les as passés dans la fortune et dans les grandeurs; de plus nombreux te sont peut-être réservés par le Très-Haut : crains de les passer dans la misère et l'abaissement. Ton sort et celui de tes enfants sont en tes mains. Tu étais femme de pacha; dis un mot, et tu seras femme de pacha. Voici la clef de ton palais, nul pied étranger ne l'a encore foulé; reviens lui rendre son plus bel ornement, et ton nouveau maître y doublera tes richesses et le nombre de tes esclaves. — O Dieu de clémence et de miséricorde, s'écria-t-elle, pourquoi n'as-tu pas ordonné à ton ange Asraël d'emmener à la même heure à tes pieds l'âme de Jemna et celle d'Omar? Quel crime veux-tu me

---

(1) Espèce de coiffure.
(2) Nous avons cru devoir conserver dans ces dialogues le texte même des notes de M. Roche, sachant qu'il les avait écrites d'après le récit du fils de Jemna.

faire expier, puisque tu veux que j'entende les propositions outrageantes du meurtrier de mon mari? Mais que ta volonté soit faite! Quant à toi, vil esclave d'un maître plus vil encore, sors bien vite de la maison qui me donne refuge, car ton souffle empoisonne l'air que je respire. Va, lâche assassin, dis à ton seigneur que la veuve d'Omar-Pacha vivra et mourra la veuve d'Omar-Pacha; que ses séductions sont vaines, car les choses de la terre ne sont plus rien pour celle dont tout le bonheur est au ciel; et que ses menaces sont plus vaines encore, car il n'est que la périssable créature qui agit par ordre de son Créateur. »

Pendant plus de huit jours, le nouveau pacha employa tous les moyens pour séduire Jemna. Elle fut inébranlable. L'avarice, passion dominante de ce prince, l'emporta enfin sur tout autre sentiment; il s'empara des richesses d'Omar. Sa vue ne pouvait se rassasier de tant d'or et de bijoux. Ce fut sous l'impression favorable que lui fit éprouver le spectacle de tous ces trésors, qu'il permit à la famille d'Omar de se retirer à Milianah, où le père de Jemna avait quelques propriétés.

Ali-Pacha fut assassiné quelques mois après, et Hadj-Mohamed lui succéda. Ce fut le premier pacha qui vint demeurer à la Casbah, bravant l'inscription mystérieuse où l'on annonçait l'arrivée des chrétiens sous un pacha dont la Casbah sera la résidence. Hassan-Pacha, ancien *iman* d'Omar, remplaça l'Hadj-Mohamed, mort de la peste. A peine élu, il montra que son cœur n'était pas ingrat. Jemna reçut des cadeaux magnifiques, et l'ordre fut donné au bey d'Oran de payer un tribut et de faire des cadeaux à la veuve d'Omar toutes les fois qu'elle viendrait pour la *dennech* (1) à Alger. Ses faveurs ne se bornèrent pas

(1) Action d'apporter l'impôt.

là : il attacha Mohamed, le fils aîné d'Omar, à sa personne ; et comme le second fils était trop jeune, il le garda d'abord dans son palais, puis l'envoya à Mételin et en Égypte voir ses oncles et Méhémet-Ali, qui le demandaient. Au bout de deux ans, il revenait comblé des présents de Méhémet-Ali. Hassan lui fit épouser la fille de l'un des marabouts les plus vénérés de Milianah. La famille des Omar jouissait alors des prérogatives des grands fonctionnaires, sans courir leurs dangers. Le bonheur était redescendu parmi eux, et Jemna s'oubliait dans la joie au milieu de ses enfants, lorsque l'année 1830 arriva, amenant avec elle la chute du pouvoir turc et la réaction de toutes les tribus depuis si longtemps courbées sous le joug. Grâce à ses alliances avec des marabouts vénérés, la famille d'Omar fut momentanément respectée ; mais son chef Mohamed, qui s'était rendu coupable de plus d'un acte arbitraire, fut obligé de fuir, laissant à Milianah sa mère, ses deux femmes, son frère Omar, âgé de quatorze ans. Le vieux Baba-Djelloull et les Ouled-Si-Ahmed-ben-Yousef les protégeaient.

Pendant les six premières années de l'occupation française, le jeune Omar, fils d'Omar-Pacha, avait grandi au milieu des combats qui se livraient journellement entre les habitants des villes et les Arabes des tribus. L'anarchie la plus complète avait succédé au régime sévère des Turcs : le fort mangeait le faible, les communications étaient interrompues, la guerre civile régnait dans toute l'Algérie. Le courage et les richesses d'Omar lui avaient fait beaucoup de partisans ; il était encore au premier rang en 1836. Vers cette année s'amoncela l'orage qui devait bientôt éclater sur cette malheureuse famille.

Mohamed-ben-Omar, retiré chez les Français, avait toujours refusé tout commandement, dans la crainte de compromettre sa famille; mais en 1836, lorsque M. le maréchal Clausel lui proposa de l'accompagner à Milianah, il accepta. Les circonstances changèrent, et M. le maréchal se rendit à Médéah, où il installa un bey turc. Peu après, l'émir El-Hadj-Abd-el-Kader, qui, lors d'une première course dans l'est, s'était créé des relations importantes dans cette partie de l'ancienne régence, et qui, du reste, y trouvait aide et sympathie, arriva subitement à Médéah, s'empara du bey que nous y avions laissé, jeta dans les fers soixante des principaux *Coulouglis* (1) de cette ville, et imposa une amende considérable à Omar, fils d'Omar-Pacha, auquel il reprochait d'entretenir des relations avec son frère Mohamed, qui s'était mis au service des Français. La lettre suivante, écrite par Omar vers la fin de 1837, donnera une idée exacte de la situation des Coulouglis à cette époque.

« Lorsque, pour punir les Turcs de leur injustice, de leur barbarie et de leur avidité, Dieu, dont ils avaient oublié les préceptes, envoya les Français sur la côte de Sidi-Ferruch ; lorsque, par la volonté de celui qui seul donne la victoire, les armées musulmanes prirent honteusement la fuite devant les chrétiens ; lorsque, enfin, Alger l'inexpugnable tomba, malgré ses deux mille canons, entre les mains de l'infidèle, tout espoir de bonheur fut à jamais enlevé à tous les Turcs et à tous leurs descendants, habitants de l'Algérie. Mieux eût valu cent fois pour eux de périr dans les champs de Sidi-Ferruch et de Staoueli : ils auraient acquis la gloire ici-bas et la gloire là-haut ; mais il en fut autrement écrit.

« Notre heure est passée, l'heure des marabouts et des bergers est arrivée. Les Français ont ôté le joug du taureau, ils

(1) Fils de Turcs et de femmes arabes.

lui ont appris à combattre. Il a redoublé de fureur depuis que ses cornes ont trempé dans le sang, et sa première fureur s'est tournée contre son maître. Partout où ils se trouvaient seuls, les Turcs et les Coulouglis ont été menacés ; partout où ils étaient réunis, ils se sont défendus et ont encore une fois inspiré la crainte à leurs anciens esclaves ; mais le jour où le pouvoir est tombé entre les mains d'un seul, du jour où l'alliance des Français a fait d'Abd-el-Kader un véritable sultan (1), notre perte a été certaine. Les Coulouglis de Tlemcen, de Médéah, de Mostaganem, de Mazagran, de Mazouna, sont tous asservis ou exilés ; il ne reste plus que ceux de Milianah ; notre tour ne peut tarder. Moi surtout, je dois avoir plus de craintes que tout autre, car mon influence est redoutée par l'émir ; il convoite ma fortune, et il a pour prétexte le séjour de mon frère chez les Français.

« Si j'étais seul, j'abandonnerais toutes mes propriétés, je laisserais ma femme à son père, j'arriverais à Alger, j'en arracherais mon frère, et j'irais demander l'hospitalité à Méhémet-Ali, l'ancien ami de notre père ; mais j'ai une mère chérie, la veuve fidèle d'Omar-Pacha : elle seule me retient dans ce maudit pays. J'aurais pu sauver ma famille et mes richesses ; mais j'étais heureux alors, je commandais en pacha, je m'enivrais des flatteries de ceux qui mangeaient à mes dépens. Ceux qui sont maintenant mes ennemis me faisaient alors mille protestations de dévouement et me dissuadaient de ce dessein. Je ne prévoyais pas comme aujourd'hui la tempête qui nous menace. »

Ces pressentiments ne tardèrent pas à se réaliser : au mois de janvier 1838, Omar était chargé de fers et conduit à pied à Médéah, où se trouvait l'émir. Arrivé en sa présence, le prisonnier lui demanda la cause de son arrestation. « Remercie Dieu, lui répondit l'émir, de ce que

---

(1) Par le traité de Desmichels.

mon cœur est compatissant, car sans cette compassion ta tête serait déjà tombée en expiation de tes crimes et de ceux de ton frère. Non contents d'avoir opprimé les musulmans, lorsque vos injustes pères gouvernaient le pays; non contents d'avoir amassé des richesses en dépouillant des Arabes, vous avez oublié votre religion, vous avez vécu dans la débauche. L'un de vous est allé chez les chrétiens pour venir ensuite asservir son pays, tandis que l'autre préparait les voies à l'infidèle. Le temps de la justice est venu. D'après le texte même du livre saint, vos têtes devraient tomber et tous vos biens devenir la propriété du *beytik* (1) ; mais, comme je te l'ai dit, ta vie sera sauvée, à condition que tu me livreras tout ce que tu possèdes, toi et les tiens : le moindre oubli causerait ta perte. Fais connaître mes ordres à ta mère ; malheur à toi et à elle si elle tentait de s'y soustraire ! »

Omar écrivit à sa mère, et les cavaliers porteurs des ordres de l'émir se rendirent aussitôt à Milianah. Malgré les représentations des marabouts alliés d'Omar, malgré les supplications de ses serviteurs, les cris de désespoir de sa mère, au mépris même des lois les plus rigoureuses de l'islamisme, ils pénétrèrent dans les maisons occupées par la famille ; rien n'échappa à leurs infâmes recherches. Les femmes se virent brutalement dépouillées des bijoux dont elles étaient parées, et exposées sans voile aux regards et aux mauvais traitements des Arabes, autrefois leurs vils esclaves. Deux secrétaires de l'émir écrivaient l'inventaire des objets trouvés, tandis que les yeux avides des cavaliers cherchaient encore des trésors nouveaux. L'on estima à 400,000 francs environ les bijoux et l'or

(1) L'État.

monnayé trouvés dans la maison d'Omar. L'émir, à la vue de ces richesses, qui lui étaient nécessaires pour envoyer Miloud-Ben-Arach en ambassade à Paris, fut saisi d'étonnement ; mais Si-Embarek, l'ennemi personnel d'Omar, n'était pas encore satisfait. Il prétendit que Jemna avait soustrait un trésor dont elle seule et une négresse dévouée connaissaient l'emplacement, et il envoya une lettre de Mohamed-ben-Omar, trouvée parmi les papiers de Jemna, dans laquelle Mohamed-ben-Omar demandait la bague de son père, afin d'acheter avec le prix une maison de campagne à Alger. Excité par le désir d'augmenter ses ressources, ne reculant plus devant aucun moyen, l'émir fit donner à Jemna la permission de voir son fils captif à Médéah. La pauvre mère croyait le cœur de l'émir touché de compassion ; elle partit en toute hâte le soir même de Milianah, et arriva le lendemain matin à Médéah, dans la confiance que son fils allait lui être rendu. On l'amena devant l'émir. Sa taille imposante, le prestige de son nom et de ses malheurs, imprimèrent sur la physionomie des assistants un sentiment de respect et de compassion. Tous étaient silencieux, ils attendaient dans le recueillement l'issue de cette entrevue. Abd-el-Kader rompit le premier le silence : « Tes deux fils ont mérité la mort : l'un, parce qu'il est devenu chrétien en habitant au milieu des chrétiens ; l'autre, parce qu'il a entretenu des relations avec les infidèles. Leurs vies, leurs femmes, leurs enfants et tout ce qu'ils possèdent, tout est devenu judiciairement la propriété du chef de l'État. Tu peux sauver néanmoins la vie de celui qui est mon prisonnier. Il faut nous livrer la bague du pacha leur père, que tu possèdes encore, nous le savons, et nous découvrir l'endroit où tu as caché ce trésor, injustement acquis.

— O mon fils Omar ! pourquoi n'es-tu pas mort en naissant ! s'écria la malheureuse Jemna ; et ne devais-je pas m'attendre au triste sort que te destinait le Seigneur, puisque ta naissance a été le signal de la mort de ton père ! Mais toi, fils de Maheddin, oublies-tu donc que ta mère vit encore? oublies-tu que tu as des femmes ? oublies-tu que tu as des enfants ? Ne crains-tu pas que Dieu t'enlève le pouvoir qu'il a momentanément mis dans tes mains, et qu'il te punisse, dans ce que tu auras de plus cher, de l'abus que tu en auras fait ? Regarde-moi, fils de Maheddin : hier j'étais la femme du pacha devant lequel tremblaient ton père et tous les habitants du royaume d'Alger ; hier on venait implorer ma protection : aujourd'hui, j'implore la pitié de celui qui était mon sujet. Songe donc à l'inconstance des biens d'ici-bas. Pense à Zora, ta mère, à Aïchá, ta fille, et prends pitié d'une pauvre femme qui t'implore pour son enfant. Crains d'attirer sur toi les imprécations d'une mère, car elles portent malheur. Tu me demandes la bague d'Omar-Pacha, c'est le seul souvenir qui me reste de lui; mais la voici. Rends-moi mon fils, je te donnerais avec ce bijou tous les trésors du monde, si je les possédais ; mais je n'ai plus rien. »

Jemna jeta en même temps la bague, qu'elle tenait cachée dans son sein (1). Abd-el-Kader fit un signe; on emmena Jemna. L'instant d'après, des cris de femme se firent entendre : un ordre affreux avait été donné ; mais l'intendant de l'émir et le *bach-chaous*, hommes bons et miséricordieux, au lieu de mettre à la torture la veuve d'Omar-Pacha, avaient fait donner trois cents coups de bâton

---

(1) Ce bijou fut estimé à 25,000 boudjous. Le boudjou vaut 1 franc 80 centimes.

à la négresse qui, d'après les renseignements de Si-Embarek, connaissait l'emplacement du trésor. C'était une cruauté inutile, car elle l'ignorait. On en rendit compte à l'émir. Un grand nombre de chefs s'interposèrent, et ils obtinrent enfin la liberté d'Omar et de sa mère, à la condition toutefois qu'il serait procédé à la vente de tous leurs biens. Qu'importait à Jemna? elle revoyait son fils, et sa vue semblait lui faire oublier toutes ses infortunes. Son temps d'épreuve, hélas! n'était pas encore fini. Nègres, négresses, chevaux, mulets, meubles, vêtements, tout fut vendu selon l'ordre de l'émir; et les femmes du fils aîné d'Omar, Mohamed, furent mariées de force à des serviteurs du khalifat Embarek. Réduite au dernier dénûment, la veuve d'Omar fut obligée d'aller demander asile à son fidèle serviteur, au vieux Baba-Djelloull, qui mourut peu de jours après ces nouveaux malheurs. Retiré près de sa mère, Omar venait de se guérir d'une maladie affreuse contractée dans son cachot, quand une dernière disgrâce vint les accabler. Au mois de juin 1838, par ordre de l'émir, tous les Couloughis durent quitter Milianah et se rendre à Tagdempt. En vain les chefs des Hachems du Chéliff et ceux du Djendel demandèrent grâce pour Omar et sa mère, offrant une caution de 10,000 boudjous. Cette démarche, loin de leur servir, leur fût nuisible. Il fallut partir. Le triste convoi d'exilés quitta Milianah sous l'escorte des cavaliers d'Abd-el-Kader. Tous les visages étaient empreints d'une tristesse mortelle, mais calmes et résignés. Les gens des premières familles marchaient couverts de haillons, sans pousser une plainte; l'on n'entendait que les cris des petits enfants que l'ardeur du soleil accablait. Plus l'infortune était grande, plus le courage de Jemna s'élevait. Soutenant de son grand cœur ses compagnons de malheur, encourageant son fils, on retrouvait toujours en elle la veuve d'Omar-Pacha. Sans se laisser abattre, calme et résignée, elle supportait le poids de la douleur, repoussant toujours avec mépris les propositions de mariage qui lui étaient faites par des chefs de l'émir. A la destruction de Tagdempt, Omar obtint la permission de se retirer avec sa mère dans les Beni-Menacers. Il lui fut enjoint toutefois de servir comme cavalier régulier près du khalifat de Milianah : il accepta ; mais l'émir, qui voyait sa puissance décroître, était forcé de se retirer devant nos armes, et Omar put enfin, après des fortunes si diverses, rentrer à Milianah. Il trouva un bienveillant accueil parmi les Français. Sa maison lui fut rendue ainsi que quelques biens; et peu de temps après, sur la demande du commandant supérieur, il était nommé *hakem* (1).

Telle est la singulière histoire des Omar. Lors de son passage à Milianah, le maréchal Bugeaud, à qui l'on avait raconté cette histoire, voulut voir la mère d'Omar et lui donner un témoignage public d'estime. Nous l'accompagnâmes dans la visite qu'il lui rendit avec tout son état-major. Le maréchal fut reçu dans un modeste appartement, qui n'avait gardé nulle trace des magnificences d'autrefois. Dès qu'il fut entré, une femme couverte d'un grand voile, d'une démarche majestueuse, s'avança, soutenue par Omar. « Tu peux ôter ton voile, mère, dit Omar : tous les yeux ici sont amis et ne voient en toi que la femme d'un pacha et la mère d'un des plus fidèles serviteurs de la France. » Par un mouvement plein de dignité, Jemna laissa tomber son voile. Nous ne pûmes alors nous empêcher d'admirer cette noble figure, sur laquelle le

---

(1) Maire arabe.

temps et la douleur, en imprimant leur cachet, semblaient avoir déposé un charme nouveau. Émue, Jemna resta longtemps sans pouvoir parler. Enfin, ranimée par l'accueil bienveillant du maréchal Bugeaud, levant ses beaux yeux pleins de larmes, elle lui dit : « J'ai été bien malheureuse; mais je crois que la main du Seigneur me protége comme autrefois, puisqu'il m'a amenée vers toi, sultan français. Je sais que ton cœur est bon autant que ton bras est tout-puissant. J'ai confiance en toi. Je ne demanderai rien pour moi : je suis vieille, et bientôt j'irai rejoindre mon mari, qui était sultan comme toi; mais je mets mon fils sous ta protection : traite-le comme ton fils; il sort d'un noble sang, et il sera digne du bien que tu lui feras. Chaque jour, mes prières s'élèveront vers Dieu pour que tu sois heureux, toi et les tiens, et chaque jour je lui demanderai la grâce de voir Abd-el-Kader et les siens venir à tes pieds implorer leur pardon. »

Le maréchal, ému, la rassura par d'affectueuses paroles, lui promettant de veiller sur son fils; et nous nous retirâmes, pénétrés de respect, sentiment que l'on éprouve si rarement pour les femmes musulmanes. Quelques heures après, au milieu des préparatifs du départ, nous avions oublié Jemna et ses malheurs. La liberté nous était enfin rendue. Le maréchal Bugeaud s'éloignait le lendemain avec sa colonne, et nous allions avec le général Changarnier, poursuivre les Kabyles jusque dans leurs repaires les plus inaccessibles.

III

Le pays connu sous le nom d'Ouar-Senis s'étend, entre

la vallée du Chéliff au nord et le petit désert au sud, sur une longueur d'environ quinze lieues. C'est une vaste réunion de montagnes qui se dressent successivement jusqu'à la crête rocheuse placée au centre, véritable nœud de ce réseau de précipices, de ravines et de pitons gigantesques. Longue de quinze cents mètres, dominant de plus de six cents pieds le plateau qui lui sert de base, protégée par des escarpements à pic, cette crête rocheuse, dont le sommet n'est accessible que par des sentiers bons tout au plus pour les chèvres, court de l'est à l'ouest; et de ce côté, après un col qui sert de chemin, se dresse une dent de roche à la forme de dôme, plus haute encore que la crête dentelée. On peut se figurer la difficulté d'un pays où d'étroits sentiers, dominés sans cesse par des pitons et des plateaux boisés, serpentent au flanc des montagnes, ne laissant que le passage d'un homme. Ces terrains dangereux sont habités par des Kabyles sauvages et belliqueux, issus de ce vieux sang berbère où s'est toujours maintenu l'esprit de résistance au pouvoir établi : les Beni-Eyndel, les Beni-bou-Douan, les Beni-Rhalia, les Beni-bou-Atab, les Beni-bou-Kanous, les Beni-bou-Chaïb, etc., tribus aux formes républicaines, n'obéissant qu'à une *djemda* (1) nommée par le peuple entier, indépendantes, toujours en querelle, unies pourtant contre l'ennemi commun. Déjà ces tribus s'étaient rencontrées avec nos soldats. Une première fois, ce fut à l'Oued-Foddha de glorieuse mémoire; plus tard, au mois de novembre 1842, elles avaient dû se soumettre devant nos colonnes sillonnant de nouveau leur territoire : mais cette soumission ne fut pas de longue durée, et, à l'apparition d'Abd-el-Kader, vers le mois de

(1) Commission de gouvernement.

janvier 1843, elles avaient repris les armes. Sidi-Embarek se trouvait alors dans l'Ouar-Senis avec ses bataillons réguliers, et s'efforçait d'exciter l'esprit de résistance des montagnards.

Trois colonnes devaient opérer dans ce pays sous la direction supérieure du général Changarnier. Chacune avait ses instructions précises, et le rendez-vous commun était assigné à la *Medina des Beni-bou-Douan*, village kabyle ou plutôt gros bourg qui se trouve au milieu de ces montagnes. Pour nous, nous allions à la *cathédrale*, ainsi que disaient les soldats parlant de l'arête rocheuse et de son dôme, avec les troupes que le général commandait en personne.

Le 10 mai, par un beau soleil, le cœur gai et alerte, nous franchissions la porte de Milianah et descendions l'étroit sentier qui mène, dans la direction ouest, à la vallée du Chéliff. Cent cinquante chevaux nous accompagnaient; car il était question, le lendemain, de tenter une surprise sur un village kabyle de la rive droite, où l'on disait que Berkani avec sa famille, la plus considérable de l'importante tribu des Beni-Menacers, avait cherché un refuge. A peine dans la vallée, les clairons sonnèrent la halte pour donner à la colonne le temps de se serrer; puis, tout le monde réuni, on se remit en route. Nous étions en pays ami; le regard s'étendait au loin. Aussi, bien que les armes fussent chargées, l'on marchait sans se garder : en tête, le général, suivi de la cavalerie; puis l'infanterie, précédée d'une compagnie de sapeurs du génie, avec des mulets portant des outils. Cette compagnie avait ordre d'aller à son pas, sans s'inquiéter de la cavalerie non plus que du général. Derrière venait une partie de l'infanterie; puis l'artillerie de montagnes, avec ses petites pièces que portaient ses mulets trapus ; l'ambulance au drapeau rouge, le convoi des vivres; enfin, le bagage des corps, chevaux de bât, mulets ou ânes, sous la surveillance des sous-officiers et suivi d'une nombreuse infanterie qui fermait la marche, ayant à l'extrême arrière-garde des mulets à cacolets en cas de maladies ou d'accidents. De temps à autre, les officiers du général s'assuraient que la colonne s'avançait en bon ordre, et, d'heure en heure, le chef d'état-major faisait sonner une halte. C'étaient dix minutes données aux soldats d'infanterie pour se reposer du poids effrayant de leur bagage, lorsque huit jours de vivres viennent s'ajouter à leur charge habituelle. Dans les grandes étapes, l'on s'arrête une heure et demie environ à moitié route, et les soldats *mangent* le café, ou plutôt la *soupe au café*. Je ne puis me servir d'une autre expression pour désigner ces gamelles remplies de café et de biscuit cassé, où chacun puise à tour de rôle. Tel est l'ordre habituel des marches en Afrique.

Nous cheminions donc dans la vallée du Chéliff, à travers des blés magnifiques, fumant et causant, riant et chantant, ou silencieux et pensifs, selon que l'on avait joyeuse humeur ou tristesse ; mais, fort heureusement, la tristesse n'était guère notre fait. Nous étions en train de parler de tous et de tout, gloires illustres et célébrités inconnues, aventures de guerre ou d'amour, lorsque enfin les chevaux, et c'était justice, eurent aussi leur tour. A l'unanimité nous déclarions qu'on devait un respect profond à ces héros silencieux qui, si souvent, ont fait la gloire de leurs maîtres, lorsque M. de Carayon-Latour se mit à nous chanter cette complainte de soldat qui courait sur un cheval du général Changarnier, mort à la bataille. Certes, l'illustre animal n'avait rien à envier à

M. de Marlborough, dont cette chanson de bivouac empruntait le refrain :

> Le pauvre Max (1) est mort !
> Mironton, mironton, mirontaine ;
> Le pauvre Max est mort,
> Mort et pas enterré ! (Ter.)
>
> Il était v'nu d'All'magne,
> Mironton, mironton, mirontaine ;
> Il était v'nu d'All'magne,
> Pour aller en Alger. (Ter.)
>
> Comme il y débarquait,
> Mironton, mironton, mirontaine,
> Comme il y débarquait,
> Le général le vit. (Ter.)
>
> Cet animal me plaît,
> Mironton, mironton, mirontaine,
> Cet animal me plaît,
> J'en ferai mon ami. (Ter.)
>
> Il l'a dit, il l'a fait,
> Mironton, mironton, mirontaine.
> Il l'a dit, il l'a fait :
> *Changar* est un luron. (Ter.)
>
> Depuis lors, ont couru,
> Mironton, mironton, mirontaine,
> Depuis lors ont couru
> Toujours en avant. (Ter.)

(1) Ce Max était un grand cheval allemand bien connu des soldats. Il avait été blessé plusieurs fois, et le général le montait lorsque lui-même reçut une balle au bois des Oliviers près du col du Mouzaïa, en 1841.

Quand la bête hennissait,
Mironton, mironton, mirontaine,
Quand la bête hennissait
Tous les clairons sonnaient. (*Ter.*)

Le général parlait,
Mironton, mironton, mirontaine,
Le général parlait :
Tous les clairons couraient. (*Ter.*)

C'te grand' bête galopait,
Mironton, mironton, mirontaine,
C'te grand' bête galopait :
Les Kabyles se sauvaient. (*Ter.*)

Quand la bête galopait,
Mironton, mironton, mirontaine,
Quand la bête galopait,
Le général riait. (*Ter.*)

Fallait les voir z'alors,
Mironton, mironton, mirontaine,
Fallait les voir z'alors
Comme ils se rengorgeaient. (*Ter.*)

L'tapage l'z amusait,
Mironton, mironton, mirontaine,
L'tapage l'z amusait,
Voir même qu'ils en rêvaient. (*Ter.*)

Max reçut maintes balles,
Mironton, mironton, mirontaine,
Max reçut maintes balles,
Et l' général aussi. (*Ter*).

A la fin, c'te pauv' bête,
Mironton, mironton, mirontaine,
A la fin, c'te pauv' bête
A trépassé sous lui! (*Ter.*)

Je m'arrête, et sachez-m'en un peu de gré, car la complainte a soixante-quinze couplets. Ce que nous en avons cité aura suffi pour donner une idée de ces mille chansons improvisées par nos soldats pendant les longues marches d'Afrique.

De halte en halte, la colonne était arrivée au lieu du bivouac, près du pont de pierre construit sur le Chéliff par les soins d'Omar-Pacha ; et, comme toujours, la cité ambulante s'établit avec une promptitude admirable. Le général avait rapidement désigné au chef d'état-major l'emplacement des différents bataillons d'après l'ordre de marche du lendemain, puis il avait mis pied à terre, tandis que le capitaine Pourcet indiquait cet ordre aux chefs de corps. D'après les recommandations expresses du général, sans perdre de temps en manœuvres inutiles, dès qu'une compagnie était arrivée sur l'alignement, elle formait ses faisceaux et quittait ses sacs. Aussitôt chacun de courir ramasser le bois, chercher l'eau, allumer le feu, dresser les petites tentes, tous ces mille riens dont on ne comprend la valeur que lorsqu'il faut se suffire à soi-même et *débrouiller sa vie de chaque jour*, selon l'expression du soldat. Bien dormir, bien manger, ce sont en effet les deux choses importantes à la guerre ; car, avec une troupe nourrie et reposée, il n'y a rien qu'on ne puisse entreprendre. Ls plus grand des philosophes, Sancho Pança, a dit : « L'homme ne fait pas son ventre, mais le ventre fait l'homme. » C'était l'avis du général Changarnier. Aussi s'efforçait-il d'éviter aux soldats toute fatigue inutile, et jamais il ne quittait le bivouac que la soupe ne fût mangée.

Dans la nuit, nous eûmes une alerte ; si nous étions en pays ami, nos amis n'en étaient pas moins de francs voleurs : deux chevaux furent enlevés. Selon leur coutume en pareille occasion, de hardis compagnons, nus comme des vers, le corps enduit de graisse, afin de glisser dans la main de ceux qui voudraient les retenir, se coulèrent entre les tentes, rampant comme des serpents. Arrivés près de deux beaux chevaux, ils coupent les entraves, sautent sur la bête et partent à fond de train, franchissant tous les obstacles, courbés sur l'encolure, afin d'éviter les balles des sentinelles avancées. Un autre de ces voleurs, quelques heures plus tard, fut moins heureux. Le factionnaire de garde aux faisceaux remarqua sur sa droite, tout en se promenant de long en large, un buisson de palmiers nains. L'instant d'après, le buisson avait changé de place; il se trouvait à gauche. Aussitôt le factionnaire se dit : « Il y a là-dessous un méchant tour. » Et, sans parler, bien sournoisement, tout en ayant l'air de flaner, il arme son fusil et continue sa promenade. Le buisson remuait, remuait tout doucement, gagnait peu à peu du terrain : tout à coup il se dresse, se rapproche, et un Kabyle saute sur le soldat, le poignard à la main; mais celui-ci lui envoie sa baïonnette dans le ventre. Le coup fut mortel, et le buisson vivant ne se releva plus.

Tels furent les petits événements de la nuit. Le lendemain, à la diane, la musique du 58ᵉ jouait un gai réveil; et, après avoir toussé un peu, après avoir chassé, à l'aide d'un coup d'eau-de-vie, ce brouillard du matin que les militaires, j'en demande bien pardon, appellent du triste nom de *pituite*, chacun reprenait son rang et se mettait en marche, suivant, comme la veille, la vallée du Chéliff. Le soir, on s'arrêta à l'Oued-Rouina. A la nuit, l'ordre fut donné à la cavalerie de se tenir prête; et, vers deux heures du matin, on rompait les rangs, en silence, sans sonnerie, suivi de deux bataillons sans sacs. Chaque troupe avait son guide; et, le général en tête, nous partîmes pour surprendre les Berkanis. Au jour, nous étions arrivés sur un petit plateau, entre deux collines. A nos pieds s'étendait une ravine boisée, profonde, difficile; de l'autre côté s'élevaient les cabanes des Kabyles au milieu de grands oliviers et de noyers aux larges feuilles. Leurs coups de fusil ne nous avertirent que trop du peu de succès de notre entreprise. Tous les personnages importants du village avaient pris la fuite. On mit aussitôt pied à terre par ordre du général. Les chasseurs occupèrent les deux pitons et échangèrent des coups de fusil avec l'ennemi, en attendant que l'infanterie nous eût rejoints. M. de Carayon-Latour et un de nos camarades possédaient deux petites carabines qui portaient à des distances énormes : on les chargea, les paris s'engagèrent, et ce fut à qui ferait preuve d'adresse à ce nouveau tir aux pigeons; mais ici nos pigeons étaient des Kabyles, armés de longs fusils, qui nous visaient fort bien à leur tour et surent trouer nos cabans, malgré les gros arbres derrière lesquels nous nous abritions. Cela redoublait nos joies et nos rires; car, somme toute, nous leur avions déjà tué du monde, quand les chasseurs d'Orléans arrivèrent. Ils valaient mieux que nous pour cette besogne; aussi, dès les premières balles, tous les Kabyles se hâtèrent de se dérober à leurs coups. Le soir, nous étions rentrés au bivouac; et le lendemain la cavalerie retournait à Milianah, tandis que notre tête de colonne s'engageait dans la vallée de l'Oued-Rouina. Quelques heures après, les mauvais chemins de l'Ouar-Senis commençaient. Un par un, mulet par mulet, les soldats et le convoi s'avançaient dans ces étroits sentiers qui montaient constamment, s'accrochant, à travers les pins maritimes, sur le flanc des montagnes. Les mauvaises heures arrivaient aussi pour l'infanterie ; car, à droite et à gauche du convoi, des bataillons étaient chargés de le protéger, coupant le pays sans route tracée, tantôt descendant les ravines, tantôt gravissant les escarpements, fatigues épouvantables, dont la guerre et la sûreté de tous font une nécessité.

En pays ennemi depuis deux jours, nous n'avions encore rencontré personne ; c'était partout le calme du vide, le désert, lorsque tout à coup, face à nous, sur un piton qui commandait l'étroit sentier, nous vîmes cinq à six cents Arabes s'agiter et pousser de grands cris. La halte fut sonnée. Le général massa les chasseurs d'Orléans de l'avant-garde ; puis, le premier en tête, il partit avec eux pour débusquer l'ennemi. Se faisant un rempart des figuiers et des arbres qui garnissaient ce piton, les chasseurs d'Orléans l'escaladèrent au pas de course, malgré le feu des Kabyles, qu'ils poussèrent bientôt la baïonnette dans les reins. Bon nombre de ces gens y restèrent, les autres reçurent une chasse vigoureuse ; et nous revînmes avec un troupeau trouvé dans les bois, quelques tués, quelques blessés : mais c'est la guerre ! Pendant ce temps le convoi, ayant franchi le défilé après avoir passé un ravin, s'était établi près du bourg des Beni-Boudouan. Les maisons de ce bourg, construites en bois et en pisé, ressemblent beaucoup aux cabanes de nos paysans de Picardie. Elles sont solides, défient la pluie et les orages ; pourtant nos soldats en eurent bientôt raison, car ce bois sec avait moins de fumée et faisait de la meilleure soupe. Aussi, pendant deux jours, tandis que nous attendions les autres colonnes, plus d'une fut détruite, et toutes y auraient passé si le colonel Picouleau et ses troupes eussent encore tardé.

Dans leur route, plus longue et plus difficile, les deux colonnes commandées par le colonel avaient rencontré de nombreux contingents poussés au combat par les bataillons de Sidi-Embarek, et ramenaient un assez grand nombre de blessés. Le général Changarnier, pour alléger la marche, se décida à les renvoyer à Milianah, sous bonne escorte, avec le matériel inutile. Un singulier accident signala ce départ. M. Laurent, officier de chasseurs d'Orléans, amputé la veille, avait été placé sur une litière; de l'autre côté, un homme atteint d'une fièvre pernicieuse, presque mort, faisait contre-poids. Au sortir du bivouac, après avoir passé le ruisseau et gravi une partie de la montagne, le convoi suivait un chemin très-étroit dominant en corniche la ravine. Tout à coup le mulet de litière butte, s'abat, et l'amputé et le fiévreux roulent avec lui. Ce fut un long cri. Chacun de se glisser jusqu'au ruisseau pour porter secours. On arrive. Le mulet, tranquillement relevé, broutait paisiblement. Pour M. Laurent, le fer de la litière l'avait heureusement préservé; et quant au fiévreux, la secousse avait été si violente, qu'une réaction s'était opérée, et il dut la vie à ce qui aurait tué tout autre. Tous les trois reprirent leur marche sur Milianah; tandis que notre colonne, forte de 2,800 hommes et de 25 chevaux, se mettait en route dans la direction de l'ouest, où les renseignements arabes indiquaient que les tribus s'étaient retirées.

Pendant ces marches, nous ne pouvions nous lasser d'admirer la constance du soldat d'infanterie si pesamment chargé, qui, se moquant de lui-même, s'est donné le surnom de *soldat chameau*. C'était, en effet, merveille de les voir s'avancer pendant de longues journées, sous un soleil ardent, à travers des pentes affreuses, toujours gais, toujours en train, se reposant, s'amusant d'un rien. Une après-midi, on arrivait au bivouac, les faisceaux étaient déjà formés, chacun à son ménage. Tout à coup une rumeur épouvantable. Tous de courir à droite, à gauche ; un tumulte ! le général lui-même sort de sa tente. Quel était donc ce grand événement ? un lièvre, un malheureux lièvre, qui, surpris au gîte, après avoir hésité longtemps, s'était décidé à s'enfuir. Signalé, aperçu, l'un de courir après lui, l'autre de lui jeter son bâton, chacun d'attraper ce plat encore vivant ; enfin un voltigeur, plus souple, plus adroit, avait lancé sa capote sur la bête, et lui-même par-dessus, en sorte que bon gré, mal gré, le pauvre lièvre kabyle fit le bonheur d'un Français ce soir-là.

C'est à l'arrivée au bivouac que brille de tout son éclat l'industrie de nos soldats. Arrêtez-vous près d'une petite tente, et voyez le chef d'escouade ; on lui apporte alors crabes, tortues, serpents d'eau, toutes ces bêtes qui n'ont pas de nom, mais un goût, et que l'expérience apprend à manger sans crainte. Ou bien encore ils s'en viennent, leur gamelle pleine de sang de bœuf. Bouilli au feu à trois reprises différentes et refroidi ensuite, le sang de bœuf finit par former une espèce de fromage noir. Étendu sur le biscuit, avec quelques grains de gros sel, cela fait une nourriture passable, précieuse ressource pour les estomacs affamés. Les bœufs et les moutons ennemis valent pourtant mieux ; aussi tous nos soldats avaient-ils grande hâte de joindre les Kabyles, de leur faire des prises, et les nombreuses traces que nous rencontrions dans la direction de l'ouest donnaient bon espoir. Tous les renseignements arabes s'accordaient en effet pour signaler la présence des populations du côté de l'Ouar-Senis même. Les renseignements étaient exacts : le 18 mai au matin, un moment après avoir traversé l'Oued-Foddha et nous être engagés dans un défilé, nous aperçûmes quelques cavaliers arabes, et, en débouchant sur ce large plateau d'où se dresse la crête rocheuse, nous vîmes l'ennemi.

Nous arrivions de l'est, parallèlement au côté sud de la crête. Devant nous s'étendait un vaste plateau couvert d'arbres, de verdure, de vignes, de maisons et de jardins. A l'ouest, le plateau se terminait par une haute montagne en pain de sucre, séparée de la crête rocheuse par un col servant de chemin. Ce plateau s'arrêtait brusquement vers le sud, à une ravine où coulait une rivière. La crête pouvait avoir quinze cents mètres de long, des roches dentelées la surmontaient; et ses murailles se dressaient à pic, au-dessus des dernières pentes, sur une assez grande hauteur. La montagne entière dominait le plateau d'environ six cents pieds. Des pins et d'autres arbres couraient le long des pentes abruptes et s'arrêtaient à la roche verticale, s'élevant plus haut à deux endroits opposés, ce qui semblait indiquer deux passages par où l'on pouvait atteindre les sommets. Du reste, rien de plus charmant que ce plateau, véritable oasis, qui, sur deux côtés, se détachait, dans toute sa fraîcheur, d'un rempart de montagnes grises, tandis que vers la gauche le regard se perdait sur une ligne de mamelons sans fin et dans les horizons bleuâtres de Tiaret. En arrivant, nous vîmes les cavaliers de Sidi-Embarek s'éloigner vers le sud et de nombreux Kabyles s'enfuir le long des pentes boisées; mais du sommet même du rocher nous venait un bruit confus, une agitation sourde; par moments, de longs cris. De temps à autre, des Kabyles se montraient; et, chose singulière, des silhouettes de cavaliers, suspendues à des hauteurs en apparence inaccessibles, se dessinaient sur l'azur du ciel.

Les vingt-cinq chevaux, notre seule cavalerie, furent immédiatement lancés dans la direction du col ; et les chasseurs d'Orléans, d'avant-garde ce jour-là, jetant leurs sacs, coururent appuyer le petit peloton de cavaliers. Deux autres compagnies balayaient les pentes à la baïonnette, pendant que le reste de la colonne s'établissait au bivouac dans les jardins. L'attaque se régularisa aussitôt. Le lieutenant-colonel Forey, du 58e de ligne, avec le 6e bataillon de chasseurs et quelques compagnies de son régiment, devait tenter l'escalade à la pointe est, où un chemin semblait praticable. Deux bataillons du 58e et le colonel d'Illens allaient monter à l'assaut en s'aidant d'une ravine qui se trouve aux deux tiers de la crête. Il était une heure environ ; un beau soleil faisait briller les armes, étinceler le rocher. Les soldats, heureux de se battre, allaient rapidement joindre leurs postes, sans s'inquiéter des longs cris et des menaces des Arabes, qui descendaient jusqu'à nous. Prêt à monter à cheval, pour se porter où sa présence serait nécessaire, le général se tenait au centre sous de grands arbres, donnant ses ordres avec sa précision et sa netteté habituelles. Nous étions auprès de lui, contemplant ce panorama magnifique, quand sur la droite des coups de fusil se firent entendre, se mêlant au son entraînant de la charge. Ce bruit de tambour ainsi battu répand dans les âmes une puissance nouvelle, une ardeur inconnue. En ce moment, le général donnait ses dernières instructions au colonel d'Illens, qui allait tenter l'escalade. Quelques secondes après, la compagnie de chasseurs que nous avions vue tenir le bois de pins, échangeant des coups de fusil avec les Kabyles et se garant de son mieux des quartiers de roche que l'on roulait sur elle, passa pour rejoindre son bataillon, le capitaine Soumain en tête, tout meurtri encore de la chute d'un bœuf que les défenseurs de la montagne avaient jeté sur lui, dans un moment critique, à défaut de roche. La fusillade devenait plus vive à l'est, la charge battait toujours, et le général se disposait à s'y rendre, lorsque les soldats de garde aux avant-postes lui amenèrent un cavalier nègre, l'un des réguliers de Sidi-Embarek, qui nous apportait la nouvelle de la prise de la smala par M. le duc d'Aumale. Il y avait deux heures à peine que Sidi-Embarek avait appris la perte de ses biens, de sa famille entière. Aussitôt le cavalier, montant à cheval, s'était hâté de profiter de cette heureuse circonstance pour se faire bien accueillir de nous. On n'avait encore aucun détail; mais, d'après le récit de cet homme, nous pouvions juger de la hardiesse du coup de main et de la décision qu'avait dû montrer le jeune général. La nouvelle se répandit aussitôt, redoublant l'ardeur des soldats, qui, eux aussi, voulaient mener à bonne fin l'entreprise commencée.

A ce moment, nous nous étions rendus à la pointe est, près des chasseurs d'Orléans. Arrivé au pied du rocher avec une partie du bataillon (le reste avait d'abord été envoyé à cette ravine où le colonel d'Illens et le 58ᵉ venaient de le remplacer), le lieutenant-colonel Forey, ancien commandant des chasseurs, fit mettre la carabine en bandoulière. « Il s'agit d'escalader, leur dit-il, et vivement; rappelez-vous que vous êtes chasseurs d'Orléans. » Aussitôt la charge sonna; et, malgré le terrain, malgré les ronces, malgré le rocher, ils s'élancèrent comme des singes, sautant, franchissant les obstacles, méprisant les balles qui leur tombaient d'aplomb, se garant des roches énormes que les Kabyles roulaient sur eux. Ils arrivèrent ainsi, s'aidant des pieds et des mains, jusqu'à un escarpement que, malgré tous leurs efforts, ils ne purent dépasser. Alors, accroupis dans les rochers, leurs balles tuaient sur la crête tous les Kabyles qui osaient se montrer. De temps à autre, ils tentaient encore de nouveaux efforts, et plus d'une main fut broyée par les pierres roulées. C'était un spectacle singulier, une scène du moyen âge; on eût dit l'assaut d'une de ces antiques forteresses bâties au bord des précipices.

A son arrivée, le général fit sonner la retraite; il ne voulait pas sacrifier inutilement le sang de ces braves gens, et il ordonna au bataillon, renforcé par d'autres troupes, de garder tous les passages et de bivouaquer de ce côté du rocher. Un prisonnier kabyle indiquait deux étroits sentiers par lesquels les populations avaient atteint ces sommets qu'elles regardaient comme inexpugnables, et ces chemins étaient tellement affreux, que chevaux et gros bétail avaient dû être hissés avec des cordes; mais le Kabyle ajoutait que l'eau manquait : dès lors tous ces gens étaient à nous avant trois jours. L'ordre du blocus fut donné, et cette forteresse naturelle fut entourée d'un réseau de postes.

Le 58e, qui avait tenté l'escalade d'un autre côté, avait d'abord été plus heureux. Un instant, les soldats se voyaient aux sommets du rocher; déjà leur joie était grande : ils croyaient tenir ces Kabyles insolents, les balayer devant eux, les précipiter dans l'abîme. Arrêtés par une ravine de roche, ils avaient dû se contenter de garder les passages. Leurs pertes étaient peu nombreuses, mais le colonel d'Illens était au nombre des tués. Une balle l'avait percé de part en part, le premier, en tête de sa troupe, et l'on venait de rapporter son cadavre au camp.

La colonne se trouvait donc divisée en deux corps :

l'un gardait les pentes nord, l'autre les pentes sud et est; la réserve et le convoi restaient établis au milieu des jardins, où les grenadiers, enlaçant leurs fleurs rouges aux grandes vignes qui couraient d'arbre en arbre, nous donnaient la fraîcheur et l'abri. Le soir, tous ces feux de bivouac, comme autant d'étoiles, étincelaient le long des pentes de la montagne; une flamme énorme, sans doute quelque signal, brillait à l'extrémité est du rocher; au-dessus de nos têtes s'étendait la voûte limpide du ciel où plongeait le regard. Un bûcher d'oliviers nous prêtait sa douce chaleur, et la soirée se passait à fumer, à causer, en attendant le sommeil, quand tout à coup Carayon-Latour, une des meilleures trompes de France, se mit à sonner l'hallali, puis tous les airs de chasse, que répétait au loin un écho magnifique. Nous écoutions silencieux, sans pouvoir nous lasser, ces beaux sons qui se prolongeaient de montagnes en montagnes. Il fallut pourtant se préparer par le repos aux fatigues du lendemain.

Le 19, le blocus continua; chacun veillait à son poste. Dans la nuit, nous remplîmes un triste devoir: le colonel d'Illens fut enterré dans l'intérieur d'une maison arabe. Lorsque la fosse profonde eut été comblée, on mit le feu à la maison, afin de dérober son corps aux profanations des Kabyles. Plus tard, nous apprîmes que cette ruse pieuse avait réussi.

La soif devenait grande cependant sur la montagne, et, aux beuglements des troupeaux, nous jugions bien que ce n'était plus l'affaire que de quelques heures. Le 28, en effet, vers midi, les chefs imploraient l'*aman* et se remettaient entre les mains du général. Tandis que les parlementaires étaient à notre camp, les troupeaux, poussés par la soif, se précipitèrent comme une avalanche, roulant à travers les étroits sentiers, courant, comme des furieux, jusqu'à la rivière. D'un rocher aride, d'une crête dénudée, sortaient, comme un torrent, des populations entières. C'étaient des cris, une poussière, un tumulte ! moutons, chèvres, bœufs, se mêlaient aux femmes et aux enfants qui, poussés aussi par la soif, couraient vers l'eau, comme leur bétail; les enfants, plus avides, se jetaient sur les petits tonnelets que les soldats portent à leur ceinture. Ceux-ci, toujours humains, les laissèrent faire. Quant aux hommes, la mine farouche, le regard toujours fier, ils souffraient en silence, avec calme, et menaçaient encore. Cela n'importait guère à nos soldats; ils s'inquiétaient peu de la politique, et, pourvu que le troupeau eût été ramassé, ils étaient satisfaits. Le soir donc, on fêtait la victoire par de nombreux festins, dont les quartiers d'agneaux, les plats de cervelles et les rôtis de moutons kabyles faisaient tous les honneurs.

Les tribus étaient désarmées, les chefs retenus en otage ; et cet heureux succès nous avait rendus maîtres, en un seul coup de filet, de toutes les populations du sud de l'Ouar-Senis. Restait à recevoir la soumission des tribus du nord, mais il fallait auparavant nous débarrasser de notre troupeau et de nos prisonniers. Le 24 donc, nous prenions, avec nos dix mille têtes de bétail, la route de Teniet-el-Had, nouveau poste établi sur la ligne de partage des eaux à trois lieues des plateaux du Serrssous. Deux jours après, nous traversions le magnifique bois de cèdres d'où l'on aperçoit Teniet-el-Had. La variété des points de vue et des accidents du terrain, son étendue de près de cinq lieues, la grosseur majestueuse des arbres, font de cette forêt un des endroits les plus curieux de l'Afrique; pourtant il n'est pas prudent de s'y aventurer seul, car l'on trouve partout les larges traces en forme de grenade qui signalent la présence des lions. Le colonel Korte du 1er chasseurs d'Afrique, commandant supérieur de Teniet-el-Had, était venu au-devant du général, monté sur un magnifique cheval blanc. Il le maniait avec la grâce d'un cavalier formé aux traditions de l'ancienne équitation française. Qui se serait attendu à rencontrer dans ces solitudes, au milieu de ces Arabes indomptés, un représentant de *la petite écurie* de Versailles, sans rivale dans le monde? Mais le colonel ne se contentait pas d'être un des meilleurs cavaliers de l'armée, tous estimaient son courage, et du point où nous étions nous voyions Aïn-Tesemsil, le plateau du Serrssous, où le général Changarnier avait ordonné une razzia, que le colonel Korte exécuta avec autant de bonheur que d'audace. Le 1er juillet 1842, au moment où la colonne du général Changarnier s'établissait au bivouac, ses coureurs lui annoncèrent que, du haut des mamelons, on voyait une foule immense d'Arabes émigrants qui s'enfuyaient vers le sud. Le général alla la reconnaître, et, au retour, lança sur ces populations le colonel Korte et les deux cent vingt chasseurs, sa seule cavalerie. Les zouaves le soutenaient en cas de revers. Cavaliers, chameaux, femmes, enfants, troupeaux, c'était une multitude couvrant près de trois lieues de pays, protégée par plus de quinze cents cavaliers. La moindre hésitation eût perdu le colonel Korte; aussi, comptant sur l'effroi que les chasseurs à cheval ont toujours inspiré aux Arabes, il se jeta hardiment à travers les émigrants, coupant un grand carré qu'il rabattit sur la colonne. Les coups de fusil furent nombreux, bien des nôtres y restèrent; mais enfin, se faisant un rempart des chameaux porteurs des palanquins destinés, selon l'usage du sud, aux femmes et aux enfants de grandes familles, les chasseurs ramenèrent au camp deux mille chameaux, quatre-vingt mille têtes de bétail, un butin immense et un grand nombre de prisonniers.

Pendant que l'on nous racontait cette razzia ou plutôt ce coup de main renommé à juste titre dans la province d'Alger, nous étions arrivés au nouveau poste. Teniet-el-Had (col du Dimanche), ainsi nommé d'un marché arabe qui s'y tient ce jour-là, était occupé depuis le mois de mai seulement par nos troupes. Aucun bâtiment n'avait encore été construit, et un simple fossé en terre protégeait les soldats, campés sous les grandes tentes de l'administration militaire ; mais l'air était sain, le moral excellent : aussi y avait-il peu de malades aux ambulances. Par les soins du général, qui l'avant-veille avait envoyé un courrier porteur de cet ordre, notre colonne trouva en arrivant du pain frais cuit dans des fours en terre et en branchages construits en quelques heures. On ne s'arrêta que le temps nécessaire pour prendre les vivres, compléter les cartouches et verser le troupeau de prise à l'administration (1). Le général avait hâte de regagner les montagnes. Le 25 donc, toutes ces opérations étant terminées, nous reprîmes la route de l'Ouar-Senis. Mais la leçon donnée à une partie des tribus avait profité aux autres, car un grand nombre vinrent se soumettre ; et nous aurions reçu toutes les soumissions, si le manque de vivres ne nous avait pas

---

(1) L'opération assez amusante du comptage se passe de la sorte : deux rangs de soldats sont placés, formant les deux côtés d'un triangle. Au sommet, les deux derniers hommes tiennent une baguette de fusil ; et les moutons, poussés dans cette gorge, une fois arrivés à l'extrémité, sont bien forcés de faire la cabriole. A chaque *saut de mouton*, un homme les compte, et l'on arrive ainsi à savoir facilement le nombre de moutons livrés.

forcés, le 7 juin, de retourner à Milianah. Ce ne fut qu'une halte de quelques jours ; le 15, deux colonnes repartaient pour achever l'œuvre commencée.

IV

Les soumissions arrivaient de toutes parts. Le général Changarnier parcourait maintenant en ami, accompagné des chefs des tribus, ces terrains où, il y avait un an à peine, il fallait toute son habileté courageuse et le dévouement de ses soldats pour échapper au plus grand péril qu'une colonne ait jamais couru en Afrique, lorsque toutes ces populations se ruaient sur un millier d'hommes dans les gorges affreuses de l'Oued-Foddha. Le hasard nous amenait sur le théâtre de la terrible lutte avec une partie des troupes qui avaient combattu dans ces deux journées ; et nous donnons ici, au lieu du récit monotone de notre marche pacifique, les souvenirs du combat de l'Oued-Foddha recueillis sur les lieux mêmes.

A quatre journées de Milianah, au milieu de la vallée du Chéliff, de vieilles murailles romaines se tiennent debout, rendant encore témoignage de la puissance des anciens dominateurs du pays. Au pied de ces murailles, non loin des grands chaumes et des herbes desséchées, des jardins délicieux, des arbres fruitiers, des orangers, des grenadiers, de belles sources limpides, vous invitent à la halte ; et de longues vignes, s'enlaçant de branche en branche, courent et forment des tonnelles de verdure, abris pleins de fraîcheur pour le voyageur fatigué. C'est en ce lieu que la colonne du général Changarnier, forte de 1,200 hommes d'infanterie, de 300 chevaux réguliers et de 400 cavaliers arabes, se reposait de ses nombreuses courses sous un soleil ardent, au mois de septembre 1842, tout en protégeant de sa présence les tribus nouvellement soumises, et en donnant l'*aman* à celles qui venaient en grand nombre le demander. Les troupes étaient depuis quelque temps à *El-Arour* (1), lorsqu'une lettre de notre agha du sud arriva au camp. Menacé par Abd-el-Kader, Ahmeur-ben-Ferrah demandait secours au général Changarnier, le suppliant d'arriver en toute hâte, s'il ne voulait apprendre bientôt la ruine et le massacre des tribus auxquelles la France devait sa protection. Venir à son aide au plus tôt était de la dernière importance; mais, si l'on passait par Milianah, la route s'allongeait de quatre jours; par la montagne, au contraire, en deux marches l'on pouvait lui prêter appui. Les dispositions des tribus semblaient pacifiques. Les chefs arabes assuraient que l'on ne recevrait point un seul coup de fusil. Ils parlaient bien d'un défilé difficile, mais tous s'accordaient pour dire qu'ils n'avaient pas plus de deux heures de marche. D'ailleurs, il n'offrait de dangers qu'en cas d'hostilités de la part des tribus riveraines, dont, la veille encore, les chefs étaient au camp avec des paroles amies. Enfin le général avait sous ses ordres des zouaves, des chasseurs d'Orléans et des chasseurs d'Afrique, commandés par le colonel Cavaignac, le commandant Forey et le colonel Morris. Avec de si vaillantes troupes et de pareils lieutenants, il n'y avait nul péril à redouter; aussi sa décision fut bientôt prise : la colonne passerait par la montagne.

La veille du départ, nos malades furent envoyés à Milianah sous escorte, et les tombes romaines reçurent ceux

---

(1) Nom de ces jardins.

qui avaient succombé. Un zouave fut déposé dans un sépulcre chrétien, et la croix trouvée en fouillant la terre fut placée, au milieu du respect de tous, sur la pierre du soldat mort à la fatigue; en ce pays ami, l'on n'avait à craindre aucune profanation. Le lendemain 17, la petite colonne se mettait en mouvement; marchait le 18, recevant les soumissions de plusieurs tribus; et le 19 au matin, vers les neuf heures et demie, elle s'arrêtait à la grande halte, sur la rivière de l'Oued-Foddha.

La cavalerie profita de la halte pour aller au fourrage sous l'escorte de deux sections d'infanterie. L'ordre avait été donné de ne pas tirer un seul coup de fusil. Tout à coup la colonne entendit une fusillade très-nourrie; et M. le capitaine Pourcet, envoyé sur-le-champ par le général, vit les soldats, fidèles à la consigne, recevant le feu, s'abriter de leur mieux, et répondre seulement aux Kabyles lorsqu'ils venaient les saisir par leurs buffleteries. De l'endroit où la masse des troupes s'était arrêtée, l'on n'apercevait pas en effet une petite vallée qui séparait les fourrageurs d'une autre colline. Dans ce vallon, sur cette colline, des nuées de Kabyles blancs comme des vautours s'agitaient, excités par les officiers réguliers aux vêtements rouges, courant de groupe en groupe. Ils criaient, ils hurlaient, ils devenaient furieux, s'enivrant par avance pour le combat. Il y avait loin de cette attitude belliqueuse aux pacifiques dispositions promises par les chefs arabes; mais reculer était impossible, il fallait marcher en avant. Se retirer en ce moment devant ces populations, c'était, par une preuve de faiblesse, consolider la révolte. Dans la retraite, on aurait de nombreux blessés, sans profits, sans avantages. En continuant la route, au contraire, le sang de nos soldats ne serait pas versé en vain. Aussi, dès que l'on eut rendu compte au général de l'attitude et des dispositions des Kabyles, l'ordre de départ fut donné immédiatement, et la tête de colonne ne tarda pas à s'engager dans la gorge affreuse de l'Oued-Foddha.

Des cavaliers arabes embusqués dans un affluent de la rivière s'élancèrent alors sur une compagnie du 26e; mais M. le capitaine Lacoste les reçut vigoureusement, et, dans ce terrain découvert, les petits fantassins battirent en retraite comme à la manœuvre sans se décontenancer, ne tirant leurs coups de fusil qu'à bout portant. Pendant ce temps, sur la droite (la rive gauche de la rivière, car on marchait au sud, tandis que l'Oued-Foddha coule au nord), la compagnie de chasseurs d'Orléans du capitaine Ribains, envoyée pour appuyer le fourrage, se repliait en bon ordre sur la colonne; de broussailles en broussailles, de buisson en buisson, d'arbre en arbre, chaque homme se coulait derrière ces abris pour choisir bonne position, bonne embuscade, et souvent le même obstacle cachait du côté opposé un Kabyle et un chasseur cherchant la belle pour se tuer. Arrivés au dernier plateau, le clairon sonna le pas gymnastique; aussitôt tous, se laissant rouler le long des pentes, rejoignirent rapidement l'arrière-garde, qui, elle aussi, à son tour, allait s'engager dans la gorge. Le véritable combat commençait. Les Kabyles criaient déjà du haut des crêtes : « Vous êtes entrés au tombeau, vous n'en sortirez pas; » mais ils comptaient sans nos soldats, sans le chef qui les commandait. Calme, impassible, le général Changarnier était à l'arrière-garde, enveloppé de son petit caban en laine blanche (1), point de mire de tou-

---

(1) En Afrique, pendant la chaleur, on porte souvent ces petits cabans, afin de se préserver de l'ardeur du soleil.

tes les balles, donnant ses ordres avec un sang-froid, une netteté qui rassuraient les troupes et redoublaient leur ardeur.

Pour bien comprendre cette lutte terrible, il faut se rendre un compte exact du terrain. — Cent pieds de large pour se battre, une terre de sable sillonnée par le lit du torrent ; à droite et à gauche, des escarpements à pic, grisâtres et schisteux, garnis de pins maritimes ; les pitons des montagnes se dressant comme des pyramides d'où plongeaient les balles : tel est le théâtre du combat.

Que l'on se figure cette ravine, ces rochers, ces montagnes, couverts d'une multitude s'excitant de ses cris, s'enivrant de la poudre, ne connaissant plus le danger et se ruant sur une poignée d'hommes qui opposaient un sang-froid énergique et l'action toujours régulière de la discipline à cette fureur désordonnée. C'est que nos soldats ne cessèrent pas un moment d'être dignement commandés. Les officiers donnaient l'exemple ; le chef n'avait pas hésité une seconde. Il avait pris sur-le-champ son parti et entraîné ses troupes par sa décision. Le général voulait franchir le défilé, marcher vite en essayant de dépasser ces pitons séparés par des ravines inextricables, avant que la masse des Kabyles eût pu se porter de l'un à l'autre ; aussi n'occupait-on que les positions d'une absolue nécessité pour la sûreté de la colonne, et l'arrière-garde, si elle était serrée de trop près, se dégageait par des charges vigoureuses à la baïonnette.

Les tribus de l'est ne prenaient point, heureusement, part à la lutte, et l'on n'eut d'abord à se défendre que sur la droite. Toutefois la colonne n'avançait qu'avec peine, quand on arriva à l'un de ces passages qu'il était nécessaire d'occuper. Des escarpements rocheux surplombaient le lit de la rivière en avant d'un marabout entouré de lentisques ; la compagnie de carabiniers des chasseurs d'Orléans fut chargée d'enlever ces rochers ; pleins d'ardeur, ils s'élancèrent, mais les pentes étaient affreuses, et huit jours de vivres sont une rude charge. Aussi M. Ricot, leur lieutenant, qui s'était jeté en avant sans s'inquiéter s'il était suivi, arriva le premier sur le haut du plateau. Deux balles le frappent à la poitrine ; le lieutenant Martin et deux carabiniers se précipitent pour le dégager, ils tombent morts ; M. Rouffiat, le dernier officier qui reste, vole à leur secours ; une blessure affreuse l'arrête ; la compagnie n'a plus d'officiers, plus de sergent-major ; une avalanche de balles s'abattait sur elle, sans guide, sans chef ; les carabiniers furent ramenés, emportant avec peine M. Martin, qui vivait encore. Pour les autres, ils sont déchirés à la vue de la colonne, au milieu des cris féroces des Kabyles.

Le général commanda aussitôt la halte : les zouaves et trois compagnies de chasseurs d'Orléans iront charger cette position, tandis que la cavalerie refoulera l'ennemi dans le lit de la rivière. La charge est sonnée. En tête avec le colonel Cavaignac et le commandant Forey, le général s'élance, gravit les flancs escarpés, entraînant les soldats dans une ardeur commune. La rage était au comble, la lutte effrayante. En arrivant, M. Laplanche, officier d'état-major attaché aux zouaves, reçut une balle mortelle ; le commandant Garderins eut son cheval tué, le capitaine Pourcet son épaulette arrachée ; et le général lui-même ne dut la vie qu'à l'adresse du clairon Brunet, qui étendit roide mort un Kabyle au moment où celui-ci allait le tirer à bout portant. A la fin, nous étions maîtres de la position. Dans la rivière, la charge de la cavalerie avait eu aussi un plein succès : de nombreux cadavres gisaient sur le sable, jusqu'à des femmes qui se précipitaient sur nos soldats, mêlées aux Kabyles, se battant comme des furies, coupant les têtes des morts, agitant au bout des fusils ces sanglants trophées.

Ces deux vigoureuses offensives donnèrent un peu de repos; bientôt pourtant le combat reprit avec une ardeur nouvelle; les officiers, les premiers au danger, étaient aussi les premiers frappés. Cinq officiers de zouaves, trois officiers de chasseurs d'Orléans, avaient déjà succombé, et l'on n'était qu'au milieu du jour. Le colonel Cavaignac, avec ses zouaves, s'acharnait à venger ses officiers; c'était plus que du courage, chaque homme en valait vingt, se multipliant pour faire face à tous les périls. Quant au général, les balles et le danger semblaient augmenter encore son audacieux sang-froid; son œil rayonnait, et partout sur son passage il répandait une énergie nouvelle. La colonne avançait toujours au milieu du fracas de la poudre, que les échos de ces montagnes répétaient comme le roulement d'un orage; la cavalerie marchait en tête, ayant ordre de ne s'arrêter que vers la nuit au premier terrain favorable.

Les troupes avaient atteint un endroit de la rivière où les deux berges, se rapprochant davantage, formaient un nouvel étranglement; les Kabyles des tribus de la rive gauche occupaient alors aussi la rive droite, et les capitaines Magagnoz des zouaves et Castagny des chasseurs d'Orléans furent chargés de les débusquer, tandis que le capitaine Ribains, du même corps, eut l'ordre d'occuper la position de droite. C'était une cascade verticale de roches et de terrains schisteux, couverts de pins et de broussailles; un ruisseau traversait ces terres qu'il détrempait, et se jetait ensuite dans la rivière. Le capitaine délogea les Arabes, occupa la position, assurant ainsi le libre passage de la colonne ; mais lorsqu'il fallut rejoindre, les Kabyles se ruèrent sur la petite troupe : quelques hommes, les premiers, essayèrent de descendre en ligne droite ; le pied leur manqua sur ces terrains rendus glissants par l'eau, et neuf d'entre eux furent précipités d'une hauteur de quatre-vingts pieds. Ils roulèrent de rocher en rocher, d'escarpement en escarpement, bondissant sur les arêtes, cherchant, mais en vain, à se raccrocher aux broussailles, et tombèrent enfin dans le lit de la rivière ; le reste de la compagnie s'était sur-le-champ jeté à droite vers une ravine, se laissant couler entre les arbres pour rejoindre la colonne. Un de ces chasseurs, Calmette, est séparé de ses compagnons, entouré de Kabyles, poussé sur le bord du précipice ; d'un coup de carabine il en abat un, sa baïonnette en tue deux autres, mais enfin il va tomber : alors, s'accrochant à deux Kabyles, il cherche encore en les entraînant à venger sa mort. La roche était à pic, ils tombèrent de ces hauteurs, et, par un bonheur inouï, le Kabyle que le chasseur tenait étroitement serré se trouva dessous lorsqu'il toucha la terre, et par sa mort lui sauva la vie. Le capitaine Ribains descendait le dernier de tous, semblant défier les balles ennemies, quand trois Kabyles s'élancèrent sur lui, et, le tirant à bout portant, lui fracassèrent l'épaule ; ses hommes, heureusement, purent le dégager. Tous se le rappellent encore lorsqu'il passa devant le général, qui le félicitait de sa glorieuse conduite ; son énergique figure respirait le légitime orgueil du devoir accompli, on sentait en lui la juste fierté d'un noble sang noblement répandu.

La lutte alors sembla redoubler d'acharnement : la rivière s'élargissait un peu, et un escadron de cavalerie fut mandé à l'arrière-garde. Il n'y avait pas d'artillerie : les chasseurs d'Afrique la remplacèrent ; le général les lançait comme des boulets pour écarter ces furieux et permettre d'enlever les blessés. Bientôt mis hors de service, cet escadron fut remplacé par la division du capitaine Bérard ; on les lança encore, et, en dix minutes, un peloton entier, à l'exception du brave officier qui le commandait, le lieutenant Dreux, eut tout son monde hors de combat. MM. Sébastiani, Corréard, Paër, Fraiche, des zouaves, furent blessés ou tués à peu de distance. La troupe tenait bon pourtant. Comment, d'ailleurs, aurait-elle pu faiblir, commandée par de tels officiers, lorsqu'elle voyait le capitaine Corréard, une balle dans le bras, menant encore ses hommes au feu, et M. Paër, le cou traversé, ne pouvant plus parler, mais frappant toujours ? Les heures cependant s'écoulaient, la nuit n'était pas loin ; et la tête de colonne, ayant atteint un endroit où le lit de la rivière formait un emplacement circulaire, s'était arrêtée pour le bivouac. Toutes les dispositions de sûreté furent prises immédiatement, puis l'on déposa les blessés dans les tentes de l'ambulance, que l'on avait dressées non loin de la tente du général.

Le général, en mettant pied à terre, donna sur-le-champ ses ordres. Les blessés eurent ses premiers soins ; les munitions, l'aliment du combat, l'occupèrent ensuite. Les chefs arabes durent céder une partie de leurs mulets pour les transports du lendemain, et les cartouches de la cavalerie, du train des équipages, furent distribuées aux soldats d'infanterie. Le 6ᵉ bataillon de chasseurs, enfin, reçut l'ordre de partir en silence, sans sonnerie, vers deux heures au milieu de la nuit, pour occuper les différents pitons, le long de la rivière, qui servait encore de route à la colonne. Puis, ces dispositions arrêtées, chacun alla prendre un repos nécessaire. Dans le bivouac, nulle tristesse, nulle inquiétude : tous étaient fiers de cette journée, et le soir, au coin du feu, les causeries durèrent longtemps, car l'excitation de la poudre n'était pas encore tombée. Chacun racontait ses prouesses, chacun donnait un souvenir aux morts et gardait une espérance pour le lendemain. Les cavaliers arabes étaient loin d'une si courageuse insouciance. Tristement accroupis près de leurs chevaux qui restaient sellés, enveloppés dans leurs bournous, ils passèrent la nuit en silence, sans feu, consternés. Non loin de là, l'ambulance offrait un affreux spectacle : on n'entendait que des gémissements et des cris, tant ces blessures, reçues à bout portant, étaient horribles. Les plus grièvement blessés furent placés sous les tentes, les autres étendus aux environs, sur des couvertures. Nos trois uniques chirurgiens venaient tour à tour les panser, coupant, hachant ces chairs meurtries. Dans la nuit, huit amputations furent faites; et, à l'heure du silence, quand les feux étaient partout éteints, on voyait encore les pâles lumières de l'ambulance qui brûlaient près de nos mutilés. C'était à qui adoucirait leurs souffrances; les officiers étaient tous venus serrer la main d'un ami, et encourager de leurs affectueuses paroles les soldats tombés, le matin, sous leurs ordres. Parmi les blessés du 4ᵉ chasseurs d'Afrique se trouvait un cavalier nommé Cayeux. Se sentant mourir, il fit appeler son capitaine. Après lui avoir donné une dernière commission pour sa mère : « Remerciez aussi, ajouta le pauvre garçon, le colonel Tartas : c'est un brave homme, il a toujours aimé ceux qu'il commandait ; dites-lui qu'en mourant un de ses soldats le remercie. »

Touchant et beau souvenir pour le chef comme pour le soldat! Dans cette même nuit, le docteur Laqueille, chef de l'ambulance, opérait, durant quarante-cinq minutes, l'épaule du capitaine Ribains, lui sauvant le bras, grâce à son habileté. Pendant toute cette longue souffrance, le capitaine Ribains, assis sur une caisse à biscuits, au milieu des morts et des mourants, se montrait aussi ferme envers la douleur qu'il avait été courageux dans le combat. Nulle plainte : de temps à autre, seulement, il ne pouvait s'empêcher de se tourner vers le docteur, lui disant : « Vraiment, docteur, vous me faites mal. » C'est ainsi que les chefs et les soldats remplissaient leur devoir.

On manquait de litières pour transporter nos amputés; des arbres furent abattus, des litières construites à la hâte. Une heure avant le jour, tous les morts furent réunis; un détachement du génie, détournant le cours de la rivière, creusa un trou profond où l'on enterra ceux qui avaient succombé, puis l'eau fut rendue à sa direction naturelle; l'on espérait ainsi dérober les cadavres aux profanations des Kabyles.

Au loin, dans la montagne, on entendait du bruit et du mouvement; mais tout autour du bivouac c'était un silence et une nuit profonde. Nul feu, rien qui trahît nos grand'gardes; elles avaient pourtant l'œil au guet, et plusieurs engagements à la baïonnette eurent lieu, car, fidèles aux consignes données, elles ne tirèrent pas un seul coup de fusil. A deux heures, le bataillon du commandant Forey exécutait les ordres du général; au jour, la diane était battue, et la colonne se mettait en mouvement au milieu des cris des Kabyles s'appelant les uns les autres, comme pour se convier au massacre des Français. Mais jugez de leur étonnement, lorsqu'ils virent que toutes les positions étaient occupées, et que déjà la colonne s'avançait sans qu'ils pussent l'entamer! Il y eut là plusieurs vigoureux retours offensifs, où les zouaves soutinrent dignement leur glorieuse réputation. Après une de ces luttes, à la grande joie de tous, on traversa des vignes magnifiques, et chacun de se désaltérer avec ces beaux raisins. Le général lui-même, à qui les soldats s'étaient hâtés d'offrir les prémices de ces vendanges, fit comme tout le monde. En ce moment le colonel Cavaignac passait auprès de lui : « Tenez, mon cher colonel, lui dit-il en lui tendant une magnifique grappe de raisin, vous devez avoir besoin de vous rafraîchir après de si glorieuses fatigues. » Et tous deux se mirent à causer, au milieu des balles qui tombaient de toutes parts. L'on vint alors appeler le colonel Cavaignac ; un de ses officiers, le capitaine Magagnoz, frappé d'un coup de feu à quelques pas de là, le faisait demander : c'était pour lui recommander sa sœur et sa mère et lui remettre sa croix d'officier de la Légion d'honneur, mêlant ainsi un souvenir d'honneur militaire aux dernières tendresses de son cœur.

La porte de cette gorge fatale fut enfin franchie, le terrain s'élargit tout à coup, et les montagnes qui entouraient la colonne semblaient à tous une plaine unie, comparée aux escarpements qu'on venait de traverser. Les Kabyles suivaient encore; mais une brillante charge de toute la cavalerie mit fin à cette lutte acharnée, qui durait depuis deux jours. Le soir, on était tranquillement établi au Souk-el-Sebt (marché du samedi) des Béni-Chaïb. Les morts de la journée furent enterrés; et un sépulcre romain, caché sous les lauriers-roses, servit de tombeau à M. de Nantes, officier de chasseurs d'Afrique, dont le corps était rapporté depuis la veille, entouré d'une bâche, lié sur son cheval. La pierre romaine ne put le préserver des mutilations. Quelques mois plus tard, en passant sur le même terrain, on trouva sa tombe profanée.

Le 21, le général Changarnier ordonna un séjour; le soin des blessés lui faisait un devoir d'accorder aux troupes quelque repos. D'ailleurs, après ces deux jours de combats acharnés, avec cette petite colonne à soixante lieues de Milianah, entouré d'ennemis, il méditait un de ces coups hardis qui devaient frapper de terreur les populations et assurer le succès de sa course. Pendant la nuit, un bataillon d'infanterie, composé de chasseurs d'Orléans, de zouaves et du 26e de ligne, partit, sous les ordres du commandant Forey, avec la mission d'appuyer la cavalerie, qui s'en allait tenter une razzia. Averti par ses espions, le général avait appris le lieu où tous les troupeaux et les femmes de ceux qui avaient combattu contre nous étaient rassemblés. Ses ordres furent donnés sur-le-champ; le succès justifia son heureuse audace : huit cents prisonniers et douze mille têtes de bétail ramenés au camp y répandirent l'abondance et la joie.

Cette lutte était terminée; la petite troupe française avait brisé tous les obstacles, et, se faisant jour à travers ces ravins de la mort comme les appelaient les Arabes, avait noblement soutenu sa vieille réputation. Rarement soldats d'Afrique s'étaient trouvés à de plus rudes épreuves. Rarement soldats montrèrent plus de courage et de sang-froid. Aussi, le 22, la troupe victorieuse levait le bivouac sans être inquiétée. La marche fut pénible. Sous un soleil de feu s'avançait cette longue file de blessés, dont une partie était portée à bras, puis ce troupeau, puis ces prisonniers qui suivaient, comme au jour du triomphe, les vaincus derrière le char des conquérants. La co-

lonne traversa ainsi cinquante lieues de pays au milieu des populations étonnées, qui ne pouvaient croire qu'une poignée de Français eût franchi la montagne sous les balles kabyles, frappant ses ennemis, châtiant ceux qui avaient osé l'attaquer. C'est que tous, soldats, officiers, général, avaient noblement payé de leur personne : le chef avait su commander, le soldat comprendre et obéir. Depuis lors le souvenir de ces combats est devenu pour tous un titre glorieux, et l'on regarde avec respect celui qui peut dire :
— J'étais à l'Oued-Foddha !

Au mois de juillet 1843, huit mois après toutes ces luttes, le général avait enfin reçu la soumission définitive des tribus kabyles de l'Ouar-Senis. Il rentrait à Milianah pour commencer l'inspection générale ; et ces légions bronzées par le soleil défilèrent devant lui, couvertes encore de la poussière des grands chemins, mais belles, magnifiques et fières.

La guerre finissait alors dans la province ; depuis Teniet-el-Had et Milianah, depuis le désert jusqu'à Alger, on ne trouvait, selon l'expression arabe que *la paix et le bien*. Abd-el-Kader ne pouvait plus écrire : « Vous ne possédez en Afrique que la place occupée par le pied de vos soldats. » Partout les tribus reconnaissaient notre autorité, et la tranquillité semblait enfin devoir régner dans le pays. Des circonstances imprévues forcèrent alors le général à demander sa rentrée en France. Je me rappelle encore que dans notre route de Milianah à Alger les chefs arabes vinrent le saluer à son passage, et parmi eux je retrouvai un caïd des Hadjoutes, vieille connaissance de Blidah. Nous parlions de ces nombreuses razzias, de ces coups de main de chaque nuit qui avaient réduit sa tribu guerrière. « Son nom, parmi nous, me disait-il en parlant du général, veut dire *l'abatteur d'orgueil, le dompteur d'ennemis* [1], et il a justifié son nom. » Me montrant alors la longue ligne de montagnes qui borde la Mitidja, du Chenouan à la mer : « Quand vient l'orage, reprit-il, l'éclair court en une seconde sur toutes ces montagnes, en sonde les replis. C'était ainsi de son regard pour nous trouver. Quand il nous avait vus, la balle n'atteint pas plus vite le but. » Et le vieux chef arabe disait bien. Le signe, en effet, qui distingue entre tous le général Changarnier à la guerre, c'est un jugement rapide et sûr, une indomptable énergie ; il sait commander. Vis-à-vis d'un péril, son courage augmente ; alors, si vous l'approchez, sa vigueur vous gagne, et vous ne doutez plus du succès. Il rendit pour la première fois témoignage de lui-même, à Constantine, et depuis lors le général n'a pas manqué un seul jour à cette réputation de soldat qui venait d'éclater si glorieuse. Si jamais vous vous trouvez au bivouac avec une de ces vieilles bandes d'Afrique, sous la petite tente du soldat, laissez-vous raconter les courses nombreuses qu'elles ont faites avec lui, et vous verrez quelles seront leurs paroles.

L'heure du départ était arrivée. Le général allait s'embarquer pour la France. Nous l'accompagnâmes jusqu'à bord. Déjà le brave Martiningue, le pilote d'Alger, nous avait avertis qu'il était temps de descendre dans le canot ; alors nous prîmes dans nos mains la main du général, puis nous le saluâmes une dernière fois en nous éloignant, pendant que son navire rapide disparaissait dans la brume.

---

(1) Les Arabes appelaient le général Changarnier le *Changarli*, le *Changarlo. Changar* est une racine arabe qui veut dire dompte ; abattre. *Ma changarch alina*, ne m'abats pas, ne m'écrase pas.

ZOUAVES ET SPAHIS.

LE COLONEL CAVAIGNAC.

I

Si jamais vous devez visiter l'Afrique, si jamais vous avez à traverser la vallée du Haut-Riou, ne vous mettez pas en route pendant le mois de novembre, *le père des tempêtes :* vous resteriez enseveli dans les fortes terres de la vallée, que des torrents de pluie ont changées en boues épaisses. Pour nous qui voyagions d'après une consigne, il ne nous était pas permis de compter avec la pluie, la neige ou la fatigue, et, en 1843, une soirée de ce fatal mois de novembre nous trouvait réunis sous une tente de toile, nous réchauffant de notre mieux autour d'un trou creusé en terre qui renfermait un maigre brasier. Les larges gouttes de pluie rendaient, en frappant la toile, un son sec comme le son d'un coup de baguette : bruit monotone, plein de tristesse, qui dure des heures, des journées entières. Devant nous, nos pauvres chevaux tournaient au vent leurs croupes frileuses, et c'était partout dans le bivouac un grand silence, interrompu seulement de temps à autre par les appels énergiques du maréchal des logis de semaine ou de l'officier de service maugréant après les gardes d'écurie, lorsqu'un cheval, pour se dérober au froid, avait rompu ses entraves et se mettait à courir à travers le bivouac.

Malgré le vent et la pluie, quelques officiers de zouaves, bravant l'orage, étaient venus jusqu'à nous. Des couvertures de cheval furent aussitôt jetées sur des cantines servant à la fois de chaises et de fauteuils ; un bol d'eau-de-vie à la flamme bleuâtre fut allumé en l'honneur de nos hôtes, et, chacun tirant de son étui de bois une pipe noircie, la *soirée* commença. « Quand l'estomac est satisfait, la tête chante, » dit le proverbe arabe. Le proverbe a raison, et bientôt ce fut à qui raconterait une des mille aventures de son odyssée africaine. Combats, fêtes, plaisirs, coups de main, razzias, amours même, eurent tour à tour des narrateurs, — bien plus, des auditeurs attentifs. Un souvenir, un regret, étaient donnés en passant à ceux qui, moins heureux, avaient succombé dans la lutte : souvenirs et regrets qui venaient du cœur ; car lorsque le nom, répété un matin par un journal, cité avec honneur, puis oublié l'instant d'après, a disparu de la pensée de tous, ce nom se prononce encore avec émotion dans la famille nouvelle, au régiment.

C'est ainsi qu'on rappela successivement les *volontaires parisiens* et les *bataillons de la Charte,* premier noyau des zouaves ; l'assaut de Constantine et le commandant Lamoricière, puis ces combats sans nombre où les zouaves fondèrent leur glorieuse réputation. Ensuite venait le commandant Peyraguay, ce vieux soldat en cheveux blancs, l'ancien sergent du bataillon de l'île d'Elbe, qui, après avoir traversé tant de dangers, est mort à Tlemcen, face à l'ennemi, d'un coup de feu en pleine poitrine. Chacun s'oubliait dans le passé, et je me souviens encore du religieux silence avec lequel nous écoutâmes tous le récit des six mois d'hiver que les zouaves passèrent en 1840 à Médéah, la ville en ruine. — Que ne ferait-on avec nos zouaves! ajoutait le narrateur : pas un sentier où leurs coups de fusil n'aient retenti, pas un buisson qui ne redise une de leurs actions d'éclat. Vous rappelez-vous, l'année dernière, comme vous reveniez de Milianah, nous nous sommes croisés à Caroubet-el-Ouzeri, à l'entrée de la gorge, près de la Mitidja? Eh bien, à côté de ce petit mamelon à la crête blanche où vous avez mis pied à terre, il s'est passé un fait d'armes dont nous conservons tous la mémoire : c'est là que d'Harcourt a été tué en tête de sa compagnie. Le capitaine Bosc ayant quitté trop promptement une position importante, le colonel Cavaignac fut obligé de la faire occuper de nouveau. Lancée au pas de course, la compagnie escalade la colline, et comme d'Harcourt débouchait le premier une balle lui cassa la tête. L'engagement fut très-vif; d'un côté, l'on arrivait au sommet par un sentier que les pluies d'orage avaient profondément creusé. Trois zouaves, un fourrier, un sergent nommé Razin et un caporal indigène, un Kabyle, prenaient ce chemin. Près d'atteindre au sommet de la crête, le vieux sergent décoré se voyait devancé par le fourrier plus jeune et plus ingambe. « Ah çà, conscrit, lui cria-t-il, est-ce que tu as la prétention de passer avant moi? Fais place à ton ancien, et vivement! » L'autre aussitôt, portant la main à son turban et le saluant à la militaire, lui répond : « C'est juste, » et se place derrière. Il n'avait pas fait trois pas que Razin tombe mort. Le fourrier s'élance, une balle le couche à côté du sergent. Le caporal kabyle court vers lui : « Enlève Razin, crie le fourrier, je me sauverai bien seul ; » et comme le caporal chargeait le cadavre sur ses épaules, une balle le tue roide. Le fourrier alors se précipite sur le vieux sergent, lui enlève sa croix ; et, bien que grièvement blessé, il parvint, en se glissant à travers les broussailles, à rejoindre le bataillon ; puis, remettant la croix au commandant : « Vous le voyez, mon commandant : si je ne l'ai pas rapporté, c'est que je suis moi-même blessé ; mais du moins j'ai sauvé sa croix. » Et il montrait son bras, qui pendait sans mouvement à son côté (1).

Comme l'officier de zouaves achevait son récit, onze heures sonnaient à l'horloge du camp : lorsque je dis l'horloge, j'exagère, en appelant ainsi le modeste tambour de garde à la tente du chef d'état-major, qui battait sur sa caisse un nombre de coups égal au chiffre de l'heure. On releva les factionnaires ; et, grâce au silence qui régnait depuis quelques instants, nous ne perdîmes rien des facéties

---

(1) L'ordre du jour suivant consigne dans les annales des zouaves la brillante valeur de M. Richard d'Harcourt : noble et consolant témoignage pour M. le duc d'Harcourt, qui presque à la même époque apprenait la mort d'un autre de ses fils, officier de marine, victime aussi de son dévouement à ses devoirs.

« Dans la journée du 10 novembre, le jeune d'Harcourt, sous-lieutenant au corps, et le vieux sergent Razin, de la 4ᵉ compagnie du 1ᵉʳ bataillon, sont morts en abordant l'ennemi et en devançant les plus braves.

« Le lieutenant-colonel recommande leurs noms à la mémoire des officiers, sous-officiers et soldats du corps. Il les donne aux jeunes gens pour exemple et pour glorieux modèles.

« Le lieutenant-colonel commandant les zouaves,

« Médéah, le 21 novembre 1840. »   « CAVAIGNAC. »

d'un sergent criant à un soldat retardataire : — Eh ! dégourdi ! faut-il que j'aille vous chercher ?

— Ne voyez-vous pas, répondait l'autre, que j'enfonce dans la boue jusqu'aux jambes ? Est-ce qu'on peut marcher là dedans ?

— B... de conscrit ! quand on ne peut pas marcher, on court ! Vous ne saviez pas ça, vous ? répliqua le sergent.

Sur cette saillie, on se souhaita bonne nuit ; et ceux qui devaient regagner leurs tentes pour chercher le repos s'en allèrent, le capuchon du caban rabattu sur les yeux, le pantalon retroussé, jurant comme des païens, au besoin employant le moyen du sergent.

Le lendemain, nos courses recommencèrent ; et un mois plus tard, rentrés dans la garnison, nous nous trouvions encore réunis avec ces mêmes officiers, nos compagnons du Haut-Riou. Celui qui nous avait raconté les rudes épreuves supportées à Médéah par les zouaves pendant l'hiver de 1840 me confia alors un journal dont il m'avait souvent parlé. Confidence de la solitude, curieux chapitre des souffrances de l'armée d'Afrique, le journal de l'officier de zouaves avait pour épigraphe ces paroles de Blaise de Montluc : « Plust à Dieu que nous qui portons les armes prinsions cette coutume d'escrire ce que nous voyons et faisons ; car il me semble que cela seroit mieux accommodé de notre main, j'entends du fait de la guerre, que non pas des gens de lettres, car ils déguisent trop les choses, et cela sent son clerc. » Le journal qu'on va lire a besoin de quelques explications. En 1840, la guerre frappait encore aux portes d'Alger, et la Mitidja était coupée ; si Médéah et Milianah avaient une garnison française, il fallait une armée pour ravitailler ces villes. Au mois d'octobre de cette même année, on venait de se porter au secours de

Milianah, dont la garnison, décimée par la nostalgie, la famine et les maladies, avait presque succombé sous sa tâche : de 1,400 hommes, 720 étaient morts, 500 étaient à l'hôpital ; à peine si les autres avaient la force de tenir leurs fusils, et, pour peu que l'on eût tardé de quelques jours, la ville se voyait prise faute de défenseurs. Au retour, ces cadavres vivants furent portés par des bêtes de somme. On conçoit qu'un pareil spectacle avait dû faire une vive impression sur l'armée : car si pendant l'été l'on avait eu à redouter de pareilles souffrances, que serait-ce donc l'hiver venu ! Il fallait pourtant relever la garnison de Médéah, comme l'on avait relevé celle de Milianah ; et M. le maréchal Valée ne voulut envoyer à ce poste que des hommes endurcis, qui trouvassent dans l'esprit de corps et dans l'honneur attaché à leur nom la force nécessaire pour résister à toutes les privations, à toutes les souffrances de l'isolement. *Les zouaves furent désignés pour aller occuper Médéah.*

II

Le 18 novembre 1840, deux bataillons de zouaves, forts de cinq cents hommes chacun, commandés par MM. Renaud et Leflo, prenaient possession de la ville de Médéah, où ils devaient tenir leur garnison pendant tout l'hiver, sous les ordres de leur lieutenant-colonel, M. Cavaignac, nommé commandant supérieur. L'usage veut que l'on appelle Médéah une ville ; mais pour rester vrai il faudrait inventer un nom qui pût désigner cet amas de décombres et de masures. Les zouaves relèvent le 23e, et un officier de ce régiment a été pour moi une providence en me laissant une peau de mouton, une table, des bancs, deux coffres, quelques vases, précieuses ressources au milieu de la misère générale.

Le 19, l'armée nous quitte ; elle lève son bivouac pour retourner à Alger, et, à sept heures et demie, les derniers pelotons de l'arrière-garde disparaissaient derrière le mont Nador. Il semble qu'avec eux s'éloigne la dernière image, le dernier souvenir de la France. Fasse le ciel qu'il nous arrive quelques aventures, car sans cela nos distractions seront rares ! Ce matin même, nous avons pu juger de l'étendue de notre territoire. Le colonel Cavaignac a donné l'ordre de charger une des pièces d'artillerie. — Faites tirer de plein fouet, a-t-il dit au capitaine Liedot ; et comme nous regardions le boulet tomber à terre : — Voilà la limite de nos possessions ! a-t-il ajouté en se retournant vers nous, et nous montrant la poussière que la chute du boulet avait soulevée.

Le casernement est vraiment dans un état affreux, ou plutôt il n'y a pas de casernement : à peine si les hommes y trouvent un abri ; l'hôpital n'est qu'une masure à faire frémir ; mais enfin il faut en prendre son parti, accepter ce que l'on ne peut changer. Heureusement on nous a laissé des vivres de bonne qualité, et, grâce aux soins prodigués aux troupeaux, nous espérons bien ne pas manquer de viande.

Cinquante hamacs ont été distribués par compagnie ; chaque homme a reçu un sac et une demi-couverture de campement. Les transports de l'armée n'ont pu amener la totalité de ces effets ; il en manque dix par compagnie, mais l'industrie des zouaves ne leur fait pas défaut : de vieux sacs de l'administration sont remplis d'herbes sèches et se transforment en paillasses ; de vieilles laines trouvées dans la ville sont étendues et piquées entre deux toiles de sacs. Ces édredons d'un nouveau modèle remplacent les couvertures qui manquent.

Au point du jour, tous les travaux ont commencé : la petite colonie s'organise; les ouvriers d'art, pris dans chaque compagnie, se mettent à l'œuvre; les jardiniers, sous la surveillance du capitaine Peyraguay, ont tracé l'enceinte du jardin. L'on utilise jusqu'aux peaux de bœuf, qui, préparées avec soin, sont livrées à des soldats transformés en cordonniers pour les réparations de chaque jour. Les zouaves, du reste, sont gais et pleins d'entrain. Le service n'est pas trop fatigant, et, le bon esprit de corps aidant, nous finirons par passer notre exil, si ce n'est d'une façon agréable, au moins sans trop d'ennui.

Nous avons découvert, en nous promenant, sous les murs de la ville, un petit ravin rempli de bécassines et de perdrix ; l'augure est favorable, et le bonhomme Noé n'eut pas une joie plus grande lorsque la colombe lui rapporta la branche d'olivier. C'était, du reste, le jour aux bonnes fortunes ; car, en rentrant, le télégraphe du poste d'Aïn-Télazit nous a transmis cette dépêche :

« L'armée est rentrée sans coup férir à Blidah.

« La majorité de la chambre a soutenu le nouveau ministère.

« La duchesse d'Orléans est accouchée d'un fils, le duc de Chartres. »

Si nous étions en France ou seulement à Alger, ces nouvelles nous trouveraient sans doute indifférents ; mais, depuis six jours, l'isolement a commencé : nous sommes destinés à passer de longs mois sans recevoir aucun souvenir. Il semble que ces bruits de France nous font prendre part aux émotions de ceux qui sont si loin. Aussi ces nouvelles sont-elles pour nous les bienvenues, et nous les accueillons en amies. Le malencontreux télégraphe était ce soir le sujet de toutes les anecdotes. En voici une entre autres dont je me souviens.

Qui n'a pas sa manie sur la terre? Le général Duvivier avait celle des blocus : une première fois, ce fut à Blidah ; la seconde, à Médéah. Nommé commandant supérieur, il se déclara qu'il n'apercevrait pas le télégraphe d'Aïn-Télazit, et qu'il aurait à soutenir un siège en règle envers et contre tous. Le malheureux télégraphe avait beau agiter ses grands bras, l'on était aveugle et muet dans la ville. Le maréchal Valée, impatienté, fit enfin partir la dépêche suivante : « Par ordonnance du 16, vous êtes nommé.... » (Interrompue par le brouillard.) Or, il faut savoir qu'à cette époque le général Duvivier espérait et attendait sa nomination de lieutenant général. Aussitôt Médéah l'aveugle voit, Médéah la muette parle, et le général demande des explications. Le télégraphe répond tranquillement : « Vous êtes nommé grand officier de la Légion d'Honneur. » Puis suivait une série d'ordres.

Par un temps affreux, un vrai temps de décembre, j'achève mon installation. Ma chambre a pour ornement une glace cassée, quatre lithographies du *Charivari*, et une table faite avec une caisse à biscuit ; la fenêtre ne laisse point pénétrer trop de vent, la cheminée est bonne : voilà un logement confortable, où bien des soirées se passeront à jouer au whist avec les trois jeux qui doivent suffire à nos ébats tant que nous serons les hôtes de la ville.

Un voleur de grand chemin, qui s'en vient vendre une mule dérobée à quelque douar, nous apprend que le bey de Milianah Sid-Embarek est au pont du Chéliff, et El-

Berkani, khalifat de l'Est pour Abd-el-Kader, à trois lieues de nous au sud. Cet homme est voleur comme nous serions magistrat : c'est une profession qu'il exerce avec honneur et en se faisant mérite de son audace et de son courage.

Pendant une éclaircie, j'ai fait le tour des remparts et, dans un des angles de l'enceinte crénelée, au pied d'un magnifique cyprès, j'ai découvert un tombeau que le général Duvivier a fait élever cet été au lieutenant-colonel Charpenay, tué en avant de la ville ; sur la pierre on lit :

ADIEU

POUR LA PATRIE RECONNAISSANTE

A CHARPENAY

LIEUTENANT-COLONEL AU 23° DE LIGNE.

COMBAT DU 3 JUILLET

1840.

Près de ce tombeau, et l'entourant comme au jour du combat, se trouvaient les tombes de quatre officiers du même régiment tués à la même affaire.

Le mauvais temps m'a bientôt forcé à rentrer ; il dure ainsi depuis plusieurs jours et nous donne les plus vives inquiétudes pour notre troupeau ; les cloisons des maisons sont abattues, afin de préparer un abri pour le bétail ; ces démolitions nous font découvrir un trésor, du sel mêlé par couches égales à la maçonnerie d'un four arabe. Précieusement recueilli, le sel est porté au magasin militaire, et nos soldats se livrent à de nouvelles recherches.

Deux zouaves indigènes, libérables au mois de janvier, se sont offert pour aller à Blidah porter de nos nouvelles à M. le maréchal ; s'ils accomplissent leur mission, ils auront leur congé en arrivant ; la proposition est acceptée, et le lieutenant-colonel les fait partir à l'entrée de la nuit. Que Dieu garde ces deux braves garçons ! ils portent une lettre pour ma mère ; puissent-ils franchir heureusement tous les dangers ! elle sera si heureuse de recevoir un mot, une nouvelle. Nous les quittons comme l'on quitte des gens qui se dévouent ; ils sont pourtant pleins de confiance et se voient déjà sains et saufs à Blidah.

Depuis notre arrivée à Médéah, nos journées se sont passées à organiser le campement ; il n'y a eu aux avant-postes que quelques tirailleries insignifiantes avec des maraudeurs arabes. Le 13, pourtant, nous avons cru à une affaire générale : les hauteurs se sont couvertes de Kabyles, conduits au combat par des cavaliers ; le plus grand nombre s'était porté à l'est, du côté de la ferme du bey. La garnison a pris les armes, l'engagement a été assez vif, et nous a coûté plusieurs blessés ; mais, par une poursuite de quinze cents mètres, les zouaves ont bien prouvé qu'ils ne se laisseraient pas insulter impunément.

La vie a repris sa monotonie après cet épisode, nous sommes rentrés dans les soucis du ménage, et ce matin l'on était occupé à faire de l'huile avec des pieds de bœuf : on les fait bouillir tout simplement dans l'eau, et l'on écume la matière grasse qui monte à la surface. Clarifiée, cette huile pourrait servir pour les aliments ; dans cet état, elle est destinée à l'entretien des armes. Nous avons aussi fabriqué du plomb de chasse, qui nous manquait. Le procédé est très-simple : il consiste à établir un petit cadre renfermant une carte à jouer ordinaire ; celle-ci est percée de trous, huilée des deux côtés, et saupoudrée d'hydrochlorate d'ammoniaque ; ainsi préparée, elle reçoit le plomb fondu, qui tombe en globules dans un vase plein d'eau. Le vase est placé à quatre ou cinq pouces au plus au-dessous du cadre. En versant le plomb, on frappe sur le cadre de manière à lui donner un mouvement d'oscillation aussi régulier que possible ; on passe ensuite le plomb par divers cribles de différentes grosseurs ; mais le degré de fusion est le point essentiel, et l'on doit laisser refroidir le plomb jusqu'à ce que le papier soit simplement roussi.

Tandis que les chasseurs travaillent ainsi pour leur plaisir, les zouaves raccommodent leur équipement et en inventent même un nouveau. Par ordre du colonel, l'administration nous livre des sacs. Avec cette grosse toile et des côtes de bœuf, chaque soldat aura une paire de guêtres de rechange. Un zouave, ancien ouvrier boutonnier, est chargé de diriger l'opération. Quant au fil nécessaire, d'anciennes gargousses d'artillerie nous fournissent de vieilles étoupes ; on en trouve aussi dans les écuries, où elles ont servi à panser des chevaux. Rien de plus original que l'aspect de l'atelier, où de vieux grognards, de vieux zouaves aux longues moustaches, à la barbe épaisse, au teint bronzé, balafrés de cicatrices, filent gaiement comme de vieilles femmes. C'est vraiment une vaillante troupe, bonne au danger, bonne à la fatigue, qu'une situation difficile n'embarrasse jamais ; bien commandée, elle fera toujours des prodiges, et, grâce au ciel, se tirera dignement, nous l'espérons, de la nouvelle épreuve qui lui est imposée.

Un déserteur nous est arrivé le 17, un homme de Tripoli, enlevé avec une caravane dans le sud ; il a été amené, après maintes aventures, à Berkani, et forcé de s'engager parmi les réguliers de l'émir. Cet homme nous sert dans une reconnaissance que nous faisons du côté du Nador, pays couvert de cultures magnifiques où nous trouvons les traces des irrigations les mieux entendues. La tradition a sans doute conservé parmi les Arabes ce système d'irrigations semblables à celles de la Catalogne et du Roussillon. Tout en donnant des détails curieux sur divers engagements, ce déserteur confirme la présence d'officiers anglais au camp d'Abd-el-Kader, présence déjà annoncée par le maréchal Valée. L'un d'eux se trouvait, le 27 octobre, au bois des Oliviers. Conduit par un juif de Gibraltar, cet officier, venu par le Maroc, était vêtu en bourgeois; le déserteur l'a vu pendant deux jours, et l'officier anglais n'a disparu qu'au moment où notre division arrivait au col.

En rentrant dans la ville, nous avons trouvé une dépêche télégraphique annonçant l'arrivée à Alger du drapeau depuis si longtemps promis aux zouaves; chacun en est heureux comme d'une bonne fortune particulière, chacun partage la joie du colonel Cavaignac, qui, dans un ordre du jour, « s'empresse de porter cette heureuse nouvelle à la connaissance des officiers, sous-officiers et soldats. Les uns y verront la récompense justement désirée de longs et glorieux services; les autres se feront dire ce qu'il en a coûté pour la conquérir, et penseront bien à ce qu'il doit en coûter encore pour la conserver et s'en montrer toujours dignes; tous se réuniront dans le sentiment unanime d'un dévouement énergique à la gloire de nos armes en Afrique, à l'honneur du corps dont la constitution vient de recevoir une dernière sanction. »

Le 23, à l'entrée de la nuit, deux zouaves partent pour Alger; ce sont deux braves soldats, l'un Turc, l'autre

Arabe. Ce dernier voulait d'abord partir seul. — Pourquoi? lui disait-on. — C'est mon idée ainsi; j'aime mieux réussir seul ou mourir seul. — Mais si tu rencontres un danger imprévu, tu le braveras plus volontiers et tu le surmonteras plus aisément en ayant un camarade. — Oh! je n'ai pas peur; je sais bien que ma destinée est marquée, et je suis prêt à la subir quand il plaira à Dieu. C'est tellement vrai que je reviendrai si tu veux, disait-il au colonel, et tu peux dire au maréchal que je ferai le métier de courrier tant qu'il voudra; seulement, je veux passer une semaine à Alger avec ma maîtresse, et ainsi à chaque voyage.

Cette semaine, il la passera, les nuits chez sa maîtresse, les journées dans un café, la barbe parfumée, de l'essence de rose dans son foulard, écoutant une mauvaise musique de guitare, fumant cent pipes de tabac odorant, et buvant sans discontinuer du café et de l'anisette. Ainsi une semaine de mollesse, d'ivresse somnolente ; puis, sans transition, sans regrets, une semaine d'activité, de misère, de périls constants.

Ben-Chergui, notre Arabe, voulait partir sans armes, et c'est à grand'peine qu'on a pu lui faire prendre un pistolet. Deux jours après, le télégraphe annonçait l'arrivée de nos deux zouaves à Blidah, mais sans nous donner une nouvelle de France. Que fait-on? que devient-on? que se passe-t-il là-bas? L'autre jour, j'entendais un zouave indigène qui psalmodiait cette chanson :

« O vent! fais mes compliments à mes amis, et demande-leur où ils sont allés.

« Du côté de l'Arabie ou du côté de la Perse, partout où ils se sont arrêtés,

« Dis-leur que je songe à eux, et laisse en passant une pensée de moi.

« A tous les oiseaux qui volent je demande de vos nouvelles, et aucun ne m'en dit.

« Caresse de ta plus douce haleine celle à qui j'ai donné mon cœur.

« O vent! tu vas toujours vers elle, et jamais tu ne reviens! »

Ce vieux chant de l'Arabe m'a rempli de tristesse, et, durant toute la soirée, je me suis renfermé chez moi pour songer à ceux que j'aime, à ma mère, à mes sœurs, à un souvenir plus tendre encore peut-être. En France, ils ne savent pas les tortures de la vie que nous menons ici. Se trouver toujours en présence des mêmes visages, de gens que l'on estime, et que l'on aime, mais dont on connaît jusqu'à la moindre plaisanterie! Avoir une prison en liberté et des journées entières sans un aliment pour la pensée! Vivre ainsi enseveli, tout près du monde, à quelques lieues des nouvelles, cela est dur, croyez-moi, et les plus fortes âmes fléchissent parfois. Les fatigues physiques sont affreuses sans doute : contre la pluie, le froid, la neige, à peine un abri, et une alerte de chaque heure; mais enfin nos corps, depuis longtemps déjà, sont façonnés à la rudesse : rien n'égale la douleur de l'isolement.

Voilà un moment de faiblesse. Quand l'orage gronde dans l'air, une pluie bienfaisante rend à la terre sa fraîcheur. Il semble que de temps à autre le cœur éprouve aussi le besoin de gémir; mais, dès qu'il se recueille, le courage revient vite, et l'on ne songe qu'à la grandeur de l'œuvre dont nous sommes les ouvriers. Sauront-ils jamais en France ce que l'Afrique a coûté de sang, de sueur et de larmes?

III

Quatre jours après avoir fêté Noël et la bûche vénérable du réveillon, les troupes étaient réunies à trois heures du matin, sur la place d'armes, dans le plus grand silence, le fusil en bandoulière, la cartouchière à la ceinture. Nous allions tenter une razzia du côté de la vallée d'Ouzera, dans les pentes nord du Nador. Grâce à un temps brumeux et à un grand vent d'est, aucun poste ennemi n'avait signalé notre marche, et la petite colonne, divisée en trois fractions, avait pu gagner les positions convenues. A cette heure, le crépuscule ne paraissait pas encore, et chacun de nous l'attendait accroupi, l'oreille à terre, pour percevoir le plus léger indice d'une existence humaine. A nous voir ainsi, on nous eût pris pour de francs bandits : de fait, cela sentait bien un peu le chasseur libre, le gentilhomme de forêt ; mais la guerre est la guerre, et celui qui la fait le mieux, c'est celui qui cause le plus de dommage à son ennemi. La première colonne s'était jetée trop à droite, aussi au point du jour l'on se hâta d'envoyer deux compagnies vers les huttes kabyles que nous apercevions non loin de nous. Déjà les Kabyles commençaient à sortir de leurs cabanes ; et l'un d'eux, qui tenait un tison, se trouva tout à coup nez à nez avec un de nos soldats. Dire son effroi serait impossible : le tison lui échappa des mains ; il resta immobile, la bouche béante, les bras pendants. *Roumi !* s'écria-t-il enfin, *Roumi ! Roumi* (1) ! Et à ce cri femmes, hommes, enfants, se précipitent pêle-mêle,

(1) *Roumi*, les étrangers. — Corruption du mot latin *Romani*.

cherchant à gagner une ravine boisée à la gauche des huttes; mais, la retraite leur ayant été en partie coupée, tout leur bétail tomba en notre pouvoir.

Nous n'aurions eu qu'à nous féliciter de cette journée, qui, sans compter les haïcks et les bournous dont nos hommes avaient si grand besoin, nous donnait de la viande en abondance, si nous n'avions pas eu à déplorer la perte de M. Ouzarmeau, qu'une balle kabyle frappa au retour. Sa tombe a été creusée près de celle du colonel Charpenay. M. Ouzarmeau est le premier officier que nous laissons à Médéah. Dieu veuille que ce soit le dernier!

Bonjour, bon an! ce sont les paroles que chacun échange ce matin; car nous sommes au premier de l'an, la grande fête des enfants, le grand ennui des gens âgés, des enfants sérieux. Ennui ou plaisir, c'est le jour de la réunion, la fête de la famille, et ici, loin des nôtres, nous ne pouvons que penser à eux. Ceux que nous aimons sont-ils seulement en vie? Depuis bientôt deux mois nous sommes sans nouvelles.

Au point du jour, à six heures, le planton du colonel Cavaignac est venu l'avertir que le sergent Stanislas demandait à lui parler. — Que peut me vouloir ce sergent? se dit le colonel. Faites-le monter.

— Mon colonel, je viens vous donner des nouvelles d'Alger et vous demander de me pardonner.

Alors seulement le colonel Cavaignac s'est rappelé que, retenu par une blessure, Stanislas était, en effet, resté au dépôt à Alger. C'était un brave sous-officier, plein d'énergie, mauvaise tête pourtant, et qui devait, il y a quelques mois, à sa brillante conduite une croix noblement gagnée. Puni de salle de police pour je ne sais quel méfait, il s'était dit : Un sous-officier décoré à la salle de police est déshonoré! je ne veux pas y aller. Et pour l'éviter, Stanislas n'avait pas trouvé d'autre moyen que de partir pour rejoindre les bataillons de guerre. Le voilà donc en route, seul, sans armes, en uniforme de zouave, la canne à la main; traversant tout le Sahel, la plaine, le col, afin de gagner Médéah. Il aurait dû périr mille fois; mais que lui importait? il avait laissé sa croix à Alger, afin que, s'il était tué, elle ne servît pas de trophée aux Arabes. « Passe pour ma tête, disait-il; mais quant à ma croix, c'est autre chose. » Stanislas était arrivé à Médéah sain et sauf.

Le froid et la pluie mettent la constance de nos zouaves à une rude épreuve, la terre est restée plusieurs jours couverte de deux pieds de neige. Enfin, le 16, nous pouvons essayer une razzia. C'est l'iman de Médéah, l'un des prisonniers de notre dernière sortie, qui doit nous servir de guide; il s'est offert lui-même, et l'on rapporte qu'il a eu avec le colonel Cavaignac la conversation suivante :

— Tu t'es offert pour servir de guide, lui dit le colonel; es-tu dans les mêmes intentions?

— Je n'ai pas changé, et suis prêt à partir.

— Mais peut-être crains-tu que je ne trouve mauvais que tu aies changé d'avis, et n'oses-tu m'avouer tes répugnances?

— Je ne crains rien; je suis disposé à tenir ma promesse ou mon offre.

— Réfléchis bien; oublie que tu es mon prisonnier, et que je suis le gouverneur de Médéah.

— Je n'ai pas besoin d'oublier, et suis prêt à te conduire.

— Imagine que tu es sur la montagne, libre comme l'oiseau, et que je suis, moi, renfermé dans la ville.

— Je n'ai pas besoin de tout cela, je suis prêt.

— Mais réfléchis bien que plusieurs de tes frères peuvent être tués dans cette expédition, que tu pourras te le reprocher un jour, en souffrir même.

— Cela m'est égal, je suis prêt.

— Pense que tu seras reconnu des tiens.

— Cela est égal, j'irai.

— Ne perds pas de vue non plus que, si tu essayais de me tromper, tu n'aurais pas une heure à vivre.

— Tu m'éprouveras.

— Ainsi, tu es bien décidé?

— Oui.

— Quelle récompense me demanderas-tu, si nous réussissons?

— Celle d'être libre un jour pour aller chercher deux enfants qui me manquent.

— Désires-tu quelque chose dès à présent?

— Oui : une paire de souliers pour marcher dans la montagne, et un capuchon de zouave, afin de n'être pas pris pour un ennemi et tué par tes soldats.

— C'est bien ; va te disposer.

— Au revoir.

— Une heure après, le colonel réunissait tous les officiers chez lui, et leur faisait part de son projet en leur donnant ses instructions. La troupe sera divisée en deux colonnes : l'une de réserve, commandée par le colonel en personne ; l'autre, chargée d'exécuter la razzia, sous les ordres de M. le commandant Leflo. A deux heures du matin, on prendra les armes et l'on se mettra en route immédiatement ; avant le départ, les recommandations suivantes ont été faites aux commandants des compagnies composant la première colonne :

Silence absolu, toujours et de toute manière ;

Étouffer la toux dans les plis du turban ;
Pas de pipes ;
Si on reçoit des coups de fusil pendant la marche, redoubler de silence, ne pas riposter, doubler le pas ;
Faire des prisonniers avant tout ;
Ne tuer qu'à la dernière extrémité ;
Après les prisonniers s'occuper du troupeau.

La razzia a réussi au-delà de toute espérance ; un instant, on l'avait crue manquée. Le guide s'était égaré ou nous trompait. Au moment où on allait le fusiller pour le punir de son erreur ou plutôt de sa trahison, la fortune nous a fait rencontrer les populations ; et, grâce aux mesures prises par le commandant, malgré notre petit nombre, nous avons fait encore des prises considérables. A huit heures du matin, nous rejoignions le colonel, ramenant trente-quatre prisonniers, cent dix-sept bœufs, dix chevaux ou mulets, une trentaine d'ânes, quinze cents moutons ou chèvres, après avoir tué en outre une vingtaine d'Arabes ; c'est l'abondance pour plus de trois mois. Aussi la joie est sur tous les visages, et l'ordinaire le plus modeste est devenu un festin. Par l'ordre du colonel, vingt moutons par compagnie ont été distribués ; l'on a donné à chaque officier deux chèvres laitières ; les sous-officiers de toutes les compagnies ont reçu aussi un cadeau semblable.

Après cette petite expédition, nos troupes ont repris leurs travaux habituels. Les Kabyles ont paru un instant vouloir les attaquer ; mais, malgré les coups de crosse des cavaliers de Berkani, qui les poussaient au combat, il n'y a eu que quelques tirailleries insignifiantes. En revanche, le froid et la neige ont repris de plus belle. Enfin, le dégel arrive ; il était temps pour notre troupeau aux abois.

Le 30, les Kabyles reparaissent, poussés par des cavaliers; ils recommencent. Le lendemain, la fusillade a été plus vive; elle a duré environ une heure; puis des pourparlers s'établissent sur plusieurs points à la fois.

Un groupe de cavaliers, remarquables par leurs chevaux et la blancheur de leurs bournous, s'est approché d'une redoute et a demandé des nouvelles des prisonniers, d'un nommé Ben-Abbès entre autres, qu'ils désiraient voir.

— Venez le voir en ville, leur dit-on; vous serez bien reçus et libres de vous en retourner après.

— Nous voulons le voir ici.

— Alors, si vous ne disparaissez à l'instant, nous allons vous tirer des coups de canon.

Et deux minutes plus tard un obus éclatait près d'eux. Aussitôt ils s'éloignent ventre à terre. Non loin de là, un Kabyle qui a déposé son fusil s'est approché de l'un de nos factionnaires, et la conversation suivante s'est engagée :

— Mets ton fusil par terre aussi, et viens de mon côté.

— Voilà ! Mais n'as-tu pas un pistolet caché?

— Non, je te le jure : je suis homme de cœur, et honte à celui qui aurait la pensée de manquer à sa parole !

— Que viens-tu faire ici? Pourquoi ne pas rester paisible chez toi à labourer ton champ ou à soigner tes troupeaux?

— Je ne puis pas, les soldats d'Abd-el-Kader me forcent de venir tirer des coups de fusil.

— Mais pourquoi ne viennent-ils pas eux-mêmes? ce sont des femmes ou des lâches.

— Sans doute, mais ils sont plus forts que nous.

— Eh bien, soumettez-vous, venez avec vos femmes et vos troupeaux : nous vous donnerons des terres et nous vous protégerons.

— Oui, et après vous retournerez à Alger, et vous nous

abandonnerez à l'émir, qui tuera nos enfants et enlèvera nos femmes.

— Alors faites-vous garder par ses soldats.

— Ses soldats sont comme une vieille serrure qui ne ferme plus la porte et laisse la maison ouverte.

A ce moment, les camarades du Kabyle le rappelèrent; il reprit son fusil et recommença la bataille. Ailleurs des injures s'échangeaient. Tous ces gens-là n'ont pas l'air disposé à se battre; pourtant l'un d'entre eux s'est avancé, faisant tourner son fusil autour et au-dessus de sa tête, en homme qui a pris son parti. Aussitôt un de nos soldats se jette au-devant de lui, s'avance à cinquante pas, ajuste et fait feu. — Ah! s'écrie ce Kabyle en gémissant et tombant à terre, je suis mort. — Son fusil s'échappe, en effet, de ses mains; nous le croyons tous atteint, et nous disons au zouave : — Cours dessus, et désarme-le. — Mais celui-ci, se grattant l'oreille : — Cet animal-là me tire une couleur, je ne l'ai pas attrapé. Eh! malin, connu! connu!
— Et il recharge son fusil sans bouger davantage. Le rusé Kabyle se relève alors, reprend son arme, fait feu à son tour, et se sauve en éclatant de rire.

Ces petits combats nous ont amusés et distraits; mais, le 4 février, nous avons tous été en émoi. A la chute du jour, des feux nombreux ont été aperçus, à deux lieues de la ville, sur le chemin de Milianah. La garnison court aux remparts; sans doute c'est une colonne qui a ravitaillé Milianah; elle vient nous voir au retour. La joie du passager, après une longue traversée, lorsqu'il découvre la terre, n'est pas plus vive que celle de nos soldats; dans les rues, l'on n'entend que ces cris : « La colonne! la colonne! » et près de moi un zouave répond à un de ses camarades : —*Tais-toi : tu me fais frémir de la peur de me tromper*. — Ceux-là seuls qui ont connu l'isolement peuvent savoir tout ce que nous avons éprouvé. Dieu veuille enfin que nous recevions des lettres, des nouvelles !

Hélas ! les feux d'hier soir n'étaient point les feux d'une colonne française ; c'étaient ceux des réguliers du bataillon d'El-Berkani. Le 5 février, dès la pointe du jour, des cavaliers et des Kabyles sont venus tirer des coups de fusil sur nos postes avancés. Bientôt l'attaque devint plus vive, et il fut évident que nous aurions dans la journée un engagement sérieux. A neuf heures, tout ce que nous avions de soldats disponibles était sous les armes, et nous marchions à l'ennemi. De nombreux contingents kabyles et un bataillon régulier étaient devant nous, bien embusqués, bien établis : l'engagement fut vif, et si un second bataillon régulier, masqué jusque-là, eût retardé de quelques instants le mouvement qu'il tenta pour couper notre arrière-garde, nous aurions pu avoir beaucoup de monde hors de combat ; mais, faisant face à tous les ennemis, nos petits bataillons en ont eu bientôt raison, et, la mitraille aidant, les ont dispersés, après leur avoir tué grand nombre des leurs. Nous avons eu quelques tués et une vingtaine de blessés. Pendant qu'on se battait, une dépêche télégraphique annonçait le départ du maréchal Valée ; son remplacement, comme gouverneur, par le général Bugeaud, et l'intérim du général Galbois. Le nom du général Bugeaud inspire confiance ; c'est à l'avenir de décider. Jusqu'au 13 février, rien de nouveau : quelques pourparlers pour l'échange des prisonniers, quelques discours avec des Arabes ; mais rien de décisif, rien d'important. Le 13, une dépêche télégraphique annonce le départ d'Alger d'un courrier porteur d'une lettre pour Médéah ; l'arrivée du général Bugeaud, décidé à faire la guerre à outrance en avril; enfin, que l'Europe est en paix. La dépêche, affichée immédiatement sur la place d'armes et transmise à tous les postes, produit un véritable enthousiasme ; chacun est fier maintenant de ses fatigues, de ses souffrances, qui ne seront pas inutiles. Le soir, tous les officiers se sont réunis chez le colonel ; on eût dit une fête de famille.

Quand on nous a annoncé ce matin que nous étions au mardi gras, chacun s'est cru dans l'obligation de rire et de s'égayer ; mais, hélas ! l'on annonce en même temps qu'il n'y a plus de tabac. Entre toutes les privations, celle-ci doit sembler la plus légère, et pourtant c'est la privation la plus sensible à nos soldats ; quelques-uns essayent de tromper ce besoin en fumant de vieilles feuilles séchées, des feuilles de vigne ou de fenouil. Parmi nos Arabes, plusieurs ont encore du chanvre précieusement conservé ; ils en aspirent la fumée dans des pipes de la grosseur d'un dé.

Des lettres nous sont enfin parvenues, des journaux de France ; la garnison est comme prise de vertige ; chacun cause, parle, commente les événements. Pour moi, je n'ai pu fermer l'œil de la nuit ; je ne suis pas encore revenu de mon saisissement. La joie est partout, partout aussi l'espérance. La mort de nos deux derniers courriers, que nous venons d'apprendre, ne décourage point nos Arabes ; trois hommes sont partis ce soir pour Blidah : un Kabyle du pays, Hamed, et les deux zouaves qui nous ont apporté nos lettres. Leur départ a été solennel. Au moment de sortir de chez le colonel, ayant déjà le fusil à la main, un des deux zouaves a pris un pain, l'a coupé en quatre ; et, donnant un morceau à l'interprète qui les accompagnait jusqu'à la porte et un morceau à chacun de ses deux camarades, il a dit : Moussa (Moïse) (c'est le nom de l'interprête), je vous prends à témoin du partage égal que j'ai fait de ce pain ; que chacun de nous le mange, et qu'il serve de poison à celui qui a dans le cœur quelque chose qu'il n'avoue pas. » Puis, passant la main au-dessus d'un brasier : « Que le feu, a-t-il ajouté, le ciel et l'eau puissent faire périr subitement celui qui a eu la pensée de trahir ses camarades ! » Là-dessus, chacun a tendu la main, a juré de se sauver ou de mourir avec ses compagnons, et ils sont sortis.

Le kabyle Hamed, l'un des courriers, a déjà vécu avec nous à Bouffarik, où il était allé comme travailleur pendant la paix. Ce garçon, à la physionomie franche, ouverte et rieuse, avait pris goût à notre eau-de-vie, et préférait surtout l'existence d'Alger à toute autre. Là, en effet, il trouvait l'anisette à bon marché, des femmes selon ses désirs et de la musique durant toute la nuit. Revenu plus tard dans ses montagnes, le souvenir d'Alger ne le quittait pas, et un jour il osa proposer à sa femme de se retirer à Blidah, chez les Français. Celle-ci, effrayée, le dénonça au chef de la tribu, qui fit saisir Hamed, le roua de coups, donna sa femme à un autre, et prit pour lui quelques moutons et deux vaches qui composaient toute sa fortune. Pauvre et abandonné, Hamed vint à nous avec la pensée de se venger d'abord, puis de refaire sa fortune, c'est-à-dire de gagner au péril de sa vie, le plus promptement possible, un millier de francs. Lorsqu'il les aura amassés, il enlèvera une maîtresse qu'il a conservée dans une tribu voisine, et ira vivre avec elle à Blidah. Celle-ci, plus aimante et plus dévouée que sa femme légitime, a consenti à le suivre. A chaque voyage, Hamed passe chez sa maîtresse, lui donne un foulard et quelques boudjous. En retour, il reçoit des œufs, des galettes et surtout des caresses, qui ne font jamais faute. Alors il nous revient heureux, confiant, prêt à recommencer ses courses aventureuses. Toutefois il y met une condition : jamais nous n'exigerons qu'il passe de nuit par le col. Pourquoi? le voici.

Le col de Mouzaïa a été le théâtre des principales opérations des campagnes de l'année dernière; beaucoup de gens y sont morts, et les routes au nord comme au sud, les moindres ravins qui aboutissent à la montagne, sont jonchés de cadavres presque tous horriblement contractés par le soleil ou atrocement mutilés. Cet affreux spectacle nous a tous frappés; mais il a surtout agi avec une grande force sur l'imagination des Arabes. Le bruit s'est répandu parmi eux que ces morts sans sépulture n'avaient pu trouver grâce devant Dieu à cause de leur mutilation, et qu'ils se réunissaient toutes les nuits sur le col même pour y gémir et y pleurer ensemble. Un malheureux Arabe, en passant il y a peu de temps, a entendu les lamentations de tous ces désolés; il en est devenu fou de peur, et, dans un moment lucide, il a raconté que durant plus d'une heure il avait été poursuivi par ces gémissements. En vain il s'était enfui, chaque buisson lui jetait un sanglot; enfin il avait fini par perdre le sentiment, et s'était retrouvé le matin étendu près du bois des Oliviers. Cette superstition a gagné tout le pays, et voilà pourquoi Hamed ne passera jamais la nuit sur le col, sa vie fût-elle en jeu.

Il est arrivé, il y a un mois environ, deux déserteurs européens; l'un sort des zéphyrs, l'autre de la légion étrangère. Ce dernier se nomme Glockner; c'est un Bavarois, fils d'un ancien commissaire des guerres au service de la France, neveu d'une des sommités militaires de la Bavière : son histoire est presque un roman. Il entra d'abord à l'école des cadets de Munich ; puis, à la suite de quelques étourderies, il fut envoyé dans un régiment de chevau-légers. Mais son imagination ardente, son amour des aventures allait bientôt l'entraîner à de nouvelles folies : il déserta et passa en France. Accueilli froidement, comme le sont toujours les déserteurs, il fut inscrit sur les contrôles de la légion étrangère. A peine arrivé en Afrique, sa déception fut plus cruelle encore ; et, toujours entraîné par ce désir des choses inconnues qui le tourmentait, il passa un beau matin aux Arabes. Il y est resté trois ans. Enlevé d'abord par des Kabyles, on le vendit sur un marché de l'intérieur à un chef de la tribu des Beni-Moussa. Après un an de domesticité, il parvint à s'échapper de la tente de son maître et se mit en route, les jambes nues, le bournous sur les épaules, la corde de chameau autour de la tête et le bâton de pèlerin à la main, se dirigeant au sud à la grâce de Dieu. Il alla ainsi jusqu'au désert, s'arrêtant chaque soir au milieu d'une tribu nouvelle et s'y annonçant par le salut habituel du musulman : « Eh ! le maître du douar ! un invité de Dieu ! » A ce titre, bien accueilli, il recevait le manger, l'abri, et repartait le lendemain sans que jamais un Arabe lui ait dit : « Où vas-tu ? » Cela ne regardait personne, et personne ne s'en inquiétait. Il suivait sa destinée. Glockner traversa ainsi une partie du Sahara et arriva jusqu'à la ville de Tedjini-Aïn-Mhadi ; de là, il est allé à Boghar, Taza, Tekedempt, Mascara, Médéah et Milianah ; puis, enrôlé de force parmi les réguliers d'El-Berkani, il a fait avec eux les campagnes de 1839 et 1840. Décoré par Abd-el-Kader à la suite d'une blessure reçue le 31 décembre 1839, blessure qui lui a été faite, à ce qu'il croit, par un capitaine adjudant-major du 2ᵉ léger. Après avoir encore couru le pays, il nous revient comme l'enfant prodigue, gémissant sur ses folies, songeant en pleurant à sa famille, à son père surtout, et demandant en grâce d'être inscrit comme soldat français. Lorsqu'on lui a parlé de retourner à la légion : « Oh ! non, je vous en supplie, ne me renvoyez pas à la légion, a-t-il répondu ; laissez-moi dans un régiment de France, dans vos zouaves dont le nom est connu de toute l'Europe : vous serez contents de moi. » On l'a engagé comme indigène sous le nom de Ioussef ; il n'a que vingt et un ans, est frais comme un enfant, timide comme une jeune fille et d'une simplicité de maintien et de langage vraiment merveilleuse (1).

Nous sommes dans l'attente, la ville a un aspect inaccoutumé, un air de fête est répandu sur tous les visages, chacun rassemble le peu qu'il possède, et les zouaves, aussi philosophes qu'un sage de la Grèce, se préparent à tout emporter sur leur dos : une dépêche télégraphique nous a, en effet, annoncé l'arrivée prochaine du général Bugeaud, la fin de notre exil, notre retour à la vie humaine.

(1) La fin de l'histoire de Glockner est digne du commencement. Inscrit aux zouaves, sa conduite y fut admirable. A toutes les affaires où il se trouva, il aurait mérité d'être cité. Nommé caporal, puis sergent, il fut envoyé à Tlemcen lors de la formation du 3ᵉ bataillon. Recommandé par le colonel Cavaignac au général Dedeau, il rendit de grands services par son intelligence et sa connaissance de la langue arabe. Son père, à qui l'on avait écrit en Bavière, avait confirmé la vérité de ses paroles. Il était heureux, traité avec considération, lorsqu'un beau jour il partit avec un prisonnier politique à qui l'on venait de rendre la liberté, et passa au Maroc. Il y a séjourné longtemps ; enfin, il a regagné Tanger ; et, renvoyé comme déserteur par notre consul, il allait passer au conseil de guerre, lorsque, en considération de ses anciens services, on continua à le traiter en Arabe. Cette manie des voyages est chez lui vraiment extraordinaire, et Glockner prétend qu'il ne voit pas un endroit inconnu sans que le désir de l'explorer ne s'empare de lui.

Le 3 avril, après cinq mois d'isolement, nous retrouvons enfin nos camarades, nos amis ; et le général Bugeaud, en passant devant nos rangs, à la vue de l'énergique attitude de nos soldats, a chargé le colonel Cavaignac de nous remercier, au nom de l'armée, de la vigueur dont les zouaves venaient de donner un nouvel exemple. La plus grande part de ces éloges est bien due au colonel Cavaignac ; car dans la fermeté de sa conduite, la noblesse de ses exemples, l'encouragement paternel de ses conseils, nous avons trouvé un puissant appui. Nos clairons ont sonné la marche, et nos bataillons se sont ébranlés pour venir reprendre leur place de bataille dans la colonne, que nous trouvons tout émue encore de la blessure que le général Changarnier a reçue, il y a deux jours, en descendant le col. Les réguliers ont eu, près du bois des Oliviers, un engagement très-vif avec nos troupes. Le commandant de Latour-Dupin venait d'avoir son cheval tué. Une seconde après, au moment où le général Changarnier expliquait un mouvement à un de ses officiers d'ordonnance, une balle l'a frappé au-dessous de l'épaule, près de l'omoplate ; il doit la vie à un gros caban de Tunis dont l'étoffe épaisse a amorti le coup. Rien n'était plus curieux, à ce qu'il paraît, que la figure du docteur Ciccaldi, lorsqu'à la nouvelle de la blessure il est accouru près du général ; ce dernier avait mis pied à terre sous un gros olivier. « Voyons, docteur, dites-moi votre opinion, et, je vous prie, posez promptement un appareil ; car l'affaire continue, et j'ai des ordres à donner. » Les premières paroles du docteur furent pour rassurer le général, mais sa physionomie bouleversée annonçait assez son inquiétude ; il se hâta de sonder la plaie, et aussitôt on vit un franc et bon sourire remplacer le sourire d'assurance qu'il avait cherché à se donner. « Mon général, ce n'est rien, s'écria-t-il tout joyeux, l'os n'est pas attaqué, et dans deux mois vous pourrez monter à cheval. — J'y serai plus tôt, mon cher, croyez-le, » lui répondit le général ; et le pansement était à peine achevé, qu'après avoir remercié le bon docteur il remontait à cheval et donnait ses derniers ordres avec son sang-froid et son énergie habituels. Son accueil a été plein de cordialité. Il espère que de brillants combats viendront nous récompenser de toutes les épreuves supportées depuis cinq mois. Dire nos émotions serait impossible : c'est une confusion de nouvelles, de questions, de réponses ; nous ne savons plus rien, nous voulons tout apprendre : le soir venu, nous sommes accablés de fatigue comme à la fin d'une longue marche. Enfin, ce matin, la diane a été battue ; et tandis que le 53ᵉ s'établit à Médéah, notre tête de colonne s'ébranle dans la direction du col. Deux jours encore, et nous serons à Blidah...

Me voici dans une petite chambre, tout étonné de ne pas voir la pluie pénétrer par le toit, dans une maison solidement bâtie qui défie les orages ; je recueille mes souvenirs, pendant qu'autour de moi l'on n'entend que les chansons, les rires de ces corsaires débarqués, de nos zouaves. Tout l'arriéré de la solde leur a été payé ; et si pendant cinq mois ils sont restés sans vin, sans eau-de-vie, presque sans tabac, n'ayant pas seulement du pain blanc pour tremper la soupe, trois jours leur sont donnés pour oublier leurs privations et noyer leurs fatigues dans de copieuses libations. Depuis hier, point d'appel, point de service, point de consigne ; tous les hommes sont frères ; dans la ville, il n'y a que gens qui s'embrassent, qui roulent ensemble sous les tables après avoir mangé en un seul repas les économies forcées de tout un hiver. Après-demain, l'inexorable discipline reprendra ses droits, chacun oubliera sa liberté, et dans huit jours nos vêtements réparés nous permettront de prendre part aux courses nouvelles que l'on annonce déjà.

IV

« Il va de la douleur, dit Montaigne, comme des pierres qui prennent couleur ou plus haute ou plus morne, selon la feuille où l'on les couche, et qu'elle ne tient qu'autant de place en nous que nous lui en faisons. » L'armée d'Afrique a prouvé la vérité de ces paroles. Courageuse et patiente, elle a su traverser les plus rudes épreuves sans faiblir, supporter tour à tour la fatigue ignorée et sans gloire, et dominer le péril à force d'audace; mais, si l'on doit citer la constance et l'abnégation de cette noble infanterie, dont les zouaves sont l'honneur, que de fois aussi la cavalerie, par sa verve courageuse, ne s'est-elle pas montrée la digne héritière de la furie française!

Deux éléments divers s'unissent dans la cavalerie d'Afrique pour le succès de nos armes : l'élément français et l'élément arabe, le spahi et le chasseur. — Ces grands soldats à la jaquette bleue n'auraient pu, malgré leur courage, exécuter seuls les hardis coups de main qui leur ont valu si grand renom. Pour chasser l'Indien des forêts de l'Amérique, l'Indien fut nécessaire; l'Arabe, sur la terre d'Afrique, était nécessaire pour lutter avec l'Arabe. Au bras qui frappe, il faut le regard qui découvre et guide la pensée. Telle fut l'origine des spahis. L'appât du gain attira des cavaliers arabes; ils eurent une discipline moins sévère que la discipline française, et pour tout uniforme un bournous rouge s'enlevant au moindre signe du chef. Redevenu Arabe, le spahi pouvait alors exécuter toute mission sans exciter de soupçons : tour à tour courrier, éclaireur, limier ou soldat des avant-postes. Des sous-officiers et des officiers français furent donnés à ces cavaliers indigènes, quelques Européens admis dans le rang ; et, ainsi composée, cette troupe a souvent rendu de grands services. « Refuge des pécheurs ! » disait-on parfois en souriant, lorsqu'on parlait des spahis ; bien des caractères, en effet, qui auraient eu peine à supporter toute la rigueur de la discipline française, allaient leur demander asile : aussi, souvent, rencontrait-on parmi eux des physionomies étranges, des coureurs d'aventures, dont la vie ressemble à un récit des temps passés détaché d'un vieux livre.

Aujourd'hui ici et demain là, le soldat a pour destinée la volonté du chef. Qu'un ordre arrive, et le voilà séparé pour de longues années de ceux qu'il avait coutume de voir chaque jour. Ce fut l'histoire de nos escadrons. Les zouaves, nos amis du Haut-Riou, étaient bien loin lorsque nous battions l'estrade avec l'escadron des spahis de Mascara.

Dans cet escadron, les types singuliers dont nous parlions tout à l'heure ne manquaient pas. Deux surtout méritent d'être cités : le premier, d'une excellente famille, d'un caractère bizarre et original, se nommait le maréchal des logis Alfred Siquot ; l'autre, Mohamed-Ould-Caïd-Osman, et avait rang d'officier indigène. Leur courage était égal ; ils différaient pour tout le reste. Siquot était par excellence un *humoriste* dans le sens que les Anglais donnent à ce mot. L'air sombre de ce rieur silencieux l'avait fait surnommer *Jovial*. Son amour de la solitude et du mouvement, du sans-façon et des accidents, l'attachait à la vie de soldat. L'existence de Siquot n'avait d'ailleurs pas un voile, pas un nuage, et chacun y pouvait lire. Pour Mohamed-Ould-Caïd-Osman, le nom arabe cachait un nom prussien et une vie agitée, pleine de duels et d'aventures, de condamnations à mort et de pendaisons en effigie. Tenez cependant pour certain qu'instruit, plein d'esprit, il avait dans sa brusquerie un grand charme et une bravoure justement renommée qui le faisaient considérer de tous; au demeurant, le vrai type de l'officier de fortune, du lansquenet des temps passés. Son fusil à deux coups aussi redouté des Arabes que des perdrix, son chien nommé Tom, son cheval alezan, vaillante bête, tels étaient en campagne ses seuls amis. A la garnison, une quatrième affection trouvait place dans son cœur : une petite Espagnole, qui n'ouvrait jamais la bouche, et lui était aussi dévouée que son chien. Tom, la *Chika*, le caïd, ne faisaient qu'un alors, vivaient, riaient, pleuraient ensemble. Siquot, le maréchal des logis, venait aussi parfois fumer sa pipe au milieu des trois amis.

Quant à la vie d'Afrique du caïd, elle était connue, et ses accidents avaient plus d'une fois égayé les longs repos des jours de bivouac. A deux reprises différentes, on le vit à Alger, mais avec des fortunes bien diverses. La première fois, dans toute sa splendeur, il voyageait avec le prince Puckler-Muskau, qui en parle dans ses *Lettres*, ne le désignant pourtant que par ses initiales; la seconde, en 1840, il avait revêtu le sac du fantassin et marchait vers le col de Mouzaïa, dans les rangs de la légion étrangère. Une des grandes lois de la nature, à laquelle nul ne se soustrait, condamne l'homme, lorsque ses pieds touchent la terre, à n'avancer que par un mouvement régulier des jambes; or, ce mouvement déplaisait souverainement au caïd. C'est assez dire que le métier de fantassin n'était guère de son goût. Aussi, après une campagne où les fatigues avaient été si rudes, que dans sa compagnie vingt-cinq hommes seulement sur cent restèrent debout, le caïd se fit remplacer et quitta la légion.

Le voilà libre de nouveau, prêt à courir les grands chemins; mais il avait compté sans l'amour, sans une passion qui dura six mois de Mauresque à Allemand. A mi-côte de Mustapha, une maison entourée de verdure se dressait blanche et fraîche, dominant la baie d'Alger et ses splendeurs. Armide, en ce beau lieu, se nommait Aïcha, et jamais poëte de l'Orient n'a rêvé créature plus charmante. Faut-il donc s'étonner si, sous ces ombrages, six mois se passèrent dans la paix, le calme et le repos? Chaque matin, la rieuse jeune femme venait s'asseoir à ses genoux; tandis que sur une petite table arabe, au milieu des parfums et des fleurs, Osman écrivait la vie d'un missionnaire protestant rencontré dans une de ses courses vagabondes (1).

Aïcha était déjà parvenue à prononcer quelques mots allemands : encore deux mois seulement, et certes elle serait devenue une digne Germaine; mais, hélas! dit la chronique, l'amour prussien fut moins constant que l'amour arabe, car un beau matin le bateau à vapeur de

---

(1) Ce missionnaire, juif d'abord, s'était fait calviniste à Bâle, puis anglican, enfin missionnaire, moyennant récompense honnête. Il faisait grand commerce de Bibles, qu'il vendait aux marchands de Tunis. Les feuillets des livres sacrés servaient à envelopper le beurre et le savon musulmans. Le livre du caïd, publié à Carlsruhe, fit du bruit, fut défendu, et, grâce à la défense, eut un succès fou.

'ouest partit en emportant *César et sa fortune,* c'est-à-dire un fusil et une lettre de recommandation, oubliée depuis deux ans, pour le général Lamoricière, qu'Osman avait connu chef de bataillon aux zouaves.

La province d'Oran, en 1841, était loin d'être soumise; un vaillant cœur et un bon bras avaient alors souvent l'occasion de se montrer. Faut-il ajouter que Mohamed-Ould-Caïd-Osman, inscrit sous ce nom arabe sur les contrôles des spahis, et Siquot, qui s'engageait à la même époque, ne manquèrent pas à la fortune. Peu de temps après, Siquot, était blessé, le caïd avait son cheval tué ; tous deux étaient mis à l'ordre du jour. Héros illustres ou célébrités inconnues ont toujours des envieux; demandez plutôt au maréchal-des-logis Froidefond, vieux grognard, qui s'avisa de dire au caïd qu'il n'était bon qu'à se nettoyer les ongles. En rentrant à Mascara, ils se battirent à douze pas; Froidefond tire le premier, le caïd tombe, les chairs traversées au-dessous des reins; on s'élance pour le secourir: « Arrêtez ! c'est mon droit de tirer, » cria-t-il, et, se soulevant sur le coude, il étend Froidefond raide mort. Quant au caïd, on le porta tout sanglant à l'hôpital, où il retrouva Siquot, qui se guérissait d'une blessure. A cette nouvelle, la Chica, mêlée à son existence depuis un an environ, sans trop savoir pourquoi, comme les chiens qui, par aventure, s'attachent à un escadron, courut le soigner à l'hôpital, et trois mois après il était sur pieds.

Le caïd venait de se rétablir, lorsqu'en 1843 les escadrons du 4ᵉ chasseurs, colonel en tête, entraient à Mascara au son de trompettes, escortant le maréchal Bugeaud. Abd-el-Kader, à cette époque, avait établi le centre de ses opérations au sud de Mascara, et les bois qui séparent le

Tell de Sersous (1) servaient de refuge à ses bataillons réguliers, vivant de glands et des dépouilles des tribus voisines. Le général Lamoricière et le général Tempoure ne le laissaient pourtant guère en repos; mais, épuisée par des courses continuelles, la cavalerie de la province, trop peu nombreuse, avait besoin de plusieurs mois pour se remettre en état. Aussi rien ne fut épargné par le général de Lamoricière pour obtenir du maréchal Bugeaud les beaux escadrons du 4ᵉ — Le maréchal faisait la sourde oreille. — Chaque jour alors, il arrivait des réguliers déserteurs, qui donnaient des nouvelles de l'émir; ces renseignements, toutefois, ne paraissaient pas suffisants, lorsqu'un Espagnol fut amené un soir au capitaine Charras, chef du bureau arabe de Mascara. L'œil noir et décidé, les traits expressifs de cet homme, dénotaient l'intelligence et le caractère; il donnait les indications les plus précises, et confirmait toutes les nouvelles que l'on avait d'ailleurs. Séance tenante, on le conduisit au maréchal, qui l'interrogea lui-même. Une heure après, les escadrons du 4ᵉ chasseurs étaient accordés, et le maréchal décidait une *chasse* aux bataillons réguliers dont Sidi-Embarek, l'ancien et célèbre khalifat de Milianah, était venu prendre le commandement.

Le général Tempoure fut chargé de cette mission; on lui donna deux bataillons d'infanterie, quatre cent cinquante chevaux réguliers, cinquante spahis et quelques

---

(1) Le Tell, — Tellus des Romains, — est la zone de nos possessions d'Afrique qui produit le grain. Sous le nom de *Sersous* on désigne de vastes ondulations de terrain, renommés pour leurs pâturages. Résidence des tribus qui ne cultivent pas la terre, et vivent errantes avec leurs immenses troupeaux, le Sersous sépare le *Tell* du *Sahara*.

cavaliers irréguliers avec le chef du bureau arabe, le capitaine Charras. Puis, tout le monde, un beau matin, y compris le caïd Osman et Siquot, se mit joyeusement en route vers le sud, tandis que le maréchal Bugeaud et le général Lamoricière s'en allaient à Oran, où les appelaient de graves intérêts.

Si les rapports du *Moniteur* n'en rendaient pas témoignage, si tous ne venaient l'affirmer, vous traiteriez de fable le récit de cette course. Cavalerie et infanterie marchèrent trois jours et trois nuits : le matin, on se reposait une heure et demie, le soir de six heures à minuit. Du jour où l'on était tombé sur les traces de l'ennemi, le tambour ne fut pas battu une fois. On suivait la piste; comme les chiens, l'on quêtait la proie. Trente spahis précédaient la colonne avec des cavaliers du bureau arabe; ils *lisaient la terre* pendant la nuit. Quelles émotions! On arrivait sur des bivouacs dont les feux brûlaient encore; l'ennemi était parti le matin seulement, et l'on se hâtait de reprendre la marche. Enfin, après deux nuits et deux jours, nos rôdeurs arabes, qui couraient sur les flancs de la colonne, s'emparèrent de deux hommes des Djaffras (1). Ceux-ci refusèrent d'abord de parler; mais un canon de fusil, appliqué contre leur tête, délia leur langue, et ils apprirent que la veille les réguliers étaient à Taouira. L'on était donc sur la bonne route; on finirait bien par les atteindre.

La colonne se mit de nouveau en mouvement, précédée comme toujours par les spahis. Par moments, il s'élevait des rafales de vent, et la pluie tombait; puis, l'instant d'après, la lune éclairait l'étroit sentier qui ser-

(1) Tribu du pays.

pentait le long des collines à travers les rochers, les thuyas et les genévriers. Pas une pipe n'était allumée, le silence le plus profond régnait, troublé seulement par le bruit d'une chute, lorsqu'un fantassin, dont les yeux saisis par le sommeil s'étaient fermés malgré la marche, trébuchait contre un obstacle du chemin. Il arrivait ainsi aux plus vigoureux de céder à la fatigue; les éclaireurs seuls avaient toujours le regard au guet. Le jour parut enfin, l'on vit une fumée légère; hélas! ce n'était encore qu'une déception : les feux achevaient de se consumer, les réguliers étaient partis. L'espoir qui avait soutenu jusque-là les forces des soldats les abandonna tout à coup, on n'entendit que cris et malédictions; chacun maugréait après le général. La grande halte se fait pourtant dans un bas-fond, et, pendant que les soldats mangent, les batteurs d'estrade annoncent au général que les traces des bataillons sont toutes fraîches et de la nuit même. Le général Tempoure hésita une seconde; son parti fut bientôt pris cependant, et l'ordre du départ fut donné. Alors s'éleva dans le bivouac une grande clameur. — Il veut nous tuer tous! criaient les soldats, qui, depuis soixante-dix heures, n'avaient pris que quelques moments de repos. On obéit pourtant, et l'on se met en marche. Au bout d'une heure, les traces tournent au sud; de ce côté, plus d'eau assurée! N'importe, il faut avancer; mais les traces sont de plus en plus fraîches, voilà un cheval abandonné; à quelque distance, un bourriquot. — Nous les tenons, ces brigands-là! disent les soldats, et ils retrouvent des forces. Enfin, vers onze heures, pendant que la colonne est encore engagée dans une ravine profonde, les éclaireurs aperçoivent derrière une colline une fumée épaisse. Cette fois, l'ennemi est bien là; toute fatigue disparaît aussitôt comme par enchantement; en une seconde, sur l'ordre du général, les manteaux sont roulés, les amorces remplacées, les chevaux ressanglés ; on est prêt. Les troupes se forment pour l'attaque. Trois cents hommes d'infanterie soutiendront trois colonnes de cavalerie; le centre est commandé par le colonel Tartas du 4ᵉ. On s'ébranle, et à ce moment un coup de fusil part : c'est une vedette que nos éclaireurs n'ont pu surprendre. L'Arabe gravit au galop la colline, agitant son burnous. Au même instant, les tambours des réguliers battent la générale, un frémissement court nos rangs. La cavalerie prend le trot; l'infanterie oublie ses marches forcées, elle suit au pas de course, et, du sommet de la colline, on voit les deux bataillons réguliers, qui n'ont pu atteindre la crête opposée, s'arrêter à mi-côte. Le sabre est en main, les chevaux sont au galop, le colonel Tartas en tête ; un feu de deux rangs part, quelques-uns tombent, mais l'avalanche a brisé l'obstacle, et de tous côtés les fantassins sont percés de coups de sabre. Des cavaliers pourtant cherchent à s'enfuir, les uns sur la gauche, d'autres droit devant eux. Ceux dont les chevaux tiennent encore les poursuivent, et le caïd Osman roule avec son cheval, frappé à la tête. M. de Caulaincourt, admirablement monté, continue la course : il tue un cavalier de l'émir ; mais, séparé, par un pli de terrain, de ses chasseurs qu'il a devancés, il est entouré d'ennemis. Sans perdre son sang-froid, il lance son cheval, se fait jour le sabre en main, et, au moment où il va rejoindre sa troupe, un Arabe débouchant d'une clairière lui tire à bout portant un coup de pistolet à hauteur de l'œil. Le cheval continue sa course, l'emmenant vers les chasseurs, qui le reçoivent. Le sang ruisselait, les chairs pendaient ; M. de Caulaincourt avait pourtant sa connaissance. Descendu de cheval, un soldat le prend sur son dos et l'emporte à l'ambulance, en traversant le théâtre du combat, un vrai champ des morts. Cinq cents cadavres étaient étendus dans un étroit espace, presque tous affreusement mutilés par les sabres de nos chasseurs.

Un escarpement rocheux avait arrêté les cavaliers qui s'enfuyaient vers la gauche. Plusieurs mirent pied à terre, et, donnant une saccade à leurs chevaux, franchirent l'obstacle. Un seul longeait au pas cette muraille de rochers. La blancheur de ses vêtements, la beauté de son harnachement, indiquaient un chef. Le maréchal-des-logis Siquot, un brigadier de chasseurs et le capitaine Cassaignoles se dirigèrent de ce côté. Le terrain était affreux, hérissé d'obstacles. Laboulaye, le brigadier de chasseurs, arrive le premier; comme la tête de son cheval touche la croupe du cheval de l'Arabe, le cavalier se retourne avec le plus grand calme, l'ajuste, et l'étend raide mort. A ce moment, Siquot le joint, le blesse; mais un coup de pistolet lui traverse le bras gauche, et va tuer le cheval du capitaine Cassaignoles, qui se trouvait sur la pente un peu au-dessous. Ce grand cavalier se dresse alors sur ses étriers, et frappe Siquot à la tête de la crosse massive de son pistolet, quand le brigadier Gérard des chasseurs, arrivant par la crête, lui envoie une balle en pleine poitrine. On s'empare du cheval, admirable animal qu'une blessure à l'épaule avait seule pu empêcher de dérober son maître à la mort. « Voyez si cet Arabe est borgne, crie le capitaine Cassaignoles. » On se penche, un œil manquait. « C'est Sidi-Embarek alors; qu'on lui coupe la tête. » Et Gérard lui sépare avec son couteau la tête du corps, pour que les Arabes ne doutent pas de sa mort; puis tous se rendent au ralliement qui sonnait.

Le maréchal-des-logis Siquot retrouva à l'ambulance M. de Caulaincourt, que l'on espérait sauver. Tous les officiers de chasseurs étaient venus lui serrer la main, lui donner bon courage; il n'en avait pas besoin, car jamais sa fermeté et son sang-froid ne l'abandonnèrent. « C'est égal, mon lieutenant, lui disait avec son accent allemand son ordonnance, qui ne le quittait pas, nous n'avons pas de chance. Ton cheval gris, il est blessé; le noir, il est malade, et toi, tu es à moitié f... Décidément, mon lieutenant, nous n'avons pas de chance. » Ce fut pourtant, quoi qu'en ait dit le brave Laubeinburger, ce fut une bien heureuse chance de se tirer la vie sauve d'une aussi horrible blessure. Tous ceux qui ont vu alors M. de Caulaincourt diront que sans son énergie il aurait succombé.

La chasse était terminée, les réguliers acculés, détruits; le succès avait récompensé de si cruelles fatigues. Le général Tempoure se hâta de rentrer à Mascara, et un mois après plusieurs recevaient, selon l'expression arabe, *le témoignage du sang*, la croix si glorieuse pour un soldat.

Les hasards de la guerre nous séparèrent alors du caïd; j'appris aussi la rentrée de Siquot en France, où, par une assez singulière coïncidence, ses amis de Paris lui ont donné, assure-t-on, le même surnom que ses amis d'Afrique. Quant au lansquenet allemand, il marqua d'un trait de courage chaque coin de la province d'Oran (1), et,

(1) Les états de service du caïd Osman, que le hasard nous fait retrouver, sont le meilleur commentaire de ce récit.

« Engagé à Mostaganem, par le général de Lamoricière, aux spahis, 2 octobre 1841.

« Cité à l'ordre de l'armée par le lieutenant général Bugeaud, comme s'étant distingué au combat de l'Oued-Meoussa (El-Bordja), 8 octobre 1841. A eu son cheval tué sous lui.

« Cité avec éloge dans le rapport du lieutenant-général Bugeaud à 'affaire de Tegmaret, 24 octobre 1841.

toujours aussi heureux, se retira sain et sauf de toutes les bagarres. Lorsque je le retrouvai en 1846, Tom, le cheval, la Chica, formaient, comme autrefois, toute sa famille. Pauvre Chica, qui n'avait jamais eu qu'une ambition dans sa vie, porter une robe de soie! Rentrés à la garnison, Tom était le pourvoyeur; ils partaient tous deux à l'aube du jour et ne revenaient qu'à la nuit, harassés, mais contents et le carnier rempli. La Chica, qui avait passé la journée à chanter, mettait le couvert, et les trois amis soupaient tranquillement.

Quelques mois plus tard, après une absence de trois semaines, un de nos escadrons rentrait à Mascara d'une course aux avant-postes. Nous suivions la rue qui mène au quartier de cavalerie, lorsque nous vîmes tous les officiers de la garnison réunis devant la petite maison du caïd. On vint à nous, les poignées de main s'échangèrent, et l'on nous apprit que la Chica, la compagne du caïd, l'amie de tous, était morte.

La pauvre petite souffrait depuis quelque temps; la veille, cependant, elle s'était levée. Il y avait un beau soleil bien chaud, et l'air était plein de parfums. — Chico, dit-elle au caïd, donne-moi ton bras, je veux voir encore le soleil. — Et elle fit quelques pas, se prit à pleurer en regardant les feuilles qui poussaient et la beauté du jour;

« Brigadier, 24 décembre 1841.

« Maréchal-des-logis, nommé à Frenda, 23 mars 1842.

« Cité dans le rapport du général de Lamoricière pour sa belle conduite à Thegighest, aux Fliitas, 18 décembre 1842.

« Sous-lieutenant, 22 mars 1842.

« Cité dans le rapport du général Tempoure pour sa belle conduite au combat de l'Oued-Mala contre Sidi-Embareck, 11 novembre 1843.

« Cité dans le rapport du maréchal Bugeaud pour s'être distingué au combat contre les Marocains, 11 juillet 1844.

« Cité à la bataille d'Isly.

puis, comme elle regagnait le fauteuil : — Ah! Chico, dit-elle, je meurs! — Et en s'asseyant elle rendit l'âme, sans agonie, sans contraction, souriant encore en regardant le caïd.

A ce moment, le cercueil de la Chica sortait de la maison; tous les fronts se découvrirent, et nous nous joignîmes aux officiers qui l'accompagnaient jusqu'à sa tombe.

Le cimetière de Mascara, rempli d'oliviers et de grands arbres, est situé au milieu des jardins : tout y respire la paix, le calme et le repos. La tombe de la Chica avait été creusée sous un figuier. Les spahis qui la portaient s'arrêtèrent, chacun se rangea en cercle; deux soldats du génie saisirent la bière légère et descendirent la pauvre Chica dans sa dernière demeure. Le caïd était au pied de la fosse. Le soldat lui présenta la pelletée de terre; la rude main du spahis tremblait en la prenant, et quand la terre, rencontrant le cercueil, rendit ce bruit sourd si plein de tristesse, une grosse larme à moitié contenue roulait dans ses yeux.

Depuis ce jour, Tom, que la Chica aimait, devint la seule affection du caïd.

LE DARHA.

LE BOU-MAZA.

I

— Le salut soit sur vous!..
— Sur toi soit le salut !..
— Que la paix et la bénédiction accompagnent tes pas.
— Lorsque nous eûmes épuisé les interminables formules de la politesse arabe, nous prîmes places sur les coussins de la tente de Mustapha ben-dif, chef d'une cinquantaine de cavaliers indigènes qui servaient d'éclaireurs et de courriers à la colonne de Mostaganem. La soirée était belle, l'air tiède ; un vent léger de terre apportait le parfum des grandes herbes et des fleurs du printemps ; l'étoffe de laine blanche, relevée à l'avant par de longs fusils, permettait aux regards de s'étendre au loin sur le bivouac que les feux d'oliviers éclairaient de leur flamme bleuâtre. et bercés doucement par le murmure de la houle de mer, mourant à

un quart de lieue de là, contre la falaise boisée, nous échangions les nouvelles avec ce compagnon de nos courses.

Mustapha ben-dif, pouvait avoir trente-cinq ans, de moyenne taille, les épaules larges et bien découplées, les traits vifs et mobiles, il ressemblait dans son repos au tigre guettant la proie. A la moindre émotion, son œil brun, devenu noir de geai, s'éclairait d'une lumière soudaine, le sang courait sous la paupière, la bête du combat se réveillait. De cette race d'hommes du *Marghzen*, soldats toujours au service du commandement, qu'il fût Turc ou Chrétien, Mustapha rendait de grands services, et *tous nous prenions plaisir à l'interroger sur le pays et les souvenirs d'autrefois. Aussi, quand, au mois d'avril 1845, la colonne de Mostaganem, forte de douze cents hommes d'infanterie, d'une batterie d'artillerie de montagne et d'un escadron du quatrième chasseurs d'Afrique, se mit en marche pour gagner le Darha, ce fut une vraie joie dans nos rangs, de voir Mustapha ben-dif, suivi de son guidon et des cavaliers bien connus, marcher derrière le chef du bureau arabe, le commandant Bosquet. Nous partions à une époque où les pluies sont encore redoutables, avec la crainte de ne point trouver de résistance. Si la poudre* faisait défaut, la chasse au moins promettait des distractions nombreuses, et, de plus, soldats, nous ne connaissions point encore ce droit nouveau, le droit aux commentaires dont la révolution de février voulut gratifier l'armée, et qu'elle dédaigna fort heureusement pour la France. — Le général de Bourjolly avait donné l'ordre de marche. Soigner nos chevaux, si l'occasion se présentait, courir sus à l'ennemi, à ce nouveau chérif Bou-Maza dont les récits populaires racontaient déjà tant de merveilles, telles étaient nos seules préoccupations.

Darha veut dire en arabe le nord ; on appelle ainsi, aux confins des provinces d'Oran et d'Alger, une partie montagneuse du pays comprise entre le Chéliff et la mer, de Tenès à l'embouchure du fleuve, qui, après l'avoir longé dans la partie sud en coulant d'abord vers l'ouest, tourne brusquement au nord, et l'isole ainsi de deux côtés. La population de cette contrée, longue de cinquante lieues environ sur vingt de large, est kabyle. Les terres, remarquables par leur fertilité, sont bien cultivées. On y trouve des vergers magnifiques, et la principale branche de commerce consiste dans la vente des figues séchées ; mais, protégés par le fleuve, recevant rarement la visite des agents de l'autorité, les gens du Darha ont une autre industrie plus fructueuse encore. Les uns sont voleurs, d'autres recèlent et gardent les objets dérobés. Ces derniers pour la plupart habitent la petite ville arabe de Mazouna. Les subdivisions de Mostaganem et d'Orléansville sont chargées de maintenir l'ordre dans le Darha.

Celle de Mostaganem étend son autorité sur la partie riveraine de l'embouchure du Chéliff, la moins accidentée. La subdivision d'Orléansville, au contraire, a dans son ressort, les populations les plus sauvages et les plus remuantes. La ville de Tenès, située sur le bord de la mer, à la limite est du Darha, est l'un des points principaux d'où s'exerce la surveillance. Quand des opérations plus considérables étaient reconnues nécessaires les troupes de Mostaganem, d'Orléansville et de Tenès combinaient leurs manœuvres pour atteindre et frapper l'ennemi. C'est pour prendre part à l'une de ces opérations que notre colonne venait de se mettre en mouvement. Elle s'en allait poursuivre le chérif Bou-Maza, de concert avec le colonel de Saint-Arnaud, et ramener le calme dans ces tribus que sa présence avait mis en émoi. Le général de Bourjolly faisait sur la route rentrer quelques impôts en retard, et nous étions depuis deux jours arrêtés au milieu de riants jardins, près de la source d'Aïn Tetinguel, dont les eaux, jaillissant d'une roche à fleur de terre, vont, après une course d'un quart de lieue, se jeter dans la mer.

La réunion était peu nombreuse ce soir-là chez Mustapha. Deux de ses parents, l'hadj Mohamed et Muley Brahim, toujours associés à ses courses et à ses aventures, écoutaient les paroles qu'un étranger prononçait à voix basse, comme s'il eût redouté une oreille indiscrète. Dès que nous parûmes au seuil de la tente, l'étranger se tut, mais Mustapha lui dit alors.

« — Parle sans crainte ; ceux-ci sont mes amis, et le se-
« cret n'est inconnu pour eux. »

Cet homme jeta sur nous, un regard de défiance, et sembla hésiter un moment. Il avait le nez d'aigle, l'ovale de son visage était allongé, les pommettes de ses joues saillantes ; le front, dégagé, droit s'arrêtait par une ligne précise sur des sourcils nettement dessinés. Rassuré, car sans doute il nous prenait pour des gens qui ne pourraient comprendre son langage, il continua ainsi :

« Par mon œil ! Mustapha, je te le dis, je l'ai vu, et le
« frémissement a couru mes os. Le Bou-Maza est parti,
« il y a quatre jours passés, comme le soleil venait de
« se coucher. Cent cinquante de ses cavaliers le suivaient,
« ayant pour guide, Aïssa bel-Djinn, heureux de venger
« dans la mort les douleurs que Bel-Cassem avait ame-
« nées sur les siens. Leur haine, tu le sais, était profonde ;
« et plus d'une fois ses frères d'une même tribu ont

« essayé leurs forces ; mais les Sbéahs (1) sont prompts à
« la colère, et l'injure chez eux appelle toujours le sang.
« Les cavaliers marchèrent la nuit entière, et à la pre-
« mière aube du jour les canons de leurs fusils entou-
« raient la tente de Bel-Cassem. Aux aboiements des
« chiens, nous saisîmes nos armes et courûmes à la dé-
« fense ; mais il était trop tard ; et sautant sur Bel-Cassem,
« ces ravisseurs le renversèrent. Quand des cordes eurent
« étroitement serré ses membres, ils amenèrent au Bou-
« Maza celui que les Français avaient nommé leur caïd.
« Alors j'ai entendu ceci : »

« — C'est toi, Bel-Cassem, qui as semé le mal et servi le
« chrétien. L'heure du châtiment est arrivée pour toi. »

« Bel-Cassem, élevant la voix, répondit : — Hier, j'en-
« voyais vers toi un des miens te porter des paroles d'a-
« mitié, et tu me réponds par la trahison. Ma main a
« frappé pour ma protection, mais les tiens sont plus nom-
« breux. »

« —Fils de chien, tu oses parler, reprit le chérif. Et se
« dressant sur ses étriers :—Vous autres, écoutez, que mon
« commandement s'accomplisse ! Je viens d'en haut, et je
« porte la volonté du Puissant. Prenez cet homme ; que
« le fer rougi au feu entre dans sa chair, que ses yeux
« cessent de voir, et restent suspendus à sa joue par un
« lien de chair, que de chacun de ses membres brisés
« un à un il sorte une douleur nouvelle. »

« Bel-Cassem fut saisi, je te le dis, je l'ai vu : le feu
« allumé, le fer placé dans la flamme et la chair cria
« sous le fer rougi, puis le *chacus* s'approcha, entra le

---

(1) Tribu très-sauvage et toujours en querelle, dont la moitié est établie dans le *Darha*, et la moitié sur l'autre rive du Chéliff.

« doigt dans son œil, et, le tirant à lui, le laissa accroché
« par un lien de chair; et il fut fait pour le second œil,
« comme il avait été fait pour le premier; puis, prenant
« un yatagan, à l'aide du revers, chaque membre fut
« brisé un à un.

« Le Chaous regardait le chérif, attendant son ordre.
« Ayant rassasié son œil de cette vue, il dit :—Vous autres,
« vous avez été témoins de la justice ; allez, que tous le
« sachent, ainsi seront punis les serviteurs du chrétien.
« La douleur en ce monde, la mort pour aller souffrir en
« l'autre les attend. Et armant son pistolet, il brisa la tête
« de Bel-Cassem d'un seul coup. — En vérité, cet homme
« est un maître du bras, et le commandement parle par
« sa bouche.

« Je croyais ma dernière heure venue, et j'étais dans
« l'attente du plaisir de Dieu, quand un de ceux du
« chérif me reconnut. Un jour, qu'il était poursuivi, je
« lui avais donné asile. — A cette heure, j'eus la récom-
« pense du bien, il me laissa fuir. — Alors, j'ai couru
« vers les vôtres d'Orléansville, et j'ai tout raconté. Ils
« m'ont donné des lettres pour les soldats de Mostaga-
« nem, et s'étaient déjà mis en route afin de suivre la
« vengeance. Sur mon chemin, j'ai appris que la poudre
« avait parlé, et depuis je n'ai rien su. »

Il a fait cela, reprit Mustapha avec le ton d'un homme
qui ne peut s'empêcher de ressentir une certaine admiration, et après avoir réfléchi, il ajouta : — Quelles sont
les paroles des gens sur le Bou-Maza? »

« Son nom est dans la bouche de tous, il remue les
« cœurs et agite les esprits. Quelques-uns m'ont dit
« qu'il venait de l'ouest, d'autres des cheurfas de Flittas.
« Dans la vérité, nul ne le sait, et si le sang de Bel-Cas-

« sem ne s'était point mis entre lui et moi, j'aurais été
« son serviteur ; car la terre ne peut produire un homme
« du ciel, et envoyé de Dieu, il arrive du ciel. »

Mustapha ben-dif, qu'un long séjour dans nos rangs avait rendu sceptique, échangea avec nous un sourire de doute. L'homme des Sbéahs le saisit au passage ; et craignant aussitôt de s'être compromis en montrant ses pensées dans toute leur vérité, il reprit avec la volubilité d'un Arabe tombé dans un piége :

« Il est fils du démon et en possède les ruses ; ainsi,
« il se revêt de l'apparence d'en haut et trompe les
« faibles d'esprit ; mais mon cœur est droit. Louange à
« Dieu, je sers ceux qui connaissent la justice et le bien. »

Coupant court à ce flot de paroles, qui menaçait de n'avoir point de fin, Mustapha continua sans s'émouvoir à recueillir les renseignements sur le chérif.— Comment est-il ? Quel est son aspect ?

« La jeunesse est son partage, répondit le Sbéah ; il
« possède la beauté, son regard commande. Son front
« est marqué d'une étoile. Ils disent que la prière est
« constamment dans sa bouche, la sainteté sa compagne,
« et le respect l'entoure. Plusieurs m'ont raconté que
« durant de longs mois il est demeuré chez une femme
« pauvre des Ouled-Youness (1). Là, ses journées se pas-
« saient dans le Seigneur. Il priait et attendait. Le premier
« signe de sa puissance se montra sur une créature de
« Dieu. Une chèvre de la montagne devint sa servante,
« obéissante et soumise à son regard. Ceux qui le
« rencontraient alors en étaient surpris, et l'appelaient le
« Bou-Maza (père de la chèvre). Mais leurs yeux ne

(1) Tribu kabyle dont le territoire est situé sur le bord de la mer.

« voyaient point encore, car l'*esprit* lui ordonnait de
« garder le repos. Un jour pourtant, quand le soleil en
« se couchant marque l'heure de la prière, l'*esprit* lui
« enjoignit de quitter sa retraite. Alors, disent ces en-
« fants de la ruse, le tonnerre se fit entendre, et guidé
« par les éclairs, il marcha jusqu'à la tente de El-hadj-
« Mohamed-el-Jounsi, et d'une voix qui dominait l'o-
« rage, lui commanda d'abandonner son sommeil et de
« l'écouter. El-hadj-Mohamed, se leva et vit le feu du
« ciel briller à l'extrémité de sa main ; et quand il par-
« lait, chacun de ses doigts lançait des étincelles. Alors il
« crut et réunit les siens, et les paroles du Bou-Maza en-
« traînèrent les cœurs. Il disait : — La mort me précède,
« elle frappe l'ennemi, c'est mon bouclier pour mes com-
« pagnons. Les biens de ce monde seront leur récom-
« pense, et durant ce temps, ceux dont les jours auront
« été marqués trouveront les jouissances dans l'autre. —
« Tous pourtant ne croyaient point. Alors, rapportent
« les semeurs du mal, quelques jours étant passés, il
« partit en razzia, et, dans la défense, un coup de feu
« lui fut tiré mais du fusil sortit une eau limpide qui
« tomba aux pieds de son cheval. L'animal fit un bond,
« les crins de sa queue devinrent des flammes, et les
« balles s'en échappèrent par milliers, atteignant les
« fuyards à travers les rochers. Le mois qui suivit, il
« avait de nombreux cavaliers, des *chaous*, un secrétaire,
« un trésorier et son grand drapeau rouge était planté
« près du marabout de Si-Aïssa-Ben-Daoud. Ils racontent,
« les maudits, afin d'augmenter son renom, qu'un pro-
« dige du ciel s'accomplit dans ce lieu, et voilà le récit
« de leur mensonge. Comme il causait avec les siens en
« sa tente, un homme de la montagne voulut lui parler.

« Le *chaous*, sur l'ordre de Bou-Maza, le fit entrer. Alors,
« prenant son pistolet et lui montrant le canon, le
« Kabyle dit : — Les gens m'ont assuré que tu t'annonces
« envoyé de Dieu. Dans ta course, plus rapide que celle
« du lion, tu dois rassasier les vautours des cadavres
« des chrétiens ; un fleuve de sang les rejettera dans la
« mer, d'où ils sont venus. Je veux savoir la vérité.

« Si tu viens d'en haut, ce pistolet sera sans force
« contre toi. Si tu as menti, la balle qu'il renferme dé-
« voilera ton imposture. Le Bou-Maza, se levant, répon-
« dit : — Que la preuve de la vérité soit donnée.

« Le Kabyle, alors, arma son pistolet, lâcha la détente ;
« mais le pistolet resta muet. Trois fois il en fut ainsi, et
« trois fois, disent ces menteurs, le pistolet ne partit
« point. Ces récits courent le pays; beaucoup croient,
« et tous espèrent. »

Comme cet homme de Shéahs parlait encore, le *chaous* du bureau arabe vint le chercher : les lettres étaient prêtes, il allait repartir en courrier pour la colonne d'Orléanville. Nous restâmes seuls dans la tente.

— Que penses-tu de tout cela, Mustapha? lui dis-je.

— Moi, rien de bon. Je vous connais trop pour douter que votre bras ne l'emporte, mais le trouble vous viendra par cet homme, car le cœur de l'Arabe est tortueux. Peut-être, maintenant, parviendrez-vous à étouffer le feu. J'en doute. Le tison restera enfoui sous la terre, et dans les temps qui s'avancent il faudra du sang pour l'éteindre ; voilà deux années que les Arabes ont la paix et de belles récoltes. Le repos leur pèse, ils courront à ce prophète.

— Tu le crois?

— Oui.

— Mais qui les porte ainsi au trouble ?

— Tu le sais bien, car tu connais les croyances qui les agitent et tout ce qu'ils attendent. Pour moi, je ne puis m'empêcher de rire quand je les entends ; mais tous n'ont pas vécu près de vous, et l'erreur est leur vêtement.

Mustapha ben-dif avait raison ; et quand je le quittai, tout en traversant le bivouac déjà enseveli dans le repos, je songeais aux difficultés sans cesse renaissantes, à cet édifice dont la base semblait reposer sur un sable mouvant toujours prêt à s'effondrer sous nos pas. Avec les Arabes, en effet, nous n'avons pas seulement à lutter contre les instincts guerriers. La superstition religieuse et les prophéties qui font partie de leur foi sont nos plus redoutables ennemis ; car presque tous ont en elles une confiance absolue ; et si les unes annonçaient notre arrivée, d'autres parlent de notre départ, et prédisent les hommes merveilleux par lesquels doit s'accomplir l'œuvre de régénération du monde. Un saint marabout, Si-Akredar, de longues années avant notre venue, l'avait annoncé en ces versets qui couraient le pays :

« Leur arrivée est certaine dans le premier du 70e ; car, par
« la puissance de Dieu, je suis instruit de l'affaire. Les trou-
« pes des chrétiens viendront de toutes parts ; les montagnes
« et les villes se rétréciront pour nous. Ils viendront avec des
« armées de toutes parts, fantassins et cavaliers ; ils traverse-
« ront la mer. »

« Ils descendront sur la plage avec des troupes semblables
« à un incendie violent, à une étincelle volante. »

« Les troupes des chrétiens viendront du côté de leur
« pays ; certes, ce sera un royaume puissant qui les en-
« verra. »

« En vérité, tout le pays de France viendra. Tu n'auras
« pas de repos, et la cause ne sera pas victorieuse. Ils arrive-
« ront tous comme un torrent pendant une nuit obscure,
« comme un nuage de sable poussé par les vents. »

« Ils entreront par sa muraille orientale. »

« Tu verras les chrétiens venir tous dans des vaisseaux. »

« Les églises des chrétiens s'élèveront, la chose est certaine;
« là tu les verras répandre leur doctrine. »

« Si tu veux trouver protection, va dans la terre de
« Kairouan, si les troupes des chétiens s'avancent, et c'est une
« chose certaine. Et cela après l'expédition des chrétiens,
« contre Alger, ils viendront à elle et se répandront de nou-
« veau. Ils domineront ses Arabes par l'ordre tout-puissant de
« Dieu; les filles du pays seront en leur pouvoir. »

« Après eux paraîtra le puissant de la montagne d'or; il
« règnera plusieurs années, selon que Dieu voudra et ordon-
« nera. De tous côtés, les lieux habités seront dans l'angoisse,
« de l'Orient à l'Occident. En vérité, si tu vis, tu verras tout
« cela. »

Notre venue dans le pays était prédite, notre départ
est également annoncé, et Si-Aïssa-el-Lagrhouati, autre
marabout vénéré, l'a confirmé en ces termes :

« Publie, ô crieur, publie ce que j'ai vu hier en songe! »

« La calamité qui viendra est un mal qui surpassera tous
« les maux imaginables; les yeux n'ont rien vu de pareil.
« L'homme abandonnera son enfant. Il nous viendra un bey
« soumis aux chrétiens. Son cœur sera dur; il se lèvera contre
« mon maître, d'origine noble, dont le cœur est doux, qui
« est beau et prudent, et dont le commandement est juste. »

« Publie, dis : Tranquillisez-vous, celui qui est arrivé les a
« dispersés; ils se sont réfugiés derrière l'étang salé, ils sont
« montés sur la cime du Kahars; les chrétiens ont quitté
« Oran. »

« Le sultan sera juste et équitable, il soumettra les Arabes,
« il sera le destructeur des traîtres, pour eux, glaive extermi-
« nateur. »

Quant à celui qui doit accomplir ces merveilles, les prophètes le disent encore. C'est le Mouley-Sâa, le maître de l'heure. Tout a été décrit, son nom, les signes qui doivent distinguer sa figure, son caractère, ses traits; et les poëtes errants ont entretenu cette croyance en la chantant de *douar* en *douar* à travers le pays. Sidi-Boukari, la grande autorité, le père de l'église que tout bon Musulman a sans cesse à la bouche, rapporte dans son ouvrage renfermant uniquement, comme on le sait, les paroles du prophète lui-même, ce dicton :

« Un homme viendra après moi. Son nom sera semblable
« au mien, celui de son père semblable au nom de mon père,
« et le nom de sa mère semblable à celui de la mienne. Il me
« ressemblera par le caractère, mais non par les traits du
« visage. Il remplira la terre de justice et d'équité.

Si-Lakredar enfin, plus explicite encore, avait dit :

« Il viendra un chérif de la race de Hassam. Il s'élèvera
« derrière le fleuve et tuera les Français avec les soldats du
« Darha. »

Voilà pourquoi les Arabes croient si peu à la durée de notre autorité, et sont toujours portés à courir vers tous ceux qui se disent envoyés de Dieu. Voilà pourquoi encore ces fauteurs de révolte se nomment tous Mohamed ben-Abdallah, du nom du prophète et de celui de son père. Telle était l'origine de l'influence du nouveau cheriff.

Le lendemain de notre conversation avec Mustapha ben-dif, la colonne suivait, en quittant Aïn Tetinguel, un sentier tracé sur la crête des collines qui longent la mer, et après huit heures de marche, quand nous eûmes descendu une ravine couverte de mélèzes et de pins maritimes, le général de Boujolly établit le bivouac, de l'autre côté d'une rivière, limite des subdivisions d'Orléansville et de Mostaganem, au pied du réseau de montagnes habitées par les Achacha, les Ouled-Ouness et les Mediounas, tribus contre lesquelles nous devions opérer. Durant toute cette journée, nous n'avions point aperçu un seul Kabyle. Ces champs bien cultivés, ces vergers en fleurs étaient déserts. Les oiseaux seuls n'avaient point abandonné la terre, mais la solitude nous importait peu et comme de coutume la gaieté et l'insouciance nous tenaient compagnie. Vers le midi pourtant, plus d'un fantassin secoua la tête en voyant les gros nuages venus de l'Ouest couvrir le ciel ; bientôt la pluie tomba en torrents, et lorsque la trompette d'état-major sonna la halte, nous étions mouillés jusqu'aux os. Aussitôt la ruche de se mettre à l'œuvre, chacun de courir abattre le bois, dresser les petites tentes, allumer de grands feux, préparer le repas bien gagné. Mais l'heure du repos n'était point arrivée pour l'escadron de cavalerie du 4ᵉ. Il fallait encore escorter le général, qui s'en allait au rendez-vous pris avec M. de Saint-Arnaud, à mi-chemin des deux camps. Durant deux heures nos pauvres chevaux suivirent les sentiers détrempés, gravissant avec peine ces terrains glissants. Enfin nous rejoignîmes le colonel de Saint-Arnaud, arrivé le premier avec son chef d'état-major, le capitaine de Courson, et l'escadron de spahis que le capitaine Fleury venait de former à Orléansville. Pendant que nos chefs conféraient ainsi de nos destinées, les escortes se mêlèrent, les poignées de mains et les récits s'échangèrent. — Depuis le 14 avril, jour de leur sortie d'Orléansville, plus heureux que nous, ils avaient déjà eu trois engagements sérieux. Le 14 c'était avec le Bou-Maza en personne. Dans le pays de Krenouan, le drapeau rouge du chérif avait eu l'audace d'attendre la charge de notre cavalerie. Mal lui en prit, car les cadavres des kabyles jonchèrent la plaine des Gri, et le soir, en rentrant au bivouac, nos cavaliers, alertes encore malgré leur marche de vingt lieues étaient chargés de dépouilles; mis le 17, ils avaient à regretter la mort d'un brave officier, le lieutenant Beatrix, chef du bureau arabe de Tenès, qui fut écharpé avec quatre de ses Moghrazenis (1) avant que l'on ait pu arriver à temps pour les dégager.

La conférence durait toujours, elle semblait très-animée, et le colonel de Saint-Arnaud, avec son entrain et son mouvement accoutumés, tantôt indiquait sur une carte au général de Bourjolly le tracé du terrain, tantôt lui désignait du doigt les pays environnants. Du point où nous étions arrêtés en effet, la vue s'étendait au loin, et l'on découvrait le plateau de Bâle, une des positions stratégiques les plus importantes de ce réseau de montagnes. Large et fertile, ce plateau avait pour base des escarpements rocheux et boisés. Des ravines difficiles ne permettaient de l'aborder que par d'étroits sentiers, et de ce point central, une marche de quelques heures pouvait porter les troupes au gré du chef, dans plusieurs vallées différentes. C'était du côté de la mer, entrevue par une échappée d'horizon, au delà de l'escarpement de gauche, sur les contreforts de la grande montagne des Ouled Iouness, que les compagnies de

(1) Cavalerie du Marghzen. Gens du pays spécialement attachés au service de l'autorité.

chasseurs d'Orléans s'étaient trouvées la veille très-vigoureusement engagées.

« Il n'y a pourtant qu'un homme de plus, » disait Louis XIV, apprenant que Vendôme, à peine arrivé en Espagne, avait déjà rétabli les affaires de France en gagnant un bataille. A la guerre, en effet, un vaillant chef, secondé par de braves soldats, devient le géant Bryarée de la fable, le géant aux cent bras, dompteur du péril. Ce fut pour les chasseurs d'Orléans une heureuse chance d'avoir, le 18, comme chef, le commandant Canrobert (1). La rapidité de son coup d'œil, la précision de ses ordres, son énergique entrain, la confiance qu'il leur avait inspirée à tous depuis longtemps, les tira du danger. Le 18, la colonne d'Orléansville s'était établie vers le midi sur le plateau de Bâle. A deux heures et demie, le colonel de Saint-Arnaud ordonna deux reconnaissances; l'une d'elles confiée au commandant Canrobert, devait s'avancer dans la direction du sud-ouest, et si l'on ne découvrait point l'ennemi

---

(1) Le commandant Canrobert se faisait surtout remarquer par sa présence d'esprit dans les circonstances critiques. Le trait suivant peut en donner l'idée. — En 1818, alors colonel des zouaves, il se rendait du poste d'Aumale à Zaatcha pour prendre sa part du siége. Le choléra s'était mis dans sa colonne, et la décimait pendant la marche. On avançait avec peine et les bêtes de somme étaient encombrées de mourants. Au moment le plus pénible, on l'avertit que les tribus nomades du Sud se disposaient à l'attaquer. Il fallait à tout prix éviter l'engagement, car les transports manqueraient pour les blessés. Le colonel aussitôt prend ses dispositions de combat, puis marche seul vers les nomades, avec son interprète, et leur fait crier ces paroles : — « Vous autres, sachez-le, je porte la peste avec moi, et si vous ne me laissez passer, moi et les miens, je la jette sur vous. » Les Arabes qui, depuis plusieurs jours, pouvaient suivre la trace de la colonne aux tombes fraîchement creusées, saisis de terreur, n'osèrent attaquer et laissèrent passer.

traverser le ravin de l'Oued-met-Mour, fouiller les contreforts du piton des Ouled-Iouness. Quelques spahis comme éclaireurs et trois cents hommes d'infanterie formaient l'effectif de la petite troupe ; mais les bonnes carabines des chasseurs leur permettaient d'atteindre au loin les Kabyles, s'ils se montraient, de les frapper de leurs longues baïonnettes, s'ils osaient approcher. Les spahis envoyés en éclaireurs n'avaient signalé aucun ennemi. L'on traversa l'Oued-met-Mour. Sur le flanc droit, la section des carabiniers qui formait l'avant-garde fut alors légèrement attaquée, et tous les regards se portaient déjà de ce côté, quand d'un pli de terrain, d'une ravine boisée vers la gauche, partirent des cris, des hurlements. Au même moment deux milles Kabyles bondissent furieux sur les chasseurs. Le commandant Canrobert rallie la section de carabiniers, se lance contre l'ennemi ; surpris de cette audace, celui-ci hésite, et nos chasseurs atteignent le sommet d'un plateau rocheux et boisé, d'une bonne défense. Ils tiendront là jusqu'à l'arrivée du renfort que la fusillade fera venir du camp de Bâle. Reculer, traverser le ravin est impossible, ce serait vouer à la mort la moitié de la troupe, doubler la confiance des Kabyles. Les tirailleurs s'embusquent. Deux réserves les appuient prêtes à courir où besoin serait. Les balles kabyles s'abattent sur le plateau. Les chasseurs d'Orléans, accroupis contre terre, ménagent leurs munitions et visent à coup sûr ; chaque cartouche porte la mort. Le commandant encourageait les soldats, les animait de sa parole. Cette défense acharnée irrite pourtant les Kabyles ; l'ivresse furieuse les gagne ; ils se ruent contre la troupe, s'efforcent d'enlever les soldats corps à corps ; alors la baïonnette joue à son tour, et le large sabre décime ces sauvages; mais les rangs s'éclaircissent; déjà Gilmaire et Bommont, deux braves sous-officiers, ont été frappés au cœur; huit autres cadavres sont étendus dans la petite clairière, et vingt blessés témoignent de l'ardeur de la lutte. Tous ces hommes grandissent avec le danger. Le sergent Lajus voit des chasseurs compromis, s'élance, les dégage, tombe blessé deux fois, et doit lui-même la vie au clairon Danot (1), dont la baïonnette tue trois Kabyles à ses pieds. Les capitaines Esmieu, Olagnier, Choppin, sont partout. Chefs et soldats, sûrs d'eux-mêmes, attendent en vengeant leurs pertes dans le sang ennemi. — Derrière le contrefort de la montagne on entend le clairon ; il sonne la charge et répète le refrain du bataillon. C'est la compagnie du lieutenant Bonnet, soutenu par l'infanterie de ligne du lieutenant-colonel Claperède. En débouchant, le lieutenant Bonnet juge le terrain d'un coup d'œil, et, sans attendre des ordres, prend en flanc les Kabyles. Ceux-ci le croient suivi de toutes les troupes du camp. Ils hésitent; le commandant Canrobert a vu leur indécision. Une compagnie garde les morts et les blessés sur le plateau; le reste de la troupe prend l'offensive, charge à la baïonnette, brise les Kabyles, et rejoint les renforts à mi-côte. Tous réunis retournent

(1) Ce clairon était resté au 5ᵉ chasseurs d'Orléans. Le 4 décembre 1851, le jour des émeutes, le général Canrobert avait sous ses ordres son ancien bataillon. Il retrouva Danot, et voulant le faire décorer, le prit avec lui pour sonner ses commandements. Arrivé au boulevard Poissonnière, le clairon se tenait contre le cheval du général au moment de la fusillade la plus vive. Ce bon soldat, qui avait échappé aux dangers de l'Afrique, tomba frappé d'une balle française, aux pieds de son chef, à deux pas de la maison où demeurait sa famille.

chercher les morts et les blessés, et quand on se replie sur le camp, un dernier mouvement offensif du capitaine Esmieu de Cargouet termine la lutte.

Dans la mêlée, deux blessés avaient été enlevés par l'ennemi. Lorsque la nuit fut venue, les avant-postes du camp de Bâle, virent les Kabyles allumer un grand feu sur un piton, à l'abri de nos balles : la flamme rougeâtre des pins éclairait les halliers et ces figures sinistres. Le *tam-tam*, frappé à coups redoublés, semblait leur donner le vertige. Les soldats regardaient sans conprendre ; bientôt ils eurent l'explication de cette joie féroce. Les cadavres de leurs malheureux camarades furent apportés. Au milieu des hurlements, ils furent piétinés, profanés, outrageusement mutilés ; puis les deux corps furent saisis et jetés dans le brasier.—La chair humaine est lente à brûler, elle roussit d'abord, la tête seule prend feu, et des yeux sortent des jets de gaz enflammés. Ce hideux spectacle avait rempli les soldats de fureur, tous s'étaient promis de ne point faire quartier quand l'occasion se présenterait. N'en déplaise aux philantropes qui, dans un bon fauteuil, au coin d'un bon feu, à l'abri du froid, de la pluie et du danger, font de belles phrases sur l'humanité, ils avaient grand'raison. Volontiers on joue sa vie, le soldat sait qu'il porte une livrée de mort qui lui vaut l'honneur au jour du repos, mais la rage lui viendra toujours à la pensée de la mutilation.

Pendant que nos camarades d'Orléansville nous racontaient ces épisodes du début de la course, les deux chefs avaient terminé leur conférence et le général de Bourjolly et le colonel de Saint-Arnaud étaient convenus d'une course pour la nuit même. En arrivant au camp, l'état major donna les ordres ; mais, le soir, au moment de nous mettre en marche, un courrier arabe apporta au général des dépêches qui lui apprenaient qu'une puissante tribu kabyle, les Beni hidja, dont le territoire est proche de Tenès, entraînée par son caïd Mohamed Benhini, homme fanatique et d'une grande énergie, avait attaqué un petit camp établi dans une vallée voisine de de la ville. Devant un ennemi vingt fois plus nombreux, les quelques chasseurs d'Orléans du 5ᵉ bataillon qui le gardaient avaient dû se replier en toute hâte dans un *blochaus* (1) d'où ils fusillèrent les Kabyles, mais sans pouvoir empêcher que le camp ne fût pillé. La petite fille d'un cantinier, un enfant de six ans, saisie par ces barbares, avait été déchirée, et les morceaux jetés contre le blochaus. La route qui relie Tenès à Orléansville se trouvait coupée. Des Beni-hidja, l'insurrection pouvait s'étendre à l'ouest, gagner les Beni-Menacers, et la Mitidja elle-même, si l'on n'appliquait promptement le remède nécessaire. Le colonel de Saint-Arnaud, en prévenant le général de Bourjolly de tous ces événements, lui annonçait, qu'obligé de se porter en toute hâte dans la direction de Tenès, il ne pouvait exécuter le mouvement convenu pour la nuit. Aussitôt les dépêches reçues, le contre-ordre fut donné, et le général modifia son plan d'opération. Nous allions nous borner à maintenir l'ordre dans les tribus du Darha comprises dans la subdivision de Mostaganem. Huit jours après, notre colonne se trouvait encore au même bivouac sur les bords de l'Oued-Khamis, attendant, dans ces terrains pierreux, près des beaux arbres qui alimentaient nos feux, la fin des pluies torrentielles. Mais les nuages couvraient toujours le ciel,

(1) Espèce de petit fort en bois.

et l'Oued-Khamis roulait des torrents d'eau boueuse. Les vivres commençaient à diminuer ; nous devions recevoir bientôt un convoi d'approvisionnements ; on craignait pourtant que si le mauvais temps continuait, la rivière débordée ne lui permît pas de nous rejoindre. Le général crut prudent de ne point tarder davantage à passer la rivière; et par son ordre, un des officiers de cavalerie monté sur un des meilleurs chevaux de la colonne, fut chargé de trouver un bon passage : Une petite escorte devait le préserver des rôdeurs, et le retirer de l'eau s'il arrivait accident; car l'entreprise n'était pas sans danger. Quatre fois le pauvre cheval fendit le torrent, quatre fois, luttant contre le flot, il dut revenir sans avoir trouvé un gué favorable. Partout des pierres, des trous énormes, des difficultés trop grandes pour l'infanterie. Comme l'officier repassait encore, cherchant toujours, la pauvre bête s'abattit. Cheval et cavalier furent roulés ; mais, par un violent effort, ils se tirèrent d'embarras et abordèrent à la rive. Il fallut encore se remettre en mouvement ; le gué n'avait pas été trouvé, et l'ordre devait s'exécuter. Cette fois-là, plus heureux, il rencontre un endroit où le fond était uni. L'infanterie aurait de l'eau jusqu'à l'aisselle, mais à la rigueur on passerait. La position devenait trop critique, si le mauvais temps continuait, pour que le général ne se décidât pas sur-le-champ. Ordre fut donné de plier les tentes et de lever le bivouac. Pendant ce temps, M. de Berkheim, qui commandait notre artillerie, disposait une cinquenelle à l'aide de laquelle les pauvres fantassins pourraient lutter contre la violence du courant. Les artilleurs établirent avec peine cette corde solidement amarrée aux deux rives, et l'infanterie commença à s'ébranler. Plusieurs avaient ôté leurs souliers ; les cartouches étaient placées sur le haut des sacs, et ils entraient bravement dans cette eau glacée qui tourbillonnait autour d'eux, se tenant accrochés à la corde ; la plupart passèrent sans encombre ; quelques-uns pourtant, saisis de vertiges, lâchèrent prise et furent entraînés. Heureusement, si les fatigues et les souffrances furent grandes, personne ne périt ; trois mulets seuls se noyèrent. Les malheureux petits bourriquots de l'infanterie eurent en revanche bien de l'embarras ; un surtout excita nos rires. Ce bourriquot, dépouille opime de la bataille d'Isly, dont il avait gardé le nom, était gris-blanc, l'œil plein d'intelligence, j'allais dire, la mine fière. On l'avait affublé d'un gros nœud rouge qu'il portait toujours en tête du convoi car il ne pouvait souffrir de se voir dépasser. Ce bonhomme d'âne avait une si drôle de physionomie que la colonne entière le connaissait, l'aimait, le caressait? Quant à son conducteur habituel, ordonnance d'un officier d'infanterie, il l'adorait ; aussi vraiment, la figure du pauvre soldat faisait-elle peine quand il vit tous les dangers que son ami allait courir. Entre camarades on a l'âme bonne. Il en appelle deux, tous se mettent à l'œuvre, le bourriquot est déchargé, le poids réparti sur leurs épaules, et Isly triomphant arrive sur l'autre rive.

Durant toute pénible opération, la gaieté de nos soldats était inépuisable ; quolibets et moqueries ne manquaient pas aux maladroits, et chacun, ayant gagné la terre ferme, se secouait comme un caniche qui a pris un bain et n'y songeait plus. Le général de Bourjolly, à cheval au milieu de l'eau, soutenait de ses paroles et de son commandement ses soldats. Il ne se retira que lorsqu'il eut vu M. de Berkheim replier la cinquenelle, et les artilleurs reprendre leur rang dans la colonne.

Nous venions de recevoir les dernières pluies ; le surlendemain le temps s'était remis au beau, et quinze jours après nous avions achevé les opérations dans la partie du Dahra qui dépendait de la subdivision de Mostaganem. Appelé par d'autres affaires, le général de Bourjolly marcha vers le sud, vers les limites du Tell et Sersous. Le territoire d'Orléansville restait en pleine agitation sous l'impulsion de l'insaisissable Bou-Maza. Orleansville même avait été attaqué. Enfin, après trois mois d'une course au clocher, qui ne lui laissa ni trêve ni repos, au commencement de juillet, pendant qu'à cette époque la colonne de Mostaganem, retournant, elle aussi, prendre un repos bien mérité, renforçait, en prévoyance des éventualités futures, la garnison du poste d'observation du Khamis des Beni-ouraghs dans les montagnes situées sur l'autre rive du Chéliff, la révolte semblait comprimée dans toute l'étendue de la subdivision. Cette sourde inquiétude qui minait alors, nos possessions d'Afrique, et qui s'était fait jour par des éruptions prématurées, allait pourtant éclater bientôt de l'Ouest à l'Est, comme un ouragan de feu. Deux mois plus tard, vers la mi-septembre, les douze cents hommes de Mostaganem avaient à supporter dans les bois de Flittas, l'effort du pays entier essayant de secouer le joug. Nous apprenions en même temps le massacre de nos frères d'armes à ce marabout de Sidi-Brahim, dont nul n'oubliera jamais le nom de funèbre mémoire. La colonne d'Orléansville vint alors nous prêter son appui ; mais le colonel de Saint-Arnaud dut bientôt retourner dans sa subdivision, sérieusement menacée. Le maréchal Bugeaud, voulant, à cette époque, rendre plus mobiles les troupes d'Orléansville et leur faire prendre part à ses opérations de l'Ouar-senis, donna l'ordre à M. Canrobert, devenu lieutenant-colonel, de prendre le commandement de la ville de Tenès, et forma une colonne de douze cents hommes, avec laquelle il devait maintenir toujours libres les communications entre les deux villes et mâter toute cette partie montagneuse et difficile du Darha, qui n'avait pas été la dernière, comme bien on le pense, à prendre sa part de l'insurrection générale. Les courses de cette colonne durèrent du 1er décembre 1845 au 26 mai 1846, époque de la pacification générale. A ce moment, mon escadron, parti de Mostaganem dans la province d'Oran, revenait des montagnes kabyles, bien au delà d'Alger.

Des six officiers et des cent vingt chasseurs à cheval qui avaient passé l'inspection du départ, deux officiers et soixante-sept hommes serraient seuls la main de leurs camarades du 1er escadron détachés dans la subdivision pendant toute la révolte, quand nous traversâmes Orléansville pour rentrer à la garnison. Je me rappelle encore cette soirée de la rencontre où nous recevions l'hospitalité du capitaine Fleury. Un bol de punch flamboyait sur une grande table chargée de verres et de cigares. Chacun avait pris place comme il avait pu, et sur le beau canapé en cotonnade rouge, et sur la chaise de paille, et sur les coussins, voire même sur l'étroit matelas caché sous un haïk arabe. Pour charmer les loisirs et réveiller les échos de France, nous avions un brigadier, ancien élève du Conservatoire, qui chantait d'une fort belle voix de ténor la *Juive*, *Robert le Diable*, les *Huguenots*, le *Domino noir*. — Qu'est-ce qu'un opéra ? disait un homme d'esprit, critique célèbre. — Un ténor trahi par une basse, et un soprano qui crie à l'un : Je t'aime; à l'autre : Ne le tuez pas, mon amour est à lui. Cela me fatigue et m'ennuie, vous ne m'y ferez plus jamais retourner. — A la vue seule de cette perfide basse, avant qu'il ait ouvert la bouche, je bâille déjà. — Si le critique s'était trouvé dans notre salon, il serait sorti réconcilié avec les basses en écoutant Biais, le capitaine en second des spahis. — Un mois auparavant, une balle lui traversait la cuisse, et il boitait encore. Les capitaines de spahis, au reste, s'en allaient clopin clopant, car lui aussi, le capitaine Fleury traînait la jambe. Un magnifique cheval bai, que je lui avais vendu dans le courant de l'hiver, tombait frappé en plein poitrail, à la même affaire, et dans sa chute lui démettait la cheville, ce qui ne les rendait tous deux que plus gais. Biais entonnait les chansons inventées par les routiers de l'univers, depuis plus de mille ans, et l'on buvait et l'on causait : chacun racontait ses fatigues de la campagne; on parlait tous à la fois, éprouvant par avance ce plaisir des *grognards* rappelant les vieux souvenirs de leurs jeunes années. C'est ainsi que j'appris les marches de la colonne de Tenès. Pendant que nous courions le sud de l'Afrique, ce petit corps de troupes maintenait le Darha, toujours si dur à l'obéissance. Peut-être ne sera-t-il pas sans intérêt de raconter les fatigues d'une colonne perdue et oubliée dans le grand mouvement de 1846. Par quels efforts, par quelles peines alors chacun a-t-il noué les mailles du filet que nous avons dû jeter sur l'Afrique entière avant de la dominer? Quelques épisodes des six mois de course de la colonne de Tenès durant l'hiver de 1845 à 1846 aideront peut-être à le faire comprendre.

II

Si ta dent est petite, dit le proverbe arabe, qu'elle ait le venin de la vipère. Vienne la mort du venin ou de la force, la mort reste la mort, il n'y en a qu'une. — Ce dicton devint la devise du lieutenant-colonel Canrobert. Frapper vite et fort, se multiplier pour être partout, choisir toujours les positions militaires qui commandaient le pays, et ramener ainsi les tribus sous le joug, remplacer le nombre par une activité et une énergie constantes, telle fut la règle adoptée dans cette campagne, car le maréchal n'avait pu réunir qu'à grand'peine, et en les prenant dans tous les corps, les douze cents hommes de la colonne. Deux cents zouaves, cinq cents chasseurs d'Orléans du 5e bataillon, qui, sous les ordres du commandant Soumain, gardaient leurs traditions de dévouement et de courage ; trois cent cinquante hommes du 64e de ligne, trente sapeurs du génie, cinquante hommes du 6e léger, une demi-section d'artillerie de montagnes, un peloton de chasseurs à cheval d'Afrique, enfin les trente cavaliers arabes du capitaine Lapasset, remplaçant au bureau arabe le lieutenant Béatrix, tué si malheureusement le mois d'avril précédent ; c'étaient là toutes les forces qui la composaient. — La chasse commença aussitôt, et les Beni hidja, cette tribu kabyle dont le chef, Mohamed Beni hini, coquin vénéré, leur soufflait son fanatisme et son courage, fut châtiée des premières. — Le 17, la colonne gravissait les pentes du col de Sidi-Bousi ; son arrivée mettait en émoi ces populations sauvages ; il semblait voir une fourmilière qu'un voyageur eût remuée du bout de son bâton. Le long des hauteurs de droite, des Kabyles couraient, glapissant, criant, hurlant; bientôt les coups de fusil se font entendre : le bruit du tambourin les enivre. Aussitôt trois compagnies d'infanterie, 64ᵉ de ligne, zouaves et chasseurs d'Orléans, sous le commandement du capitaine Esmieu de ce dernier corps, sont lancés au pas de charge. C'est à qui se distinguera. La tunique noire des chasseurs d'Orléans, la capote grise de la ligne, le turban vert des zouaves, remplacent dans ce steeple-chase les casaques aux nuances diverses des jockeys. Le coup de feu et la baïonnette frayent un passage; chacun cherche à se devancer, s'appuyant sur son camarade. Comme toujours, plus d'un épisode signala ces rencontres. — Deux zouaves tournent un buisson; un d'entre eux reparait à quelques pas de là, immobile, l'œil au guet, faisant le coup de feu. Un sergent accourt pour les dégager, les croyant blessés. Il n'en était rien. — Notre zouave avait rencontré dans le fourré une jeune personne kabyle fort jolie, et lui faisait la cour avec de douces paroles au milieu des balles, pendant que le camarade veillait et protégeait ces nouvelles amours.

A trois heures, les hauteurs étaient dégagées, et une demi-heure après nos troupes s'établissaient dans les vallons du versant opposé entre les sources de l'Oued-Bou-cheral et de l'Oued-Bou-rhazeur. Durant la nuit, les Kabyles tentèrent encore l'attaque, mais sans succès. Nos grands gardes les tinrent en respect.

Passer la nuit en grand garde, n'éveille dans la pensée de ceux qui n'ont point fait la guerre et surtout la guerre de partisans, que l'idées d'un certain nombre d'hommes dormant à deux ou trois cents pas, en avant d'une troupe, pendant que l'un d'entre eux se promène de long en large le fusil au bras. C'est ainsi qu'au cirque des boulevards, les pièces militaires, nous les représentent, mais en Afrique, les grandes gardes de nuit ne ressemblent guère à cela. — On n'y dort pas, chacun veille. Si la pluie tombe, si le vent du nord souffle et glace, point de feu pour réchauffer les membres fatigués par la marche du jour, la flamme trahirait le poste, il faut veiller toujours près de ses armes, et ceux qui sont en faction accroupis comme des bêtes fauves dans les buissons, guettent du regard le moindre indice, tendent l'oreille au moindre bruit, chassant le sommeil qui allourdit la paupière. Le salut de tous peut en dépendre. Bien mieux, si l'ennemi attaque, vous ne devez pas tirer, la baïonnette est au bout du fusil pour la défense; point de fausses alertes, à tout prix ne troublez pas le sommeil du bivouac. Tel est le point d'honneur. — C'est ce que savait bien le sergent du 64° qui, cette nuit là, commandait un poste avancé. Une colonne kabyle se glisse le long d'une pente boisée pour enlever la petite troupe. La sentinelle se replie, en rampant et la dénonce. Le sergent s'assure de ses propres yeux, car la nuit les objets semblent parfois grandir, le soldat aurait pu s'effrayer, mais il voit que sa troupe est trop faible pour résister. Aussitôt il donne l'ordre de se retirer, et gagne un point de bonne défense à cinquante pas de là; l'ennemi arrive, croit le poste abandonné et s'établit tranquillement. Le sergent alors revient brusquement, charge à la baïonnette, comme s'il eut avec lui les forces du camp; les Kabyles le croient et se sauvent dans toutes les directions, le laissant maître du piton confié à sa garde.

Les Beni-Hidja commençaient à recevoir le châtiment

de leur révolte, lorsqu'il fallut se rapprocher de Tenès. Le Bou-maza venait de pénétrer dans le Darha, et le colonel devait, tout en assurant la sécurité de plusieurs convois nécessaires à l'approvisionnement d'Orléansville, se tenir prêt à se porter où sa présence serait nécessaire. La mauvaise saison vint alors ajouter de nouvelles souffrances aux fatigues des marches incessantes. Dans toute l'Algérie, les premiers jours de janvier furent marqués par des temps affreux. Tandis qu'à Sétif huit cents hommes périssaient dans la neige, plus d'un soldat eut les pieds gelés dans la province d'Oran. La petite colonne de Tenès prit sa part de ces misères, et le 6 janvier, comme elle était en marche, un brouillard épais l'enveloppa toute entière. L'on avançait ainsi en pays ennemi à travers un terrain coupé de ravines et de bois épais, transis par les raffales de vent et de pluie qui se succédaient à chaque moment. Toutes les dix minutes, le clairon qui marchait en tête sonnait, et les clairons et les tambours de chaque corps répétaient successivement, terminant la sonnerie par le refrain du régiment; l'on s'assurait de la sorte que la colonne s'avançait en bon ordre. Les flanqueurs repliés par petits groupes dans le convoi, l'auraient protégé au besoin contres les embuscades; mais, si le proverbe dit que le soleil luit pour tout le monde, amis et ennemis se valent par le froid et le brouillard, tous sont également engourdis. La colonne ne fut pas attaquée. Continuant avec cette résignation patiente, que donne l'habitude de la souffrance, et la confiance dans le chef, elle arriva sans encombre au centre de beaux villages kabyles, que leurs habitants les Larmounas Baharis, avaient abandonnés.

Le colonel jugea prudent de s'arrêter, la tempête

loin de diminuer semblait augmenter encore. A peine les faisceaux formés, les soldats coururent aux maisons enlevant aux toitures ces longues perches de bois bien sec qui font de si belles flammes. Elles s'entassèrent en pyramides immenses et pendant dix huit-heures, tant que l'ouragan dura, les feux furent soigneusement entretenus. Une autre bonne fortune leur était réservée : les kabyles avaient laissé les provisions au logis, elles n'y restèrent pas longtemps; des repas copieux aidèrent nos soldats à supporter le froid et la pluie. Enfin l'on put se mettre en mouvement, reprendre cette course au clocher, qui ramenait peu à peu les populations sous notre autorité. Le 20, les troupes rentraient à Tenès pour remplacer les souliers usés, réparer les capotes mises en pièces par les buissons, mais le repos fut court. Le 21, le colonel de Saint Arnaud, commandant la subdivision modifiait la composition de la colonne, remplaçant les zouaves par le 1er bataillon du 36e de ligne et prescrivait au lieutenant colonel Canrobert de se montrer à l'ouest du cercle pour y châtier quelques tribus encore rebelles, et balancer l'influence du chérif Bou-Maza. La petite colonne se dirigea vers le plateau de Tedjana, une des positions stratégiques du Darha; de ce point élevé, une troupe peut se porter dans trois directions différentes frappant également les gens du Chélif et ceux du bord de la mer. L'eau était bonne, le bois abondant, la nourriture des chevaux facile; c'était un bon repaire pour attendre l'occasion favorable, et celle-ci ne devait pas tarder. Les espions annonçaient que le Bou-Maza se trouvait chez les Médiounas occupés à réunir du monde, et que la faction des Sbeahs dits Mechaias s'occupait de ses labours : confiante dans son éloignement de Tenès et d'Orléansville, elle négligeait de se garder. — A neuf heures du soir, le lieutenant-colonel recevait ces renseignements, à onze heures et demie, les hommes, réveillés au milieu de leur sommeil, prenaient les armes. Cinq cents fantassins d'élite sans sacs, la cavalerie, le goum composaient la petite colonne qui devait tomber au point du jour sur les récalcitrants. On avançait dans le plus grand ordre, dans le plus profond silence, pas une pipe n'était allumée : quand la nuit est noire, la moindre lueur trahit la présence. Enfin au premier crépuscule, comme l'aube blanchissait l'horizon, on avait atteint la partie du pays où s'étaient réfugiées les fractions ennemies, et nos soldats distinguent les tentes dans la vallée et sur les pentes montagneuses. — La surprise a réussi. — Un instant auparavant le fantassin traînait la jambe, maintenant vous pouvez lui faire donner la chasse durant dix lieues, sans qu'il y songe. Les ordres sont transmis rapidement. La cavalerie et le goum (1) se diviseront et suivront les hauteurs pour atteindre le col qui fermait la vallée, seul passage par lequel les populations que l'infanterie pourchasse puissent tenter la fuite. La cavalerie part au galop; les deux tiers de l'infanterie sont déployés en tirailleurs, le reste forme troupe de soutien. — Bientôt les premiers douars sont atteints, le cri d'alarme retentit, les coups de feu s'échangent, l'effroi est dans la vallée entière; femmes, hommes, enfants s'élancent du côté de la seule issue que le terrain leur offrait, mais ils trouvent les chasseurs et le goum; les balles se croisent, les sabres

(1) Cavaliers irréguliers arabes.

des chasseurs en percent un grand nombre, et cent cinquante cadavres restent étendus sur le sol. Les troupeaux, les femmes et les enfants, quelques kabyles aussi sont rejetés dans la direction de l'infanterie, et la razzia entière se trouve réunie au centre de la vallée. — Quand les grillades de moutons eurent réparé les forces de la troupe, les clairons sonnèrent de nouveau la marche, et le long convoi prit la direction du plateau de Tedjana, où les attendait l'autre moitié de la colonne. A neuf heures et demie chacun s'établissait au bivouac, après vingt-deux heures de course. Les gardes furent données aux prisonniers, les femmes et les enfants placés sous des tentes de campement afin de les préserver du froid. Ces pauvres malheureuses, accroupies à terre, les enfants attachés derrière le dos, comme un paquet, couvertes de haillons, de poussière, de saleté, offraient un triste et répugnant spectacle. Malgré la boue et les immondices, dont les femmes arabes se couvrent la figure quand le sort de la guerre les fait tomber dans des mains ennemies, quelques-unes pourtant étaient charmantes, celles-là ne détournaient que bien peu la tête et laissaient entrevoir leur visage. — Que voulez-vous, femme jolie, même dans les sentiers d'Afrique n'ignore point sa beauté. La bonté de cœur de nos soldats était vraiment touchante. Ces hommes si rudes à la besogne, ces coureurs de halliers, ces gens que l'on représente affamés, désireux de sang, la lutte terminée, on les voit jouer avec les enfants, prendre soin de ceux qui souffrent, approcher pendant la route, de leurs petites lèvres, que la soif dessèche, la gourde que chacun d'eux porte suspendue à sa ceinture. — Parmi nos prisonniers, se trouvait une petite fille de cinq à six ans, l'œil brun, le sourire malin, les dents d'ivoire, quelque chose de leste et d'accorte qui vous intéressait à elle. La pauvre petite marchait seule, et de bien grosses larmes roulaient dans ses petits yeux. Un sergent qui parlait un peu arabe, lui dit de bonnes paroles pour la rassurer. — Alors l'enfant raconta qu'une balle perdue avait tué sa mère, que son père était mort, percé par le sabre d'un chasseur à cheval, et qu'elle restait seule ayant bien peur, puis aussi elle montrait son pied tout saignant, car en essayant de fuir elle s'était blessée. Il y avait tant de gentillesse dans cette enfant, que la pitié gagna le sergent. Il la prit sur son épaule et quand un chasseur à cheval passa près de-là, il la lui remit en dépôt, afin qu'elle put continuer la route sans fatigue, et voilà notre petite fièrement campée à l'avant d'une selle, toute rassurée déjà, commençant à sourire et à jouer avec la barbe du chasseur. En arrivant au bivouac ce fut bien une autre fête. Le sergent vint la chercher, on soigna son pied, on lui donna de la nourriture, et quand on repartit, la cantinière du bataillon l'emmenait sur ses mulets, et l'enfant réjouissait toute la compagnie par ses drôleries et sa bonne humeur. Tous l'aimaient. Le capitaine voulut l'adopter. Bien lui en prit à ce brave capitaine. Il avait une sœur mariée et sans enfants, l'année d'ensuite, revenant en France, il amena la petite avec lui, et comme toujours, elle exerça son charme. Le frère l'aimait, la sœur l'adora, ne voulut pas s'en séparer, la retint de force, et l'année dernière, la petite fille du Darha élevée, si je ne me trompe dans un pensionnat de Tulle (1) devenait

(1) M. Alexis de Valon, de si regrettable mémoire, m'a souvent parlé de cette enfant et de sa mère adoptive.

une jeune fille qui tenait toutes les grâces que l'enfant avait promises. Dans quatre ans, elle aura seize ans et de la pudeur, portera des robes longues, baissera les yeux, dansera la contredanse, et se mariera par devant M. le Maire. Toutes choses, sauf les seize ans, complètement inconnues dans le Darha.

Les savants nient le mouvement perpétuel, évidemment, les membres illustres de l'Académie des sciences n'ont point fait à cette époque les campagnes d'Afrique; ils ne douteraient plus de son existence. Une course finie, dans la nuit même une autre commençait. Le Bou-Maza, pourtant, ne pouvait voir ruiner son influence, sans essayer de lutter, et le 28 janvier, comme les troupes étaient revenues sur le plateau de Tedjana, point d'où rayonnaient alors toutes les opérations, les cavaliers du chérif annonçaient son retour, en échangeant quelques coups de fusil avec nos tirailleurs. Le lendemain 29, l'ennemi couronnait les monticules couvertes de mélèzes et de chênes verts, situés sur la rive gauche de *l'Oued Sidi-Salem*, une des vallées qui s'ouvrait au nord-ouest de Tedjana. Le lieutenant colonel Canrobert, voulant s'assurer de sa force l'envoya reconnaître par le capitaine Lapasset, chef du bureau arabe qui avait, en outre de ses cavaliers, trois compagnies d'infanterie, deux du 5ᵉ bataillon de chasseurs d'Orléans et une du 36ᵉ. Quelques groupes ennemis d'où se détachait, un petit nombre d'éclaireurs, se montraient seuls. Du haut des pitons, les cavaliers arabes des deux parties commencèrent à échanger les injures. Leur voix, comme celle des héros de l'*Iliade*, portait à des distances fabuleuses, les malédictions et les menaces; bientôt pourtant la poudre parla à son tour, mais avec mollesse, les tirailleurs ennemis se retiraient peu à peu, cherchant à entraîner nos soldats, vers une suite de ravines et de contreforts, d'où l'on pouvait les harceler à coup sûr et les couper du camp. Heureusement, les officiers, vieux renards d'Afrique, étaient habiles à sentir la ruse; ils n'avançaient qu'avec précaution, se tenant constamment sur leurs gardes, quand d'une ravine déboucha tout-à-coup une charge furieuse, que le Bou-Maza menait en personne. Mohamed-Ben-Hini, le fameux et redoutable agha des Beni-Hidja, l'agha Oulid-Derbal renommé pour sa courageuse audace étaient avec lui. La petite troupe faisant bonne contenance, serra ses rangs, les fusils ne partirent qu'à coup sûr, chaque balle envoyait la mort. Neuf chasseurs d'Orléans furent tués, vingt-quatre sous-officiers et soldats blessés mortellement, tant la mêlée avait été rude, mais la perte des kabyles fut plus sensible encore. Mohamed-ben-Hini tombait frappé de sept balles, et la baïonnette d'un chasseur faisait sauter l'œil et le crâne d'Oulid-Derbal. Leurs gens n'osèrent attaquer nos soldats, quand la reconnaissance se replia sur le camp. Le lendemain un convoi venant d'Orléansville devait suivre la route de Tenes. Le lieutenant colonel craignait que l'ennemi, en s'embusquant dans les ravines durant la nuit, n'essaya de le couper, mais les éclaireurs n'aperçurent nulle trace, et vers le midi, quand de la grande halte on eût vu le convoi poursuivre tranquillement sa marche, la colonne se mit en mouvement dans la direction de la vallée de Sidi-Brahim. Au dire des espions, le Bou-Maza s'était porté de ce côté. Les nouveaux renforts envoyés par le colonel de Saint-Arnaud allaient permettre de le poursuivre plus vivement encore.

Le passage qui conduit de la vallée de *l'Oued Sidi-Salem*, à la vallée de l'*Oued Sidi-Brahim* est dégarni de bois, c'est un col grisâtre et schisteux, raviné par les pluies, dominé par des pitons assez élevés. Un étroit sentier serpente à travers ces ondulations de terrain et débouche sur un petit plateau d'où l'on aperçoit la rivière et sur les contreforts opposés, le marabout de Sidi-Brahim. Autour de ce marabout, le long des pentes qui conduisaient à la rivière, dix-huit cents Kabyles environ, se trouvaient rassemblés; sur leur droite, à trois cents mètres un groupe de deux cents cavaliers étaient réunis autour d'un grand drapeau facile à reconnaître pour celui du chérif. Le lieutenant colonel, prévenu sur le champ par les éclaireurs se hâta de gagner la tête de colonne et, tandis que les soldats sortant un par un de l'étroit défilé, se massaient lentement; mettant pied à terre, il examinait le terrain, donnait les ordres pour l'attaque. Un bataillon du 36° de ligne et un détachement du 3° chasseurs d'Orléans, devait garder le convoi. Le reste de l'infanterie, légion étrangère et 5° bataillon de chasseurs d'Orléans, sous les ordres du commandant Soumain, traverserait la rivière et aborderait de front l'ennemi, pendant que le lieutenant colonel avec la cavalerie et le goum du capitaine Lapasset, gagnerait sur la gauche, par un mouvement tournant, les sommets des crêtes et prendrait les Kabyles entre deux feux. Le signal est donné, la manœuvre commence. Embusqués dans les rochers, tapis dans les buissons et le fourré qui le protègent, les gens du chérif engagent une vive fusillade, les chasseurs les abordent à la baïonnette, les pourchassent dans leurs repaires. La cavalerie qui a gravi les escarpements de gauche paraît auprès du marabout et descend à la rencontre de l'infanterie, les Kabyles surpris, hésitent, tentent la fuite, ne songent plus qu'à se dérober à nos coups ; mais les soldats acharnés, à la vengeance, les poursuivent sans relâche, sans pitié. Tout ce terrain se couvre de morts et le Bou-Maza, témoin impassible de la ruine des siens, s'éloigne en toute hâte sans essayer de leur porter secours. A deux heures commençait l'attaque, à cinq la lutte était terminée, nos soldats essuyaient la sueur glorieuse du combat, et à six heures, blessés et survivants étaient établis au bivouac sur a rive gauche, non loin de l'endroit où flottait le drapeau du chérif.

Cette bonne rencontre où la hardiesse et la décision avaient valu une fois de plus, succès pour nos armes, changea la situation des affaires. Le Bou-Maza fut contraint de se retirer dans la partie la plus difficile du Darha, et plusieurs tribus se rapprochèrent de nous. La colonne d'Orléansville qui avait alors quelques instants de répit, vint à cette époque, réunir ses forces à celles de Tenès, mais leur action commune ne fut pas de longue durée. Elles avaient à peine eu le temps d'exécuter par une marche de nuit un coup de main sur les Ouled-youness, cette tribu, berceau de la révolte, qu'un ordre du gouverneur-général la rappela près de lui, et le lieutenant-colonel Canrobert dût pourvoir seul de nouveau à toutes les éventualités. Du Marabout Daïssa-ben-daoud, sur le penchant du coteau qui borde le plaine de Metaouri non loin de la vallée du Chéliff, le lieutenant-colonel maintenait le pays par des courses rapides : cherchant par tous les moyens à priver le chérif des ressources qu'il trouvait encore dans le pays. Le 15 février les *Madiounas*, puissante tribu de la subdivision de Mostaganem, payait d'un seul coup tout l'arriéré de ses méfaits, et pour quelque temps du moins était mise hors d'état de venir en aide au Bou-Maza. Ils furent tondus jusqu'à la peau, ces pauvres *Madiounas* et les plus avides au pillage, furent leurs frères de Mazouna, recéleurs habituels de leurs rapines. Comme il s'agissait avant tout de diminuer leurs ressources, le lieutenant colonel n'avait rien trouvé de mieux que de s'adjoindre huit cents hommes de Mazouna. Avec de pareils vautours la besogne serait bien faite. Le spectacle au reste était curieux. Sur les hauteurs, une partie de la troupe se tenait en observation, maintenant les Kabyles à distance, pendant que le reste des soldats pénétraient dans les maisons (1). Alors jarres, burnous, peaux de bouc, haïcks, étaient jetés pêle-mêle devant la porte avant de les livrer aux flammes; d'autres se répandaient dans les vergers, semant partout la ruine et la désolation, et au milieu de tous, dans cette curée, le juif poursuivant le gain, chargeait ses mulets des dépouilles, ne laissait traîner ni un vase, ni un lambeau d'étoffe. Bientôt l'œuvre de destruction, cette cruelle nécessité de la guerre, fut accomplie, et le clairon sonna le ralliement. Peu à peu, durant ce temps, les groupes ennemis semblaient augmenter, l'agitation devenait plus grande, le bourdonnement précurseur se faisait entendre. Comme toujours le moment du retour fut le signal de l'attaque; de droite, de gauche, de tous côtés, les hurlements et les coups de fusil, se firent entendre en même temps. Nos troupes se retiraient en bon ordre, les lignes de tirailleurs repoussaient toutes les attaques.

(1) Les Kabyles, on le sait, n'habitent point sous la tente, mais des maisons solides et bien bâties.

Emportés pourtant par l'ardeur de la lutte, plusieurs tirailleurs abusent de leurs cartouches. Les Kabyles s'aperçoivent que le feu diminue, les balles n'arrêtent plus leur élan. Sur un petit plateau qui précède l'Oued-Tancer au moment où l'on allait envoyer des troupes fraîches, ils se précipitent cherchant à les entourer. Le lieutenant-colonel avait prévu ce mouvement, et la petite cavalerie de la colonne, que le capitaine Lapasset accompagnait avec les cavaliers indigènes, avait, par son ordre, suivi au galop un pli de terrain qui dérobait son approche. Ils arrivent, tombent sur les Kabyles, les percent de leur sabre. Le capitaine Lapasset est blessé ; on perd quelques hommes ; l'ennemi est repoussé au loin, et n'ose plus renouveler son audacieuse attaque.

La fin du mois de février et le commencement de mars, se passèrent ainsi en courses continuelles. Il fallut bien cependant rentrer à Tenès, chercher des vêtements de rechange, remplacer les souliers usés, radouber en quelque sorte la colonne. Cela fait, on rejoignit en toute hâte, le colonel de Saint-Arnaud.

Le 15 mars, laissant le camp établi à Sidi Yousef, sous la garde des malingres, et d'un bataillon du 58ᵉ de ligne, le colonel se portait chez les Madiounas, toujours prêts à la révolte. Durant la marche, comme l'on arrivait à la vallée de l'Oued Morglas, le colonel de Saint-Arnaud donna l'ordre au lieutenant-colonel Canrobert de suivre les crêtes, qui bordaient la rive gauche du petit ruisseau, pendant que le capitaine Fleury avec son escadron de spahis et soixante chevaux du 5ᵉ chasseurs de France, prendraient le milieu de la vallée, prêts à sabrer, les Kabyles que les Zouaves leur rejeteraient, dénonçant l'embuscade ou l'attaque au gros de la colonne, qui suivait avec le colonel de Saint-Arnaud. A l'extrémité de la vallée, la cavalerie formant un arc de cercle, devait se replier vers les Zouaves, à la hauteur d'un plateau rocheux indiqué d'avance.

Le capitaine Fleury s'avançait avec une grande prudence; quelques spahis des mieux montés, sondaient à deux cents pas en avant tous les replis de terrain, car en Afrique, à chaque moment l'on est exposé, à voir l'ennemi surgir de terre. Dans la plaine qui paraît la plus unie à l'œil, les eaux creusent souvent des ravines profondes, abri plein de sûreté. Là, s'établissent, comme des oiseaux de proie, les cavaliers ennemis prêts à profiter de la moindre négligence, et malgré ce danger des attaques imprévues, les chefs de colonne sont obligés de lancer, souvent au loin, sans point d'appui, leur reconnaissance de cavalerie. Il faut, à tout prix, battre les Arabes, et on ne le peut, qu'en prenant leurs propres armes, la légèreté et la mobilité. Aux officiers à qui ces missions importantes sont confiées de juger le terrain, le danger, l'occasion. Une grande responsabilité pèse sur eux; avant tout ils doivent ne point attirer d'embarras à la colonne, éviter le danger ou lui tenir tête, mais dominer toujours et triompher de la résistance. C'est ce qui arriva dans cette circonstance aux spahis et aux chasseurs de France; ils avaient tué quelques Kabyles et poursuivaient leur marche, lorsque dans un bas fond au milieu des jardins de figuiers, les éclaireurs aperçurent huit cents cavaliers environ, bien montés, bien équipés, entourant le drapeau du chérif. Charger des forces aussi considérables avec cent spahis et soixante chevaux de France, lourds, difficiles à manier et montés par des hommes qui n'avaient point l'habitude de cette guerre, c'eut été commettre une grande imprudence. Il fallait sans hésiter, gagner les crêtes, mettre pied à terre et se défendre au fusil, jusqu'à l'arrivée de l'infanterie, qu'un passage difficile avait retardé, puis se lancer dès que l'on aurait un bataillon de soutien, pour recueillir les blessés, se replier au besoin. Le capitaine Fleury donne sur le champ l'ordre de faire tête de colonne à gauche au trot. Les spahis plus lestes et mieux montés que les chasseurs de France, tiennent l'arrière-garde. Cette petite troupe est alors semblable à un vaisseau qui vire de bord exposé par le flanc aux coups de la lame, jusqu'à ce qu'il ait terminé son embardée.

Les cavaliers ennemis prennent le galop, rasent les lignes en poussant les hurlements de combat, envoyent leurs balles, pénétrant parfois à travers le peloton de tirailleurs. Les plus vigoureux des spahis assuraient ainsi la marche de la troupe. Elle parvient à gagner les crêtes rocheuses. Aussitôt, mettant pied à terre, comme des sangliers acculés, ils vont tenir fermes jusqu'à l'arrivée des zouaves qui accourent au bruit de cette fusillade pressée comme les coups de la grêle. Un grand nombre dans les rangs sont frappés. Une balle traverse la cuisse du capitaine en second Biais, l'escadron se battait comme se seraient battues de vieilles troupes d'élite, les chasseurs d'Afrique. Le capitaine Fleury, droit sur ses étriers, veillait à tout, plaçant des hommes sûrs aux postes les plus dangereux, les entraînant par son sang-froid et son ardeur. Le grand cheval bai qu'il montait, un colosse piaffait sous les balles, car point de mire des Arabes, elles volaient autour de lui. Comme d'un bond, il le lançait pour donner un ordre, un cavalier ennemi plus adroit, l'ajusta. La balle traversant le portail, abat le noble animal sur le rocher, et dans la chute, la cheville du capitaine Fleury est démise : mais en pareil moment, le sang court vite et tue la douleur, celui qui commande n'a pas le temps de souffrir. Ali, le trompette, amène son cheval et le donne à son chef. Les zouaves arrivent au même instant. L'aspect du combat change aussitôt. — « En avant! en avant! » la sonnerie commande la charge, les spahis reprennent l'élan et suivent leurs officiers au gros de la mêlée : les zouaves les appuient en courant, et les Arabes se dispersent comme des sauterelles chassées par le vent. Quand de nouveau, ils se rapprochent pour l'attaque, plus d'un brave cavalier atteint par le sabre, faisait défaut. Le lieutenant-colonel Canrobert, railliant toute la troupe, reprit la direction de la colonne. Morts et blessés se faisaient contre-poids sur les cacolets, et les chasseurs d'Orléans protégeaient l'arrière-garde avec leurs grosses carabines. Un groupe de cavaliers qui se tenait à petite distance, reçut une de leurs décharges. Il tourbillonna et disparut. Le soir, un transfuge apprenait que le Bou-Maza lui-même avait le bras cassé, et citait le nom des gens de marque, atteints par nos balles, percés par le sabre des spahis.

Les colonnes se portaient un mutuel secours, réunissant par moments leurs forces pour frapper un coup décisif, achever de rompre le faisceau, ramener la tranquillité. La fin de mars, le mois d'avril tout entier et le commencement de mai furent employés de marches sans fin, à des surprises et à des combats. Tantôt les troupes de Tenès opéraient de concert avec les troupes d'Orléansville, tantôt avec celles de Mostaganem : l'œuvre laborieuse avançait toujours. Le 10 mai, quittant le général Pelissier venu de Mostaganem, le lieutenant-colonel marchait vers les Achachas, les seuls du Dahra qui n'eussent pas de nouveau subi le joug. Douze compagnies sans sacs gravirent les pentes boisées des Achachas, et formant l'éventail sur le plateau, au milieu des vergers de figuiers et des lentisques, marchèrent dans la direction de la mer. Plus d'une fois, les difficultés du terrain les arrêtèrent ; des Kabyles embusqués en profitaient pour tirer en sûreté. Enfin l'on atteignit les escarpements du rivage. Dans ces grandes roches, bizarrement entassées comme un cahos, on voit les Kabyles courir et ramper. Les soldats ardents à la recherche fouillent les replis, ces fanatiques se défendent avec acharnement, chaque pierre est un rempart, chaque ravine, un abri. Le cercle pourtant diminue, le serpent resserre ses anneaux. A travers ces rochers qui par instant se creusent et s'entr'ouvrent, pour s'entasser plus loin en blocs énormes surplombant la mer elle-même, le roulement des fusils courait comme un lointain orage. Pourchassés d'embuscades en embuscades, de retraites en retraites, la mort les atteint enfin. Ils luttent encore, mais la terre leur fait défaut. Alors, ils s'élancent dans la mer, y cherchant un abri contre nos balles. Les chasseurs d'Orléans les visent comme des goëlands. Ils nagent au loin évitant la portée des coups. Les courants du large saisissent ces malheureux, les entraînent dans la haute mer. Ils se débattent, disparaissent un à un.

Ce fut le dernier effort de l'insurrection dans le Darha. Le soir, les chefs des Achachas imploraient l'Aman, et à quelques jours de là, le maréchal Bugeaud apprenait de la bouche même du lieutenant-colonel Canrobert cette bonne nouvelle. Durant la glorieuse campagne d'hiver qui venait de se terminer, le vieux maréchal avait une fois encore dominé le pays. Aussi un légitime orgueil brillait sur son front; lorsqu'il réunit les officiers d'Orléansville avant de continuer sa route vers Alger. « Messieurs, disait-il, une armée qui sait obéir, une armée qui sait souffrir est l'espoir et la force d'un pays. Vous avez montré durant cet hiver ce que vous valiez. Le temps ne vous verra jamais faillir à la France. »

Depuis lors, le temps a prouvé que le maréchal avait dit vrai.

LE KHAMIS DES BENI-OURAGH.

LA VIE AUX AVANT-POSTES.

(Juillet et août 1845).

I

Le pansage du soir venait d'être terminé dans le peloton du 4ᵉ chasseurs à cheval d'Afrique, laissé depuis trois semaines par la colonne de Mostaganem à trente lieues de la côte, dans les montagnes des Beni-Ouragh, pour renforcer la petite garnison du poste-magasin du Khamis. Ce poste se nommait ainsi d'un marché où le *khamis*, — le cinquième jour, c'est-à-dire le jeudi de chaque semaine, — la puissante tribu kabyle des Beni-Ouragh venait, comme autrefois les gens des fiefs dans notre vieille France, échanger les nouvelles et causer des affaires publiques, tout en se livrant au commerce. On était en juillet 1845, à la veille de la grande révolte. Depuis deux mois, une agitation sourde se faisait remarquer parmi ces populations sauvages : les coupeurs de route avaient reparu ;

des messagers envoyés de l'ouest s'en allaient, de *gourbi* en *gourbi*, porter les paroles de révolte, les lettres du sultan de l'Hadj-Abd-el-Kader. Le général de Bourjolly crut nécessaire de raffermir notre autorité en enlevant les fauteurs de désordre au moment même où ils tenteraient de semer l'agitation dans le pays. Deux cents grenadiers d'élite et vingt-cinq chevaux reçurent donc l'ordre de rejoindre au Khamis le chef de bataillon Manselon, de la légion étrangère, commandant le cercle. Cette force n'était pas assez considérable pour exciter la défiance, et réunie à la petite garnison du poste, elle permettait, si l'occasion se présentait, d'exécuter des coups de main de nuit, de châtier par des marches rapides ceux qui donneraient asile à nos ennemis.

Après plusieurs mois de courses, pendant que nos camarades, revenus à Mostaganem, respiraient la brise de la mer, nous avions tendu les cordes du bivouac au pied des murailles du fort du Khamis, sur un petit plateau exposé à l'ardeur du soleil et au vent brûlant qui arrivait de la vallée de l'Oued-Riou. Un carré de murs entouré de fossés, ayant à chaque angle un bastion ; dans l'intérieur, des magasins, quelques baraques en planches et en pisé; — tel était le poste du Khamis, où trois cents hommes d'infanterie, gardant cent mille rations, vivaient durant l'année entière. Le Riou, torrent effroyable en hiver, ruisseau de trois pouces de profondeur et de dix pieds de large en été, rasait le pied du mamelon et arrosait un beau jardin, où la garnison cultivait, à l'ombre des grenadiers et des figuiers les choux et les carottes destinés à l'ordinaire de la troupe. Les montagnes, du côté de l'est, étaient couvertes de bois de pins maigres et rabougris; à l'ouest, les collines de terre, verdoyantes au printemps, grises maintenant et crevassées par le soleil, offraient un triste spectacle ; mais, vers le sud, l'œil, en remontant dans la vallée, n'était arrêté que par le rideau de montagnes où l'on distinguait, comme dans un nid d'aigle, la demeure du vieux Mohamed-bel-Hadj, le chef respecté de tout ce pays. Dans la direction du nord pourtant, l'étendue embrassée par le regard était plus grande encore : une pente douce conduisait du petit fort à une plaine de forme ovale, où se tenait le marché ; à droite, un ruisseau bordé de lauriers-roses, arrivant d'une vallée qui menait à Orléansville par les terrains difficiles des *Sbéahs*, les hardis voleurs, mêlait ses eaux à l'Oued-Riou. Deux lieues plus loin, la rivière tournait, et semblait, tant les crêtes de montagnes se rapprochaient, disparaître sous une voûte ; des murailles de terre s'étageaient à l'horizon, et les arêtes dentelées se détachaient du ciel bleu, où, depuis trois mois déjà, l'on ne voyait plus un nuage.

Dès que la trompette eut sonné le demi-appel, les chasseurs replacèrent les brosses et les étrilles dans leurs musettes. Tandis que le maréchal-des-logis Leretz venait prendre les ordres pour le lendemain, un homme de chaque *tribu* (les chasseurs appelaient ainsi leur association de route) s'en allait aux cuisines chercher la soupe du soir. On nommait *cuisine* le trou creusé en terre où brûlait le feu et bouillait la marmite, posée sur deux pierres. C'étaient là les nombreux fourneaux de nos chasseurs. Chevet, en les voyant, eût souri de pitié ; mais ils suffisaient, je vous assure, pour cuire le morceau de bœuf, le riz et le haricot réglementaires.

— Rien de nouveau, mon lieutenant, me dit le maréchal-des-logis, et, selon l'usage militaire, il attendit, le carnet à la main, que je lui fisse connaître les ordres.

— C'est bien, répondis-je; demain soir, à l'appel du pansage, je passerai une inspection générale.

— A quelle heure, reprit-il lorsqu'il eut fini d'écrire, la corvée du fourrage ?

— Elle aura lieu en même temps que celle du poste. L'adjudant de la légion vous informera de l'heure prescrite par le commandant. Un tiers des hommes restera ; vous veillerez à ce que les autres choisissent du bon chaume et bourrent bien les sacs. Il faut profiter du repos pour remettre nos chevaux en état. Nous avons eu deux cents rations d'économie dans les deux premiers mois du trimestre, nous n'avons pas à craindre le *trop perçu* (1) : vous forcerez donc le prochain bon de fourrages, et l'on donnera un quart d'orge de plus aux chevaux que je désignerai demain après l'inspection. Quel est le brigadier de jour ?

— C'est Jacquet.

— Vous lui direz de faire une ronde cette nuit à une heure ; il me réveillera et m'en rendra compte.

— Vous n'avez pas d'autres ordres, lieutenant ?

— Aucun.

Portant alors la main à son *phécy*, petite calotte rouge qui remplace le bonnet de police dans les régiments de chasseurs d'Afrique, le maréchal-des-logis passa le long des tentes pour prévenir les chasseurs, afin qu'ils pussent commencer dès ce moment, si bon leur semblait, à mettre leurs effets en ordre. Ayant jeté un dernier coup d'œil

---

(1) Les bons que les officiers remettent aux comptables pour toucher les rations allouées aux hommes et aux chevaux se règlent tous les trois mois, et tout ce qui dépasse l'allocation réglementaire est imputé à l'officier signataire du bon, qui rembourse l'état par une retenue de solde.

sur notre bivouac, je traversai la planche qui servait de pont pour pénétrer de ce côté dans l'intérieur du poste.— Tout autour d'une cour carrée, ayant au centre pour unique ornement un débris de colonne romaine et un cadran solaire, on avait construit des baraques où l'infanterie couchait dans de mauvais hamacs, les trois chambres réservées aux officiers, et le petit pavillon composé de deux pièces, pompeusement surnommé le palais du commandant supérieur. Les magasins et l'hôpital se trouvaient dans une seconde cour, près de la rivière. Le lieu, comme on le voit, était loin d'être gai. Seul, un grand arbre, soigneusement conservé, reposait un peu le regard et abritait la maison du commandant. Cet arbre était devenu le rendez-vous général, le *salon* du camp. Là, tout en buvant l'absinthe, boisson favorite de l'armée d'Afrique, les officiers de la légion étrangère venaient, le poids du jour passé, échanger les nouvelles, les anecdotes, et aussi les médisances, car au Khamis de Beni-Ouragh, comme à Paris, la langue humaine va son train.

Quand j'entrai dans la cour du poste, plusieurs de ces messieurs étaient déjà réunis, les uns officiers français, les autres brevetés au titre étranger, tous d'une origine aussi disparate que les soldats placés sous leurs ordres. La légion étrangère présente une singulière physionomie. Ils sont là de tous les pays, de tous les coins du monde. Les uns, sortis on ne sait d'où, après avoir mené une vie d'aventures, erré comme le Juif errant, viennent chercher le repos en courant l'Afrique. Un grand nombre, bien nés, bien élevés, mauvaises têtes, enfants prodigues de l'Europe entière, ayant encore de toutes leurs folies sauvé du cœur, demandent sous un nom supposé au drapeau de la France protection et appui contre eux-mêmes. Aussi, quand les recherches d'une famille pour retrouver un des siens ont été vaines, lorsque toutes les polices du monde sont en défaut, il reste encore une ressource dernière : écrivez au colonel de la légion étrangère ; presque toujours il vous rendra celui que vous désirez. J'ai vu, pendant que j'étais au Khamis, le fils d'un conseiller aulique de l'empire, le neveu d'un cardinal, le fils d'un banquier de Francfort, retrouvés ainsi presque en même temps. Dans cette Babel, le chinois seul n'est pas parlé. Italiens, Prussiens, Portugais, Russes, Espagnols, ont des représentants. Il faut une main de fer pour plier dans un même moule des éléments si divers ; aussi la discipline ne connaît pas l'indulgence. Malheur à qui désobéit ! le conseil de guerre est sans miséricorde, et la justice prompte.

Des trois officiers qui m'avaient précédé sous l'arbre, un seul servait au titre français : c'était M. D..., le frère d'une personne à laquelle des succès de théâtre et des aventures de tribunaux ont donné un certain renom ; taciturne, rarement de bonne humeur, fort brave soldat, bon camarade, assurait-on. L'autre arrivait en droite ligne de Perse, d'où, un beau matin, ennuyé du service de châh, il était parti, emportant pour toute fortune la décoration du Soleil. Comme il avait rendu, en ces pays lointains, des services à la France, il reçut un brevet d'officier étranger dans la légion. Petit homme aux cheveux châtains, à la barbiche d'un blond ardent, le nez gros, les traits forts, ayant deux yeux bizarres et une cervelle plus étrange encore, il discutait, il disputait sur toutes choses. La politique pourtant avait la préférence. Déjà il se déclarait républicain, et il pratiqua avec tant de conviction les maximes des *frères et amis*, que l'on dut, même après la révolution de février, le prier de s'éloigner de la légion. Quant au troisième, celui-là avait une distinction de manières et de figure toute particulière : de beaux cheveux noirs, un teint charmant, le nez régulier, l'œil limpide et brillant, plein d'intelligence. Un léger accent le faisait reconnaître pour Irlandais. Curieuse existence que celle de ce jeune homme, qui, d'Angleterre et de l'Inde, où il avait fait la guerre, se retrouvait au Khamis des Beni-Ouragh officier dans la légion étrangère, lui le fils d'un grand poëte, le filleul de Byron, l'enfant de Thomas Moore ! Par quel accident était-il arrivé là ? Je crus le deviner alors en le voyant bien souvent regarder un portrait de femme admirablement beau, en rapprochant quelques paroles échappées dans nos longues causeries : un enlèvement, je crois, l'obligation de s'éloigner durant plusieurs années, et le bienveillant appui du roi Louis-Philippe, qui lui avait ménagé un asile dans notre Afrique ! Mais le lieutenant Moore espérait bientôt revoir sa patrie, rejoindre celle dont il était séparé. Hélas ! quand il me parlait de ses espérances, il s'animait, son regard étincelait ; moi j'écoutais avec terreur la toux sèche succédant à ces éclairs ; je voyais avec effroi les plaques rougeâtres qui couvraient les pommettes de ses joues. Tous l'avaient en affection, et il s'accommodait à tous. Depuis mon arrivée au Khamis, nous ne nous quittions guère. J'aimais son esprit rapide et prompt, les poésies de son père, qu'il me récitait, et les vieilles histoires d'Irlande qu'il racontait souvent.

Comme j'arrivais sous le grand arbre, notre maître d'hôtel, ou, pour parler plus vrai, le soldat attaché au service de la cantine, vint nous avertir que le dîner était prêt. Un grand hangar, chambre à coucher de trois de ces messieurs, servait de salle à manger. Nos camarades nous avaient précédés et s'asseyaient déjà autour des morceaux de bois à peine équarris et des planches de caisses à biscuits qui formaient la table. Quant aux cuillers de fer étamé, elles étaient brillantes de propreté, les assiettes bien lavées, et les ragouts, malgré nos modestes ressources, dignes du *maître coq*, un certain Bavarois de naissance, ancien premier aide de cuisine chez M. de Talleyrand. Fier de sa noble origine culinaire, de temps à autre ce grand cuisinier tentait encore des expériences, afin, assurait-il, de se conserver la main. Il est vrai que le vin, en tombant sur les assiettes, laissait une large tache d'un bleu indigo admirable; mais estomacs et appétits étaient trop jeunes pour que ces petites misères fissent grande impression. Somme toute, si le dîner laissait parfois à désirer, le café était toujours à point, la soirée superbe, le tabac kabyle excellent, et nous passions à le déguster de fort bonnes heures. Le commandant Manselon, homme de manières affables, juste, intelligent, énergique, restait ordinairement durant la soirée avec nous. Ceux-là seuls qui sont allés dans les pays du midi pourront comprendre le plaisir de nos veilles, les douceurs de la nonchalance, le bonheur que l'on éprouve à respirer quand la nuit arrive. Il est si bon de se sentir vivre, sans souci, sans inquiétude, éprouvant un bien être ineffable ! Que de fois, ainsi étendu avec Moore sur un tapis auprès de ma petite tente, à côté de mes chevaux, j'oubliais les heures durant ces nuits admirables où le ciel d'un bleu sombre resplendit de la clarté de millions de pierres précieuses ! la lumière transparente de la lune répandait le calme sur la vallée, sur la montagne, tandis que par moments ses mobiles clartés donnaient aux grandes arêtes de terre la mystérieuse apparence de fantômes. Tout, alors, jusqu'au pas régulier de la sentinelle veillant enveloppée de son manteau blanc, portait à la rêverie. Il fallait, je vous l'assure, se faire violence pour regagner sa tente. Le matin, en revanche, un rayon ardent du soleil perçant la toile se chargeait bien de nous jeter à bas du petit châssis sur lequel on prenait son repos. Avec le point du jour commençaient les devoirs du service, les mille soins nécessaires dont chacun comprend l'importance, car ils vous assurent une bonne troupe dans la circonstance critique. Là-bas, ces détails minutieux ne sont point pénibles comme en France; on s'y livre avec intérêt. Les officiers ressemblent aux chasseurs qui préparent soigneusement eux-mêmes l'arme à l'aide de laquelle ils abattront le gibier. Rien n'échappe à leur attention. Après le déjeuner, on allait faire la sieste dans un beau jardin, sous les figuiers, dans des hamacs suspendus aux branches; puis, le dîner fini, commençaient ces soirées si belles qui duraient l'été entier.

Telle était, pendant la paix, l'existence au poste du Khamis. Une semblable vie, s'écoulant ainsi dans un petit fort, situé comme au centre d'une coupe, d'où l'on n'aperçoit que les montagnes et le ciel, paraîtra sans doute monotone. Il n'y avait pas trace de luxe. Le drapeau planté sur la muraille dont la garde était confiée à notre honneur rappelait seul la France; mais l'isolement, la solitude même, cette terre d'Afrique enfin, semblent vous apporter des sentiments élevés, une vertu qui pénètre. L'ordre et la fermeté dont vous êtes entouré sont une source de contentement. Du partage du danger avec les hommes que l'on commande naissent une mutuelle estime, un attachement véritable. Bien souvent alors je me suis rappelé l'histoire de Samson racontée dans la

Bible : elle me semblait la plus belle allégorie militaire.
— Sans la tête qui les porte, les cheveux de Samson ne sont rien ; sans les cheveux qui couvrent sa tête, Samson est privé de force : — ainsi du chef et du soldat.

Notre bivouac faisait d'ailleurs plaisir à voir : deux cordes, à chacune desquelles s'attachaient les entraves de douze chevaux, étaient tendues parallèlement au fossé du fort ; derrière les rangs, chaque cavalier avait sa chambre, c'est-à-dire les six pieds de long et les deux pieds de large nécessaires à l'homme pour dormir sur la terre nue. Les chasseurs étaient partagés en réunions ou *tribus* de quatre hommes vivant ensemble sous des tentes de toile hautes de trois pieds. Ces tentes se divisaient en quatre morceaux, afin de rendre dans les marches la charge plus légère. A l'arrivée, les morceaux de toile étaient réunis, les piquets fixés en terre ; l'on étendait de la paille ou des branchages ; les selles servaient d'oreillers ; puis, la nuit venue, les chasseurs, se serrant les uns contre les autres, dormaient, ma foi, mieux que beaucoup dans un lit de plume. Tout léger que soit cet abri, il a sauvé bien des soldats en les préservant des rosées humides de la nuit et des pluies torrentielles de l'hiver. Les faisceaux bien formés, les tentes alignées, les chasseurs toujours propres, donnaient de la coquetterie à ce bivouac. Jamais on n'eût rencontré un des hommes de ce corps dont le pantalon de corvée ne fût pas d'une blancheur irréprochable. C'était une tradition du régiment. Les officiers avaient l'ordre d'y veiller avec le plus grand soin : rien, en effet, n'influe comme le manque de soins et la mauvaise tenue sur le moral et la vigueur d'une troupe.

S'il en était ainsi les jours ordinaires, pour les inspections chacun faisait merveille, et le lendemain, lorsque je passai, suivant l'ordre donné au maréchal des-logis, la revue du peloton, je n'eus pas une observation à faire. Chaque cavalier seulement plaidait en faveur de son cheval, le déclarant maigre et mal portant, afin d'obtenir pour son ami le supplément de ration. Tous, jusqu'aux animaux attachés à la suite, étaient d'une tenue irréprochable.

C'est là encore un des traits du caractère de ces hommes : vous ne trouverez pas une troupe qui n'ait son chien choyé, fêté comme l'enfant de la maison. Celui du peloton, gros comme les deux poings, tout blanc, avec une large tache noire sur l'œil gauche, était bien le plus rusé, le plus charmant enjoleur que j'eusse jamais rencontré. Des mines impayables, des agaceries sans fin, tiraient toujours *M. Tic-Tac* d'embarras. Que la marche fût longue, Tic-Tac aboyait et grossissait si bien sa petite voix, qu'un chasseur, quittant son étrier, tendait le pied ; alors Tic-Tac s'élançait, et en deux bonds avait gagné la selle. Là, debout sur l'arçon, fier comme un roi, il semblait narguer les chiens d'infanterie, qui s'en allaient tirant la langue, traînant la patte. Quand Tic-Tac se voyait oublié dans la distribution des vivres, il se plaçait devant une gamelle, et prenait la position du soldat qui présente les armes. La grimace était si drôle, que chacun partageait son biscuit avec ce s.... Tic-Tac, comme ils disaient. On rira sans doute. Pourtant c'est avec ces riens-là, ces amusements d'enfants, que les esprits se maintiennent alertes et dispos, qu'une troupe conserve la santé et la vigueur. Par tous ces moyens, en Afrique, on cherche à tenir les soldats en belle humeur. Le soir vous eussiez vu les hommes de notre petite garnison jouer comme de vrais collégiens au chat et à la souris. Deux soldats, les yeux bandés, étaient attachés par deux cordes d'égale longueur à un même piquet. La souris tient dans sa main deux petits morceaux de bois qu'elle frotte sans cesse l'un contre l'autre, le chat est muni d'un gros tampon. La souris doit chercher à l'éviter, le chat s'efforce de l'atteindre ; mais, comme ils sont aveugles l'un et l'autre, ils se prennent dans leurs cordes, se rencontrent, se culbutent, tout cela aux grands éclats de rire de la galerie, qui fait cercle et se tient les côtes. D'autres fois, un loustic répétait les pantomimes de la foire, ou bien tous écoutaient les chœurs de chanteurs que l'on avait organisés dans la légion. Sous la direction d'un ancien musicien, ils exécutaient en partie des morceaux d'opéra, de vieux chants religieux, des *lieder* allemands, et peut-être jamais musique ne m'a fait plus grand plaisir. L'on évitait ainsi la nostalgie, mal épouvantable qui décime les régiments, lorsqu'une fois il s'empare d'une troupe. L'été, la chose était facile, le climat venait en aide ; mais l'hiver, lorsque durant des mois entiers la pluie tombe sans interruption, sans répit, il fallait inventer mille ruses, et surtout on changeait la garnison plus souvent.

Les officiers, outre la chasse, avaient une ressource précieuse : ils pouvaient lire et travailler. Par les soins du ministre de la guerre, et sur l'avis du conseil de santé des armées, une bibliothèque militaire avait été établie dans chaque poste. Composées de quatre cents volumes environ, sciences, littérature ou beaux-arts, de ces livres que l'on retrouve toujours avec plaisir, ces bibliothèques firent disparaître les nostalgies qui ravageaient les postes avancés ; mais cette mesure utile eut aussi un autre effet : elle donna à quelques officiers le goût des travaux sérieux, la culture de l'esprit à un degré que l'on ne rencontre point ordinairement parmi les gens de guerre. Les uns poursuivaient des recherches scientifiques, étudiaient les antiquités, rédigeaient des mémoires ; les autres s'efforçaient de connaître la langue, les mœurs et les choses du pays. Il va sans dire qu'au Khamis ces derniers, — et j'étais du nombre, avaient pour ami le vieux Mohamed-bel-Hadj, le rusé montagnard qui, sous l'autorité de la France, commandait toute la contrée.

Pendant de longues années, Mohamed-bel-Hadj mena ses gens brûler la poudre contre nous ; mais enfin, vers 1843, fatigué de la lutte, il vint, entouré des vieux de la tribu, faire sa soumission au maréchal Bugeaud. — « J'ai été ton ennemi le plus acharné ; tu m'as vaincu, lui dit-il. Je me soumets franchement à toi, *monseigneur maréchal*, et tu peux compter que je serai aussi fidèle à la parole que je te donne, que je l'ai été à Abd-el-Kader. Si tu es humain envers les populations qui m'obéissent, je serai à toi pour toujours. Sache que la parole d'un Beni-Ourahg est proverbiale, tous les Arabes savent ce qu'elle vaut. Je dirai à Abd-el-Kader que je lui ai sacrifié six fils morts dans les combats, que la tribu entière lui a sacrifié ce qu'elle possédait, que maintenant nous ne pouvons rien faire pour lui, puisqu'il ne peut plus nous protéger contre toi, que nous t'avons donné notre foi, et que nous voulons y rester fidèles. »

Mohamed-bel-Hadj mentait avec l'impudence d'un Beni-Ouragh en parlant ainsi, car la mauvaise foi de cette tribu est aussi notoire dans la plaine que la mission du prophète. Malgré ces mensonges, je l'aimais. Son œil gris à demi voilé, son sourire de bonne humeur, plein de finesse, lui donnaient l'air de l'un de nos paysans normands. Cupide, souple, retors, courageux avec cela, hardi même au besoin, avare et parfois prodigue, enveloppant enfin tous ses vices d'un voile de bonhomie candide, — tel était ce vieux drôle, chargé de mauvaises actions et d'années. Il nous amusait surtout, quand il commençait ses lamentations et parlait de la douleur que lui causait ses fils, car il lui en restait encore trois. — L'aîné ressemblait d'une façon singulière à l'émir. C'était le bras droit de Bel-Hadj, son repos, son espoir, la consolation de ses vieux jours ; mais Djilali, qui faisait de l'opposition à son père, et Caddour, le plus jeune, ceux-là avaient été conçus dans un jour de malheur : ils étaient l'opprobre de sa famille, le fiel de sa vie, que sais-je encore? — Le fait est que Djilali faisait par son ordre le métier des princes héritiers en Europe ; en cas de revirement de fortune, Bel-Hadj croyait prudent de rester en bons termes avec nos ennemis, et Djilali lui servait d'intermédiaire. Quant à Caddour, il le mettait parfois réellement en colère, bien qu'il le fît aussi souvent rire, parce que Caddour, mauvais sujet, toujours sans argent, venait sans cesse frapper à sa cassette, puis vendait les chevaux, les mules, et il fallait les remplacer. Le fils de Bel-Hadj, le *Montmorency* des Beni-Ouragh, ne pouvait marcher à pieds comme un mendiant. Un matin, je vis Caddour rôder autour de ma tente. — Bon ! me dis-je, il vient chercher quelque chose, et j'attendis sans avoir l'air de m'apercevoir de son manége. Un instant après, Caddour était assis près de moi, et demandait du feu ; je lui en fis donner. Il resta silencieux ; enfin :

— Ton père a-t-il de beaux chevaux dans ton pays?
— Oui.
— Plus beaux que ceux du mien?
— Ils sont d'une autre race.
— Pourquoi ne t'en envoie-t-il pas un ?

— Il faudrait traverser la mer.

— C'est vrai.

Il y eut alors un nouveau silence. Pour moi, dès les premières paroles, rien qu'à ses détours (car un Arabe se croirait perdu on pourrait presque dire déshonoré, s'il allait droit au but), je vis que Caddour voulait vendre son cheval. Comme l'animal était excellent, je résolus de l'acheter. Quand le Kabyle eut aspiré une dizaine de bouffées de tabac, il reprit, en me montrant du doigt un de mes chevaux attachés tout près de nous :

— D'où vient ton cheval gris ?

— Du Chéliff.

— Les chevaux du Chéliff sont bons, mais ceux de la montagne valent mieux ; ils sont plus lestes et plus adroits.

— Tu dis vrai.

— Pourquoi n'en achètes-tu pas un ?

— Ceux que l'on amène au marché sont mauvais.

— Veux-tu que je t'en cherche ?

— Non, j'ai le temps.

Il y eut encore un nouveau silence, pendant lequel Caddour sembla de plus en plus occupé de sa pipe ; enfin, comme moi aussi j'avais l'air de songer à autre chose, il fallut qu'il parlât.

— Si je te trouvais un cheval semblable à mon cheval bai, tu donnerais bien deux cents douros (1) ?

— Non, ton cheval et ta mule ne valent pas plus de cent vingt douros, et le cheval seul n'en vaut pas quatre-vingts.

— Quoi ! Par ma tête, ton œil pour les chevaux a donc un voile ? La jument du prophète n'en a jamais enfanté

---

(1) Le douro vaut 5 francs 4 centimes.

un dont le pied fût plus sûr. Il sait attendre l'eau des journées entières ; c'est un de ces chevaux au jarret vigoureux qui disent à l'aigle : « Descends, ou je monte vers toi. »

Pendant que, sous prétexe de défendre l'honneur de son cheval, il me disait toutes ces belles paroles, je fis signe à mon ordonnance de m'apporter un sac d'argent que je destinais à l'achat d'un cheval. Quand le chasseur me le remit, je le laissai tomber comme par maladresse, et les douros roulèrent sur le tapis. Les yeux de Caddour étincelèrent.

— Tu as là beaucoup d'argent. Qu'en veux-tu faire ?

— Tu te trompes ; il n'y en a pas beaucoup. J'envoyais ce sac au commandant ; mais, grâce à ma maladresse, le voilà sur le tapis. — Puis, comme me ravisant, moitié riant, moitié sérieusement : Ma foi, si tu le veux, je prends ton cheval et ta mule ; toi, tu prendras cet argent.

— Combien y a-t-il ?

— Compte, si cela t'amuse ; pour moi, je le sais.

Caddour se mit à compter les pièces une à une, les touchant avec délices, s'énivrant à la vue de l'argent, et quand il eut fini et répété entre ses lèvres : Cent vingt douros ! — il me dit :

— Mon cheval et ma mule valent deux cent cinquante douros.

— Tu crois ! Moi je ne pense pas. S'il en est ainsi, tu aurais tort de les vendre. Au reste, cela m'est égal, je n'en ai pas besoin. Parlons d'autre chose.

Je dis alors au chasseur de remporter l'argent. Caddour ne quittait pas le sac des yeux ; quand il vit le chasseur s'éloigner bien réellement, il me prit le bras, et, me regardant :

— Je les donne comme tu l'as voulu ; fais apporter l'argent.

— Soit. Envoie-les chercher ; quand ils seront là et que je me serai assuré de leur état, je te les paierai.

— Ils sont là.

Un de ses serviteurs les tenait en effet à quelques pas. Les bêtes étaient en bon état : je les payai, et elles furent attachées à ma corde. Il n'y avait pas une heure que le marché venait d'être conclu, quand Mohamed-bel-Hadj arriva lui-même à son tour et tout éploré.

— Qu'as-tu fait là, me dit-il, toi que je tenais pour mon ami ? Tu as acheté le cheval de mon fils Caddour ; c'est le meilleur cheval des Ouled-Rhouidem.

— Si le cheval de Caddour est le meilleur des Ouled-Rhouidem, je suis bien aise de l'avoir ; mais laisse-moi tranquille. Caddour est assez grand pour vendre ou acheter des chevaux, si bon lui semble. Je suis de mauvaise humeur ; ainsi ne me fatigue pas de tes lamentations.

Celui que je traitais ainsi était le chef qui, sur un signe de son doigt, pouvait mettre tout le pays en armes, dont les Kabyles baisaient avec respect le burnous. Comme il s'était tu : — Tiens, repris-je, prends ces deux foulards, je les ai fait venir de Mostaganem pour toi.

Le moyen était infaillible. J'aurais pu à ce prix acheter en paix tous les chevaux de Caddour, car Bel-Hadj, malgré son âge, venait de se remarier. Il était amoureux fou d'Aïcha, sa jeune femme, toujours en quête de surprises pour elle, et ces foulards allaient servir à la parure de celle qu'il aimait. Pour un foulard de plus, il se serait, je crois, fait battre volontiers ; il m'aurait baisé la main, lui que j'avais vu trois semaines auparavant venir avec un si grand air à la tête de sa tribu apporter la *diffa* à la colonne qui bivouaquait au Khamis. Dans cette occasion solennelle, Bel-Hadj était arrivé à cheval, accompagné de ses *chaous*, suivi de trois cents hommes à pied, portant, embrochés à de grands bâtons, des moutons rôtis tout d'une pièce; trois cents autres s'avançaient ensuite avec d'énormes plats de noyer remplis de *couscouss* cuit à la vapeur de la viande; puis venait une suite immense chargée de ragoûts, de pâtisseries de toute sorte. Depuis ce fameux dîner donné dans les contre-allées des Champs-Élysées à huit régiments qui passaient à Paris en revenant d'Iéna, jamais soldats ne firent meilleure chère. Il n'y avait pas, comme autrefois à Paris, Palu, le célèbre maître d'hôtel de la ville, et ses vingt maîtres d'hôtel aides-de-camp, toujours au galop sur la chaussée, veillant à ce que rien ne manquât au service; mais les *chaous* du bureau arabe avec leurs bâtons surent fort bien se tirer d'embarras et faire arriver à chaque corps les mets qui lui étaient destinés; tandis que Bel-Hadj, ses fils et leur tribu rendaient ainsi hommage à la souveraineté de la France.

II

L'influence de Mohamed sur les Beni-Ouragh était due autant à une conduite habile qu'au prestige des souvenirs de race. Le jeudi de chaque semaine surtout, le patronage de ce chef s'exerçait dans sa plénitude, sous la surveillance de l'autorité française, et un observateur attentif pouvait, durant cette journée de marché, tout en assistant à l'un des plus curieux épisodes de la vie arabe, se rendre compte du double but atteint par l'établissement des postes-magasins. Le petit fort du Khamis, dépôt de munitions et de vivres, construit, comme tous nos postes de l'intérieur en Afrique, sur une ligne parallèle à la mer, permettait à nos colonnes de s'avancer durant la guerre sans traîner à leur suite un lourd convoi; les rendait enfin aussi mobiles que l'ennemi. Placés sous le commandement d'officiers choisis, ces postes servaient d'éclaireurs pendant la paix. Se trouvant au centre des nouvelles et des rapports, ayant une police spéciale, les officiers devaient rendre compte des moindres symptômes d'agitation qui pouvaient se manifester parmi ces turbulentes populations des montagnes. Aussi tous les postes avaient-ils été établis près d'un marché, car en Afrique le marché n'est pas seulement un lieu de transactions, c'est surtout le bazar des nouvelles, et pas un Arabe ou un Kabyle ne manque d'y assister. Le jour du marché, quittant leur repos et leur silence, on les voyait, Kabyles et Arabes, arriver de tous côtés, des montagnes, des vallées, de chaque sentier, les uns conduisant des moutons, d'autres des bestiaux, plusieurs amenant des charges de blé, les fèves, la laine ou l'étoffe fabriquée, mais tous en armes, beaucoup même venant seulement avec leurs fusils et ce bâton noueux dont un seul coup rompt les têtes les plus dures. Le Juif au turban sale poussait, lui aussi, ses mulets écorchés, et déballait ses caisses à la place que le caïd préposé à la police lui faisait indiquer, dressant sa petite tente en mauvaise toile de coton pour les mettre à l'abri du pillage. Presque toujours les premières heures étaient uniquement consacrées aux transactions du commerce. Les bouchers dépouillaient les moutons qu'ils avaient égorgés en prononçant la formule du Koran, *besmelah*, louange à Dieu, et suspendaient des chairs à leurs étaux formés de trois petits sapins, dont les branches coupées à deux pouces du tronc servaient de crochets. Les propriétaires de bestiaux se tenaient accroupis auprès de leurs bêtes, attendant l'acheteur. Le marchand de poules, de blé, de maïs, de fèves, le vendeur de sel, criaient, parlaient, se disputaient pour un sou; mais le plus affairé, celui dont on entendait toujours la voix et les lamentations, c'était encore le Juif. Comme partout intermédiaire des transactions, tour à tour il brocantait, vendait, volait. Le Juif est en Algérie le marchand de cotonnades, le fournisseur de poivre, de clous de gérofle, de sucre et de café ; il tient le noir d'antimoine dont les femmes s'entourent les yeux, la feuille de *henné* qui teint en rouge les ongles des élégantes; forgeron, il raccommode les armes; il est ressoudeur d'anneaux et fabricant de bijoux ; c'est lui encore qui cisèle les plaques d'argent suspendues aux selles des chefs. Aucun commerce ne lui est étranger : le Juif rampe entre tous les gains. Vous le voyez se presser, s'agiter, tendant sans cesse sa main sale et avide, se querellant, rossé, malmené, revenant sans jamais se lasser, et, si la dispute est sérieuse, allant demander justice au *cadi*, dont le tribunal est toujours établi pour trancher les procès, couper court à toutes les difficultés. Le caïd, responsable de l'ordre dans le marché, se tient ordinairement près du cadi pour lui prêter main-forte, si besoin était ; mais le respect de la décision rendue est si grand parmi ces hommes, que tous l'acceptent sans mot dire. L'instant d'auparavant, deux avocats du barreau auraient été battus en volubilité, en faconde, en exclamations : le cadi a prononcé, et les plaideurs s'éloignent sans murmurer.

Les premières heures passées, les transactions presque finies, le bourdonnement de tous ces discoureurs, qui de loin ressemblait au bruit de la mer, devenait plus fort. Les groupes se rapprochaient ; chacun, libre des affaires, commentait et discutait, soit les actes de l'autorité que le crieur public venait de faire connaître, soit les chances de paix ou de guerre, la grande préoccupation de tous, ou bien encore les disputes de tribu à tribu et les querelles de particuliers. Les envoyés de l'émir, porteurs de paroles d'encouragement et d'espérance, se glissaient souvent parmi la foule qu'attirait chaque jeudi le marché du Khamis. Les frères des ordres religieux, qui se reconnaissaient à leurs signes mystérieux, échangeaient les messages confiés à leur fanatisme. Ces associations religieuses sont au nombre de sept en Algérie. Tandis que l'islamisme est venu de l'est, ces ordres, à l'exception d'un seul, ont pris naissance au Maroc ; mais tous, quelles que soient les différences de leurs règles et de leurs tendances, ont une même origine : l'amour du merveilleux et l'enthousiasme de la foi religieuse, — traits communs à ces populations d'une nature parfois si diverse. Presque toujours le fondateur de l'ordre est visité en songe par un envoyé du prophète qui lui montre la voie dans laquelle il doit conduire ses fidèles. Au dire des récits populaires, la plupart de ces fondateurs d'ordres furent des *gouths*, c'est-à-dire des hommes puissants par la souffrance. De ces ordres religieux dépendent les *zaouias*, sorte d'écoles ou de monastères qu'entretiennent les donations pieuses et une dîme prélevée sur les fidèles. Les *zaouias* ne relèvent point toutes cependant des ordres religieux, il y en a de séculières, si l'on peut parler ainsi ; mais, asiles inviolables, les *zaouias*, séculières ou religieuses, reçoivent les réfugiés, recueillent les infirmes, soignent les blessés. Dans toutes, on étudie les trois grands livres, fondement de la foi pour un bon musulman : le Koran, Sidi-Boukari et Sidi-Krelil (1).

Il est facile de comprendre combien sont dangereux les hommes des zaouias, réunissant le caractère de juge et d'homme de Dieu, ayant sous leur autorité une suite nombreuse d'affiliés prêts à exécuter leurs ordres. Aussi, dès que les circonstances semblaient favorables pour un soulèvement, ils se répandaient dans les marchés, ranimant les tièdes, exaltant les fanatiques. Cependant un de ces ordres religieux, celui en honneur dans les montagnes des Beni-Ouragh comme dans presque toute la province d'Oran, l'ordre de Mouley-Taieb, tout en conservant sa haine contre les chrétiens, minait sourdement la puissance de l'émir. Si-el-Aribi, de la race royale du Maroc, en était le chef ; le fondateur, un de ses ancêtres, fit à ses disciples cette prédiction qui se transmet de bouche en

---

(1) Le Koran, composé avec les paroles inspirées au prophète Mohamed par l'ange Gabriel, est pour les musulmans le livre par excellence, le code complet qui renferme les devoirs de l'homme envers Dieu aussi bien que ceux de l'homme envers ses semblables. On y trouve à chaque ligne la haine du chrétien, l'exaltation de la mort glorieuse dans la lutte contre l'infidèle. L'œuvre la plus méritoire, a dit le prophète, c'est le pèlerinage à la Mecque ; une seule chose est plus méritoire encore : — *La mort dans la guerre sainte.* Aussi, parmi les musulmans, l'image de la guerre se retrouve partout, et il n'y a pas de fête sans poudre, car le *paradis est à l'ombre des glaives*. — L'ouvrage de Sidi-Boukari, connu sous le nom de *Paroles de notre seigneur Mohamed*, renferme les discours et les proverbes prononcés par le prophète. Tout bon croyant le tient pour vrai : lorsque l'on cite Sidi-Boukari, on cite le prophète lui-même. — Sidi-Krelil, commentateur, père de l'église en quelque sorte, explique les passages obscurs soit du Koran, soit de Sidi-Boukari. Son autorité fait foi et décide en matière religieuse. Aussi un homme de *zaouia* a-t-il toujours à la bouche une citation de Sidi-Krelil, de Sidi-Boukari ou du Koran, et, comme ce livre renferme la loi humaine, l'homme de zaouia rend la justice et réunit les deux influences.

bouche : « Vous dominerez un jour tous les pays de l'est, toute la contrée du royaume d'Alger vous appartiendra ; mais, avant que cette parole s'accomplisse, il faut que cette contrée ait été possédée par les *Beni-el-Cefeur* (les enfants du jaune). — Ce sont les Français que les musulmans nomment ainsi. — Si vous vous en emparez maintenant, ils vous enlèveront votre conquête ; mais si, au contraire, ils prennent ce pays les premiers, l'heure viendra où votre main brisera leur puissance. » Il ne faut point chercher d'autre origine à la confiance des Marocains lors de la bataille d'Isly. Tel est aussi le motif de l'opposition que les frères de Mouley-Taieb, sous l'influence de la famille régnante au Maroc, ne cessaient de faire à l'Hadj-Abd-el-Kader. C'est à cette croyance encore que Ben-Marabet, leur chef respecté parmi les Beni-Ouragh, devait le repos dont nous le laissions jouir dans sa retraite, à quatre lieues du poste. Il ne la quittait jamais, et Mohamed-bel-Hadj se croyait obligé d'aller lui rendre ses devoirs, Mohamed-bel-Hadj, qui ne daignait point se déranger, même lorsqu'un *zaza* venait à éclater parmi les milliers de Kabyles qui couvraient le terrain du marché.

Zaza signifie en arabe le tumulte soulevé par les voleurs, quand ils veulent faire un bon coup et piller le Juif. Ce dernier est ordinairement le tondu en ces sortes d'affaires. Pour exécuter une *zaza*, les coupeurs de route simulent une rixe entre eux : on prend parti pour l'un, on prend parti pour l'autre ; la foule tourbillonne, une première tente est renversée, chaque Kabyle couvre de son corps ses poules ou ses moutons ; le Juif, battu, rossé, pousse des hurlements, voit ses marchandises pillées, et les cavaliers du caïd du marché, qui presque toujours ont reçu de l'argent pour arriver trop tard, achèvent de mettre la confusion en distribuant des coups de bâton à tort et à travers. Quand leur bras est fatigué, ils viennent reprendre leur poste près du chef qui n'a pas bougé. C'est au reste encore une singulière milice que ces cavaliers de *l'autorité*, du *marghzen*. Ils ressemblent assez aux chiens de berger, mais à des chiens qui mordent, emportent toujours le morceau, et font ainsi grande chère. Quand à Bel-Hadj, lorsque le bruit de ce tumulte, où souvent il y a mort d'homme, arrivait jusqu'à la petite maison construite pour tenir sa cour plénière, sous les murailles du fort, à huit cents pas du marché, parfois il se tournait vers un de ses *chaous*, disant négligemment : *Ouachta hada* (qu'est-ce que cela)? question à laquelle le *chaous*, après s'être avancé jusqu'à la porte, répondait toujours par ces mots : *Atta hadjà, loudi zegou* (ce n'est rien, des cris de Juif). Que lui importait une cervelle de plus ou de moins? La longue file de ceux qui se rendaient auprès de lui n'en serait pas moins nombreuse. Bel-Hadj exerçait l'autorité politique sous notre surveillance, de lui émanaient les décisions dans tous les rapports des Kabyles avec le gouvernement; aussi, bien que la salle où le chef donnait des audiences ne ressemblât guère au cabinet d'un ministre d'état, il s'y tramait autant d'intrigues qu'autrefois chez le cardinal Mazarin, avec cette différence que le cardinal achetait les consciences, tandis que Bel-Hadj vendait un peu la sienne.

Un jour de marché, j'entrai avec Moore chez Mohamet. Il se faisait tard. Le vieillard avait passé la journée entière assis au fond de la pièce, les jambes croisées sur une natte, le dos appuyé à la muraille, égrenant son chapelet d'un mouvement machinal, tout en écoutant gravement les paroles que les gens accroupis près de lui murmuraient à son oreille. Quand nous entrâmes, quelques groupes restaient à peine dans la salle, et la vallée avait repris son grand silence. Dès que Bel-Hadj nous vit, il congédia les derniers qui attendaient, et, demandant du café, nous fit place sur sa natte.

— Quel est ce cavalier? lui dis-je en désignant l'homme qui me présentait la tasse, un grand gaillard sec et décharné, ayant trois doigts de la main gauche enlevés ; n'a-t-il pas été blessé, il y a deux ans, lorsque la colonne d'Alger est venue dans ton pays ?

— Oui, reprit-il ; au jour de la rencontre avec le maréchal, une balle lui a broyé la main. C'était le *chaous* de mon fils Ahmet, qui fut tué le lendemain.

Après s'être tu un instant, Mohamed reprit : — La jeunesse est encore ton partage, le bonheur est ton ombre ; rappelle-toi les paroles d'un homme déjà vieux : fuis le chagrin, il ronge plus l'homme que la fièvre.

Fuis-le ajouta le *khodja* (secrétaire) assis à côté de Bel-Hadj, comme la morsure de la vipère, et porte toujours sur ta poitrine le talisman qui l'éloigne.

Comme un sourire s'était glissé sur nos lèvres, le *khodja* reprit en fixant sur nous son regard :

— Vous autres fils de l'erreur, vous ne connaissez que le doute, et cela parce que notre seigneur Mohamed ne vous a pas donné sa lumière. Le vrai croyant, lui, est comme le voyageur qui retrouve la source du ruisseau en remontant le fil de l'eau. Grâce aux paroles saintes, nous savons l'origine des choses et le moyen d'éviter le mal.

— Tu pourrais m'enseigner l'origine du chagrin?

— Oui, le *taleb* mon maître me l'a apprise.

— Et quelle est cette origine?

— Les génies, reprit le *khodja* d'un air grave et pénétré, sont les pères du chagrin ; ils l'envoient afin de se venger. Écoute et retiens ma parole. — Lorsque le puissant eut jeté les nôtres dans l'espace, Ève, notre mère commune, se trouvant pour la première fois enceinte, tomba dans la tristesse, car la curiosité la dévorait, et elle voulait lire en son sein. Alors elle appela un démom nommé Aret, et celui-ci lui promit que, si la créature renfermée dans son sein recevait le nom de *serviteur d'Aret*, par sa puissance il la ferait naître semblable à elle; mais Dieu, pour punir Ève d'avoir cru un lapidé, lui fit mettre au monde un génie. Comme, par la promesse de la mère des hommes, les génies tiennent du démon, ils en ont reçu la malice, et aussi pour unique joie la vue du mal. Et ils se prirent à tourmenter l'homme en soufflant à la femme, sa compagne, les coquetteries, déchirement du cœur. Le rire est leur partage quand le repos abandonne le mari. Aussi, gardiens des replis de la terre, ils ont inventé les parures qui rendent l'aimant caché par Dieu dans les formes de la femme plus puissant encore. Ils ont fait briller à ses yeux la pierre, larme du soleil, dont l'éclat l'enivre. Toujours ces maudits nous préparent des embûches : mais leur malice est sans force contre la *sourate* (1) du pro-

(1) Voici comment la *sourate*, formule d'exorcisme, fut révélée au prophète. Un Juif maudit, nommé Labeïd, ayant, par un art magique, attaché le prophète Mohamed à l'aide d'une corde formée par onze nœuds, Dieu ordonna au prophète de répéter les paroles suivantes : « Dis : Je mets ma confiance dans le maître des hommes, roi des hommes, dieu des hommes, contre la malignité du perfide souffleur qui souffle dans le cœur des hommes, et contre la malignité des génies et des hommes.

« Dis : J'ai recours au maître du matin contre la malignité des êtres qu'il a créés, ainsi que contre la malignité de la lune, contre sa vertu de ténèbres, contre la malignité des femmes qui font des vœux en soufflant, et contre la malignité de l'envieux quand il veut nuire. »

A chaque verset, un nœud tombait, et le prophète resta libre des atteintes du génie.

phète. Dès que tu la prononces, le démon s'enfuit plus prompt que le voleur de nuit quand il entend la voix du maître.

— Ainsi, en vérité, tu crois aux génies ?

— Comment douter de ce que j'ai vu ? les génies m'ont frappé. Un jour, j'avais oublié mon talisman, je n'eus pas le temps de répéter la *sourate*, je tombai foudroyé ; et sans Hamed-ben-Hameur, à qui Dieu a donné l'intelligence des choses cachées, et qui est puissant dans la science des merveilles, je serais encore sous le joug du démon. Louange à Dieu, dont le serviteur m'a retiré du mal !

— Il est singulier, me dit Moore quand le *khodja* eut cessé de parler, il est singulier de retrouver à des distances aussi grandes le même besoin de merveilleux, la même croyance à des êtres intermédiaires entre nous et la terre, la même foi dans les enchantements. Je me rappelle avoir entendu raconter en Irlande des histoires de génies ; mais là-bas ils ne résident point sur terre : la mer est leur demeure. La tradition assure que des îles habitées par ces créatures mystérieuses apparaissent de temps à autre à la surface des eaux. De Dublin, lorsque le temps était clair, on les apercevait parfois ; jamais on n'avait pu y aborder, lorsqu'en 1674, le 2 mars, un certain John Nisbett, aïeul de celui qui me racontait l'histoire, se trouva pris par un brouillard affreux. Ce brouillard dura plusieurs heures, et quand il se dissipa les marins se trouvèrent près d'une terre inconnue. Comme ils n'avaient que quatre brasses d'eau, ils se décidèrent à jeter l'ancre, et la moitié de l'équipage fut envoyée pour reconnaître l'île. A un mille de la côte, après avoir traversé un petit bois, ces éclaireurs trouvèrent des bestiaux, des chevaux, des moutons paissant tranquillement l'herbe verte ; au delà, ils virent un grand château, mais personne ne répondit à leurs voix. Comme le vent devenait froid, les marins se mirent à l'abri sous un vieux chêne, et firent un grand feu. Ils discouraient paisiblement, quand tout à coup un bruit épouvantable déchira les airs, et sembla rouler sur l'île entière. Saisis de terreur, les marins s'enfuirent sur leur navire, mais n'osèrent, vu le peu de profondeur de l'eau, mettre à la voile pendant la nuit. Le lendemain matin, à peine le soleil était-il levé, qu'ils virent s'avancer au bord de la côte un vieux seigneur et dix hommes, qui le suivaient nu-tête comme des serviteurs. Adressant la parole au maître du navire, le vieillard lui demanda d'où il venait, où il allait, et s'il savait en quel endroit il était. Le maître satisfit à ces questions, mais déclara ne point savoir où il se trouvait. Alors celui qui semblait le seigneur invita les marins à descendre à terre, et, ayant chassé leur crainte par de bonnes paroles, il les emmena en son château, où on leur fit joyeuse fête. Là ils apprirent que l'île se trouvait depuis bien des siècles sous la puissance d'un enchantement qui ne devait cesser que lorsque de bons chrétiens allumeraient du feu ; que la veille, dès que la flamme avait commencé à brûler, les génies malfaisants vaincus s'étaient enfuis avec ce bruit terrible qu'ils avaient entendu, et que, grâce à l'heureuse venue des marins, les habitants de l'île étaient enfin délivrés de leur épouvantable prison. — On donna aux Irlandais, ajoutait Moore, au moins d'après celui qui racontait l'histoire, de nombreuses pièces d'or ; ils atteignirent heureusement l'Irlande, et revinrent même dans ce pays où on les avait si bien fêtés ; mais, au troisième voyage, ils cherchèrent vainement l'île : elle avait disparu.

Bel-Hadj était tout oreilles à ce récit, et, quand Moore eut fini, il nous dit:

— La terre est un livre plus clair que ceux des savants, et chaque pays a le signe qui conserve le souvenir des événements accomplis. Tu connais la grande montagne, l'Ouar-senis, sa longue crête de roches aiguës et la tête de pierre qui la domine ? Parmi les anciens des Beni-Boukanous, qui demeurent au pied, on conserve cette tradition. — Fatigué des crimes des hommes, Dieu, qui n'avait pas encore envoyé son prophète, se retirait dans sa puissance, et laissait les génies du ciel et de la terre engager la lutte entre eux. Un jour, les génies du ciel vaincus regagnaient les étoiles, leurs citadelles ; les génies de la mer, acharnés à leur poursuite, tirèrent les eaux de leurs profondeurs et s'élevèrent, portés par elles, pour rejoindre leurs ennemis. Le flot montait, montait toujours, couvrant la terre, étouffant les peuples ; mais Dieu restait dans son silence, car les peuples étaient maudits, quand arriva jusqu'à lui la voix d'un serviteur, le seul qui lui fût resté fidèle dans le pays entier. Alors, abaissant son regard, il donna à la terre l'ordre de se gonfler à la place où se trouvait la famille de son serviteur, et sous ses pieds le juste lui-même sentit le rocher grandir. Quand l'œuvre de destruction qui était écrite fut achevée, les génies de la mer se trouvèrent sans force pour dresser les flots jusqu'au ciel, et ils retombèrent dans les abîmes, entraînant les cadavres dans leurs profondeurs. Le juste pourtant survécut, et il éleva un marabout respecté sur le sommet de la roche. Maintenant encore, l'eau coule auprès goutte à goutte, et raconte la puissance du Seigneur.

— J'aime mieux, reprit Moore, la Bouchée-du-Diable de Cashel, qui s'élève comme une dent au centre de la ville, et porte à son sommet les ruines d'une vieille abbaye. Dans les montagnes bleues que l'on aperçoit au loin, on distingue une cavité que tout bon Irlandais déclare de la dimension du roc. Satan, se trouvant un jour en mauvaise humeur, mordit cette bouchée monstrueuse, la cracha sur Cashel en s'envolant, et lui donna toute puissance diabolique. Que serait-il arrivé à la ville, si elle n'avait pas eu pour patron saint Kevin ? Il chassa les maléfices, ce grand saint Kevin, dont la vertu courut un jour ces grands dangers que mon père a racontés dans la ballade de *Kathleen.*

Et Moore nous récita quelques-unes des plus charmantes strophes de la chanson irlandaise.

« Près de ce lac, dont le sombre rivage n'a jamais répété le doux chant de l'alouette, où la roche escarpée s'élance dans les airs, saint Kevin, jeune alors, alla chercher le sommeil. — Ici, du moins, se dit-il avec calme, aucune femme ne troublera mon repos ! — Ah ! le bon saint connaissait peu ce sexe rusé et tout ce qu'il peut entreprendre !

« Il fuyait les yeux de Kathleen, ces yeux d'un bleu qui n'était rien moins que céleste. Elle l'avait aimé tendrement et longtemps, désirant qu'il fût tout à elle, sans penser faire mal. En quelque lieu où le saint pût s'enfuir, il entendait bientôt son pas léger derrière lui. Soit qu'il se dirigeât vers l'orient ou vers l'occident, les yeux de Kathleen brillaient encore devant lui.

« Couché sur la roche escarpée, il dort enfin paisiblement, rêvant des cieux, et sûr que là du moins les sourires d'une femme ne le poursuivront pas ; mais ni le ciel ni la terre ne sont affranchis du pouvoir de celle qui aime. A ce moment même, tandis qu'il sommeille dans le calme, Kathleen pleure, courbée sur lui.

« Intrépide, elle a suivi ses pas jusqu'à ce lieu sauvage et désolé, et, lorsque le matin vint frapper ses regards, il rencontra aussi les doux yeux de Kathleen. Ah ! ces saints ont un cœur trop cruel ! Furieux, de sa couche il se lève, et, d'un choc impétueux, la précipite du haut de la roche recourbée.

« Glendalough ! tes sombres vagues furent le tombeau de la belle Kathleen. Bientôt le saint, hélas ! trop tard, comprit son amour, et gémit sur son sort. — Puisse son âme, dit-il, reposer dans les cieux ! — Alors une douce musique sortit du sein du lac, et l'on vit son ombre souriante glisser sur l'onde fatale. »

Tout entier aux souvenirs de la vieille Irlande, je ne songeais plus à Bel-Hadj. Le chef arabe nous laissant parler français, s'était mis à causer avec deux nouveaux venus, deux montagnards en guenilles. Tout à coup je l'entendis appeler son nègre Embarek, et lui donner l'ordre d'amener son cheval.

— Où vas-tu ? lui dis-je ; tu ne pars d'ordinaire qu'à la nuit.

— Ces hommes m'ont appris que la bénédiction de Dieu m'envoyait des hôtes, et j'ai hâte de les recevoir.

— En ce cas, adieu. Le bien soit sur toi !

Nous levant alors, nous touchâmes l'extrémité de ses doigts en portant ensuite notre main à la bouche, selon l'usage de la politesse arabe, et nous sortîmes avec les cavaliers dont les éperons aux longues tiges de fer résonnaient sur le sol.

— Gageons, dis-je à Moore, que le vieux coquin vient d'apprendre une nouvelle qui lui rendrait la rencontre du commandant désagréable. Il se sauve pour l'éviter.

— Je n'en serais pas étonné, me répondit-il ; l'un de ces déguenillés est un homme des Sbéahs, que déjà j'ai vu plusieurs fois avec lui.

Je le questionnai sur cet homme, dont les grands yeux noirs et le nez aquilin, semblable à celui d'un aigle, m'avaient frappé ; mais le planton de service nous interrompit en venant me chercher de la part du commandant, et je m'éloignai sans que ma curiosité fût satisfaite.

— Combien avez-vous de chevaux disponibles, me dit le commandant Manselon, dès qu'il me vit.

— Il n'y a eu aucun accident depuis ce matin, lui répondis-je, et la situation en portait ving-cinq. Hommes et chevaux sont tous en état de marcher.

— Votre peloton, reprit-il, sera en armes à dix heures et demie, emportant seulement de l'orge et des vivres pour un repas. Mes espions m'apprennent que le Bou-Maza couche ce soir à six lieues d'ici, chez les Sbéahs, où la *diffa* lui est donnée. L'impudence est trop forte ; je veux demain, au lever du soleil, lui souhaiter moi-même le bonjour. Si nous n'avons pas la chance de le saisir, au moins nous châtierons ces drôles. Avez-vous vu Mohamed-bel-Hadj ?

— Il retourne à l'instant chez lui. Je crois même que la venue d'un homme des Sbéahs, avec lequel il s'est entretenu, l'a fait partir plus promptement.

— Le gredin sera toujours le même, reprit en riant le commandant ; toujours il nagera entre deux eaux. Dans la crainte de m'accompagner, si je me décidais à marcher, il s'est sauvé sans m'avertir de la présence du Bou-Maza. J'en suis bien aise ; il aurait été capable de faire manquer le coup de main, tant il tient à ménager tout le monde. Vous n'avertirez vos chasseurs que vingt minutes avant l'heure du départ. Il peut y avoir des rôdeurs aux environs du camp, et je ne veux point qu'ils aperçoivent le moindre mouvement. En montant à cheval, vous prendrez mes derniers ordres.

— C'est bien, commandant.

Et je m'éloignai, heureux d'échapper enfin à notre repos monotone, éprouvant la joie d'un amateur passionné du spectacle qui reçoit, au moment où il ne s'y attend plus, un billet pour le mélodrame nouveau.

A la retraite, vers l'heure à laquelle le brigadier de service distribuait l'orge du soir, je me rendis à notre bivouac, afin de veiller moi-même à ce que les rations fussent copieuses, car l'expérience m'avait appris la vérité de ces paroles des cavaliers arabes : « Si je n'avais vu l'Étalon enfanter le poulain, je jurerais que l'orge est son père. » Or, comme le soldat sait toujours quand il part et jamais quand il revient, il nous fallait, pour la nuit, des chevaux prêts à toutes les fatigues. La soirée était belle; le silence profond; pas un souffle dans l'air. On n'entendait que le bruit si doux à l'oreille de celui qui va se servir de sa monture, le bruit des mâchoires des chevaux écrasant l'orge. Tous les soldats se glissaient peu à peu sous leur petite tente, et ils dormaient déjà comme de jeunes filles, lorsqu'à dix heures on releva les sentinelles. J'appelai alors le maréchal-des-logis.

— Dans une demi-heure tout le monde à cheval! On emportera trois *jointées* (1) d'orge et du biscuit pour un repas. Les effets placés dans les sacs de campement seront réunis dans l'intérieur du poste en cas d'accidents.

En un clin d'œil, le maréchal-des-logis et les brigadiers avaient réveillé tout le monde. Les tentes étaient abattues, les couvertures pliées, les chevaux sellés, les armes chargées, et à dix heures vingt minutes rien ne

---

(1) On nomme ainsi la quantité d'orge contenue dans les deux mains rapprochées l'une de l'autre. C'est une mesure de bivouac.

pouvait faire supposer que depuis trois semaines vingt-cinq chevaux et vingt-cinq chasseurs eussent leur demeure en cet endroit. Cinq minutes après, le peloton faisait le tour des murailles et se rangeait derrière les trois cents hommes d'infanterie, qui, jetés brusquement hors de leur hamac, attendaient patiemment qu'il plût à leur chef de disposer d'eux.

— L'infanterie passera la première, me dit le commandant ; vous suivrez, et quand nous serons près d'arriver, selon ce que me rapporteront les espions, je vous donnerai mes instructions.

Et la petite troupe s'ébranla, le commandant Manselon marchant en tête avec les deux guides arabes. Nous traversâmes l'emplacement du marché ; puis, tournant à droite, nous suivîmes la vallée qui remontait dans la direction du pays des Sbéahs. Cette vallée, ou, pour mieux dire, cette gorge étroite et boisée permettait d'avancer à l'abri de tous les regards. Le chemin était large pour un chemin d'Afrique, il avait quatre pieds. A trois lieues de là, cette route aboutissait à un vaste hémicycle de montagnes qui semblaient fermer le pays. Appuyant alors du côté du nord, la petite colonne gravit les pentes escarpées, faisant d'heure en heure une halte de dix minutes pour laisser à l'infanterie le temps de reprendre haleine. Les bois qui couvraient le flanc des montagnes cessaient brusquement au sommet, et tandis qu'à droite le regard plongeait dans cette gorge, que la nuit et la clarté de la lune faisaient paraître plus profonde encore, sur la gauche les terres dénudées se soulevaient en de vastes ondulations, semblables à ces grandes vagues de l'Océan qui viennent de Terre-Neuve se briser sur la côte de Bretagne. On avançait toujours dans le plus profond silence, sans qu'une pipe ou un cigare fût allumé ; le feu aperçu de loin aurait pu nous trahir. La fatigue commençait pourtant, l'engourdissement nous saisissait déjà, on sentait ce froid qui fait frissonner les plus vigoureux quand, après une nuit de marche, le point du jour approche, et, comme l'étoile du matin brillait de tout son éclat, nous fîmes halte à l'ombre d'un pli de terrain, attendant le retour des *limiers* que le commandant avait envoyés en reconnaissance. Au premier crépuscule, ils nous avaient rejoints.

— Nous sommes à dix minutes des douars, nous dit le commandant. Tous les chevaux des hôtes sont encore au piquet, on ne se doute pas de notre arrivée. Les chasseurs vont prendre la tête, et, dès que ces douars seront en vue, ils iront au galop couper la retraite.

Cette fois-là, quand on reprit la marche, toute lassitude avait disparu comme par enchantement. Chacun, l'œil au guet, se pressait pour arriver plus vite. Au détour d'un mouvement de terre, au moment où nous allions voir les Arabes, un soldat d'infanterie buta contre une pierre, tomba, et dans sa chute son fusil partit.

— Maudit animal ! s'écria le commandant, il nous fait manquer le coup ; l'éveil est donné. Partez, monsieur, me dit-il ; nous vous suivrons au pas de course. Tâchez au moins de réparer la sottise de ce drôle.

En trois minutes, les chasseurs étaient sur le douar ; mais le coup de fusil nous avait dénoncés, et pour des Arabes habitués aux surprises, trois minutes en pareil cas, c'est la vie. Comme nous arrivions, déjà ils s'étaient précipités hors de leurs tentes, arrachaient les entraves, s'élançaient sur les chevaux, tentaient la fuite, échangeaient les coups de pistolet, déchargeaient leurs fusils. Dans ce premier moment de confusion, deux ou trois chevaux furent frappés, deux chasseurs grièvement blessés. Notre coup de main n'en avait cependant pas moins réussi, et, tandis que l'infanterie rassemblait les troupeaux avec quelques prisonniers, les chasseurs continuaient la chasse, poursuivant les fuyards dans les ravines, attaquaient les tentes placées sur le second plateau, et, descendant les pentes à fond de train, s'acharnaient après les cavaliers qui essayaient de se dérober à leurs coups. Mais l'on était loin déjà, les clairons de la compagnie envoyée pour appuyer les chasseurs avaient sonné la retraite; l'audace ne supplée pas toujours au nombre : le trompette répéta le ralliement, et la petite troupe vint en bon ordre prendre position sur le plateau auprès de l'infanterie.

Les coups de fusils avaient fait monter à cheval un grand nombre de cavaliers des Sbéahs. Ils accouraient de tous côtés; on voyait du petit mamelon où nous avions fait halte leur silhouette se dessiner sur les arêtes dénudées. Réunis en groupe, ils semblaient se consulter; le commandant avait envoyé des postes en grand'garde, et, pendant que l'on pansait les blessés, il interrogeait les prisonniers. D'après leurs réponses, le Bou-Maza, la veille au soir, avait reçu la diffa dans ces douars. Vers onze heures, il était parti pour traverser de nuit la vallée du Chéliff et gagner le Dahra. Ses cavaliers seuls l'avaient accompagné, et les gens des Sbéahs, venus pour lui faire honneur, étaient restés en arrière par son ordre. — Cette tribu des Sbéahs a presque toujours été composée des plus hardis coquins de l'Afrique. Même au temps des Turcs, il n'y avait pas de mécréants pareils, et parmi eux se conservait l'usage de remettre le paiement des dettes à l'époque où le bey passait dans la vallée du Chéliff pour porter le tribut au pacha d'Alger. Jamais le Turc ne traversait ce passage sans y laisser des chevaux ou des mules qui réglaient les comptes. Quand les Français vinrent, il fallut *égrener* les Sbéahs, si l'on peut parler ainsi, avant de les mater, et les razzias sans cesse répétées purent seules en venir à bout.

Lorsque la petite colonne reprit le chemin du Khamis, emmenant nos prisonniers, les drôles nous firent voir qu'ils savaient jouer de la poudre, et les fusils de leurs cavaliers, s'abattant dans notre direction, nous envoyèrent des balles. Pour éviter des blessures inutiles, le commandant, profitant des larges ondulations du terrain, ordonna au peloton de chasseurs d'établir le va-et-vient à l'extrême arrière-garde avec une compagnie de la légion. L'infanterie quittait la position tranquillement, sans se presser, car la chaleur était accablante, et les chasseurs formant la ligne de tirailleurs tenaient bon. Quand les fantassins occupaient une position nouvelle, ils se repliaient au galop. Les cavaliers ennemis arrivaient aussitôt, mais ils trouvaient toujours des balles pour les arrêter. Par ce moyen, maintenus toujours à de grandes distances, ils ne nous firent aucun mal, et le combat n'était plus qu'un jeu d'échecs plein d'intérêt. Arrivés à la limite du territoire des Beni-Ouragh, les Kabyles, en querelle avec eux, leur envoyèrent des coups de fusil, et les Sbéahs jugèrent prudent de ne point s'engager dans la gorge. A trois heures de l'après-midi, les chevaux étaient entravés, les blessés portés à l'hôpital, et le camp du Khamis avait repris son aspect accoutumé. Le soir, personne, en passant dans le bivouac, de nouveau aligné et en bon ordre, ne se serait douté du *coup d'épervier* de la nuit.

Cinq jours après, un autre peloton arrivait de Mostaganem. Nous n'étions plus au complet, et il fallait suivre les deux compagnies d'infanterie venues pour chercher les troupeaux pris à la razzia. Nous partîmes après avoir serré la main de nos camarades ; mais le repos ne devait pas être de longue durée. Un mois plus tard, mon escadron s'en allait avec la colonne commandée par le général de Bourjolly faire rentrer quelques impôts en retard, lorsque la grande révolte éclata tout à coup. Depuis ce moment, on ne compta plus avec les privations, les fatigues et le danger. Bien des nôtres succombèrent dans ces premiers jours, fidèles à l'honneur du régiment, face à l'ennemi. Le lieutenant-colonel Berthier avait frayé la route ; une balle kabyle l'avait tué à bout portant. Après deux mois de luttes et de marches sans fin, nous avions cependant pris le dessus. Traqués, pourchassés dans leurs ravines affreuses, les Kabyles se dérobaient de nouveau par la fuite, espérant que les pluies et les neiges nous forceraient au repos ; mais la campagne devait durer l'hiver entier, tant qu'un ennemi oserait lever la tête. Vers le 15 novembre, deux mille hommes d'infanterie et trois cents chevaux étaient établis à Dar-ben-Abdallah, bonne position militaire, située dans le pays des Flittas, à douze lieues du poste du Khamis ; ils fouillaient les bois de lentisques et de chênes verts, repaires des bandes arabes, vidaient les silos, et toujours en mouvement, ne laissaient échapper aucune occasion favorable.

De Dar-ben-Abdallah, le général envoya des troupes nouvelles remplacer au Khamis les soldats de la légion bloqués depuis le commencement de l'insurrection. Thomas Moore fut ramené par le détachement; mais il ne commandait plus sa troupe. Ballotté sur un cacolet, au flanc d'un mulet, il se soutenait à peine. Les ravages de la maladie étaient affreux ; à nous tous qui l'aimions, sa vue nous serra le cœur. On eût dit un vieillard. Son œil brillant et limpide d'ordinaire avait maintenant un éclat sinistre; il avait la pommette saillante, il était presque voûté; puis, à chaque moment, l'on entendait cette toux sèche, si faible, dont chaque ébranlement pourtant creusait la mort dans sa poitrine. Toute la journée et la nuit qu'il passa près de nous, nous l'entourâmes de nos soins. Chacun, hélas ! se hâtait de le voir, et lui nous racontait ses projets et ses joies. Après s'être reposé quelques jours à Alger, il allait s'embarquer pour la France; de là, il gagnerait l'Angleterre. Ses soucis avaient disparu; l'avenir lui souriait, et la toux seule interrompait le récit de ses rêves. Nous assistions ainsi à son agonie; nous le voyions mourir, lui qui ne parlait que de vivre, et de vivre heureux. Impression douloureuse, terrible surtout pour des soldats ! La mort brusque ne surprend pas, on l'a rencontrée souvent, c'est la destinée ; mais voir s'éteindre peu à peu un camarade, un ami, craindre à chaque instant que vos traits ne marquent votre tristesse, n'oser lui dire : « Tu te trompes, tu ne peux plus vivre; » dissimuler jusque dans le dernier serrement de main, l'émotion qui vous agite, les plus fermes vous le diront, mieux vaut encore braver le feu des tirailleurs arabes, ce danger de chaque jour et de chaque nuit en Afrique.

Le lendemain, quand notre pauvre ami se disposait à partir avec le convoi de malades et de blessés, au moment où il allait monter sur le mulet qui devait l'aider à s'en aller mourir plus loin, nous étions tous auprès de lui, chacun apportant ce qui pouvait adoucir la fatigue de la marche et lui témoignant son affection. Enfin le convoi se mit en mouvement. Deux heures après, nous quittions Dar-ben-Abdallah pour nous enfoncer plus avant dans le pays. Durant quatre mois, aucune nouvelle ne parvint à la colonne ; enfin, comme nous approchions de Boghar, à quatre-vingts lieues de là, nous apprîmes que Thomas Moore avait cessé de vivre.

UNE
CAMPAGNE D'HIVER.

I

On touchait à l'automne de 1845. Depuis quelque temps déjà, une légère fermentation s'était manifestée parmi les Flittas (1) : l'impôt ne rentrait qu'avec difficulté ; des assassinats avaient été commis, et de nombreux rapports arabes signalaient les menées sans cesse renaissantes du chérif Bou-Maza. M. le général de Bourjolly, commandant la subdivision de Mostaganem, jugea nécessaire de se porter au centre du pays pour mettre fin à ce commencement de désordre. Rien, du reste, n'indiquait que l'on dût rencontrer la moindre résistance. Au dire de ceux qui se prétendaient les mieux renseignés, quelques

(1) Les Flittas sont une grande et puissante tribu dont le territoire commence à quinze lieues au sud de Mostaganem. Ce territoire touche d'un côté à la plaine de la Mina, de l'autre aux limites du Tell. Les Flittas sont divisés en plusieurs fractions, dont l'une, les Cheurfas, habitant les terrains les plus difficiles, doit à son fanatisme une grande action sur le reste de la tribu.

amendes et la présence des troupes auraient bientôt fait rentrer tout le monde dans le devoir, et nous devions revenir à Mostaganem sans avoir tiré un coup de fusil.

Douze cents hommes d'infanterie, cent quarante chevaux du 4ᵉ chasseurs d'Afrique et deux pièces d'artillerie de montagne bivouaquaient donc, le 18 septembre 1845, sur le territoire des Béni-Dergoun, au pied des plateaux des Flittas, dans un endroit connu sous le nom de Touiza, et, le lendemain 19, à trois heures du matin, les clairons et les trompettes, en sonnant la diane, faisaient retentir les échos de la vallée. A la première fanfare, tout s'éveilla. Le fantassin, à peine debout, roula sa petite tente sur son sac déjà fait, pendant que le chasseur d'Afrique, salué par les joyeux hennissements de son cheval, allait retrouver ce fidèle compagnon de ses fatigues et lui porter la provende du matin. Les mulets patients se laissaient gravement charger de leurs fardeaux. Encore quelques instants, et la ville improvisée allait disparaître. Déjà le froid du point du jour se faisait sentir sans nous piquer trop vivement. Assis au coin d'un feu improvisé, nous pestions contre le général, qui, après nous avoir réveillés de si grand matin, ne donnait pas encore le signal du départ. En ce moment, le colonel Berthier, revint de l'état-major. « Messieurs, nous dit-il, faites charger les armes ; je ne sais trop quelles sont les nouvelles, mais il paraît que les Flittas, soulevés par Bou-Maza, se disposent à nous disputer le défilé de Tifour. La colonne suivra en effet ce chemin, pendant que la cavalerie passera par Zamora, ainsi que le *goum* (1) du khalifat Sidi-el-Aribi (2).

(1) Réunion des cavaliers irréguliers du pays.
(2) Ouled-Sidi-el-Aribi, notre lieutenant arabe pour tout ce pays. Il appartient à l'une des plus anciennes familles de la contrée.

Le peloton de M. Paulz d'Yvoie restera seul avec le général et lui servira d'escorte. Allons, messieurs, hâtons-nous, et, dans dix minutes, en marche sans sonneries. »

Ceux d'entre nous qui connaissaient l'histoire de cette partie de l'Afrique ne furent pas étonnés de la menace des Flittas. Toujours remuants, agités, indociles au joug, même au temps des Turcs, ils n'avaient jamais reconnu qu'avec peine l'autorité de la France. Constamment excité par les prédications fanatiques des Cheurfas, cet esprit de lutte et de haine trouvait un puissant secours dans les difficultés dont le pays des Flittas est hérissé. Pour arriver à ces hauts plateaux formant la plus grande partie de leur territoire, mamelons sans fin de terres admirables et fertiles au-delà de tous les rêves, il faut traverser des défilés boisés du plus difficile accès : buissons de lentisques mêlés de chênes verts offrant partout un abri et une embuscade; ravines et déchirements de terrain où se peuvent cacher des milliers d'ennemis. Vous avez vu à Versailles ces arbres touffus, arrondis par le ciseau des jardiniers de la vieille école française; eh bien! dans le pays des Flittas, Dieu est le seul jardinier; mais, pour le plus grand tourment des généraux qui doivent y mener des colonnes, il a donné aux lentisques la forme des plus épais quinconces des jardins de Louis XIV. A l'est, une partie de ce territoire que l'on nomme Guerboussa est presque impénétrable : c'est la citadelle; le repaire, où pendant longtemps les Flittas, ces rebelles incorrigibles, ont toujours trouvé un refuge. Montagnes affreusement déchirées, ravins succédant aux ravins; partout des bois épais, des cavernes aux entrées étroites disparaissant au milieu des taillis et des terres grisâtres, voilà le Guerboussa.

Les Arabes ont un dicton : « Quand la queue des chevaux se hérisse, c'est signe de poudre ! » La veille, nous faisions en riant cette remarque, et aujourd'hui le hasard ou la fortune donnait raison au proverbe guerrier. Toujour est-il que nous battre était pour nous une grande joie. Tout fut bientôt prêt, et, suivant au trot le *goum* du khalifat Sidi-el-Aribi, nous voilà, le cœur gai et alerte, prenant la direction de Zamora. A la fontaine de ce nom, pendant une halte d'un instant, chaque officier passa l'inspection de son peloton. Les chevaux furent ressanglés; on revit le paquetage; on examina l'amorce des fusils, puis, toutes choses en bon ordre, on sonna la marche. soixante-dix chevaux dans chaque escadron, ni plus, ni moins, composaient notre force régulière; mais c'étaient de vrais chevaux, de vrais soldats que conduisait un vaillant capitaine, le colonel Berthier.

Déjà l'on entendait, du côté de la route que suivait la colonne, les coups de fusil d'abord rares et incertains, bientôt plus nombreux, se succédant sans interruption, puis les obus dominant tout ce tapage de leur grosse voix. Quant à nous, toutes les parties du bois que nous traversions étaient d'une fraîcheur délicieuse. Les oiseaux, effrayés par le bruit de nos pas, s'enfuyaient seuls en poussant de petits cris d'alarme et allaient porter plus loin leurs chansons et leur gaieté. Dans la direction de Tifour, la fusillade redoublait toujours, et, malgré l'aspect tranquille du bois, nous nous tenions sur nos gardes dans la crainte d'une surprise, quand tout à coup les gens du khalifat s'en viennent au galop nous annoncer que l'ennemi est devant nous. Alors nous prenons le trot et, lui courant sus au milieu du fourré, nous dispersons un parti de deux cents chevaux qui s'en venait de Calah pour rejoindre Bou-Maza. Notre marche, plus rapide que celle de la colonne, qui avait été obligée de s'entourer d'un réseau de tirailleurs, nous eût bientôt portés sur les plateaux qui précèdent Dar-ben-Abdallah (1). Un magnifique spectacle nous attendait sur ces hauteurs.

Rangés en bataille, nous dominions la colonne, calme et en bon ordre au milieu des ennemis qui la harcelaient de tous côtés. Le bois semblait devenu une fourmilière. On ne voyait que cavaliers qui s'agitaient, courant, galopant, Kabyles aux bras nous, se glissant de buissons en buissons pour tirer plus juste et de plus près. C'étaient des cris aigus semblables aux cris des bêtes fauves. Déjà l'odeur de la poudre portait à nos têtes son ivresse irrésistible. Un beau soleil jetait ses étincelles sur les armes, éclairait ces massifs de verdure. En ce moment, la colonne s'était arrêtée sur un plateau découvert. Le général que l'on reconnaissait de loin à son fanion, faisait placer en batterie deux petites pièces d'artillerie. Nous vîmes les obus tracer dans l'air leur sillon de feu et porter la mort jusqu'au fond des ravins.

Sur l'ordre du colonel Berthier, on prit le trot pour rejoindre le général. A peine étions-nous formés en bataille, que le peloton de M. Paulz d'Yvoie, qui venait de charger, appuyé par une compagnie de tirailleurs indigènes, vint se rallier à nous. La charge avait été vigoureuse; vaillamment conduits, les trente hommes commandés par M. Paulz d'Yvoie avaient dignement soutenu

---

(1) Le nom de Dar-ben-Abdallah désigne l'emplacement occupé autrefois par une maison dont il reste quelques pierres pour tout vestige. En Afrique, un arbre, un champ, reçoivent souvent un nom particulier, sans qu'il y ait même en cet endroit la moindre trace d'habitation permanente.

l'honneur du 4ᵉ chasseurs. On n'a pas oublié le dévouement et le courage de ce brave Geffines, qui, après avoir dégagé et relevé le fourrier Parizot sous une grêle de balles, sauve, au péril de sa vie, un autre de ses compagnons d'armes, le chasseur Mazères, court au drapeau agité fièrement par un cavalier arabe, le saisit après une lutte acharnée, et tombe enfin criblé de blessures, mais serrant sur son cœur ce drapeau (1), trophée de sa gloire !

La vigoureuse offensive de nos chasseurs donna un peu de repos à la colonne. On en profita pour attacher les morts et les blessés sur les cacolets qui se tenaient à l'arrière-garde, attendant leur charge funèbre. Le chasseur Mazères, un des vaillants compagnons de Geffines, n'était pas encore mis sur son mulet, que déjà sa préoccupation, sa seule pensée était son cheval. C'est là une des marques auxquelles on reconnaît un digne et brave soldat. Celui-là seul peut savoir ce que vaut un bon cheval, qui a veillé et combattu sur lui et qui bien souvent s'est dit : « Sans ces quatre jambes nerveuses qui galopent à mon ordre, où serais-je maintenant ? »

Les morts et les blessés avaient été emportés, les armes, les harnachements des chevaux soigneusement enlevés. Seul, un blessé restait sur le champ de bataille : c'était un soldat indigène, un Turc. Penché sur la blessure de cet homme, le docteur Lefebvre, sans s'inquiéter des balles, l'examinait avec soin. La gravité de la plaie était telle que l'on ne pouvait tarder ; si l'on voulait sauver le blessé, l'amputation immédiate était nécessaire. Le gé-

---

(1) Ce drapeau est placé au cercle des officiers du 4ᵉ chasseurs d'Afrique à Mostaganem, entre les deux tambours des réguliers de Ben-Allal, pris par les escadrons du même régiment.

néral donna aussitôt l'ordre à l'arrière-garde de tenir. A gauche du chemin se trouvait un gros caroubier ; on y porta le soldat, et sous l'ombrage séculaire, au milieu des balles, l'opération fut entreprise par nos chirurgiens militaires, pendant que, sur la droite, à dix pas, deux petites pièces d'artillerie, commandées par M. de Berkheim, se plaçaient en batterie, entraînant dans leur bruit les gémissements du blessé. Un peu plus loin, en bataille derrière un pli de terrain, nous étions prêts à charger, si besoin était, tandis qu'une ligne de tirailleurs indigènes tenaient bon pour que leur camarade fût sauvé. En moins de cinq minutes, l'homme était amputé, placé sur une litière, et nous poursuivions notre marche en avant.

Cependant l'ardeur de l'ennemi s'était ralentie. Dès que nous fûmes sur un terrain découvert, les cavaliers seuls vinrent tirailler de loin sur nos hommes, et nous pûmes, sans nouvelles fatigues, nous établir au bivouac sur les bords du Menasfa, la cavalerie au centre, les quatre faces formées par l'infanterie. A notre arrivée, les premiers soins furent donnés aux blessés ; on étendit, sous des tentes d'ambulance dressées à la hâte, des couvertures de laine, et on porta nos pauvres soldats sur ce lit bien dur. La guerre est un rude métier ; celui même que la balle a déchiré doit s'attendre le plus souvent à n'avoir d'autre lit que la terre. Il était trois heures du soir, les grand'gardes furent placées de tous côtés ; puis ceux que le service ne réclamait pas se disposèrent à passer le plus gaiement possible la fin d'une journée sans lendemain pour plusieurs, chacun se laissant aller à cette insouciance de gens qui n'ont pas la responsabilité d'eux-mêmes.

Le général, sans nul doute, était moins tranquille. La

colonne n'était approvisionnée en vivres et en munitions que pour une course de quelques jours dans un pays où personne au départ ne s'attendait à rencontrer toute une population fanatisée par la présence du chériff. L'heure était solennelle, les circonstances étaient graves : à en juger par la vive attaque de cette matinée, par les feux que l'on voyait au loin sur les collines, nous allions avoir sur les bras la révolte du pays tout entier ; nous allions être obligés de nous retirer devant l'insurrection, de regagner la plaine par une marche périlleuse pour aller chercher au camp de Bel-Assel les vivres, les munitions, les renforts devenus nécessaires. Le plus grand sujet de crainte du général, c'est qu'en partant de Mostaganem il avait donné l'ordre au commandant Manselon de quitter le *Khamis* (1) des Beni-Ouragh sur le Riou, avec un bataillon et cinquante chevaux, et de venir le rejoindre. Ces troupes devaient traverser une partie du Guerboussa, et il fallait les soustraire aux dangers d'une embuscade. L'ordre fut donc que, le lendemain, la moitié de nos forces resteraient au camp, pendant que soixante-dix chevaux et le reste de l'infanterie partiraient avec le général pour aller au-devant du commandant Manselon.

Notre camp était établi à cinq cents pas du Menasfa, sur une petite colline de forme allongée, dans une bonne position militaire. Tout autour de nous de grands horizons gris ; pas un arbre, pas un buisson, car les dernières collines nous cachaient les bois que nous venions de traverser. Sur cette terre profondément crevassée par un soleil de quatre mois, on ne voyait que les chaumes et de grands

(1) Khamis des Beni-Ouragh. Nom d'un poste-magasin situé dans le pays des Beni-Ouragh.

chardons desséchés. Seulement, sur les bords du ruisseau, des buissons de lauriers-roses en traçaient le cours sinueux; on eût dit une rivière de fleurs.

La petite colonne partie avec le général traversa le Mepasfa, monta la colline, et bientôt disparut à nos regards. Un instant après, nous entendîmes quelques coups de feu; puis bientôt le bruit de la fusillade se perdit dans le lointain. Peu à peu les hauteurs devinrent menaçantes, chaque heure du jour nous amenait de nouveaux ennemis. De cette multitude armée nous venait un bourdonnement sourd mêlé de cris aigus. Qu'on se figure le frémissement de la mer quand la houle l'agite et que de temps à autre la vague vient se heurter au rivage. Pendant que nos grand'gardes redoublaient de surveillance, nous nous abandonnions tranquilles et confiants au grand charme de ce pays, à la beauté du jour. Nos blessés étaient bien; ils avaient eu notre première visite à leur réveil. Le brave Mazères, que l'on venait d'amputer, était calme et gai; mais son sourire avait je ne sais quoi de noble et de triste, on voyait qu'il savait souffrir. Assis près de Geffines, il lui donnait à boire de temps à autre, et, s'oubliant lui-même, il cherchait par ses soins à rendre plus douces les souffrances de son camarade. Quand l'on sort des tentes d'ambulance, on a toujours le cœur attristé. Ce sang qui coule, ces figures hâves et fatiguées, cette révolte de la jeunesse contre la douleur, ces pansements au milieu des armes, ce mélange de guerre et d'hôpital, donnent à la gloire même une irrésistible apparence de tristesse et de deuil. Cet appareil de la douleur militaire a pourtant sa grandeur. A peine entendez-vous quelques mâles gémissements empreints d'une dignité toute virile; on se meurt en silence, loin des siens, patient et ré signé

Le bruit et l'agitation augmentaient à chaque instant; les cris devenaient de plus en plus insolents; déjà, nous entendions le tam-tam, et nos grand'gardes échangeaient des coups de fusil, quand la tête de colonne partie le matin se montra sur les hauteurs du Menasfa. Une demi-heure après, tous étaient de retour, ramenant quelques morts, un plus grand nombre de blessés, et, chose heureuse, le détachement du Khamis.

Le dîner fut gai, si cela peut s'appeler un dîner; on but à la santé des camarades qui nous avaient rejoints; on se raconta ces mille et une histoires de sous-lieutenants qui font la joie de la halte, si bien que, lorsque le colonel Berthier vint nous retrouver, il était près de six heures; le soleil allait disparaître; déjà cette teinte brune et chaude d'Afrique commençait à s'emparer de la terre et du ciel. Le colonel ne partageait ni notre sécurité, ni notre joie. Sa grande et longue figure semblait préoccupée et inquiète. Il voulait paraître enjoué; un instant il se mêla à nos gais propos, sa tristesse l'emportait toujours, et, en nous quittant, il nous avait laissé une impression pénible. A la nuit tombante, on apporta l'ordre : le départ était fixé pour le lendemain au jour; un des escadrons formait l'arrière-garde avec les chasseurs d'Orléans; le reste de la colonne devait marcher d'après les indications données; puis chacun se sépara jusqu'au lendemain.

Déjà tout dormait dans le grand silence de la nuit : on entendait le pas régulier des sentinelles qu'éclairait la lueur vacillante des feux à moitié éteints; de temps à autre, le vent nous apportait une vague rumeur, et le silence retombait sur tout ce repos. Seule, une lumière brillait encore dans la tente du bureau arabe. J'entrai et je m'assis dans un coin. Le chef du bureau achevait d'écrire une lettre. Égrenant son chapelet avec un bourdonnement monotone, le vieil agha Djelloul à la barbe blanche, au teint blême, au regard éclairé par la fièvre, était à demi couché au fond de la tente. On eût dit un solitaire de la Thébaïde chrétienne. Deux jeunes gens à l'œil intelligent et vif attendaient debout l'ordre du chef : c'étaient les messagers qui allaient porter cette dépêche à Mostaganem. On la roula presque imperceptible dans un des nombreux plis des *haïks* grossiers qui entouraient leur tête ; en même temps on leur donna leurs instructions. Ils devaient attendre que la lune eût disparu pour gagner le bois ; une fois dans le fourré, il leur serait facile d'éviter l'ennemi ; enfin si, de bon matin, ils arrivaient à Bel-Assel, une forte récompense leur était promise. Ils sortaient, et déjà ils avaient gagné la porte de la tente, quand tout à coup, revenant sur leurs pas et dans une attitude pleine de dignité modeste : « Père, dirent-ils à l'agha en s'inclinant, c'est notre première entreprise ; nous courons risque de la vie ; que ta bénédiction nous vienne en aide et soit notre force. » Et ils se mirent à genoux, tandis que le vieillard leur imposait les mains et appelait sur eux la bénédiction de Dieu.

Je sortis du bureau arabe et je rentrai sous ma tente, pénétré d'une religieuse émotion. Le lendemain, au point du jour, la colonne se mit en marche dans la direction de la basse Mina. Les chasseurs d'Orléans, sous les ordres du commandant Clerc, et un escadron de chasseurs d'Afrique devaient former l'arrière-garde. M. le colonel Berthier était resté avec cet escadron. La brume du matin n'était pas encore dissipée que déjà les éclaireurs ennemis nous saluaient de leurs balles. A mesure que le jour grandissait, les Arabes se pressaient plus nombreux, il en venait des collines et des clairières, il en sortait de tous côtés, si bien qu'à peine arrivés à l'entrée du bois, nous eûmes sur les bras quinze cents cavaliers et six mille Kabyles. Deux charges vigoureuses et bien conduites les tinrent d'abord en respect; mais bientôt l'attaque recommença plus vive. On voyait les Arabes passer à travers le fourré, sautant comme des chevreuils. Les cavaliers arrivant au galop tiraient leurs coups de fusil, puis disparaissaient de toute la vitesse de leurs chevaux ; le Kabyle, criant et hurlant, s'enivrait de ces cris que le bruit de la poudre ne pouvait dominer. Nous cependant, prêts à tout, nous marchions au pas, attendant les ordres.

Sur notre route s'élevait un plateau de deux cents mètres environ, que la forêt bordait de trois côtés. Le chemin traversait ensuite une ravine boisée, longue de mille pas à peu près ; au-delà de cette ravine se dressait un plateau presque semblable au premier. La colonne avait presque franchi la ravine et se massait du côté opposé; par malheur, l'escadron de chasseurs, sur un ordre mal interprété, s'était engagé dans un chemin creux, et il ne restait plus à l'arrière-garde que deux compagnies de chasseurs d'Orléans sous les ordres du commandant Clerc. Nous étions déjà à mi-chemin, lorsque nous entendîmes deux feux de peloton, puis, du même point, des coups de fusil plus rares. Au même instant, nous sommes rejoints par le capitaine adjudant-major Guyot. « Mon colonel, dit-il au colonel Berthier, hâtez-vous ; le commandant Clerc est serré de près, ses hommes ont usé toutes leurs cartouches; seul, il ne peut pas quitter sa position et s'engager dans le bois : il demande du renfort ! » Il parlait encore que déjà nous faisions demi-tour au galop, le sabre en main. Au même instant, non loin de la sortie du bois, le colonel Berthier, suivi du docteur Bécœur et de trois chasseurs, tournait deux grands buissons de lentisques pour gagner la tête de colonne. Il avait à peine disparu derrière les premiers arbres, que du fourré se font entendre les cris : *Au colonel! au colonel!* Un peloton s'élance, tandis que le reste de l'escadron suit M. Paulz d'Yvoie. Malheureusement il est déjà trop tard. A deux pas de la route, nous voyons un corps étendu à terre que soutient le docteur Bécœur. Le brigadier Vincent et deux chasseurs le défendent. Autour d'eux sont étendus les cadavres de cinq Arabes. Le colonel Berthier venait d'être frappé d'un coup de feu en pleine poitrine, au moment où il perçait de son sabre un Kabyle embusqué derrière le fourré. L'infortuné était tombé de son cheval, une lutte s'était engagée sur son corps, et les cadavres couchés sur le sable rendaient témoignage de la violence du combat. Le peloton se porta immédiatement en avant, et repoussa l'ennemi qui revenait plus nombreux pour s'emparer du corps : ainsi fut protégé l'enlèvement du colonel, que l'on porta respirant encore vers l'ambulance.

Ce triste devoir accompli, nous courûmes rejoindre l'escadron de M. Paulz d'Yvoie, qui s'était élancé au secours de l'arrière-garde. Eux aussi avaient été témoins d'un terrible spectacle. Les chasseurs d'Orléans, la lèvre noircie par la poudre, la baïonnette rouge de sang, tenaient bon, quoique entourés d'une vingtaine de leurs camarades tombés sous les balles ennemies. C'était un affreux pêle-mêle d'armes brisées, de chevaux morts, de blessés, de mourants arabes et français, étendus sur le même sol trempé de sang. En face des cavaliers arabes, qui les attaquaient avec une ivresse sauvage, les chasseurs restaient impassibles, serrés les uns contre les autres ; ils semblaient avoir emprunté à leur digne commandant quelque chose de sa sérénité et de son sang-froid. Par une charge vigoureuse, M. Paulz d'Yvoie et ses cavaliers les eurent bientôt dégagés; puis, s'établissant à trente mètres en avant, ils formèrent une ligne de tirailleurs qui permit d'attendre le bataillon de secours. Certes, il fallait une vieille troupe comme celle-là pour rester ainsi au milieu de ces balles. Toujours en mouvement, ils offraient des points de mire incertains. Les blessés étaient envoyés près des chasseurs d'Orléans, les autres restaient fermes au devoir. Chacun sentait que du courage de tous dépendaient sa propre vie et son propre honneur; chacun avait à cœur d'ajouter une belle page à l'histoire du 4º. Déjà, depuis dix minutes, les chasseurs faisaient tête à l'orage; mais de semblables minutes peuvent compter pour des heures, quand enfin le général averti par un de ses officiers d'ordonnance, le lieutenant Dariule qui traversa seul le ravin coupé par l'ennemi, arriva lui-même avec un bataillon de secours. C'était le bataillon indigène commandé par M. Valicon. Aussitôt nous nous replions, on charge les morts, on emporte les blessés, on enlève les armes et l'on serre sur la colonne. Alors seulement on s'aperçut qu'une balle avait broyé le genou du commandant Clerc. Depuis vingt minutes à cheval, sans pousser une plainte, il ressentait d'atroces souffrances; mais il craignait la moindre hésitation dans ce moment de péril, et il avait fait taire la douleur.

Dès que nous eûmes rejoint la colonne, nous accourûmes près de notre colonel pour nous informer de son état. On l'avait placé sur une litière, un buisson le protégeait contre l'ardeur du soleil. Réunis autour de lui, nous écoutions silencieusement ses derniers râles, tandis que le docteur Bécœur et deux chirurgiens cherchaient, mais en vain, à se donner une espérance. Bientôt la respiration devint plus oppressée, et ce vaillant homme rendit à Dieu son dernier soupir. Ce n'était pas l'heure de pleurer. A peine mort, sa litière fut placée sur un mulet : de l'autre côté, un chasseur, qui avait la cuisse cassée, faisait contre-poids. Puis les trompettes sonnèrent, les tambours battirent, la colonne reprit sa marche. Nous entrions dans le défilé de Tifour, tandis que le bataillon indigène supportait à son tour le poids de la journée.

Monté sur un cheval blanc et toujours à la première ligne des tirailleurs, le capitaine Valicon, qui les commandait, semblait avoir fasciné les balles. Opposant ruses à ruses, fourrés à fourrés, embuscades à embuscades, nos tirailleurs indigènes se coulaient entre les buissons comme des serpents et répondaient vigoureusement aux Arabes. Les officiers, les premiers au danger, leur donnaient l'exemple. Un de ces tirailleurs s'était glissé derrière une grosse touffe de lentisques ; un Kabyle s'approche, le coup part, le Kabyle est mort ? Le tirailleur recharge son arme et il attend. L'instant d'après, vous eussiez vu un second Kabyle s'avancer à pas comptés : il regardait à droite, il regardait à gauche ; puis ne voyant personne, il s'approchait pour enlever le corps, selon l'usage arabe. Un coup de fusil l'étend raide mort. Bref, le tirailleur en abat quatre, et, l'œuvre accomplie, il regagne la colonne, tout fier de son adresse et de son sang-froid.

Cependant on approchait de cet endroit nommé Touiza, d'où nous étions partis si gaiement il y avait trois jours : c'était là que nous devions de nouveau bivouaquer. Il était trois heures quand nous nous y installâmes. Les Arabes avaient pris position sur une colline voisine, d'où leur bourdonnement et le bruit du tam-tam arrivaient jusqu'à notre camp. Chacun de nous avait retrouvé la place qu'il occupait avant le départ. La tente du colonel Berthier fut dressée à l'endroit même où elle avait été une première fois élevée. Là, son corps fut entouré de silence et de respect : deux factionnaires veillaient nuit et jour à ce lit de mort. Six grandes tentes étaient remplies de blessés ; deux autres renfermaient les cadavres de ceux qui avaient succombé. A la nuit, l'on creusa dans l'intérieur du camp des fosses pour enterrer nos morts, hélas ! trop nombreux ; après quoi on alluma de grands feux sur ces tombes qu'il fallait dérober aux profanations des Arabes, et, ce devoir accompli, chacun regagna sa tente.

Le lendemain fut un jour de halte : on donna aux chevaux le peu d'orge qui restait dans les sacs, et ce fut là, pendant vingt-quatre heures, leur seule nourriture jusqu'à ce que nous eussions rencontré dans la plaine quelque provende à dévorer. On se disposait à ramener le corps du colonel Berthier à Mostaganem, afin que sa tombe fût placée près de son régiment, disons mieux, près de sa famille ; mais on avait compté sans le soleil de septembre, et il fallut embaumer le cadavre. Le ruisseau qui coulait près du bivouac était rempli d'aromates ; on en recueillit une grande quantité, et, dans la journée, l'embaumement fut achevé. Le colonel fut revêtu de ses vêtements de guerre, enveloppé de son manteau, roulé enfin dans sa tente, digne linceul ! une mule vigoureuse, franchissant vingt-cinq lieues en un jour, devait transporter ce funèbre dépôt à Mostaganem.

Cependant, pour ne pas rester oisifs, les Arabes étaient venus tirailler sur nos grand'gardes, et le lendemain, au départ, tous ces cavaliers nous suivaient, mais d'assez loin. A partir de Touiza, la vallée s'élargit jusqu'aux dernières collines, qui vont mourir, à deux lieues de là, dans la grande plaine de la Mina. Le nom de cette plaine lui vient d'une rivière qui prend sa source sur les hauts plateaux du Sersous, traverse le pays des Sdamas, côtoie les Flittas et débouche au sud-ouest de cette grande plaine, coulant en ligne presque droite, pendant trois lieues et demie, jusqu'aux montagnes de Bel-Assel. Là, obliquant à droite, elle suit, trois lieues durant, cette nouvelle direction jusqu'à ce qu'elle se jette dans le Chéliff, qui arrive, en sens opposé, de l'est, et tous deux ont leur embouchure, à quinze lieues de là, dans la mer. Dans cette plaine immense, vous ne rencontrez pas un arbre, pas un abri ; çà et là seulement quelques buissons de jujubiers sauvages, de légères ondulations de terrain, un lac salé : le morne passage est encadré dans de vastes horizons dénudés et vaporeux ; plusieurs parties de la plaine, profondément ravinées par les pluies, sont impraticables en hiver. La Mina elle-même coule dans des bords à pic de vingt-cinq pieds de profondeur que les eaux des crues d'hiver ont élargis. La fertilité de cette région de la plaine qu'on nomme la basse Mina est proverbiale. Le sol, formé de terres d'alluvion, peut en partie être arrosé, grâce au barrage du fleuve que les Turcs avaient établi à Relizann et que les Français ont relevé. Quelque jour, cette Beauce africaine se couvrira des plus belles cultures ; mais, en 1845, elle retentissait des coups de fusil des Arabes ennemis. Nos obus, tirés à ricochet, les eurent bientôt rejetés à une distance respectueuse ; puis, tandis que les blessés prenaient la direction de Bel-Assel, la colonne faisant un à-gauche, gagnait Relizann.

II

Les coureurs ennemis, descendus dans la plaine à notre suite, se répandaient à droite et à gauche, cherchant le pillage ; mais que pouvaient-ils piller ? Les tentes (1) du khalifat Sidi-el-Aribi s'étaient repliées vers le Chéliff. Alors, pour ne pas perdre leur journée, les maraudeurs mirent le feu aux meules de paille. En un clin d'œil, l'incendie éclata et gagna les grands chaumes et les herbes desséchées par quatre mois de soleil. A la nuit, la plaine entière n'était qu'un océan de feu. Durant de longues heures, nous vîmes les nuages se teindre en rouge et renvoyer au loin ce reflet de mauvais augure : on eût dit la bannière de la révolte se levant sur le pays entier, un signal de sang annonçant à tous que le jour de la délivrance était arrivé.

Le lendemain, nous recevions les nouvelles de Djemâa-Ghazaouat. Le soulèvement des Flittas n'était pas une révolte partielle : de la frontière de l'ouest jusqu'au-delà des Kerraïch, les tribus s'étaient soulevées comme un seul homme ; chaque instant de ces heures difficiles apportait au général une nouvelle fâcheuse : une tribu de plus avait déserté notre cause ; tous, jusqu'aux gens de la plaine, passaient à l'ennemi, et de ses nombreux cavaliers Sidi-el-Aribi lui-même ne conservait guère que ceux que les liens du sang attachaient à sa fortune.

Cependant de nombreux renforts nous étaient arrivés

---

(1) La *tente*, en Afrique, est une expression collective indiquant la maison, la famille.

de Mostaganem. Rejoints par le colonel Tartas, nous avions maintenant deux beaux et bons escadrons de cavalerie, vaillante troupe qui ne demandait qu'à prendre sa revanche. Il est vrai que notre inaction forcée avait excité l'audace de Bou-Maza, et avec son audace ses forces s'étaient augmentées. Le 3 octobre, Bou-Maza avait mis le feu à la maison du khalifat, et le lendemain il tentait une razzia sur l'autre rive de la Mina. Ce fut alors que le général de Bourjolly se décida à quitter Relizann et à se replier sur Bel-Assel. A une heure donc, on levait le bivouac, et, à la moitié de la route, le lieutenant Nérat portait l'ordre au colonel Tartas de prendre à droite avec la cavalerie, et de marcher dans la direction du confluent du Chéliff et de la Mina. Réunissant à sa petite troupe les cavaliers de Sidi-el-Aribi, qu'il devait rencontrer en route, le colonel Tartas avait mission d'observer Bou-Maza et de lui reprendre, si faire se pouvait, une partie de son butin.

Malgré les quatre jours d'orge et les quatre jours de vivres dont nos chevaux étaient chargés, nous prîmes le trot dans la direction donnée, et nous allions bon train, lorsqu'à une demi-lieue du confluent du Chéliff et de la Mina nous vîmes accourir le khalifat Sidi-el-Aribi à la tête de ses cavaliers, la figure animée par le combat, son grand cheval alezan tout couvert d'écume; on eût dit un chevalier banneret du moyen-âge. Il salua le colonel, et vint se placer à ses côtés. Il était cinq heures; le soleil d'Afrique, ce soleil, qui, au dernier instant du jour répand sur la terre ces teintes brunes et chaudes inconnues aux pays du nord, nous éclairait de ses rayons aussi rouges que le sang. Nous pressions nos chevaux, et nos regards se portaient en avant; encore un pli de terrain, et nous allions voir l'ennemi. L'obstacle fut bientôt franchi, et nous aperçûmes devant nous, aussi nombreux que les sables de la mer, les cavaliers ennemis nous attendant de pied ferme. Au centre flottait un immense drapeau vert, et les deux ailes, formant le fer à cheval, semblaient prêtes à nous envelopper. Au pas! s'écrie aussitôt le colonel Tartas, et nous allons au pas le sabre dans le fourreau. De sa grande voix de manœuvre, le colonel alors commande, et les escadrons se forment; chacun garde une division de soutien. Entre les deux escadrons marchaient le colonel et son fanion; à ses côtés, le khalifat; derrière lui, une petite escorte; sur nos deux ailes, quelques cavaliers arabes restés fidèles. « Où est le ralliement? demande l'adjudant-major. — Derrière l'ennemi, à mon fanion, » répond le colonel, et, liés comme par une chaîne, les escadrons prennent le trot, le sabre au fourreau. Quand nous sommes à portée de fusil : Sabre-main! crie le colonel, et les deux cent cinquante sabres sont tirés ensemble, comme par une seule main. Cent pas plus loin, nous prenons le galop, unis toujours comme une muraille. Tout à coup, en voyant cet ouragan de fer qui s'avance vers eux, si calme et si fort, ces ennemis innombrables hésitent; un bruit sourd, le bruit du flot dans la tempête, s'élève du milieu de cette multitude. Ils se serrent les uns contre les autres, flottent un instant indécis, et soudain disparaissent, semblables à la poussière que chasse le vent d'orage. Au bout d'un quart d'heure, nous nous arrêtâmes. Cent de nos ennemis étaient à terre, et les cavaliers du khalifat, poursuivant les fuyards, s'emparaient de nombreuses dépouilles. Pour nous, sans ambulance, sans troupes pour nous appuyer, à trois lieues et demie de tout secours, la moindre hésitation nous eût perdus sans retour. Le calme et l'audace nous sauvèrent.

Cette charge était, depuis notre sortie des Flittas, notre première offensive, notre première bonne fortune. Serrés autour du colonel Tartas, près de son fanion que deux balles avaient traversé, tous ces hommes de grande tente (1), tous ces chefs arabes au teint bronzé, aux yeux animés par l'émotion de la poudre, le remerciaient comme un sauveur. A leur tête, Sidi-el-Aribi, avec cette dignité majestueuse qui ne l'abandonnait jamais, lui prodiguait les paroles de reconnaissance, et autour d'eux, comme pour encadrer la scène, ces chevaux écumants, ces chasseurs penchés sur leurs selles, ces armes, ce je ne sais quoi dans l'air qui sentait la victoire, ces grands vêtements flottants, ces chevaux que l'on ramenait à chaque instant, les têtes même que quelques-uns des Arabes avaient attachées à l'arçon de leur selle, tout contribuait à donner à ce spectacle quelque chose de la noblesse et de la grandeur sauvage des temps primitifs.

Sur ces entrefaites, la nuit était venue ; il fallait songer à reprendre le chemin du camp. Les trompettes sonnèrent la marche, et nous nous dirigeâmes vers Bel-Assel au milieu des gais propos et des chansons. A dix heures du soir, les chasseurs rentraient au bivouac. On tendait les cordes, on attachait les chevaux au piquet ; on attendit quatre heures encore, jusqu'à ce que l'on eût dessellé, le signal d'un repos dont on avait grand besoin.

Ce succès fut comme la première halte de l'insurrection dans cette partie du pays. Malgré les fièvres et les marais, on séjourna longtemps à Bel-Assel. La position

---

(1) On appelle ainsi en Afrique les hommes de grande race. C'est ainsi que nous dirions en France : Il est de bonne maison.

militaire était bonne, et nous attendions l'arrivée de la colonne d'Orléansville pour pénétrer de nouveau chez les Flittas. Plusieurs razzias furent faites avec succès. On partait le soir, on marchait toute la nuit, et au jour on châtiait quelques insoumis. Chaque matin, les jours ordinaires, la cavalerie s'en allait au fourrage avec toutes les bêtes de somme. Quelquefois elle était inquiétée par les cavaliers ennemis ; mais alors, dans ces belles plaines, le combat devenait un brillant exercice : on faisait *l'école des tirailleurs*, et c'était un spectacle animé, une vraie partie d'échecs. D'autres fois on sortait pour enlever le grain des silos, afin d'approvisionner la colonne ; alors le ban et l'arrière-ban des tribus amies étaient convoqués ; vieillards, femmes, enfants, tout arrivait, les uns avec de méchants ânons et leurs sacs de laine, d'autres avec des mulets. Une fois sur le lieu des silos, chacun de sonder la terre avec des baguettes de fusil. Venait-on à sentir le vide dans ce terrain mouvant, aussitôt on creusait avec la pioche, et, pour peu que la veine fût bonne, on rencontrait une ouverture de la grosseur d'un homme, qui allait en s'évasant : là, enfoncés dans la terre, on trouvait le blé et l'orge à foison. Ainsi sont construits ces greniers d'abondance. *Dans chaque tribu, les mêmes familles sont chargées de construire les silos*, conservant par tradition cet art que leur ont enseigné leurs pères. L'ardeur que les soldats mettent à leurs recherches est vraiment curieuse. Il faut voir leur empressement à se glisser dans l'étroite ouverture, remplissant, à moitié accroupis, les premiers sacs, jusqu'à ce que le vide se soit fait et permette à leurs camarades de leur venir en aide. Et aussi comme ils sortent de terre tout couverts de sueur et de poussière, mais toujours riants et contents !

C'est que tous comprennent que la nourriture de leurs chevaux est la grande affaire ; que, si le cheval manque au cavalier, celui-ci sera forcé de faire à pied une longue route, sans compter l'heure du combat, qui peut se présenter chaque jour.

La colonne d'Orléansville vint enfin nous rejoindre, nous amenant, avec une belle et bonne infanterie, deux escadrons de chasseurs et un escadron de spahis ; cette vaillante troupe, sous la main vigoureuse du capitaine Fleury, avait gagné en discipline sans rien perdre des précieuses qualités de l'Arabe. Dévoués à leur capitaine, ils le suivaient sans hésiter et se jetaient en avant, ne doutant jamais ni d'eux-mêmes ni de lui. Quand ils passaient debout sur leurs étriers d'argent, montés sur leurs bons chevaux, les haïks flottants et le burnous rouge jeté par-dessus l'épaule, on croyait voir ces hommes d'armes dont les vieilles chroniques nous font de si merveilleux portraits. La moitié de l'escadron avait été mis hors de combat en moins de six mois ; c'était le meilleur brevet d'un courage dont nos spahis allaient bientôt nous donner des preuves nouvelles. Nous avions là de vigoureux renforts, et nous pouvions prendre notre revanche sur les Flittas.

Dans le courant d'octobre, les deux colonnes réunies se remirent en marche vers le pays des Flittas, et allèrent s'établir au bivouac de Touiza. L'on y fit un séjour qui permit au général de Bourjolly d'envoyer la cavalerie au fourrage sous l'escorte d'un bataillon d'infanterie.

A peine sorti de la plaine de la Mina, vous entrez dans la vallée que l'on appelle la Touiza des Beni-Dergoun, du nom de la tribu qui l'habite. Cette vallée précède les montagnes des Flittas parallèles à la mer, et va en s'évasant du côté de l'est, où elle forme entre ces montagnes un bassin d'une assez grande étendue, couvert de lentisques, coupé çà et là de clairières et de champs de blé. Au sud, et faisant face à Touiza, se trouve le défilé de Tifour ; à l'ouest, à deux lieues, s'ouvre le passage de Zamora ; à l'est dans le fond de ce grand bassin naturel, serpente un chemin qui coupe la montagne et conduit à l'Oued-Melab dans la direction du Guerboussa. C'est le chemin qui aboutit au khamis des Beni-Ouragh. Sur les hauteurs, à notre gauche, nous devions trouver de la paille. Bientôt, en effet, nous aperçûmes les petites buttes de terre qui indiquent les meules ; car, pour empêcher que le vent n'emporte la paille hachée sous le pied des chevaux lorsqu'on dépique le blé, les Arabes en forme des tas de trois ou quatre pieds de circonférence environ sur cinq pieds de haut, et recouvrent le tout d'épaisses mottes de terre, ce qui la met à l'abri du vent et de la pluie. Une heure suffit à construire un grenier sur le champ qu'ils ont récolté. C'est au moins l'usage des Kerraïch et des Flittas.

Nous étions en train d'arracher les mottes de terre et de remplir les sacs de campement, tandis que les hommes en vedette surveillaient l'ennemi, au fond du bois, sous nos pieds, lorsque du camp même (on le voyait à notre droite avec ses tentes blanches) nous entendîmes partir de nombreux coups de fusils. En même temps, des broussailles voisines surgissait un immense hurlement. Bientôt, au fracas des tambours, l'infanterie, chargeant à la baïonnette, balaya les collines voisines, tandis qu'au loin les obus délogeaient les Arabes du fourré. A cette rude attaque, le colonel Tartas fit aussitôt sonner à cheval, et, jetant nos sacs, nous courûmes couper la retraite à l'ennemi ; puis, faisant un à gauche, spahis et chasseurs, tous en bon ordre, malgré les accidents du terrain, nous les poursuivîmes deux lieues durant jusqu'aux montagnes. Alors on sonna le ralliement, et nous revînmes au pas, un peu inquiétés par leurs coups de fusils, mais en ayant laissé bon nombre sur le terrain.

Le lendemain, la colonne, marchant dans la direction du Guerboussa, passait le défilé et venait bivouaquer sur l'Oued-Melab. Plusieurs courses furent tentées. Les unes réussirent, d'autres moins heureuses échouèrent. Un jour, entre autres, les chasseurs d'Orléans furent chargés de fouiller une montagne boisée. Sur le revers se dressait un rocher à pic de cinquante mètres. A trente pieds du bord s'ouvrait l'entrée d'une caverne qui, d'en bas, paraissait un point noir. Là, disait-on, les Arabes s'étaient disposé un repaire; ils y cachaient leurs effets les plus précieux, et quelques-uns d'entre eux y avaient probablement cherché un refuge. La chose était curieuse et valait la peine d'être éclaircie. On eut d'abord l'idée d'employer à cette exploration un prisonnier qui irait le premier sonder la caverne et savoir ce qu'elle renfermait. L'idée était bonne, seulement le pauvre diable d'Arabe refusa tout net, et non pas sans quelque juste motif tiré de sa sûreté personnelle, disant qu'on l'envoyait à la mort, si par hasard il se trouvait un Arabe caché dans la caverne. Pour toute réponse, et sans perdre le temps en discours inutiles, on fit approcher deux soldats, dont la pantomime, pleine d'expression, eut bientôt fait comprendre au prisonnier récalcitrant que le plus sage était encore pour lui de tenter l'aventure. Cette éloquence militaire le décida enfin, et, bon gré mal gré, deux cordes furent passées sous ses bras; puis on le descendit dans l'abîme, tandis qu'à l'aide de ses mains il s'accrochait à quelques buissons qui couraient le long du rocher. Enfin, il arrive à l'entrée de la caverne et disparaît. L'instant d'après, il nous faisait signe que le rocher était vide et que l'on pouvait descendre. Aussitôt dit, aussitôt fait; c'était à qui parmi nos soldats se précipiterait dans cette caverne d'Ali-Baba. Bientôt haïks, tapis, burnous, provisions de toute sorte, même des tam-tam et des plats de bois, furent hissés et enlevés, puis les soldats reprirent leur course aérienne, et la colonne rentra au camp, ramenant le bétail et les prisonniers qu'elle avait ramassés dans le bois.

Quelques jours plus tard, nous bivouaquions à Darben-Abdallah, dans une admirable position militaire. Le Menasfa, qui la contourne en coulant dans un ravin de rochers, la défend de trois côtés; de là, nous étions à portée des silos des Flittas, et nous pouvions faire une rude guerre à leurs greniers. L'ennemi était, en effet, devenu insaisisable; il avait disparu comme par enchantement, et nous n'avions plus devant nous que le calme extérieur, le calme du vide. La plupart des Flittas s'étaient réfugiés dans les bois avec leurs troupeaux; il nous fallait recommencer ces chasses à courre que l'on nomme razzias, faire la guerre aux grains et aux troupeaux, la seule fortune de l'ennemi. C'est, en effet, par la possession ou l'anéantissement de ces deux biens que l'on arrive à avoir influence et action sur les Arabes. La razzia tant reprochée à l'Afrique, *ce vol organisé*, comme on l'appelait dans le style déclamatoire à l'usage des grands orateurs et des grands journaux de l'opposition, est tout simplement ce qui se passe en Europe sous une autre forme. Qu'est-ce que la guerre? La chasse aux intérêts. En Europe, une fois maître de deux ou trois grands centres, le pays tout entier est à vous; mais, en Afrique, comment atteindre une population qui ne tient à la terre que par les piquets de ses tentes? Par quelle force, par quel châtiment, par quelle invasion venir à bout de ces hommes sans villes, sans maisons, pareils aux Scythes qui traînaient tout avec eux.

> ..... Quorum plaustra vagas
> Rite trahunt domos?

On n'a d'autre moyen que de leur prendre le blé qui les nourrit, le troupeau qui les habille. De là la guerre aux silos, la guerre au bétail, la razzia.

Maintenant donc que l'ennemi avait perdu de son audace, nous reprenions la vie de partisans, si pleine de charme et d'imprévu sous le ciel de l'Afrique. — Un jour que nous nous étions mis en chasse et en quête de très-grand matin, on pénétra dans une affreuse ravine qui s'étend à l'ouest de la ligne de partage des eaux jusque vers la Mina. Le chemin que nous suivions avait deux pieds de large, et s'en allait le long des pentes rapides d'une colline, aboutissant au fond de la ravine qu'il côtoyait à gauche. Les chênes verts, les lentisques et les ronces recouvraient ce terrain dangereux. Au centre du bassin, les eaux s'étaient creusé un large fossé à travers les terres végétales, une ravine même dans la ravine. Pendant l'hiver, les eaux sans frein se précipitent furieuses de toutes ces montagnes, se frayant un passage, entraînant arbres et terres, creusant des conduits souterrains pour arriver plus vite à cette grande artère de cinquante pieds de large et de trente pieds de profondeur; mais l'été venu, quand depuis cinq mois il n'est pas tombé du ciel une goutte de rosée, il est facile de pénétrer dans ses issues souterraines. En ce moment, si nos rapports étaient fidèles, ces catacombes devaient contenir une grande partie du butin et des richesses d'une fraction des Flittas. On ajoutait même qu'un grand nombre s'y était réfugié, et nous étions bien décidés à nous en assurer; plusieurs cachettes furent explorées inutilement, mais enfin, vers le milieu de la ravine, deux soldats qui se présentaient en rampant à l'un de ces orifices souterrains reçoivent deux balles qui leur cassent la tête. Au même instant, à notre droite, à notre gauche, comme par autant de meurtrières, les balles tombent sur nous. Certes, la situation était difficile. Comment s'en tirer? Attaquer de front, c'était aller en procession à la mort; tourner l'ennemi, impossible, et pourtant, à tout prix, il nous fallait venir à bout de cet obstacle. En vain on les menace, en vain on leur promet la vie sauve, ils ne veulent rien entendre. Que faire alors? Employer l'éloquence d'action, la plus persuasive de toutes, enfumer le renard dans son terrier. Nous voilà donc faisant des fascines : en guise de prologue, on en jeta deux ou trois enflammées à l'entrée de la caverne, puis la conversation fut reprise avec aussi peu de succès que la première fois. Ils refusaient de sortir. Force fut alors de jeter d'autres fascines enflammées, puis l'on attendit. Il faut rendre justice à ces braves gens, que, tant qu'ils eurent un peu d'air à respirer, ils résistèrent. Enfin, le feu et la fumée furent les plus forts, et la caverne se rendit à merci. Alors moutons et chèvres, femmes, hommes et enfants, sortirent de dessous terre et vinrent se remettre en nos mains.

Deux cents cavaliers arabes, presque tous medjehers

ou bordjias (1) formaient notre *Marghzen*, sous le commandement de Mustapha-ben-dif, leur chef. *Marqhzen*, en arabe veut dire magasin, arsenal; de là le nom donné aux cavaliers de l'État. C'est la force sur laquelle l'autorité s'appuie. Mustapha-ben-dif leur chef, imposait à ces intrépides compagnons, vivant de la guerre et familiarisés avec tous les dangers, son autorité et son courage. A le voir dans la vie de chaque jour, doux et simple, on eût pris mustapha pour un *bourgeois* honnête et pacifique, mais au premier danger, à la première colère, soudain ses yeux si calmes se dilataient affreusement, ses veines se gonflaient sous la pression ardente d'un sang impétueux; le sauvage reprenait ses instincts, le lion retrouvait ses fureurs. Resté fidèle aux heures douteuses, il nous avait rendu de grands services dans cette campagne qui allait s'achever par ces courses d'hiver qui peuvent compter parmi les plus pénibles travaux de la guerre d'Afrique.

III

Pendant que les deux colonnes réunies opéraient dans les Flittas, l'insurrection avait gagné les environs d'Orléansville. A ces nouvelles, M. le colonel Saint-Arnaud se hâta de retourner dans sa subdivision. Fort heureusement pour nous, la révolte éclata de ce côté au moment même où M. le maréchal Bugeaud, qui s'en venait d'Alger par Teniet-el-Had, arrivait dans le pays. Comme sa cavalerie n'était pas assez nombreuse, M. le maréchal prit avec lui

---

(1) Les Medjehers et les Bordjias sont des tribus arabes des environs de Mostaganem.

les escadrons du général de Bourjolly, qui devait faire venir des renforts de Mostaganem, puis il partit dans la direction de Thiaret.

Les rigueurs de l'hiver étaient venues nous apporter un surcroît de fatigues. A l'horrible chaleur avait succédé un froid glacial sur ces hauts plateaux qui dominent de six cents pieds le niveau de la mer. Nous avions déjà reçu la première pluie d'automne, celle que les Arabes appellent la *pluie des agneaux*. Un mois se passa, puis vinrent les pluies aux larges gouttes, les pluies d'hiver; les mauvais jours allaient commencer.

Nous étions dans le pays des Kerraïch. M. le maréchal devait gagner le haut Riou, tandis que, par une marche de nuit, nous allions essayer de surprendre Abd-el-Kader, qui se trouvait dans nos environs. On partit au soir, sous les ordres du général Yousouf, par un temps couvert; toute la nuit fut employée à traverser les montagnes et les défilés. La marche était pénible, et sur les trois heures une pluie fine, de ces pluies hypocrites qui mouillent sans dire gare, vint nous geler sur nos chevaux, glissant dans des sentiers de deux pieds de large. Au petit jour, on fit halte, un de mes camarades et moi, nous nous blottîmes dans une touffe de palmiers nains, et nous bûmes sournoisement un peu d'eau-de-vie, trésor précieux en pareil cas. Déjà nous cédions à ce sommeil de plomb qui s'empare de tous vos sens quand, après une nuit de fatigues, une nuit sans sommeil, le premier froid, précurseur du point du jour, se fait sentir. Malheureusement la halte fut courte. Au bout d'une heure, il fallut remonter à cheval, et par des ravines affreuses, par la pluie et la grêle, regagner la colonne du maréchal Bugeaud. Vers les quatre heures, nous débouchâmes sur les hauteurs du

Riou, que nous descendîmes par un sentier étroit, à demi tracé le long de ces collines de terre glaise. Enfin, après mille peines, nous atteignîmes le bivouac du maréchal, et les cordes furent tendues dans des terres détrempées, car à cette heure il pleuvait comme il pleut en Afrique, et le ciel s'était changé en torrents. Pendant six jours, nous fûmes exposés à ce déluge; la pluie et la pluie encore et toujours la pluie, et pas une étoile, pas un espoir! Les averses tombaient sans interruption, et rendaient en tombant sur les tentes ce bruit sec qui vous glace. Sous cette pression funeste, les fortes terres de la vallée, pareilles aux terres de la Brie, se changeaient en une boue liquide. Bien hardi eût été celui qui eût osé mettre le nez hors de sa tente. Vous faisiez un pas, vous enfonciez jusqu'aux genoux. Nous n'étions plus des soldats en belle tenue, nous avions toute l'apparence de sauvages, et c'est une des cruautés de la vie au bivouac que cette absence de netteté et d'élégance. Aussi malheureux que leurs maîtres et non moins à plaindre, nos pauvres chevaux, l'oreille basse, la tête entre les jambes, présentaient au vent et à la pluie leur croupe frileuse. Tout cela nous ennuyait fort; pour comble de malheur, l'orge commençait à manquer. Maîtres et chevaux, du reste, étaient à l'unisson, nos provisions s'épuisaient, bientôt nous allions être réduits aux vivres de guerre. En Afrique, il faut tout prévoir avant le départ et ne pas compter sur le hasard; or, depuis tantôt deux mois, aucun ravitaillement ne nous était parvenu. Déjà nous n'avions plus de vin; l'eau-de-vie diminuait d'une façon effrayante; heureusement il nous restait du sucre et du café. Il faut prendre son parti de toutes choses : la pluie, la boue, le froid, la disette menaçante, ne pouvaient venir à bout de notre joyeuse philosophie. Nos chevaux étaient moins patients que nous-mêmes, et nous devions les nourrir coûte que coûte. On se mit donc à la recherche des silos à travers des chemins affreux, des sentiers glissants, le long des pentes les plus escarpées. On en trouva bien quelques-uns, mais en quantité insuffisante, et pendant quatre jours nos pauvres bêtes n'eurent qu'une poignée d'orge ; en revanche, boue, grêle et pluie.

A chaque instant, il arrivait des nouvelles de cet homme tant cherché, d'Abd-el-Kader. Au dire des espions, il était non loin de nous, dans le pays des Flittas ; on pouvait facilement le joindre. Il tombait toujours beaucoup d'eau, mais le baromètre remontait, et les savants de la colonne prétendaient que la lune allait se montrer miséricordieuse. Par-dessus tout, et quelque fût le temps, il fallait agir ; laisser Abd-el-Kader en repos si près de nous était une trop grave imprudence. Aussi l'ordre fut-il donné à la cavalerie de se tenir prête à marcher, et une demi-heure avant le jour nous quittions le bivouac mouillés jusqu'aux os. Pendant que nous étions en course, M. le maréchal descendait le Riou et venait camper au confluent de cette rivière et de l'Oued-Teguiguess. C'était là que nous devions le rejoindre. Deux heures après le départ, la pluie cessa, le vent d'ouest balaya les nuages. On marchait vite ; les chevaux, épuisés par le mauvais temps et le manque de nourriture, avait grand'peine à se tirer d'affaire dans ces terres grasses, beaucoup y laissèrent leurs fers ; mais il fallait arriver : les vedettes ennemies avaient averti l'émir de notre approche ; tant pis pour qui reste en chemin. Une vingtaine d'hommes ne purent suivre, et furent laissés en arrière.

Ainsi clopin-clopant, épuisés, haletants, nous arrivâmes

à Temda, juste à temps pour voir déboucher d'une colline, enseignes déployées, les cavaliers réguliers d'Abd-el-Kader. Au centre de ses escadrons flottait le grand drapeau blanc, à la main brodée, signe du commandement; aux deux ailes s'élevaient de petits fanions de différentes couleurs. Tous ces cavaliers arrivèrent d'abord comme pour nous charger; nous, de notre côté, nous prîmes le galop pour les mieux recevoir, mais nos prévenances eurent peu de succès. Faisant un à-gauche, ils gagnèrent une hauteur, non sans avoir fait feu de toutes leurs armes. Nous les poursuivîmes l'épée dans les reins. Le capitaine Larochefoucauld dont l'escadron était en tête en tua quelques-uns, mais les chevaux épuisés perdirent bientôt le souffle et refusèrent d'aller plus loin. Après une halte d'une heure et les premiers soins donnés aux blessés, nous reprîmes la direction de l'Oued-Teguiguess, observés à distance par quelques cavaliers. Nous suivîmes le plus longtemps possible la route parcourue le matin dans l'espoir de rallier les hommes laissés en arrière. La nuit nous surprit dans des gorges de rochers. Les trompettes sonnaient à toute volée et à temps égaux; dans ce silence de l'obscurité, quand les plus alertes ce matin encore allaient la tête basse et fatiguée au milieu de ces crêtes rocheuses, ces trompettes, qui tout à coup déchiraient de leur bruit aigu le silence des solitudes, produisaient une singulière impression. On eût dit autant de cris d'alarme répétés par les échos pour évoquer les morts. A dix heures du soir, nous arrivâmes au bivouac du maréchal Bugeaud. Un de nos blessés, Barthelmy, avait reçu cinq coups de feu pour sa part. Ce Barthelmy est un des héros de notre odyssée. Le matin, une balle le jette à bas de cheval; la colonne chargeait et le laisse à terre. Des fourrageurs ennemis s'approchent et lui envoient deux autres balles. Lui, cependant, il fait le mort. Les Arabes mettent pied à terre, lui enlèvent son ceinturon, puis laissent là ce cadavre immobile. L'un d'eux, un de ces malfaiteurs de la guerre qui s'acharnent aux cadavres (et il y en a malheureusement plus d'un, même parmi les Français), qui ne sont courageux que contre les morts, lui applique son fusil sur la tempe. C'en était fait, mais le cheval de l'Arabe s'écarte, le coup part, la balle mal dirigée rase le front du chasseur et va se perdre dans la terre. Le même soir, Barthelmy disait, dans son style de soldat, au chirurgien qui le pansait : « C'est égal, major, je leur ai tiré une fameuse carotte ! »

Le lendemain, 24 décembre, M. le maréchal fit former, avec la cavalerie et six cents hommes d'infanterie d'élite du colonel Molière, une petite colonne légère dont le commandement fut confié au général Yousouf. Nous devions d'abord gagner Thiaret pour y chercher de l'orge et du fourrage, et, nos chevaux refaits, nous mettre à la poursuite d'Abd-el-Kader. Notre joie fut grande, au premier bivouac, de nous voir rejoints par les braves gens que nous avions laissés en arrière la veille et que nous croyions perdus. Retirés dans un marabout, ils s'y étaient retranchés tout d'abord ; à la fin de la journée, ils avaient entendu la sonnerie de la colonne, et ils nous avaient rejoints sans obstacles, car, fort heureusement pour eux, ils n'avaient pas été aperçus par l'ennemi.

Aux approches de Thiaret, le pays change complétement d'aspect. Aux longues silhouettes grises et nues des collines amoncelées succèdent des bois de chênes verts, quelques cèdres, de grandes prairies et des sources. Un troupeau de gazelles s'enfuit devant nos chevaux, tantôt bondissant à travers les arbres, tantôt s'arrêtant comme pour nous provoquer, et bien vite disparaissant dès qu'elles se voyaient sérieusement poursuivies. De temps à autre, le soleil, entre deux nuages, venait nous réchauffer et jeter sa pâle lumière sur une partie du bois tandis que la longue montagne de Thiaret prolongeait l'ombre de ses murailles à pic. A la fin, nous atteignîmes le passage de Guertoufa, et alors s'ouvrit devant nous, à deux cents pieds de haut, l'échancrure par laquelle nous devions passer. Pour l'atteindre, il faut franchir une cascade de pierre et gravir en zig-zag le flanc de la montagne. Des aigles planaient majestueusement au-dessus de nos têtes. On n'entendait que le bruit de nos chevaux sur la pierre sonore ou les sabres retentissant contre les parois du rocher. En présence de ces obstacles, l'âme se réveille, et la grandeur de cette vue remplit le cœur de nobles pensées ; puis, quand nous eûmes atteint ces sommets, quel spectacle imposant et magnifique ! A nos pieds se déroulait, immense et lumineuse, cette cascade de rochers que nous venions de franchir, et sur laquelle étincelaient encore les baïonnettes de l'infanterie ; plus loin, ces bois, cette verdure, ces prairies ; plus loin encore, des collines sans fin succédant aux collines. Le regard se perdait dans ces longues silhouettes nues et grisâtres, pareilles à des vagues qu'une force inconnue aurait fixées au moment de la houle. A la dernière limite du Guertoufa, éclairées par les rayons du soleil, se dressaient, au milieu des vapeurs bleuâtres, les hautes montagnes de Bel-Assel. Un peu sur la droite, les deux pitons de Teguiguess s'avançaient comme ferait un promontoire, et cette houle de terre se prolongeait et allait frapper, à vingt lieues de là, dans la direction de l'est, le pied de l'Ouarsenis, dont la longue crête grandit isolée, dominant tout le pays à soixante lieues à la ronde. A sa forme d'obélisque dentelé, on l'aurait pris pour une cathédrale antique surmontée par un dôme majestueux. Il y avait dans ce paysage une grandeur et un calme qui reportaient la pensée vers les âges primitifs.

Le défilé se prolonge sur un espace de cinq cents mètres, puis l'on est à Thiaret. Ce poste bâti sur la limite du Tell et du petit désert en belles pierres de taille est renommé pour la saveur de ses eaux. Le Tell, mère nourricière de l'Afrique, produit le blé, de même que le Sersous nourrit d'innombrables troupeaux. Il semble que Dieu ait voulu établir une barrière entre ces deux terres, dont l'une est l'esclave de l'autre, celle-ci séparée de celle-là par un rempart de montagnes. Les montagnes de Thiaret sont les plus élevées de toute cette chaîne, et on ne peut les franchir que par trois passages. De Thiaret on découvre une partie du Sersous. Sous vos regards s'étend une plaine de petits mamelons rocailleux ; entre chaque mamelon s'échappe une source, et, grâce à ces eaux bienfaisantes, poussent vigoureusement des herbages épais et substantiels qui nourrissent d'immenses troupeaux de moutons.

La guerre avait depuis longtemps empêché les marchands de ravitailler Thiaret. A notre arrivée, nous y trouvâmes une grande misère : il n'y avait plus que les vivres de campagne. Une bougie semblait une merveille ; on se rappelait vaguement avoir bu autrefois du vin. Heureusement l'orge et le fourrage ne manquaient pas, et, pendant deux jours, nos chevaux mangèrent à leur faim. Après ces deux jours, il fallut quitter Thiaret pour reprendre, malgré le froid et la glace, notre chasse à l'émir. Nous eûmes, pendant cette excursion, de longues et cruelles journées : point de bois, pas d'abri contre les vents ; quelques chardons, de la fiente desséchée, avec lesquels on faisait cuire les aliments, et, chaque matin, nos tentes raidies par le givre et les glaçons ; pour tout intermède, la pluie. En ce moment se montrait, pâli par l'abstinence et la désolation, le premier jour de l'année 1846 : c'était à nous surtout qu'il eût fallu souhaiter un bon jour et une bonne année, car enfin nous manquions de tout. Le sucre était mangé, l'eau-de-vie était bue, nous n'avions plus même un grain de café à mettre sous la dent. Sevrés des nôtres, loin du monde habité, loin de tout depuis trois mois, nous étions comme les passagers d'un navire. La colonne était devenue la patrie, la tente remplaçait la maison, l'escadron la famille ; les heures passaient actives, occupées, sans cesse en arrêt sur une émotion nouvelle, toujours remplies par l'attente d'un danger. Malheureusement la pluie et le vent, le froid et la grêle, nos grands ennemis, étaient les seuls qui ne nous fissent jamais faux bond : on eût dit que le 2 janvier ils s'étaient tous donné rendez-vous pour célébrer la fête de l'orage. Le 2 janvier fut un grand jour de tempête dans toute l'Afrique : huit cents hommes périssaient dans la neige, à Sétif, le même jour où, pendant une marche sur Thiaret, nous recevions une pluie de glace, de neige fondue mêlée de grêlons énormes, poussée par un horrible vent de nord-ouest qui nous courbait sur nos selles. Quand nous arrivâmes à Thiaret, il fallut porter à l'hôpital six hommes qui avaient les pieds gelés ; pour les autres, ils se hâtèrent de faire de grands feux, et, dans chaque tente, un trou creusé en terre reçut des charbons ardents. On dîna, on se réchauffa, on dormit comme on put.

Vers le mois de février, nous avions rejoint déjà depuis quelque temps la colonne de M. le maréchal, lorsque nous prîmes la direction de l'est, Abd-el-Kader s'était porté, disait-on, du côté des Oled-Naïl ; il fallait prendre une position qui permît de surveiller ses mouvements dans le sud, en restant maître de se diriger vers l'est ou l'ouest. Les sources du Narh-Ouessel, à huit lieues au sud de Teniet-el-Had, remplissaient toutes ces conditions. Aussi, à peine ravitaillée, la colonne se mit-elle en marche pour le Narh-Nussel, ne gardant pour toute cavalerie que les escadrons du 4ᵉ chasseurs d'Afrique ; les autres furent envoyés se refaire au dépôt. L'arrivée d'une troupe à demi morte de faim et de misère était une bonne fortune pour les marchands de Teniet-el-Had. Nous allâmes camper à cinq lieues de ce poste, au pied des montagnes, à la limite du Sersous, près de la fontaine d'Aïn-Tekria. Aussitôt que l'on sut l'arrivée de tant de gens affamés, ce fut, autour de nous, comme un grand marché de toute sorte de denrées, de vêtements, de comestibles ; alors descendit de Teniet-el-Had une procession de chameaux chargés de pommes de terre, d'oignons, de vivres de toute espèce, tandis que les bœufs porteurs arrivaient de leur côté avec leurs deux caisses sur les flancs, retenues par des cordes de laine. Puis, tout autour du camp, les boutiques de s'installer sous des tentes, en plein vent, se faisant un rempart de leurs caisses de sapin. Je les vois encore ces spéculateurs empressés, le juif au turban sale, aux yeux brillants et aux doigts crochus, le colon européen vendeur d'eau-de-vie criant, pestant, jurant et débitant en grande hâte ses provisions que l'on s'arrachait au prix fixé par le tarif de l'état-major général, pendant que l'administration recevait dans des sacs plombés de cinquante kilogrammes les vivres de guerre. Quand toutes les provisions furent faites, l'on se remit en marche.

Petite pluie abat grand vent, dit un proverbe français; la grande pluie abat le grand vent en Afrique, et après les mauvais jours de novembre, avant les giboulées du mois de mars, les belles journées reparaissent comme par enchantement. Or, nous étions précisément à cette époque de l'année. Chaque matin, un clair soleil sans nuage nous venait apporter la chaleur et la joie. La route était belle, l'on nous annonçait de grandes chasses dans le Narh-Ouessel : que nous fallait-il de plus pour être en joyeuse humeur ?

Au Narh-Ouessel, en effet, dans un espace d'environ une lieue carrée, les eaux de belles sources sont retenues sur une hauteur de près de trois pieds. D'innombrables roseaux y poussent de tous côtés, et là s'ébattent comme dans leurs domaines naturels des milliers de canards sauvages. En s'échappant, les eaux traversent de vastes prairies coupées de buissons de tamarins. Ce fut près de ces prairies où nous trouvions du bois et quelque pâture pour nos chevaux, que l'on établit le bivouac. En ce beau lieu, la chasse devint notre grande affaire, chacun de nous courut au marais comme à la terre promise ; M. le maréchal tout le premier se donnait souvent ce passe-temps, et malheur au canard qu'il avait visé ! Dans un de nos escadrons, il y avait un trompette, ancien braconnier de son état : que n'y a-t-il pas dans un escadron ! or, le braconnier s'en donnait à cœur joie. On lui confiait la poudre et le plomb, un bon fusil de chasse, et chaque soir il s'en revenait avec une magnifique provision de gibier. Comme il rentrait au bivouac un peu mieux chargé que d'ordinaire, le maréchal Bugeaud le rencontra par hasard. Aussitôt, il l'interroge; l'autre raconte son histoire; de là une belle discussion sur la chasse, un grand art dans lequel M. le maréchal était passé maître, mais le braconnier ne l'était pas moins. De discours en discours, le maréchal fut enchanté du braconnier, et, le nommant son grand pourvoyeur, il l'attacha à sa personne. Voilà pourtant à quoi tiennent les destinées! un canard de plus ou de moins, et la fortune du braconnier était au fond de l'eau.

Les tribus du sud, que le maréchal Bugeaud attendait depuis longtemps, arrivaient enfin. Pendant plusieurs jours, leurs immenses troupeaux de moutons défilèrent devant nous; venaient ensuite les cavaliers, vêtus de burnous blancs (pendant l'hiver, les gens du Tell portent le burnous noir), escortant leurs femmes hissées sur des chameaux, ornées de banderoles de laine et cachées à tous les yeux par un grand palanquin. Ces grandes précautions ne disent pas toujours ce qu'elles veulent dire. Telle tribu qui cache ses femmes sous un grand voile porte, dit-on, l'hospitalité au-delà de toute limite. Nos Arabes nous saluaient d'un salut amical; ils étaient en règle avec la France, ils avaient payé l'amende, ils avaient payé les impôts, ils étaient les ennemis très-déclarés d'Abd-el-Kader, dont ils nous signalèrent la présence dans l'est. Nous devions donc quitter le Narh-Ouessel pour prendre la direction des Ouled-Naïl; mais il était urgent de nous ravitailler. Des chevaux sans fers, des hommes à peine vêtus, ne font que médiocre besogne; on nous dirigea donc auparavant sur Boghar.

Boghar, sous le méridien d'Alger, ou peut s'en faut, s'élève, comme un nid d'aigle, à l'entrée d'une vallée qui conduit à Médéah. Abd-el-Kader y avait établi naguère une fonderie et des établissements importants. Nous en avons fait un poste avancé dans la province d'Alger, une halte, un lieu de rafraîchissement et de repos pour les colonnes qui opèrent de ce côté. Sans nous arrêter à Boghar, nous partîmes pour Médéah, où nous devions trouver les objets de rechange dont nous avions grand besoin, et former la cavalerie d'une petite colonne confiée à M. le colonel Molière. La vallée que nous suivions était belle et fraîche. A notre droite, à notre gauche, les collines étaient couvertes de bois. Plus nous approchions de Médéah, plus le terrain devenait accidenté. Enfin, après avoir couru autour des collines, autour des montagnes, nous aperçumes tout à coup Médéah perchée sur une crête qui, du côté opposé, s'en va formant un long plateau. Vous avez encore plus de deux heures à marcher avant d'arriver aux grands arbres de la fontaine des Réguliers et à la magnifique pelouse qui précède la ville; là était établi le bivouac.

Après tant de privations, on arrivait à Médéah pour enterrer le carnaval et le jour même du dernier bal masqué. Nous n'avions pas un habit présentable, raison de plus pour aller à ce bal, où tous les costumes du monde connu et inconnu étaient admis, excepté l'uniforme. Quelle joie! venir de si loin, à travers tant de dangers et de fatigues, pour s'habiller en ours ou en pacha, en marquis ou en débardeur! Quel repos! danser toute la nuit des danses furibondes à la lueur d'une douzaine de quinquets, vénérable et primitif luminaire emprunté aux anciens salons de Mars et d'Apollon, l'antique ornement des barrières de Paris! Nous n'avions pas le droit, pour le moment, de nous montrer trop difficiles en fait de gaieté et de bonne humeur; nous étions sevrés depuis trop longtemps de danse et de musique pour ne pas trouver toutes ces fêtes charmantes et de bon goût. La pluie et la neige, le vent sous la tente, la boue et la poussière, nous avaient merveilleusement disposés à savourer le pain blanc, le vin frais, un bon souper, chaudement servi. Oui; mais, au point du jour, la voix obéi, absolue, la voix du chef se fit entendre. L'ordre était formel, le départ inévitable; il fallait partir. Le premier pas seul coûte, dit-on; ce fut notre histoire. A peine dans la rue, chacun s'en alla gaiement reprendre son harnais de guerre. Or, voici la cause de ce prompt départ : notre grand ennemi, Abd-el-Kader, jaloux sans doute de nos plaisirs et de nos fêtes, avait fait une razzia sur le territoire des Issers, à dix lieues d'Alger, et nous nous mettions en marche, au sortir du bal, pour chasser ce trouble-fête.

Nous marchions vers l'est, parallèlement à la haute chaîne de montagnes qui borde la Mitidja, et dans la direction du Jurjura. Bientôt nous eûmes atteint le pays des Beni-Seleyman et des Arib. Toutes ces vallées étaient charmantes; la rivière s'en allait doucement sur un lit rocailleux entre deux haies d'aubépines et de lauriers-roses. Çà et là de grands peupliers de Hollande jetant au loin leurs naissants ombrages, pendant qu'à notre gauche les rochers nus s'élançaient dans les airs. Les beaux jours arrivaient; déjà se faisaient sentir les premières brises printanières, mais nous avions encore de rudes moments à passer.

Toutes les troupes s'étaient concentrées vers l'est; c'était là qu'il fallait porter les derniers coups à l'insurrection. Tandis que le maréchal Bugeaud s'avançait dans les montagnes de l'Isser, les différentes colonnes appuyaient ces mouvements. Tout allait bien, mais nous avions compté sans le mauvais temps. La pluie encore, la neige et la grêle nous accablaient comme aux jours passés. Partout des torrents impétueux, des chemins impraticables, et il fallait marcher. Nous garderons longtemps le souvenir de la belle vallée de l'Isser. Nous traversâmes soixante-seize fois la rivière en deux jours. Il y avait trois pieds d'eau, et d'eau glacée; mais la bonne humeur nous soutenait, et, quand on approchait de l'eau, vous eussiez entendu des bataillons entiers imiter le cri des canards et s'égayer aux dépens des maladroits.

Au bout de deux jours, nous fûmes enfin sur un bon terrain : bien séchés autour de feux énormes, nous trouvâmes la route singulièrement embellie. Sous la main industrieuse des Kabyles, tout le revers des montagnes s'était couvert de cultures. Les oliviers, les noyers, les arbres de toute espèce, étaient entretenus avec soin; les villages étaient pour le moins aussi bien bâtis que nos villages de France. A mesure que nous avancions, le printemps marchait d'un pas rapide, semant sur sa route les fleurs, les parfums et la verdure. Nous étions alors sur l'Oued-el-Aziz; la rivière courait, profondément encaissée entre deux murailles de rochers, et contournant le camp de deux côtés, elle nous servait de remparts. Nos tentes s'élevaient sur une pelouse verdoyante, entre des buissons de lentisques aux formes arrondies. On eût dit un bivouac dans un jardin anglais. Au nord, un énorme rocher attaché au flanc de la colline dressait sa masse noire, et les sentinelles de la compagnie de grand'garde se dessinaient sur l'horizon. Comment faire comprendre le charme de ces premières journées du printemps d'Afrique? Lorsque le crépuscule arrive, vous vous étendez sur un tapis, et vous aspirez le tabac parfumé, vous laissant aller au plaisir d'être heureux. D'où viennent cette joie et ce calme? Qu'importe? tout est riant, tout charme; on admire, on se souvient, on espère. L'on entend le printemps chanter en son cœur toutes les chansons heureuses de la jeunesse : douce ivresse sans fatigue, sans regret; ainsi passent les heures, ainsi la nuit s'avance, et vous vous endormez bercé par ces doux rêves.

Cependant la révolte était calmée; chaque jour nous apportait une soumission nouvelle; le pays agité rentrait dans le devoir, l'insurrection était étouffée, et ce grand résultat était dû au chef illustre qui nous avait conduits en personne pendant toute la dernière partie de la campagne, à M. le maréchal Bugeaud.

Quand la révolte avait éclaté comme un coup de foudre de l'ouest à l'est de l'Algérie, le maréchal Bugeaud était en France. A la première nouvelle de nos revers, il hâta son retour, et, sans perdre un instant, de nombreuses colonnes, obéissant à une impulsion uniforme et correspondant entre elles, sillonnèrent par ses ordres le pays tout entier. On châtia les traîtres, on protégea les faibles, mais surtout on poursuivit sans relâche l'âme de l'insurrection, Abd-el-Kader. A peine avait-il le temps de poser son bivouac, que nos têtes de colonne le forçaient à fuir. En vain, comme dernière ressource, l'émir chercha-t-il à jeter l'inquiétude du côté d'Alger : le vieux maréchal, malgré les rigueurs du temps, le suivit au milieu des montagnes et le chassa de ce dernier repaire; enfin, après une année de fatigues inouies, il eut la joie de voir son œuvre consolidée, et la paix, prix de tant d'efforts, acquise pour longtemps à l'Algérie.

On ne frappe de tels coups, on n'obtient de tels résultats qu'avec une armée qui a pour son chef plus que de la confiance, qui lui porte de l'affection et du respect. Tels étaient, en effet, les sentiments que M. le maréchal Bugeaud avait su inspirer à ses soldats. Qui de nous a pu oublier cette noble figure et ce noble cœur? Dans leur langage familier, les soldats l'avaient surnommé le *père Bugeaud,* et ils avaient raison, car sa sollicitude pour eux était grande comme son affection. Facile et communicatif, il se sentait heureux parmi ses troupes comme au milieu d'une famille : son langage plein de bonhomie allait droit au cœur du soldat. Tous lui savaient gré de savoir parfois oublier son haut rang, et le respect qui l'entourait en était plus profond encore. C'est qu'à l'heure du danger le chef reparaissait tout entier. En ces moments-là, tous les regards se tournaient vers lui, sûrs de trouver une direction, des ordres précis, et, si le péril devenait impérieux, le salut de tous. Un roi de Castille, vaillant guerrier, a dit : *Muria el ombre, mas no su nombre* (l'homme meurt, mais son nom vit). M. le maréchal Bugeaud est du petit nombre de ceux qui survivent aux générations; bien plus, qui laissent un souvenir dans le cœur de tous ceux qu'ils ont commandés.

Le moment était venu de donner quelque repos aux troupes après la laborieuse campagne de l'hiver de 1846. L'ordre nous vint donc de reprendre la route d'Alger, où nous devions nous arrêter quelques jours avant de regagner Mostaganem. De Médéah nous atteignîmes Blidah en passant par la gorge de la Chiffa, une des merveilles de l'Afrique, une des beautés du monde. Figurez-vous, dans une coupure à pic de cinq lieues de long, une magnifique route de vingt-cinq pieds de large, conquise tantôt sur le rocher que la mine a dompté, tantôt sur le torrent qui cède une partie de son lit séculaire. Les lichens, les herbes de toute espèce poussent dans les fentes des rochers. Dans les places plus favorisées où la terre végétale n'a pas été enlevée, de véritables forêts se dressent sur vos têtes. La Chiffa s'est frayé, à travers ces rochers, un chemin tortueux ; elle reçoit dans sa course vagabonde les cascades qui tombent des sommets escarpés. Tout à coup enfin l'horizon s'élargit, vous sortez de cette prison, et vos yeux éblouis s'arrêtent sur les longues collines de la Mitidja, sur la mer qui se montre par la coupure du Mazafran, et sur cette immense plaine, si belle quand on la voit de loin. Une heure après, vous êtes à Blidah. Mohamed-ben-Yousef, le voyageur dont les dictons sont restés populaires en Algérie, a dit de Blidah : « On vous appelle une petite ville, moi je vous appelle une petite-rose. » Rien n'est plus exact. Blidah s'élève avec une grâce ineffable dans les bois d'orangers, dont les parfums la trahissent au loin. Les Français l'ont embellie, à ce qu'ils disent, avec un art tout français ; eh bien ! malgré leurs embellissements, Blidah est restée une ville charmante, la *petite rose* de Mohamed-ben-Yousef.

Enfin, après trois cents lieues de route et six mois de bivouac, nous atteignîmes notre bonne ville d'Alger. Le matelot n'est pas plus heureux quand il touche la terre après la tempête. La vie d'Alger, c'était pour nous une véritable renaissance ; nous ne pouvions nous rassasier du spectacle que nous avions sous les yeux. La vie et le mouvement d'un peuple affairé, ces maisons de pierre, ces cafés, ces journaux, ces bruits de la France, ces lettres qui nous attendaient au retour, ce sont là des émotions qu'il nous serait impossible de raconter, tant est grande la joie intime du devoir dignement accompli, tant la privation ajoute à la jouissance ! Si vous rencontrez jamais des gens blasés sur les jouissances de la vie, envoyez-les faire une campagne d'hiver en Afrique.

Dans cette ville d'Alger, où l'on retrouve à la fois la gaieté de Paris et le charme de l'Orient, il y a surtout une certaine terrasse qui rappelle les enchantements des *Mille et une Nuits*. Là, quand le poids du jour est tombé, vous allez respirer les brises rafraîchissantes, tout en contemplant cette mer et ses mille étincelles, tandis qu'au-dessus de vos têtes se dressent comme suspendues toutes les maisons aux blanches murailles, et dans la baie même d'Alger ces collines de roses et de verdure, ces montagnes, ces horizons qui vont se perdre au pied du Jurjura, dont les crêtes dénudées coupent la ligne bleue du ciel. Avec quel charme nous nous abandonnions à la contemplation de ce splendide paysage, et aussi, il faut l'avouer, à d'autres joies plus bruyantes ! comme la vie nous paraissait douce ! Mais est-il besoin d'ajouter que notre bonheur fut de courte durée ? La vie militaire est ainsi faite, et l'heure du départ y suit toujours de près l'heure de la halte. Huit jours après être entrés à Alger, nous nous remettions en marche pour courir à de nouveaux hasards.

LE SAHARA ET LE GRAND DÉSERT.

I

Le nom des *Rhomsi* est certes bien peu connu en France, et pourtant les *Rhomsi* sont une vieille famille berbère en grand renom parmi les Assesnas, sauvages habitants des montagnes qui, non loin du poste français de Saïda, séparent le Tell du Serrsous. Ce sont nos plus fidèles alliés, et, depuis qu'ils ont fait leur soumission, en 1841, ils n'ont jamais manqué à la foi jurée.

Un jour, après s'être vaillamment battus contre Abd-el-Kader, les Rhomsi, pour échapper à la vengeance de l'émir, furent obligés de chercher un refuge chez leurs amis les Harars. Partant la nuit avec un peu d'orge et des vivres pour trois jours, ils espéraient les rejoindre près des Chotts. Vain espoir ! Il fallut se remettre en route, ne marcher que la nuit dans la crainte des coureurs ennemis, et pour guide, à travers cette *houle de mamelons*, les étoiles du ciel. Accablés de fatigue, ils s'endormirent;

le lendemain, au jour, ils étaient égarés. Sans se laisser abattre, les Rhomsi marchèrent encore longtemps, poussant devant eux leurs chevaux épuisés ; mais enfin la petite troupe s'arrêta, et comme elle délibérait sur le parti à prendre, à l'horizon apparut un cavalier agitant son burnous. — M'est avis, dit aussitôt le plus vieux des Rhomsi, qu'il faut voir nos fusils, puis marcher dans la direction du douar. Si ce sont des Ouled-Rhelif(1), nous sommes perdus : ils nous ont aperçus ; si ce sont des Harars (2), ils auront moins de chemin pour venir au-devant de nous et nous faire bon accueil. — Et les Rhomsi marchèrent en avant. Bientôt de nombreux cavaliers accoururent vers eux. La prudence exigeait en effet qu'on se préparât au combat. Et comme le cheval de l'un d'eux, nommé Rhaled, avait mieux supporté la fatigue : — Allons, monseigneur, dit Rhaled au vieillard son père, montez sur ce cheval qui tient encore, afin qu'il ne soit pas dit qu'un Rhomsi soit mort pied à terre comme un berger. — Ces cavaliers, heureusement, c'étaient des amis, des gens de l'un des caïds des Harars, Mohamed-Legras, qui venaient au-devant de leurs hôtes.

Vous pouvez juger à ce trait de la fierté des Rhomsi ; leur orgueil hospitalier n'est pas moins grand, et un jour où, assis sous leur tente, nous causions : — C'est que, vois-tu, me dit l'un d'eux, jamais hôte descendu dans la tente des Rhomsi n'en est sorti, ni le lendemain, ni le surlendemain, ni huit jours après, lui et son cheval, le ventre vide.

Au mois de mars 1847, les escadrons du 4ᵉ chasseurs dont je faisais partie se trouvaient en observation non

(1) Tribu des hauts plateaux.
(2) Autre tribu aussi puissante que la première.

loin du douar des Rhomsi; nous étions, du reste, dans la paix la plus profonde, et, sitôt que les devoirs du service nous laissaient libres, nos journées se passaient à la chasse. Rhaled nous accompagnait souvent, et, un soir que nous rentrions avec lui, il nous dit qu'il venait de recevoir des nouvelles de l'un de ses amis des Harars, dont les douars s'étaient établis à quelques lieues de là. Mohamed, ajoutait-il, avait les plus beaux lévriers et les meilleurs faucons de la tribu; si nous le voulions, il nous proposait d'aller avec lui à une grande chasse, qui devait avoir lieu deux jours plus tard. L'occasion était trop belle pour ne pas en profiter; aussi, après nous être mis en règle avec notre capitaine, nous nous empressâmes d'accepter l'offre de Rhaled, et, le surlendemain, au point du jour, nous prenions la direction du douar.

Les *taleb* (savants) appellent *seheur* ce moment presque insaisissable qui précède le point du jour, où la nuit n'est plus la nuit, où le jour n'est pas encore le jour; à l'époque du rhamadan, dès que l'on peut distinguer un fil blanc d'un fil noir, l'abstinence est de rigueur pour tout bon musulman; le *seheur* précède cet instant, et il est plus facilement appréciable dans les pays d'un horizon étendu : de là, au dire des savants, le nom de Sahara donné à cette région des hauts plateaux qui suit le *Tell*, dont l'étymologie ne serait pas non plus le mot latin *tellus*, mais le mot arabe *tali*, qui veut dire dernière parce que le *seheur* ne s'y aperçoit que plus tard. Quoi qu'il en soit de ces étymologies, pour nous le Tell est la terre qui produit le grain, et le Sahara la terre des troupeaux et des pâturages. Comme me disait un jour Mohamed-Legras. « Le Tell est notre père, celui qui l'a épousé est notre mère, » ou bien encore, selon le dicton des tribus nomades, « nous ne pouvons être ni musulmans, ni juifs, ni chrétiens, nous sommes les amis de notre ventre. »

Les premiers plateaux du Sahara, nommés *Sersous*, sont une succession de mamelons d'une hauteur presque égale, qui se suivent sur une immense étendue ; on dirait la houle de la mer fixée à ces sommets par une main toute puissante. Là, entre chaque gonflement de terrain, coulent des sources d'eau vive, et s'étendent de gras pâturages à l'herbe courte et épaisse qui nourrissent ces brebis si renommées pour leur chair et pour leur laine. Plus loin, au-delà du premier horizon de montagnes, à une vingtaine de lieues des montagnes du Tell, commence le vrai Sahara ; là, nous disait-on, le voyageur rencontrait de vastes plaines vides et dénudées, des montagnes arides, des oasis aux palmiers élancés, d'autres terres où, vers le printemps et pendant l'hiver, on trouve encore des pâturages pour les troupeaux ; puis plus loin, bien loin, le pays mystérieux, les sables.

Les populations qui habitent ces hauts plateaux sont surtout guerrières et nomades. Chaque année, elles s'enfoncent dans les régions du sud, emportant toute leur fortune sur des milliers de chameaux, lorsqu'elles ont achevé leur provision de grain dans le Tell. Or, le printemps arrivait ; avec le printemps, les Harars commençaient à paraître, et c'était chez l'un d'eux que nous allions chercher le plaisir d'une chasse au faucon.

Tout était prêt à notre arrivée. Les cavaliers montaient ces juments rapides si estimées par un bon musulman, car, lorsque Dieu voulut créer la jument, disent les ulémas, il a dit au vent : « Je ferai naître de toi un être qui portera tous mes adorateurs, qui sera chéri par tous mes esclaves, et qui fera le désespoir de tous ceux qui ne suivront pas mes lois, » et il créa la jument en s'écriant : « Je t'ai créée sans pareille ; les biens de ce monde seront placés entre tes yeux ; tu ruineras mes ennemis ; partout je te rendrai heureuse et préférée sur tous les autres animaux, car la tendresse sera partout dans le cœur de ton maître ; bonne pour la chasse comme pour la retraite, tu voleras sans ailes, et je ne placerai sur ton dos que des hommes qui me connaîtront, me feront des prières et des actions de grâces, des hommes enfin qui m'adoreront. »

Les chefs avaient la main droite garantie par un gant nommé *smègue*. Ce gant n'a pas de doigts. Les élégants le portent en peau de tigre ou de panthère. Là-dessus se perche le faucon ; souvent même un deuxième et un troisième trouvent place, l'un sur l'épaule, l'autre sur les cordes en poil de chameau qui entourent les *kaïks* de la tête. A peine en chasse, des poules de Carthage partent devant nous, et les faucons décapuchonnés s'élèvent d'abord en ligne droite ; puis, lorsque les yeux, accoutumés à la lumière, ont aperçu leur proie, ils fondent sur elle et l'ont bientôt mise à mort. Plus loin, au bruit de nos chevaux, deux lièvres quittèrent leur gîte, et les faucons furent de nouveau lancés. Tant que le lièvre court, il échappe à son ennemi ; mais lorsqu'il hésite pour chercher une retraite, c'est alors que l'oiseau s'accroche à son dos et commence à lui manger la cervelle et les yeux. Il en est des faucons comme des hommes : les uns sont bons, les autres mauvais. Il fallait entendre les Arabes se moquer de ceux-ci, les gourmander et les accabler de reproches ; il fallait voir l'orgueil du maître possesseur du meilleur chasseur. C'est pendant l'été que se préparent les chasses de l'hiver. L'oiseau, à son premier vol, tombe sous le piége du fauconnier ; encore sauvage, on l'habitue à courir à sa proie ; on lui prépare une chasse facile, on lui apprend bientôt à attendre l'ordre du maître, à reconnaître la voix, le signal, l'appât, à se précipiter sur la peau du lièvre jetée en l'air avec différents cris auxquels l'oiseau vorace obéit avec une ardeur sans égale (1). Ainsi le faucon de l'Arabe redevient l'oiseau du moyen-âge, entouré de soins, de gloire et même d'honneurs.

Dans notre course, comme toujours, nous admirions la hardiesse des cavaliers et la beauté de leurs montures ; une jument surtout nous frappa. Mohamed, l'ami de notre ami Rhaled, avait une jument isabelle si légère, qu'elle aurait pu *galoper*, suivant l'expression arabe, *sur le sein d'une femme.* Comme nous lui faisions compliment de sa beauté, Rhaled nous dit : « Elle avait une sœur, qui seule pouvait lutter avec sa sœur ; elles étaient l'envie de tous et l'orgueil de leur maître, lorsque Mohamed fut emmené prisonnier par les cavaliers de l'émir : il parvint à s'échapper ; mais à peine avait-il atteint son douar, que les chaous du sultan furent signalés. Aussitôt Mohamed s'élança sur sa bonne jument, et, lorsque les cavaliers arrivèrent à la tente, ils virent aux entraves défaites que le maître s'était enfui. Le rejoindre était impossible ; l'un d'eux pourtant sauta à bas de son cheval, courut à l'autre jument, encore attachée à la corde ; mais l'enfant de Mohamed l'étendit raide mort d'un coup de pistolet. Cette

---

(1) **Les Arabes**, pour rappeler le faucon qui tente de s'éloigner, jettent en l'air une peau de lièvre, en poussant un cri aigu pour attirer l'attention de l'oiseau-chasseur. Le faucon, qui croit le lièvre vivant, se précipite avec une rapidité telle que souvent il touche la terre avant que l'appât soit retombé.

jument pouvait seule atteindre sa sœur; l'enfant sauvait son père. »

Comme Rhaled achevait cette histoire, un des serviteurs des Rhomsi nous rejoignit. Il nous apportait une lettre du commandant de notre petite colonne, nous donnant l'ordre de revenir au plus tôt, car nos escadrons allaient partir pour Saïda. Nous reprîmes en toute hâte la direction du bivouac, et nous apprîmes en arrivant que nous étions destinés à faire partie de la colonne du général Renaud, qui devait partir le 1er avril pour une longue course dans les oasis du sud. C'était pour nous une bonne fortune, et lorsque, quelques jours après, la colonne au long convoi quittait Saïda, nous étions tous heureux de pénétrer enfin dans ces régions d'où l'on raconte tant de choses étranges.

Un équipage de barils était porté par nos mulets, car des journées entières devaient se passer sans que le soldat pût trouver de l'eau. Deux mille chameaux des *Hamians* et des *Harars* étaient chargés de nos vivres et s'étendaient sur une seule ligne, descendant les légères collines, gravissant les petits mamelons, au chant monotone de leurs conducteurs. Devant ces rabatteurs d'une nouvelle espèce, les lièvres se sauvaient par centaines; alors, les effrayant de leurs cris, leur jetant leurs bâtons noueux, les chameliers en avaient bientôt raison, et ceux qui leur échappaient tombaient sous la dent de nos lévriers. Le soir, le bivouac ressemblait à un vaste marché; de feu en feu, les Arabes portaient leur chasse de la journée. Sur les plateaux du Serrsous, l'économie politique aurait pu, cette fois-là, justifier un de ses axiomes, car c'est à grand'peine qu'offrant un lièvre d'une main et tendant l'autre en disant *donar soldi*, les Arabes parvenaient à se défaire de leur marchandise, tant le massacre du matin avait été terrible.

Deux jours après, nous bivouaquions sur le bord des Chotts. Ces immenses lacs salés, désséchés l'été ne sont praticables en avril que par un petit nombre de passages. Le lendemain, à la diane, tout le monde était debout; hélas! nous étions déjà depuis longtemps réveillés par les beuglements des chameaux, que leurs conducteurs chargeaient afin de n'être point en retard. Ces cris sont l'un des supplices d'une marche dans le sud. De l'autre côté des Chotts, nous allions trouver le *Bled-el-Rhela*, le pays du vide; mais au premier soleil, avant que notre pied se fût posé sur l'autre rive, il nous sembla que cette longue file de chameaux qui s'avançaient à de longs intervalles dans l'étroit passage prenait les formes les plus bizarres : aux uns on ne voyait plus qu'une tête immense; les autres étaient gonflés comme des navires, plusieurs paraissaient jeter des flammes et flotter dans l'air ; enfin quelques-uns marchaient les jambes renversées, les agitant toujours. C'était là un de ces singuliers effets de mirage si communs dans les Chotts, et que l'on traite de fables lorsqu'on ne les a pas vus.

Notre guide était un Arabe de *proie*, un homme des Hamians, flibustier des hauts plateaux, coureur d'aventures, au nez recourbé comme le vautour, à l'œil noir et limpide, maigre, bronzé, à la physionomie calme, impassible, un vrai type du Saharien ; il nous conduisit près des puits, où, sous les branchages qui les recouvraient, nous trouvâmes une eau abondante et pure. Au départ, les branches qui devaient les protéger contre les sables furent religieusement replacées, car un puits dans le Sahara, c'est un lieu sacré qui a droit aux soins et à la protection de tous les voyageurs. Puis nos marches continuèrent dans ce pays du vide, dont les solitudes n'ont pas la grandeur des autres solitudes : elles serrent le cœur, au lieu de l'élever ; il semble qu'un poids de malédiction soit là tout autour, et, dans ces plaines dénudées, nous avancions, voyant à droite et à gauche, à l'horizon, les montagnes arides, sans végétation, sans rien qui vint reposer le regard. Du reste, la partie du Sahara que nous traversions alors était tristement renommée, et ce n'est jamais qu'un passage pour les nomades habitants de ces contrées.

Une fraction des Hamians-Garabas insoumise à la France se trouvait avec ses troupeaux à vingt lieues de nous ; le général l'apprit par ses coureurs, et comme, depuis quelque temps, nous ne bivouaquions jamais que dans les fonds, et que, pendant le jour, le mirage empêchait de voir la poussière soulevée par la colonne, nous étions certains de n'avoir pas été découverts. Aussi, à trois heures de l'après-midi, six cents hommes d'infanterie d'élite partaient, avec la cavalerie et le général, pour aller tenter un coup de main ; le reste de l'infanterie et le convoi se dirigeaient sur les puits de Nama, où nous devions les retrouver le lendemain.

La chaleur était accablante, mais ces hommes endurcis à toutes les fatigues ne craignaient ni le soleil ardent ni la pluie glacée ; à six heures du matin, la colonne s'arrêtait, les coureurs arabes nous revenaient, annonçant que les chameaux des Hamians étaient au pâturage à trois heures de marche. C'était un signe évident de leur sécurité. L'infanterie avait déjà marché quinze heures ; il y avait quatre heures du point où nous étions aux puits de Nama ; si le coup de main manquait, cela faisait près de trente heures. Le général n'osa pas lancer la cavalerie seule, et, au grand regret de nos Arabes, qui comptaient sur le butin, ordre fut donné de prendre la direction de Nama.

A une heure de l'après-midi, après avoir traversé les dunes de sable sous un soleil ardent, sans avoir trouvé une goutte d'eau depuis la veille pour rafraîchir nos lèvres desséchées, nous arrivions au lieu du bivouac, n'ayant que cinq hommes sur les cacolets, encore était-ce par suite d'accident. La cavalerie avait pris l'avance, et, lorsque du haut d'une dune de sable, nos escadrons aperçurent une immense pièce d'eau où l'on voyait, comme dans les lacs de la Suisse, le rivage se réfléchir dans l'onde limpide, il y eut un cri général, et nous nous hâtâmes de débrider les chevaux pour apaiser leur soif; mais, à mesure que nous avancions, nous voyions toujours l'eau reculer à six pieds devant nous, si bien qu'en nous retournant, nous découvrîmes notre erreur : nous étions encore la dupe d'un mirage. En effet, l'eau se trouvait dans des dunes de sable à quatre-vingts pas sur notre droite. Il fallut puiser pour la répandre dans les auges de pierre qui entourent les puits.

Le lendemain, les bagages et le reste de la colonne nous avaient rejoints depuis quelques heures, quand il s'éleva un ouragan épouvantable. En dix minutes, le ciel entier devint un rideau de nuages, et le thermomètre baissant tout à coup, à une chaleur accablante succédèrent des tourbillons de neige; par bonheur, nous nous étions réunis, car sans cela c'était fait de nous : à trois pas, on ne se voyait plus ; et de peur de s'égarer on était obligé d'aller arracher, au son du clairon, les genêts qui couvraient les dunes, le seul aliment de nos feux. Le lendemain, la terre était couverte de neige. Que l'on juge des souffrances de cette nuit et des deux jours qui suivirent, car ce ne fut que deux jours après que ces ténèbres se dissipèrent. Au premier soleil, les sables de la terre rocheuse de la plaine burent la neige fondue. L'air pourtant restait glacé; mais nous avancions vers le sud, nous rapprochant des montagnes, dont nous eûmes bientôt atteint les passages les plus élevés. A travers ces rochers de grès et ces terres rougeâtres, de temps à autre, nous rencontrions un pistachier au maigre feuillage ou des genêts à la fleur violette. Notre colonne s'allongeait, descendant par une pente rapide dans la direction de Chellala. C'était du reste toujours ce même aspect morne, désolé, plein de tristesse, et les pieds de nos chevaux ne foulaient que l'*alpha* (1) ou ces petits arbrisseaux à la feuille salée dont les chameaux sont si friands.

Quand la vue s'est ainsi fatiguée pendant de longs jours, sans pouvoir se reposer sur la moindre verdure, on ne saurait croire la joie qu'il y a à contempler une eau fraîche et courante, des feuilles, de larges feuilles, et aussi des arbres dont l'ombrage vous met à l'abri du soleil. Depuis quelques jours, le soleil était insupportable, et, lorsque nous arrivâmes à l'oasis de Chellala, nous en souffrions déjà assez pour trouver délicieux ses maigres figuiers et ses rares palmiers. Le général reçut les hommages et le tribut des gens de la ville, si toutefois on peut appeler ville ce ramassis de maisons bâties en terre, dont les rues étroites et fangeuses laissent voir une population étiolée et maladive. Là, comme toujours, comme partout, le Juif, avide de gain, a sa demeure et se mêle à

---

(1) Sorte de joncs, petits et ronds.

toutes les transactions ; c'était le premier *ksour* qui se trouvait sur notre route ; notre séjour y fut de courte durée : nous allions reprendre notre marche vers Bou-Semroun, oasis située plus au sud, et qui refusait de payer le tribut.

Pour arriver à Bou-Semroun, l'on suit une vallée de sable d'une assez grande largeur. Des deux côtés se dressent des montagnes arides, et parallèlement à ces montagnes, laissant un espace entre le pied de la montagne et leur base, un soulèvement de rochers à la forme de coquille renversée. Un minaret vous avertit que vous approchez de la ville, cachée par une petite colline à tous les yeux. Du haut de la dune sablonneuse, ses jardins aux dix mille palmiers, enfoncés dans un étroit ravin de deux lieues de long, apparaissent comme un ruisseau de verdure entre deux rives de sable. Les habitants avaient pris la fuite ; mais sur le minaret l'on voyait briller les canons des fusils : c'étaient quelques fanatiques voulant mourir à la guerre sainte, et qui, pour se faire tuer, tirèrent sur la compagnie d'infanterie chargée d'occuper le *ksour*. La colonne bivouaqua au sud, passant entre la ville et un marabout d'une architecture élégante. Qui avait pu le construire en ces terres lointaines ! Sans doute quelque prisonnier chrétien : les croix grecques incrustées dans les ornements nous le firent supposer. Le ksour ressemble à une citadelle. Entouré par un large fossé, par de bonnes murailles en pisé, n'ayant que deux issues, Bou-Semroun pouvait braver les pillards, et dans ces ruelles étroites, dans ces maisons à deux étages, les marchandises, les grains et les richesses des tribus nomades se trouvaient en sûreté. Fort heureusement les habitants insoumis n'avaient point songé à se défendre, car il eût fallu la sape et la mine pour venir à bout de leur forteresse; leurs portes ouvertes nous avaient permis de courir à leurs maisons, dont quelques-unes, celles qui donnent sur le ravin, sans doute la demeure des chefs, ont encore une certaine élégance. Notre bivouac et ses maisons mobiles avaient été établis près des jardins. Lorsqu'on avait descendu la pente abrupte, de l'aridité, de la sécheresse, l'on se trouvait tout à coup transporté au milieu de la fraîcheur, du calme, du repos, près de l'eau abondante et pure d'un ruisseau limpide. Là, chaque champ est entouré d'un mur en pisé solidement construit; là, une serrure en bois protége le *brin d'orge* de l'habitant du ksour, ses grenadiers, ses figuiers, sa verdure. Là s'élancent vers le ciel ces rachées énormes de palmiers dont les têtes se rejoignent dans les airs. C'était un parc magnifique pour nous reposer de nos fatigues, des jardins qui nous fournissaient des légumes frais, et l'orge verte pour nos chevaux, sans compter ces cannes de palmier que chaque fantassin s'empressa de couper en souvenir de notre course du sud. A notre grande joie, on séjourna près de ces beaux lieux une semaine entière, et pendant cette halte nous avions cherché plaisirs et amusements nouveaux. Le repos pour nous était une fatigue; il nous fallait du mouvement. Aussi un soir, à son de trompe, comme sur une place de village, un grand *steeple chasse* fut annoncé pour le lendemain dans les jardins de Bou-Semroun. Le général, *la première autorité, M. le maire de l'endroit*, fut invité, selon l'antique usage, à présider la fête. Tout le camp s'y rendit, les élégants à cheval, le modeste troupier, la canne à la main; une cantinière proclamée Reine de Beauté devait donner au vainqueur la belle paire de pistolets offerte par le général Renaud. L'enjeu était digne du péril, car jamais la *croix de Berny* en ses beaux jours n'offrit de plus grandes difficultés : 2,400 mètres, aller et retour; murs, barrières, obstacles de toute sorte, rachées de palmiers dont il fallait se garer; enfin, après une muraille en pierre, un mur en pisé taillé de façon à ce que le cheval sautât à trois pieds de haut dans une ouverture qui ne laissait que juste le passage de son corps (pour le cavalier, il devait jeter ses jambes sur le cou du cheval, s'il voulait éviter les blessures) : tel était le terrain de la course. Tout se passa selon les règles : un membre du *jockey-club*, un véritable membre, nous cria le départ en anglais, et l'avalanche galopante franchit barrières et obstacles; mais, hélas ! il y eut plus d'une chute, et je vous assure que *faire panache*, quand on va atteindre le premier le but, se trouver pris sous son cheval, la tête entre les jambes de derrière, de telle façon que, s'il n'était à moitié mort, au moindre mouvement il vous aurait cassé la mâchoire; puis voir pointer successivement tous les autres chevaux dont les pieds retombent près de votre tête avant de franchir l'obstacle improvisé : c'est là une rapide et singulière émotion, qui a tout au moins le charme de l'imprévu. Tant tués que blessés, tout le monde se portait bien, et chacun de rire de ses mésaventures, chacun de s'égayer. Ainsi le temps passait rapide, sans souci, sans inquiétude : c'est assez dire que nous n'avions pas de malades, et que la colonne aurait pu supporter les plus rudes fatigues. Les oignons d'Égypte furent regrettés par les Hébreux dans le désert; l'on peut donc bien pardonner à nos soldats d'avoir aussi plus d'une fois soupiré au souvenir des petits oignons si tendres de Bou-Semroun, lorsqu'il fallut remonter vers le nord, se diriger ensuite à l'est, enfin au sud, pour gagner l'Abiot-Sidi-Chirq, un village de marabouts célèbre dans le pays.

La pente du chemin était rapide. Enfin, au dernier col, un horizon immense s'ouvrit devant nous ; à notre droite, les hautes crêtes des montagnes formaient une moitié de fer à cheval ; à gauche, cette chaîne se prolongeait vers l'est. Au pied des montagnes, comme les réseaux d'un filet, se croisaient les dunes de sable. Cette houle jaunâtre allaient se confondre avec l'extrémité de l'horizon dans une même ligne poudreuse ; face à nous, une plaine de cailloux de deux lieues nous séparait des quatre villages des Ouled-Sidi-Chirq, reliés par leurs jardins aux frais ombrages. Devant ces grands espaces, le poids qui jusque-là, dans ce pays affreux, pesait sur nous semblait s'envoler, et nous éprouvions tous un incroyable sentiments de fierté et de grandeur. Une mosquée, vénération des fidèles, occupe le centre des villages. Les chefs de cette importante tribu, dont l'influence religieuse s'étend sur tout le Sahara et jusque sur une partie du Tell, étaient venus au-devant du général pour lui offrir leurs respects et l'impôt demandé.

Nous étions au 30 avril ; depuis un mois, pas une nouvelle de France. A plus de cent vingt lieues de la côte, les sables du désert s'étendaient devant nous ; c'était-là, aux portes de ces contrées mystérieuses, que nous allions célébrer la fête du roi. Le soir, nos petits obusiers de montagne annonçaient la fête aux gens du sud, et le lendemain chaque soldat exerçait son adresse pour mériter les prix qu'offrait le général. Courses de chevaux, courses de sacs, tir sur les moutons, jeux de toutes sortes, comme pour une fête de village, se célébraient au milieu des gais propos et des rires ; chacun oubliait ses fatigues et ne songeait guère qu'il se trouvait si loin des siens et de la France. Deux petits nègres, offerts en cadeau au général avec des autruches et des *haïks*, nous rappelaient pourtant que nous touchions au pays inconnu, et les grondements du tonnerre (1), qui tous les jours, à l'heure de la prière (trois heures), se faisait entendre, semblaient comme les échos de ces terres lointaines dont on raconte tant de prodiges.

Il semble, en effet, que cette chaîne de montagnes qui voit mourir à sa base les dernières vagues de la mer de sable, soit comme une barrière placée par la main de Dieu pour arrêter l'homme du nord, lorsqu'il tente de pénétrer dans les régions inconnues. Du haut de ces pics arides, s'ouvrant à peine d'espace en espace par d'étroits passages, le voyageur peut contempler ces solitudes et ces sables à qui la voix du Seigneur a dit comme aux flots de l'océan : Tu n'iras pas plus loin; mais si le chrétien doit, pour un temps encore, renoncer à les parcourir, l'Arabe, sous la protection de la foi musulmane, ne connaît point ces obstacles, et chaque année, attirées par l'appât du gain, de nombreuses caravanes sillonnent le désert, suivant maintenant encore les routes dont nous trouvons l'itinéraire dans Hérodote.

L'arabe d'ordinaire impassible éprouve ce sentiment d'inquiétude que tout homme ressent au moment de s'embarquer pour une longue traversée, lorsqu'il est sur le point de tenter une course au désert ; c'est qu'en effet ces longs voyages ne sont qu'une longue traversée où, comme à bord d'un navire, la même organisation, la même dis-

(1) Par un phénomène singulier, tous les jours d'été, vers cette heure, il s'élève un coup de vent et un orage à l'Abiot; il dure environ deux heures.

cipline, doivent triompher des mêmes périls. Là, comme sur mer, lorsque les passages sont plus dangereux, pour se garantir des corsaires, l'on attend qu'une autre caravane vienne doubler les forces, et alors toutes deux quittent l'oasis de refuge et sans crainte s'avancent de concert. Le respect, du reste, qui entoure le hardi voyageur au retour peut faire juger de ses fatigues et de ses dangers.

La voix impérieuse du chef, avait donné l'ordre du départ, et nous devions nous éloigner après avoir entrevu ces horizons sans fin ; mais le souvenir du désert et cette impression pleine de majestueuse grandeur que nous avions ressentie ne pouvait s'effacer si vite. Bien souvent depuis lors, sous la tente des tribus nomades du Sahara, qui, dans leurs courses aventureuses, vont, comme le flux de la mer, frapper tantôt une rive, tantôt une autre, nous avions interrogé ces routiers des solitudes. Un jour entre autres après que *le repas de Dieu* eut rassasié les voyageurs, un vieux pilote du désert avait commencé un long récit; mais l'heure du repos était venue avant que sa parole eût achevé de *nous apprendre ce pays.* La guerre et ses hasards de chaque jour nous séparèrent le lendemain, et depuis, pour chacun, il est arrivé ce qui était écrit, nous ne nous sommes jamais revus. Ce récit commencé n'avait fait qu'exciter ma curiosité sans la satisfaire, lorsque dernièrement je lus un livre qui n'était autre que la relation du vieil Arabe (1), recueillie par M. le colonel Daumas de la bouche d'un homme de même trempe. En lisant ce curieux journal de voyage, il me semblait entendre encore

(1) *Le Sahara et le Grand Désert,* itinéraire d'une caravane au pays des Nègres, par M. le colonel Daumas. — Paris, 1849, chez N. Chaix, rue Bergère, 20.

mon vieux conteur des hauts plateaux. J'ai pensé qu'après être venu avec une colonne française, à l'Abiot-Sidi-Chirq, l'une des dernières oasis du Sahara, vous trouveriez, comme moi, quelque intérêt à continuer cette route avec le voyageur arabe, qui, s'enfonçant dans l'intérieur du pays, vous mènera, après six mois de courses, de fatigues et de dangers, jusqu'au royaume D'haoussa, à plus de huit cents lieues de la côte.

II.

Tous les ans, de l'Abiot-Sidi-Chirq, où notre colonne s'était arrêtée, part une caravane qui passe par Métolli, et va jusqu'au Soudan. C'est la route suivie par le conteur arabe ; mais, avant de nous y engager sur ses traces, il est bon de jeter d'avance un rapide coup d'œil sur le pays que nous allons parcourir avec lui.

L'Afrique, du nord au centre, se divise en trois régions distinctes. La première, connue sous le nom de Tell ou pays des grains, monte, par des pentes constantes, jusqu'à la région des hauts plateaux. Celle-ci s'étend, sous le nom de Sahara, du Tell au désert, dont le niveau est à peu près le même que celui de la mer. Les hauts plateaux nourrissent de nombreux troupeaux de moutons, et, d'espace en espace, l'on trouve des oasis où s'élèvent des villes fortifiées, dépôts de grains et de marchandises des tribus nomades. A l'est des oasis de la province d'Oran, commence le pays de Beni-Mzab, qui renferme sept villes importantes; ce sont les entrepositaires de tout le commerce du sud, et, au dire de la tradition, les descendants des Mohabites. Le fait est que presque tous ont les yeux bleus et les cheveux blonds; leur langage aussi diffère de celui des Arabes. Schismatiques, puisqu'ils n'appartiennent à aucune des quatre sectes musulmanes autorisées, la sévérité de leurs mœurs, leur union, leur bonne foi, n'en sont pas moins célèbres, et, grace à leur activité, la plus grande partie du commerce d'échange passe par leurs mains.

Au sud de ces plateaux du Sahara, parallèles au Tell et à la mer, commence la troisième région de l'Afrique, le désert, non pas ce désert de fantaisie que se figurent nos imaginations françaises, — du sable, du sable et toujours du sable, — mais des plaines immenses, où le regard se perd, des plaines sans eau, sans bois, ou plutôt n'ayant de l'eau qu'à certains points qui deviennent forcément le lieu de la halte. Sans doute on y rencontre des sables, et souvent ils s'étendent au loin, balayés par les tempêtes : ils prennent alors les formes les plus bizarres, et reçoivent tantôt les noms de *veines*, tantôt celui de *filets*, selon l'apparence que leur a donnée le caprice des vents ; mais là aussi l'on trouve des oasis, des contrées entières, comme la grande oasis du Touat. Au-delà de ces immenses plaines s'élèvent des montagnes aussi fertiles que nos montagnes du nord : c'est le pays des Touareug, les flibustiers du désert ; enfin, de l'autre côté des montagnes, on découvre la terre du Soudan, la terre des Nègres, d'où l'on raconte tant de merveilles. Tel est le pays, en tirant une perpendiculaire depuis Alger jusqu'à Kachna, à plus de huit cents lieues de la côte (1). — Le royaume d'Haoussa,

(1) De l'Égypte au Darfour, qui se trouve à peu près à la même hauteur du côté est de l'Afrique, il semble que le pays présente le même caractère. M. Théodore Pavie, a donné dans la revue des

dont Kachna est la capitale, a été conquis, il y a trente ans environ, par une race blanche musulmane, nommée les Foulanes ; ainsi, par un singulier retour, tandis qu'une puissance chrétienne établit sa domination dans les contrées du nord, l'islamisme impose au centre de l'Afrique sa religion et ses armes.

La caravane, guidée par l'Arabe Cheggueun, était partie de Metelli, à neuf jours de marche de l'Abiot-Sidi-Chirq, cette oasis où s'était arrêtée la colonne française ; elle se mit en route au mois d'octobre, traversa les grandes oasis du Touat, le pays des Touareug, et arriva enfin, vers le mois de mars, dans le royaume d'Haoussa, au pays des Nègres. Cheggueun, son conducteur et l'historien du voyage, commence par nous donner quelques détails sur l'organisation de la troupe qui va entreprendre, sous sa direction, ce long pèlerinage.

« Dans le Sahara, nous nommons *khrebir* le conducteur d'une caravane, car ces flottes du désert ne se hasardent point sans chef, ainsi que vous le croyez, vous autres chrétiens, sur notre mer de sable, qui, comme l'autre, a sa houle, ses tempêtes et ses écueils. Chacune d'elles obéit passivement au maître qu'elle s'est donné ; il a sous lui des *chaous* pour exécuter ses ordres, des *chouafs* (voyans) pour éclairer le pays, un écrivain pour présider aux transactions..., un crieur public pour faire les annonces, un *moudden* pour appeler à la prière, un *iman* enfin pour prier au nom des fidèles.

« Le *khrebir* est toujours un homme d'une intelligence, d'une bravoure et d'une adresse éprouvées : il sait s'orienter par les étoiles ; il connaît, par l'expérience des voyages précédents, les chemins, les puits et les pâturages, les dangers de

---

Deux-Mondes, (livraison du 1er janvier 1846), une curieuse analyse du voyage au Darfour du Cheik-el-Tounsi.

certains passages et les moyens de les éviter, tous les chefs dont il faut traverser le territoire, l'hygiène à suivre selon les pays, les remèdes contre les maladies, les fractures, la morsure des serpents et les piqûres du scorpion. Dans ces vastes solitudes où rien ne semble indiquer la route, où les sables souvent agités ne gardent pas toujours les traces du voyageur, le *khrebir* a pour se diriger mille points de repère : la nuit, si pas une étoile ne luit au ciel, à la simple inspection d'une poignée d'herbe ou de terre qu'il étudie des doigts, qu'il flaire et qu'il goûte, il devine où l'on est, sans jamais s'égarer. »

Tel doit être le *khrebir* d'une caravane, tel est Cheggueun. La caravane peut se confier à lui, il est marié trois fois : — dans le Touat, à Insalah, — chez les redoutables Touareug, comme à Métélli, à l'autre extrémité de la route. Il est jeune, grand et fort : c'est un *maître du bras*; son œil commande le respect, et sa parole prend le cœur ; mais si dans la tente sa langue est douce, en route il ne parle qu'au besoin et ne rit jamais. Allons, hardis compagnons, laissez-vous entraîner par les récits de Cheggueun ; croyez-le lorsqu'il vous dit : « Le Soudan est le plus riche pays du monde ; un esclave n'y vaut qu'un *burnous;* l'or s'y donne au poids de l'argent ; les peaux de buffle et de bouc, les dépouilles d'autruche, le *sayes* (1) et l'ivoire s'y vendent au plus bas prix ; les marchandises des caravanes y centuplent de valeur. Vous êtes des fous, ô mes enfants, de vous arrêter à Timi-Moun (2), beau voyage, long comme de mon nez à mon oreille ! Voulez-vous être riches ? allons au pays des Nègres. Sou-

---

(1) Étoffe de cotonnade fabriquée par les Nègres.
(2) Ville et marché du Touat, à trois cent quatre-vingt lieues de la côte.

venez-vous que le prophète a dit :

« La gale (des chameaux), son remède est le goudron,
« Comme la pauvreté, son remède est le Soudan. »

Comment résister à l'amour des aventures, à l'appât des richesses? Malgré tous les dangers inconnus, la caravane s'organise, et chacun de ceux qui la composent va d'abord chercher des marchandises d'échange aux entrepôts des Béni-Mzab; puis, revenu avec la charge de trois chameaux, l'on songe aux provisions de la route. Voici en quoi ces provisions consistent pour chacun : « un *saâ* (sac de 80 kilogrammes environ) de couscoussou, un *saâ* et demi de dattes, une outre de beurre, de la viande séchée, deux outres pleines d'eau, un seau en cuir avec sa corde pour abreuver les chameaux, deux paires de chaussures, des aiguilles à coudre le cuir et des lanières pour les raccommoder, un briquet et de l'amadou. »

Mais, pour un si long voyage, ce n'est pas assez de pourvoir à la faim et à la soif; il faut être en garde contre *les attaques à main armée*, car les meilleurs amis d'un voyageur sont un bon fusil, un pistolet et son sabre. Les compagnons de Chěggueun prirent donc ces armes « avec des pierres à feu, de la poudre et des balles pour l'avenir, et pour le présent vingt-quatre coups tout prêts dans les vingt-quatre roseaux de la cartouchière (1). » Chacun d'eux ensuite choisit quatre forts chameaux bien bâtés, bien outillés : trois pour les marchandises, l'autre pour les bagages, et l'on décida que le jeudi serait le jour de la séparation, car le prophète a dit : « Ne partez jamais

---

(1) Les Arabes placent leurs cartouches dans l'intérieur de roseaux coupés.

qu'un jeudi et toujours en compagnie ; seul, un démon vous suit; à deux, deux démons vous tentent; à trois, vous êtes préservés des mauvaises pensées, et, dès que vous êtes trois, ayez un chef. »

Comme l'on quittait Mételli, la caravane a rencontré la belle *Messaouda,* dont le nom veut dire heureuse, le cheik Salah et sa fière jument. Les yeux ont été réjouis par une jeune femme, par un beau cavalier, par un beau cheval. S'il plaît à Dieu, le voyage sera heureux, car au départ Dieu avertit toujours ses serviteurs par un présage ; mais il faut être prudent, « car celui qui met la tête dans le son sera becqueté par les poules. »

Il faut écouter les conseils de Cheggueun, les retenir religieusement, se fier en lui; son œil est toujours en éveil, et à l'heure du repos sa vigilance redouble. « Au premier bivouac, comme les voyageurs cédaient au sommeil, ils furent éveillés par une voix forte qui criait: « Eh! les gardes ! dormez-vous » C'était Cheggueun, qui, de la porte de sa tente, avait fait cet appel. — Nous veillons, répondirent les gardes. — Et le calme reprit. Une heure après, la même voix les éveilla encore, et d'heure en heure il en fut ainsi jusqu'au matin. »

La caravane avançait toujours, mais, à mesure qu'elle gagnait vers le sud, la prudence de Cheggueun devenait plus grande, et aux précautions ordinaires il en ajoutait d'autres encore. Il se leva plusieurs fois pendant la nuit pour tenir les gardes éveillés et pour crier lui-même d'une voix forte aux maraudeurs qui pouvaient être tentés de l'attaquer :

« O esclaves de Dieu, vous entendez, celui qui tourne autour de nous tourne autour de la mort !

« Il n'y gagnera rien et ne reverra pas les siens !

« S'il a faim, qu'il vienne, nous lui donnerons à manger !

« S'il a soif, qu'il vienne, nous lui donnerons à boire !

« S'il est nu, qu'il vienne, nous le vêtirons !

« S'il est fatigué, qu'il vienne se reposer !

« Nous sommes des voyageurs pour nos affaires et nous ne voulons de mal à personne. »

Grâce à toutes ces précautions, l'on arriva heureusement jusqu'à l'Oued-el-Hameur, le rendez-vous des voleurs et des coureurs d'entreprises. En ce lieu, la vigilance fut plus grande encore, et Cheggueun dit aux voyageurs :

« Ne parlez que très-bas, ou ne parlez point du tout. C'est ici qu'on peut dire : Le silence est d'or.

« Liez la bouche de vos chameaux, et, quand ils seront couchés, évitez de passer auprès d'eux, pour que les mugissements qu'ils pousseraient à la vue de leurs maîtres ne donnent point l'éveil à l'ennemi.

« Il faudra, cette nuit, vous contenter de dattes ; nous ne ferons point de feu, nous n'irons point à l'eau ; les traces de nos pas pourraient nous déceler, si même des espions embusqués ne nous voyaient pas ; ne battez pas le briquet, les étincelles nous trahiraient ; ne fumez point, la fumée du tabac s'évente à de grandes distances, quelques hommes la sentent à deux ou trois lieues.

« Préparez vos armes, et que tout le monde veille, car les voleurs disent :

La nuit, c'est la part du pauvre,
Quand il est courageux. »

De halte en halte, la caravane atteignit à Guelea, à sept journées de Timi-Moun, l'une des villes de la grande oasis du Touat. Là, pendant de longs jours, elle se repose sous les ombrages des palmiers dans les jardins délicieux où, chaque soir, cette population aux mœurs faciles vient chercher la fraîcheur et la joie. Là, les vieillards disent *à ceux du printemps* : Allez, allez, jeunes gens, vous amuser avec les jeunes filles. A Guelea, l'hospitalité est une règle pour tous, et la veille du départ Bou-Bekeur, l'un des habitants, réunit les voyageurs dans un repas d'adieu.

Comme ils demandaient à leur hôte de leur faire amener son fils, enfant plein de grâce et de vivacité : — Il dort d'un profond sommeil, leur répondit Bou-Bekeur, — et ils n'insistèrent pas davantage.

« Le repas fut abondant, les causeries très-animées ; on y parla beaucoup des chrétiens et de la guerre ; on disait que les armées étaient innombrables comme le vol d'étourneaux en automne, les soldats enchaînés ensemble, alignés comme les grains d'un collier, ferrés comme des chevaux ; que chacun d'eux portait une lance au bout de son fusil et sur le dos un bât qui contient ses provisions, qu'à tous ils ne faisaient qu'un seul coup de fusil ; on vantait leur justice, les chefs ne commettaient point d'exactions ; devant les cadis, le pauvre valait le riche. Mais on leur reprochait de manquer de dignité, de rire même en disant bonjour, d'entrer dans les mosquées sans quitter leurs chaussures, de ne point être religieux, de laisser à leurs femmes une trop grande liberté, de se faire leurs complaisants, de boire du vin, de manger du cochon et d'embrasser leurs chiens.

« Le lendemain, au point du jour, quand ils quittèrent leur hôte, il leur parla ainsi : « Lorsque je vous ai dit hier au soir : Mon fils dort d'un profond sommeil, il venait de se tuer en tombant du haut de la terrasse où il jouait avec sa mère. Dieu l'a voulu ; qu'il lui donne le repos. Pour ne pas troubler votre festin et votre joie, j'ai su contenir ma douleur, et j'ai fait taire ma femme désolée en la menaçant du divorce ; ses pleurs ne sont point venus jusqu'à vous, mais veuillez ce matin assister à l'enterrement de mon fils et joindre pour lui vos prières aux miennes. »

Ces paroles furent accueillies par les Arabes avec un sentiment de douleur mêlé d'admiration, et tous allèrent religieusement enterrer le pauvre enfant. « Telle est la loi de l'hospitalité. Un hôte doit éloigner de sa maison toute douleur, toute querelle, toute image de malheur qui pourrait troubler les heures de ses amis; le prophète, qui a donné ces paroles, a dit encore : Soyez généreux envers votre hôte, car il vient chez vous avec son bien; en entrant, il vous apporte une bénédiction; en sortant, il vous emporte vos péchés. »

De Guelea, l'on alla coucher au marabout de Sidi-Mohamed-ou-Allal, au milieu des dattiers que Sidi-Mohamed avait plantés lui-même. C'est le marabout Sidi-Mohamed qui disait à ses serviteurs : « Méprisez cette terre, qui ne vaut pas l'aile d'un moucheron, et maudissez les biens du *Chitann* (Satan). Sidi-Mohamed était du reste un homme de Dieu célèbre par les légendes pieuses qu'il aimait à raconter. En voici une, entre autres, que le voyageur ne manque jamais de rappeler à celui qui, pour la première fois, s'arrête auprès du marabout vénéré, dernière demeure du saint homme :

« Un jour, Sidna-Aïssa (notre seigneur Jésus-Christ) fit rencontre du *Chitann* (1), qui poussait devant lui quatre ânes lourdement chargés et lui dit :

« — Chitann, tu t'es donc fait marchand ?

« — Oui, seigneur, et je ne puis pas suffire au débit de mes marchandises.

« — Quel commerce fais-tu donc ?

(1) Le démon.

« — Seigneur, un excellent commerce : voyez plutôt.

« Des quatre ânes que voici, et que j'ai choisis entre les plus forts de la Syrie, l'un est chargé d'injustices ; qui m'en achètera ? les sultans.

« L'autre est chargé d'envies ; qui m'en achètera ? les savants.

« Le troisième est chargé de vols ; qui m'en achètera ? les marchands.

« Le quatrième porte à la fois, avec des perfidies et des ruses, un assortiment de séductions qui tiennent de tous les vices ; qui m'en achètera ? les femmes.

« Méchant, Dieu te maudisse ! reprit Sidna-Aïssa.

« — Que m'importe, si je gagne ? répliqua Chitann.

« Le lendemain, Sidna-Aïssa, qui faisait sa prière au même endroit, fut mis en distraction par le jurement d'un ânier dont les quatre ânes, accablés sous la charge, refusaient la route. Il reconnut Chitann.

« — Dieu merci ! tu n'as rien vendu ? lui dit-il.

« — Seigneur, une heure après vous avoir quitté, tous mes paniers étaient à vide ; mais, comme toujours, j'ai eu des difficultés pour le paiement.

« Le sultan m'a fait payer par son khalifa, qui voulait tromper sur la somme ;

« Les savants disaient qu'ils étaient pauvres ;

« Les marchands et moi nous nous appelions voleurs ;

« Les femmes seules m'ont bien payé sans marchander.

« — Et cependant je vois que tes paniers sont pleins encore, objecta Sidna-Aïssa.

« — Ils sont pleins d'argent, et je le porte au kadi (à la justice), répondit Chitann en pressant ses ânes.

« O mes frères, ajoutait Sidi-Mohamed-ou-Allal, l'homme libre, s'il est cupide, est esclave ; l'esclave est libre, s'il vit de peu.

« Pour vous reposer, choisissez les tentes ; pour demeure dernière, les cimetières ; nourrissez-vous de ce que produit la terre ; désaltérez-vous à l'eau courante, et vous quitterez le monde en paix. »

La caravane arriva à Timi-Moun, après trois jours de marche. Dans le trajet, elle s'était arrêtée à un autre marabout, celui de Sidi-Mohamed-Moul-el-Gandouz, où l'on déposa, selon l'usage, l'offrande du voyageur. L'affamé trouve là sa nourriture, et nul n'y mange plus que sa faim, on n'y boit plus que sa soif, car il périrait en route. Il n'y a pas de gardiens pour surveiller les provisions ; pourtant on ne cite pas d'exemples d'un indiscret ayant abusé de l'hospitalité de Dieu. « Et cela se passe au milieu du Sahara, loin des yeux des hommes ; mais Dieu est partout. »

A Timi-Moun, Cheggueun conduisit les voyageurs chez Sid-el-Adj-Mohamed-el-Mahadi, ils lui firent des présents d'usage, attendant, selon ses conseils, la caravane de Tidi-Keult pour se rendre avec elle à Insalah. Le pays de Touat, que la caravane venait d'aborder au nord-est, est borné à l'ouest par le Maroc, et s'étend jusqu'au grand désert au sud. Le Djebel-Batten le borne sinueusement à l'est dans toute sa longueur. Le Touat est une vaste succession d'oasis entrecoupées de plaines sablonneuses ; on y compte, disent les Arabes, autant de villages que de jours dans l'année, et l'on y rencontre deux populations de races et de mœurs distinctes : les gens du Touat proprement dit, d'origine berbère, qui ont eu de nombreuses alliances avec les Nègres, habitent presque tous les villes et les bourgades ; les Arabes campent en tribus sous la tente. Timi-Moun est la capitale d'une des cinq circonscriptions : elle est fortifiée et divisée en neuf quartiers ; elle a sept grandes places, et chaque rue est affectée à un genre spécial de commerce. Il s'y fait un très-grand nombre d'opérations d'échange.

La caravane de Tidi-Keult arriva après onze jours d'attente. Les deux *khrebirs* réunirent les voyageurs, et, après leur avoir parlé, ouvrant le livre de Si-Abd-Allah et l'élevant à la hauteur de la tête : « Jurez par ce livre saint, dirent-ils, que chacun est le frère de tous, que tous nous ne faisons qu'un seul et même fusil, et que, si nous mourons, nous mourrons tous du même sabre ; » — et tous ils le jurèrent de la bouche et du cœur.

Le départ fut fixé au lendemain. Pendant la route, un nommé Mohamed, qui avait bu de l'eau à même la peau de bouc et sans lui faire prendre l'air un moment dans une tasse, fut atteint d'une fièvre violente et de diarrhée. L'on consulta Cheggueun ; il lui fit avaler une décoction de *henna*, qui soulagea presque immédiatement le malade, et pendant ce temps il lui disait : — Il faut savoir souffrir la soif en voyage ; les buveurs ne vont pas loin ; ils sont comme les grenouilles : à peine sortis de l'eau, ils meurent. Ne les emmenez point en caravane ; c'est autant de pâture pour les oiseaux de proie et les chacals.

Près d'Insalah, la caravane de Tidi-Keult se trouvait dans son pays, et les marchands de cette caravane traitèrent les voyageurs de Mételli comme des hôtes. Insalah est une ville de cinq à six cents maisons, avec une casbah, mais sans muraille d'enceinte. Une source nommée la *Source du fils de Jacob* prend naissance au centre et l'alimente : du côté du sud, des vergers et des plantations de dattiers dominent la ville ; mais, sur les autres côtés, les sables chassés par le vent s'amoncellent jusqu'au pied des maisons. Insalah, Cheggueun avait retrouvé une de ses femmes. C'était une jeune fille de sang un peu mêlé, *dorée comme le soleil*, et dont la taille était d'une souplesse et d'une élégance admirables ; ses yeux étaient noirs comme la nuit *sans lunes et sans étoiles*. Pendant l'absence de son mari, elle demeurait chez son père.

Chaque jour, l'on attendait une autre caravane qui devait renforcer la troupe voyageuse de cent cinquante hommes et de six cents chameaux, la caravane d'Amedry. Les marchands de toutes les caravanes réunies demandèrent alors à Cheggueun de se mettre à leur tête.

« O mes enfants ! leur dit Cheggueun, je serai volontiers votre *khrebir*, et, s'il plaît à Dieu, je vous mènerai en bonne route, où ni vous ni vos chameaux n'aurez faim ni soif. Je m'en charge, je me charge encore de vous faire traverser en paix le pays des Touareug; mais, vous le savez, ils sont injustes, orgueilleux et forts : il vous faudra les flatter. N'oubliez pas le proverbe :
« Si celui dont tu as besoin est monté sur un âne, dis-lui :
« Quel beau cheval vous avez là, monseigneur ! »
« Ils sont avides et méchants; il vous faudra les acheter : ces dépenses-là vous regardent. Mais écoutez-moi : quand je vous dirai avec mon œil : Donnez, — préparez un cadeau; quand je vous dirai : Veillez, — ouvrez les yeux et les oreilles. Retournez donc à votre camp, achevez vos préparatifs, et revenez tous dans deux jours; nous partirons le troisième au matin. »

La caravane marcha dans les sables jusqu'à la chaîne du Djebel-Mouydir, succession de mamelons peu élevés, sablonneux ou pierreux, coupés de ravins et de petites plaines, la plupart arrosées par des sources. Cette chaîne s'étend jusqu'aux montagnes de Foucas, à l'est; dans le sud, jusqu'aux montagnes d'Hoggar, le pays des Touareug.

Les Touareug, qu'on appelle vulgairement *les Voilés*, se sont répandus de temps immémorial dans le pays inhabité depuis le Sahara au nord jusqu'au Niger au sud, et depuis le sable qui vient de l'Océan à l'ouest jusqu'à l'Abyssinie à l'est. Ils se rasent la figure et les moustaches, et portent des cheveux si longs, qu'ils sont quelquefois forcés de les tresser. Une longue *chechia* couvre leur tête, fixée par une *étoffe de soie noire qui se rabat sur la figure et leur sert de voile*, car, disent-ils, des gens comme nous ne doivent pas se montrer. Leurs armes sont une longue lance à large fer, des javelots de six à sept pieds, dont la pointe est doublée de crocs recourbés, qu'ils portent attachés en faisceau sur le devant du *mahari* (chameau de pur sang) ; le bouclier rond, maintenu au bras gauche par des lanières de cuir et fait de peau de buffle ou d'éléphant du Soudan ; le poignard, qu'ils renferment dans une gaîne appliquée sous l'avant-bras gauche, où il est attaché par un cordon, de manière que le manche de l'instrument, qui vient se fixer au creux de la main, soit toujours facile à saisir et ne gêne en rien le mouvement ; ce poignard ne les quitte ni le jour ni la nuit. Quelques chefs seuls ont des fusils. Toutes ces armes sont à craindre ; mais la meilleure, c'est le sabre, le large sabre.

« Les balles et le fusil trompent souvent.

« La lance est la sœur du cavalier, mais elle peut trahir.

« Le bouclier, c'est autour de lui que se groupent les malheurs.

« Le sabre, le sabre, c'est l'arme du Targui, quand le cœur est aussi fort que le bras. »

Grâce à Cheggueun, qui avait là encore une femme et des enfants, la caravane franchit heureusement ces défilés, où elle s'allongeait, chameau par chameau. Protégée par Ould-Biska, le chef de cette vaillante tribu de pillards, elle traversa sans encombre le pays de Touareug, admirant la beauté des eaux et ces moutons qui n'ont point de laine et dont l'énorme queue traîne à terre (1), mais toute tremblante au récit des effrayantes actions des Touareug. Une seule histoire, celle d'Ould-Biska lui-même, fera juger des mœurs sauvages de cette tribu. Kreddache, qui était avant Ould-Biska le chef des Toua-reug, fut tué dans un combat par Ben-Mansour, de la tribu des Chambas. A cette nouvelle, il y eut deuil dans le Djebel-Hoggar, et chaque noble prononça ce serment : « Que ma tente soit détruite, si Kreddache n'est pas vengé ! » Kreddache laissait une femme grande et belle, au cœur vaillant. Bien souvent, Fetoum avait suivi le cheik en razzia, animant du geste et de la voix les combattants, souffrant comme un homme la faim, la fatigue et la soif. Selon la loi, elle devait commander jusqu'à ce que son fils eût l'âge du pouvoir ; mais celui qu'elle épouserait commanderait avec elle, et tous briguaient sa main. Comme un jour de conseil elle avait dit : « Mes frères, celui de vous qui m'apportera la tête de Ben-Mansour m'aura pour femme, » le soir même toute la jeunesse de la montagne, armée en guerre, la saluait en lui disant : « Demain, nous partons pour aller chercher ton présent de noces. — Et je pars avec vous, » répondit-elle.

Ould-Biska commandait la troupe. Pendant de longs jours et de longues nuits, ils marchèrent vers le nord, où s'étaient retirés les Chambas. Arrivés à dix lieues seulement de l'endroit du campement, ils se cachèrent, du soleil couchant au soleil levant, dans les ravins.

« La nuit suivante, ils reprirent la plaine au trot allongé de leurs maharis ; à minuit, ils entendirent devant eux les aboyements des chiens ; un moment après enfin, à la clarté

(1) Il y en a un de cette race au Jardin des Plantes.

des étoiles, quinze ou vingt tentes leur apparurent au pied d'un mamelon.

« Voici le douar de Ben-Mansour, dit au chef de la bande le chouaf (éclaireur) qui l'avait guidé. — Ould-Biska jette alors le cri du signal, et tous les Touareug, en criant comme lui, s'élancent sur les tentes.

« Le sabre but du sang pendant une heure. De tous les Chambas, cinq ou six seulement, les plus heureux et les plus agiles, s'échappèrent; encore Ould-Biska, d'un coup de lance, arrêta-t-il un des fuyards.

« Au jour levé, Fetoum fit fouiller les tentes bouleversées; sous chacune, il y avait des cadavres : hommes, femmes, enfants, vieillards, elle en compte soixante-six. Par la grâce de Dieu, un pauvre enfant de huit ou dix ans n'avait pas été massacré; un Targui l'avait trouvé, sous une tente abattue, blotti entre deux outres en peau de chèvre; il n'était point blessé, mais il était couvert de sang.

« — Connais-tu Ben-Mansour ? lui demanda Biska.

« — C'était mon père.

« — Où est-il ?

« — S'il est mort, il est là derrière ce buisson; il m'emportait en fuyant, un de vous l'a frappé, nous sommes tombés ensemble.

« Tout ce sang est de lui, ajoutait-il en pleurant, et sa main soulevait son burnous ensanglanté.

« Fetoum, c'est moi qui l'ai tué, s'écria Biska. Mes frères, ajouta-t-il ensuite en s'adressant aux Touareug qui se pressaient autour de Fetoum, cette nuit nous a fait de grands ennemis, épargnons cet enfant; une générosité en appelle une autre.

« Au même instant, deux *Soukmarem* (fraction des Touareug) arrivèrent apportant le corps de Ben-Mansour, l'un par les pieds, l'autre par la tête; la foule s'ouvrit devant eux pour leur donner passage, et se resserra bientôt plus pressée pour voir le cadavre qu'ils avaient déposé sur le sable devant Fetoum. C'était un homme de race, tout à fait blanc; la lance d'Ould-Biska l'avait frappé dans le dos et était sortie par la poitrine.

« Fetoum immobile, mais les lèvres contractées, le regardait avidement.

« — Ould-Biska, dit-elle, je suis à toi comme je l'ai promis, mais prends ton poignard, finit d'ouvrir le corps du maudit, arraches-en le cœur et jette-le à nos lévriers. — Et il fut fait comme elle avait ordonné ; les chiens des Touareug ont mangé le cœur du chef des Chambas. »

C'est à l'aide des chameaux nommés maharis que les Touareug accomplissent ces admirables coups de main ; car, dit le proverbe :

Les richesses des gens du Tell, ce sont les grains,
Les richesses du Saharien, ce sont les moutons,
Les richesses des Touareug, ce sont les maharis.

« Le mahari (1) est beaucoup plus svelte dans ses formes que le chameau vulgaire ; il a les oreilles élégantes de la gazelle, la souple encolure de l'autruche, le ventre évidé du lévrier ; sa tête est sèche et gracieusement attachée à son cou ; ses yeux sont noirs et saillants ; ses lèvres, longues et fermes, cachent bien ses dents ; sa bosse est petite, mais la partie de sa poitrine qui doit porter à terre lorsqu'il s'accroupit est forte et protubérante ; le tronçon de sa queue est court ; ses membres, très-secs dans leur partie inférieure, sont bien fournis de muscles à partir du jarret et du genou jusqu'au tronc, et la face plantaire de ses pieds n'est point large et n'est point empâtée ; enfin, ses crins sont rares sur l'encolure, et ses poils, toujours fauves, sont fins comme ceux de la gerboise. »

Le mahari supporte mieux que le chameau la faim et

(1) Dans une course dans le sud, j'ai vu des maharis, et j'ai pu ainsi vérifier moi-même l'exactitude de cette description.

la soif. Le chameau crie à la douleur ; plus courageux, le mahari ne la trahit jamais et ne dénonce point à l'ennemi l'embuscade ; aussi la naissance et l'éducation de ces précieux animaux est-elle entourée des plus grands soins. Le jeune mahari a sa place dans la tente, les enfants jouent avec lui, il est de la famille ; l'habitude et la reconnaissance l'attachent à ses maîtres, dans lesquels il voit des amis. Au printemps, on coupe tous ses poils, et, de cette circonstance, il prend le nom de *bouketaa* (père du coupement). Pendant toute une année, il est libre et ne quitte qu'au printemps suivant, lorsqu'on le sèvre, le nom de *bouketaa* pour prendre celui de *heug* (1). C'est alors que son éducation commence. On lui met un licou dont la longe vient en travers de ses pieds, et on le laisse entravé jusqu'à ce qu'il ait compris ce qu'on veut de lui, et qu'il reste un jour tout entier sans faire un mouvement à la place où l'aura mis son maître. Puis le *heug* est soumis à d'autres épreuves : on rive à sa narine droite un anneau de fer qu'il gardera jusqu'à sa mort ; cet anneau lui tient lieu de mors ; on y ajoute la *rahhala*, sorte de selle dont l'assiette est concave, le dossier large et haut, le pommeau élevé, mais échancrée de la base à son sommet. Le cavalier est assis dans la *rahhala* comme dans une tasse, le dos appuyé, les jambes croisées sur le cou du mahari et assurées par leur pression même dans les échancrures du pommeau. Le moindre mouvement sur la narine imprime à l'animal une douleur si vive, qu'il obéit passivement ; il oblique à gauche, il oblique à droite, il recule, il avance, et s'il est tenté par un buisson et qu'il se baisse pour y toucher, une saccade

(1) Du verbe *hakeuk* : il a reconnu, il s'est assuré ; ce qui veut dire que le mahari de deux ans commence à être raisonnable.

un peu rude l'oblige sur-le-champ à prendre une haute encolure; enfin, lorsque le *heug* sait s'arrêter, quelque vitesse qu'il ait prise, quand son cavalier tombe ou saute de la *rahhala ;* si le *heug* sait tracer un cercle étroit autour de la lance que le cavalier plante en terre et reprendre le galop dès qu'elle est enlevée, son éducation est complète, il peut servir aux courses ; ce n'est plus un *heug*, c'est un *mahari*. Telle est l'éducation de ces coursiers du désert, dont la rapidité merveilleuse, la sobriété, l'énergie et le courage rendent faciles ces entreprises que l'on traiterait de fables, si l'on ne savait que le mahari permet de les accomplir. C'est, comme nous le disions, la grande fortune des Touareug dont la caravane traversait le territoire.

La marche était longue et pénible ; mais enfin l'on arriva au point culminant de la montagne. La caravane avait à ses pieds une pente abrupte et couverte de broussailles. Les yeux se perdaient vers le sud dans la plaine jaunâtre, aussi loin qu'ils pouvaient aller. « Alors, dit le narrateur arabe, pour la première fois je compris l'immensité de cette parole : Bénissez le Seigneur autant que les sables sont étendus. » Le lendemain, Ould-Biska faisait ses adieux à la caravane.

Après bien des marches encore dans des plaines sans fin, où l'œil exercé du *pilote* savait retrouver la route à ces signes qui échappent à tout autre, la troupe voyageuse atteignit ces montagnes qu'elle avait longtemps aperçues comme des points bleuâtres à l'horizon, ces montagnes habitées par les peuplades nègres, sentinelles avancées du Soudan. Là, croît en abondance le *hachich*, dont l'ivresse se vend à Tunis et à Tripoli ; là se trouvent ces arbres semblables à nos peupliers, d'où découle la gomme blanche, — *oum-el-nam* (la mère du monde), espèce de figuier à essence résineuse que l'on brûle comme un parfum, et cet arbuste au large fruit qui, pilé dans un mortier, forme une pâte tenant lieu de beurre dans la cuisine des Arabes ; enfin, le *bjady* dont la feuille, pareille à celle du chou, donne un goût de citron aux aliments avec lesquels on la fait cuire.

L'on approchait d'Aguedez, la première grande ville du Soudan. La caravane ne fit que traverser cette ville, et il fallut bien des jours de marche encore pour atteindre Kachna, terme du voyage. Kachna est située dans une plaine marécageuse, traversée par une petite rivière et bien cultivée. De nombreuses plantes inconnues à l'Afrique du nord poussent dans cette plaine. Kachna est la capitale du royaume d'Haoussa, conquis depuis trente-cinq ans par les Foullanes, race blanche musulmane, qui impose à ces peuples sa religion et sa domination. A l'arrivée, l'hommage habituel fut rendu par les principaux de la caravane à Mohamed-Omar, qui commande à Kachna comme *serki* (lieutenant) du sultan Bellou, dont la résidence est Seketou.

« La maison d'Omar est immense ; des gardes veillaient à la porte, où vint les recevoir un intendant nommé Abouky-Euzerma.

« Dans la cour principale étaient enchaînés deux lions à crinière noire, mais faits au bruit sans doute ; largement nourris d'ailleurs, ils dormaient couchés à terre, la tête sur leurs pattes, et ne semblaient point les voir ; il en fut ainsi d'un éléphant libre et familier, auquel un esclave donnait à manger de l'herbe fraîche et des feuilles de maïs ; mais ils effrayèrent des autruches, qui partirent au galop en battant des ailes, et, par une porte latérale, gagnèrent le jardin.

« *L'oukil* les introduisit enfin dans une vaste salle appelée *guidan-serki*, c'est notre *hakouma* (salle de réception). Omar y était assis sur une estrade recouverte avec des tapis du Maroc et garnie de coussins en peaux tannées, bariolées de diverses couleurs.

« Sur les quatre faces, les murailles étaient ornées de peaux de lion et d'antilope, de dépouilles et d'œufs d'autruche, d'arcs et de flèches, de larges sabres et de lances, d'instruments de musique et de pièces d'étoffes écarlates, çà et là des oiseaux divers étaient grossièrement peints en rouge, jaune et noir.

« De chaque côté de l'estrade, et au-dessous d'Omar, les chefs de son gouvernement et ses secrétaires étaient assis par terre sur des nattes; tous avaient la tête nue et rasée; le chef seul était coiffé d'une haute *chechia* rouge; il était vêtu d'un ample pagne à larges manches, rayé bleu et blanc, recouvert par deux burnous, l'un bleu ciel et l'autre rouge; ses jambes étaient nues, et je pus remarquer qu'il n'avait point de culotte.

« Aux portes de l'*hakouma*, de nombreux chaous et des esclaves noirs maintenaient les curieux, et la musique jouait dans la cour.

« Deux fois par jour les musiciens viennent ainsi lui faire honneur, et cet honneur est pour lui seul dans la ville. En abordant Omar, son intendant se courba respectueusement jusqu'à terre, fit le simulacre de ramasser un peu de poussière et de s'en couvrir la figure, et, se relevant, il lui baisa les mains. »

Pour les gens de la caravane, ils entrèrent avec la dignité que des musulmans et des marabouts doivent garder, mais sans ôter leur chaussure et sans saluer autrement qu'en portant leur main droite à la hauteur de la poitrine. Cela n'empêcha pas le *serki* de faire grand accueil aux voyageurs, et, sur la demande de Chegguen, il accorda la vente des marchandises, se réservant seulement l'achat des drapes moyennant un esclave par coudée, et, comme il n'avait pas assez d'argent, c'est-à-dire assez d'esclaves, le grand tambour de guerre fut battu dans la ville, et l'armée du sultan partit en chasse. Un mois après, elle revenait, ramenant une multitude d'esclaves, et, comme le sultan allait au-devant d'elle, le chef des musiciens improvisa ce chant :

« De tous les sultans qui vivent sur la terre, aucun ne peut faire face à ta poitrine. Tu es l'ami du courage et l'ami des chevaux.

« Point d'ennemi qui puisse éviter ta flèche ; tu es un enfant du bouclier, le maître de forces sans nombre.

« Le but, qui pour les autres est loin, est près de toi.

« Ce que tu demandes à l'est et à l'ouest est à tes pieds.

« Il n'est pas de terre où celui qui fuit puisse éviter ta lance.

« Celui qui se réfugie près de toi est sûr de trouver protection.

« Tu fais baigner les pieds de ton cheval dans les eaux du Dimbon.

« L'oiseau peut voler du matin à la nuit, il faut qu'il se repose dans ton empire. »

Ainsi, comme on le voit, au fond de l'Afrique, au royaume des nègres comme au royaume des blancs, des puissants, qu'ils soient rois ou peuples, trouvent toujours des flatteurs. Les esclaves attendaient l'acheteur ; ils furent choisis, et trois jours, selon l'usage, furent donnés pour les cas rédhibitoires. Avant ce temps, on peut rendre :

« Celui qui se coupe avec ses chevilles en marchant ;
« Celui dont le cordon ombilical est trop exubérant ;
« Celui qui a les yeux ou les dents en mauvais état ;

« Celui qui se salit, comme un *enfant, en dormant* ;

« La négresse qui a le même défaut ou qui ronfle ;

« Celle ou celui qui a les cheveux courts et entortillés (la plique). »

D'autres esclaves ne sont jamais achetés ; tels sont ceux d'une race particulière, anthropophage, ou ceux appelés *Kabines*, qui passent pour avoir la puissance d'absorber la santé d'un homme en le regardant, et de le faire mourir de consomption. Leurs cheveux, tressés en deux longues nattes de chaque côté de la tête, les font reconnaître.

Tous les achats étaient terminés. Partie au mois d'août, la caravane se trouvait à Kachna au mois d'avril : c'était l'époque du retour, et tous avaient hâte de se remettre en marche. Dans toute cette longue route, nous retrouvons Chegguem, le conseil de tous, le bouclier des faibles et l'appui des forts. La surveillance des Nègres était de chaque seconde. Jusqu'au milieu du grand désert, l'œil du maître ne pouvait se fermer sur ses esclaves sans craindre qu'ils ne cherchassent à s'enfuir, tant ils redoutaient d'être dévorés. Par deux fois, il y en eut qui parvinrent à rompre leurs chaînes comme l'on traversait un pays montagneux, couvert de broussailles. Heureusement pour les propriétaires, la caravane avait avec elle des *kiafats*, ces gens merveilleux qui lisent les traces, les moindres signes : quelques grains de sable foulés leur suffisent pour reconnaître, à ce qu'ils prétendent, l'âge, le sexe ; ils vont même plus loin : ils soutiennent qu'à son pas seul ils distinguent la femme de la jeune fille. Quoi qu'il en soit, dans les marais comme à travers les broussailles, un brin d'herbe une feuille froissée, leur servaient à retrouver les fugitifs, et, lorsque tous croyaient avoir fait fausse route, l'on retombait toujours, grâce à eux, sur la piste.

Tout à coup, pendant une de ces chasses, les *kiafats* s'écrièrent : « Tenez-vous prêts, un lion est ici ! — Alors plus d'un regretta sa tente ; mais tous les fusils s'armèrent. — Les pas du lion suivent les pas des Nègres, ajoutèrent les *kiafats* ; soyons hommes, car il ne peut être bien loin...... Groupés aussi serrés que possible, les voyageurs avancèrent en silence, le fusil haut, précédés par les *kiafats*, qui tout à coup se jetèrent en arrière. — Voyez ! dirent-ils. Un énorme lion dormait au pied d'un arbre, sur lequel se cachait un nègre ayant au pied, retenu par sa chaîne, son compagnon ou plutôt les restes de son compagnon à moitié dévoré. Les chameaux effrayés se sauvèrent d'abord, et quand on se glissa pied à terre jusqu'à lui, le lion avait disparu ; mais le nègre tout tremblant restait encore dans l'arbre. N'ayant pu rompre les chaînes, les esclaves n'en avaient pas moins poursuivi leur fuite. Attaqués par un lion, tous deux avaient cherché à se réfugier sur un arbre, et d'un bond l'animal affamé avait saisi le moins agile, qui, lâchant prise, était tombé la tête en bas, et avait été dévoré sous les yeux de son compagnon. Le lion alors s'était endormi. »

Ce ne fut pas la dernière aventure du retour, et il fallut la vieille expérience de Cheggueun pour guider jusqu'au port tous ces gens qu'il commandait en maître absolu, comme le capitaine à son bord, ainsi qu'il le disait lui-même.

Vous rappelez-vous cette symphonie si pleine de charme que vous avez entendue à Paris il y a quelques années ! L'Orient avec tous ses parfums, le désert et cette impression pleine de majestueuse grandeur qu'il inspire, semblaient avoir été transportés en ces notes harmonieuses. La curieuse relation rapportée par M. Daumas nous a fait retrouver ce même caractère primitif du pays, de l'Arabe et de sa nature. Le récit de Cheggueun a tout l'imprévu d'un roman, et lorsque l'on arrive à la dernière page, on se surprend à dire : « Quoi ! déjà ! » Ce n'est pas qu'il ne renferme les plus savantes et les plus curieuses recherches sur le commerce, sur la traite des esclaves et l'esclavage chez les musulmans ; mais ce qui domine surtout dans ce voyage, c'est la poésie du désert. On vit, avec Cheggueun, de la vie de l'Arabe voyageur ; on partage ses périls, ses souffrances et ses joies. Nous ne connaissons qu'une chanson saharienne qui retrace avec la même vérité cette vie nomade si chère aux tributs des hauts plateaux. Ces vers que le Saharien psalmodie dans ses longues marches sont comme un épilogue naturel au récit de Cheggueun, et ils rendront peut-être mieux que nous n'avons su le faire l'impression produite en nous par les naïves causeries du *khrebir* :

L'Arabe nomade est campé dans une vaste plaine ;
Autour de lui rien ne trouble le silence,
Le jour, que le beuglement des chameaux,
La nuit, que le cri des chacals et de l'ange de la mort.
Sa maison est une pièce d'étoffe tendue
Avec des os piqués dans le sable.
Est-il malade, son remède est le mouvement ;
Veut-il se régaler et régaler ses hôtes,
Il va chasser l'autruche et la gazelle.
Les herbages que Dieu fait croître dans les champs
Sont les herbages de ses troupeaux.
Sous sa tente, il a près de lui son chien,
Qui l'avertit si le voleur approche ;
Il a sa femme, dont toute la parure

Est un collier de pièces de monnaie,
De grains de corail et de clous de girofle.
Il n'a pas d'autre parfum que celui du goudron
Et de la fiente musquée de la gazelle.
Et cependant ce musulman est heureux,
Il glorifie son sort et bénit le Créateur :
Le soleil est le foyer où je me chauffe,
Le clair de lune est mon flambeau ;
Les herbes de la terre sont mes richesses,
Le lait de mes chamelles est mon aliment,
La laine de mes moutons mon vêtement.
Je me couche où me surprend la nuit ;
Ma maison ne peut pas crouler,
Et je suis à l'abri des caprices du sultan.
Les sultans ont les caprices des enfants
Et les griffes du lion ; défiez-vous-en.
Je suis l'oiseau aux traces passagères ;
Il ne porte avec lui nulle provision ;
Il n'ensemence pas, il ne récolte pas :
Dieu pourvoit à sa subsistance. »

LA PROVINCE D'ORAN.

Le timonnier venait de piquer trois heures à bord du *Charlemagne*, qui filait ses dix nœuds, par une belle nuit du mois de novembre 1846, en traçant sur la mer unie comme une glace son sillage de feu, lorsque le matelot placé en vigie au bossoir signala le phare d'Oran. Aussitôt chacun de monter sur le pont, heureux de voir approcher le moment où il pourrait quitter et la prison flottante et l'excellent capitaine Arnaud. — Tant que le monde sera monde, l'officier habitué à la terre préférera son cheval à un plancher solide aux bonds capricieux d'un vaisseau.

Deux heures plus tard, nous entrions dans la baie de Merz-el-Kebir, que le soleil éclairait de son premier rayon. En congé depuis deux mois, nous revoyions tous avec joie ces collines et ces montagnes, ces horizons bien connus, pour nous si remplis de souvenirs ; mais aussi quel spectacle magique ! Pas un souffle dans l'air ; l'ombre abandonnait peu à peu les montagnes. D'abord s'offraient au regard les maisons de Merz-el-Kebir, attachées aux murailles de la vieille forteresse espagnole, puis les tours démantelées de Saint-Michel et la ligne de montagnes qui, sur l'espace d'une lieue, côtoie la baie, séparant le port de la ville d'Oran; enfin le fort de Saint-Grégoire, fièrement campé à mi-côte sur la droite, au pied de Santa-Cruz, nid d'aigle bâti au sommet d'une crête aride, dominant la ville et les campagnes. Sous le feu des batteries de Saint-Grégoire, les maisons de la ville serpentent aux flancs de la colline, et viennent s'arrêter aux murailles du Château-Neuf, vaste construction élevée en face de Saint-Grégoire par les soldats de Philippe V. A l'est, sur cette ligne de falaises au pied desquelles se brise la mer, le regard découvre la mosquée, demeure des chasseurs d'Afrique, bâtie de leurs mains il y a dix ans; plus loin, sur le rivage opposé à Merz-el-Kebir, les pentes dénudées de la montagne des Lions, et, à l'horizon, les roches du cap de Fer. Sur toutes ces collines, sur toutes ces montagnes, pas un arbrisseau. A l'entrée du ravin d'Oran, on apercevait cependant un peu de verdure que l'angle de la montagne de Santa-Cruz laissait entrevoir à peine. Un frais village aux maisons blanchies se détachait aussi du milieu des jardins, au pied de la montagne des Lions, sur le bord de la mer, et une molle vapeur adoucissait les contours aigus de ces terres dont la brise nous apportait les parfums.

Appuyés, avec nos compagnons de route, sur le bastingage, nous contemplions ce panorama enchanteur. Les cris des Maltais se disputant les bagages des passagers nous rappelèrent bientôt à la réalité, mais, fort heureusement, nous n'avions pas à nous préoccuper des ennuis d'un débarquement; le canot du commandant du port venait d'accoster *le Charlemagne* pour se mettre aux ordres du gouverneur militaire de la province, que l'on croyait à bord. Officiers d'ordonnance du général de Lamoricière, qui était passé par Alger afin de recevoir les instructions du maréchal Bugeaud, nous profitâmes de son canot, et quelques coups d'aviron suffirent aux vigoureux matelots qui le montaient pour nous faire aborder.

Une heure et demie sépare Merz-el-Kebir d'Oran; au temps des Espagnols et durant les premières années de notre occupation, on suivait, pour se rendre à la ville, un sentier étroit qui, montant par des pentes constantes traversait le fort Saint-Grégoire à quatre cents pieds au-dessus des maisons d'Oran. A chaque moment, que le cheval bronchât, que la mulle butât, et l'on courait risque d'être précipité dans la mer : tous ces dangers n'existent plus maintenant. Les soldats de la garnison d'Oran, quittant le fusil au retour d'une expédition, prirent la pelle et la pioche, et, sous la direction des officiers du génie, ils taillèrent, dans le flanc de la montagne, une route large et commode où notre char-à-bancs, sans s'inquiéter des bourriquots et des piétons, luttait de vitesse avec cent carrioles accourues pour transporter les nombreux passagers au coup de canon qui avait signalé le courrier de France. Les deux *criquets*, que leur maigreur rendait plus rapides encore, nous eurent bientôt amenés au Château-neuf. C'était là que nous devions attendre le général de Lamoricière. L'usage veut que l'on choisisse un domicile, que l'on dise : « J'habite là. » Le général s'était conformé à l'usage, et il avait pris pour logement le Château-Neuf; mais celui qui eût voulu savoir en quel endroit, depuis six ans, il avait passé ses nuits aurait dû courir tous les bivouacs de la province.

I

La paix, troublée par la grande révolte de 1845, était alors complétement rétablie. Les tribus avaient de nouveau demandé merci, et une femme, selon le dicton du pays, aurait pu traverser cette province d'Oran, si rude à l'obéissance, une couronne d'or sur la tête, sans qu'un seul Arabe eût osé y porter la main. L'œuvre de guerre accomplie, un commandement vigilant et ferme maintenant la tranquillité, toutes les pensés se tournaient vers la colonisation. Ministres, généraux, députés, tous ne rêvaient que colonisation, grande ou petite, militaire ou civile, à l'aide des compagnies ou par les soins de l'État. Bref, les systèmes marchaient leur train; mais, à Oran, la colonisation par l'industrie privée était en honneur, et, dès que le général de Lamoricière fut de retour d'Alger, il donna tous ses soins aux concessions et aux concessionnaires.

L'on ne sait pas, en France, quelle était et quelle est encore, bien que leur position ne soit plus aussi considérable, la situation d'un officier-général commandant une province d'Afrique : c'est une seconde Providence. Maître absolu du pays arabe, sa volonté commande; tout cède devant un de ses ordres; son autorité ou son influence sur les Européens n'est pas moins grande : dans beaucoup de cas, sa décision a force de loi, sa recommandation est toujours puissante, et sur lui reposent la paix et la sécurité qui, seules, peuvent assurer la fortune des gens venus pour tenter le sort sur une terre nouvelle. Aussi le commandant d'une province ne doit-il pas seulement s'occuper de ses troupes et de la guerre : toute amélioration, tout projet utile est l'objet de son examen ; sans cesse, le premier, il provoque les mesures qu'il croit efficaces pour la prospérité du pays. A la fois homme de guerre et d'étude, accessible à tous, ses heures se passent dans le travail, et il ne quitte la table du conseil que pour monter à cheval et s'assurer par lui-même de l'état des choses, soit qu'il parcoure le pays arabe et s'entretienne avec les officiers chargés du commandement, soit qu'il reçoive les plaintes des chefs indigènes, ou visite et encourage les colons dans leurs travaux.

Le général de Lamoricière se proposait de parcourir ainsi toute la province d'Oran, dès qu'il aurait expédié les affaires les plus urgentes. Traversant d'abord la plaine du Sig et le village nouveau que l'on disait en souffrance, il voulait aller à Mascara, de là à Mostaganem, et revenir à Oran en longeant la mer par Arzew, les Salines et les villages prussiens de la montagne des Lions. Plus tard, dans une seconde course, il devait visiter tout l'ouest de la province; mais, en attendant que l'heure du départ fût venue, nos journées se passaient au Château-Neuf, dans l'activité et le travail.

Appelé par les Arabes le Fort-Rouge ou *Bordj-el-Hameur*, le Château-Neuf a la forme d'un vaste triangle dont la base regarde la mer au nord ; le côté de l'est domine la campagne, et celui de l'ouest la ville. Dans cette enceinte immense, bâtiments, magasins, casernes ont été élevés, soit par nous, soit par les Espagnols, et là comme dans tous les lieux où ils ont formé des établissements, ces derniers ont laissé des traces pleines de grandeur. A l'extrémité de la pointe la plus élevée du triangle, se trouve le Bordj-el-Hameur proprement dit, l'ancienne résidence des beys, la demeure du général. On arrive, après avoir gravi une pente assez raide et passé une porte voûtée, dans une cour étroite, ombragée par des mûriers. Au fond de la cour, une galerie à arceaux mauresques précède une grande salle que les beys, après s'être emparés de la ville, avaient fait élever. Sous les arcades, à droite, une porte basse s'ouvrait sur un petit jardin abrité des vents d'ouest par une muraille à châssis. De belles fleurs, des plantes grimpantes embaumaient le kiosque où les pachas venaient prendre leur repos en contemplant la ville entière qui se déroulait à leurs pieds, au milieu des ondulations du terrain. Du même côté que la petite porte du jardin, une treille aux grandes vignes s'appuyait à un bâtiment élevé d'un étage, dont la cour intérieure, entourée d'arcades supportant une étroite galerie, rappelait les anciens cloîtres. C'était là que se trouvaient les bureaux de l'état-major et le logement des officiers d'ordonnance du général, qui pouvaient, dans leurs rares moments de loisir, se promener sur une vaste terrasse voûtée dont le rez-de-chaussée servait de caserne. De cette terrasse, on découvrait les rivages de la baie, les cavernes servant de magasins à la douane, Merz-el-Kebir et la grande mer. Mélange du caractère arabe et espagnol, cette demeure portait le cachet des deux races, et l'activité française qui y régnait lui donnait encore un aspect nouveau. Le temps ne se perdait guère, en effet, au Bordj-el-Hameur ; le général prêchait l'exemple, et la nuit était souvent bien avancée quand l'heure du repos sonnait pour lui.

De service à tour de rôle, nous recevions les personnes qui venaient pour parler au général, et que, faute de temps, il lui était impossible d'écouter. Chacun s'occupait ensuite du travail dont il était chargé ; le plus maladroit, — c'était moi, — écrivait d'ordinaire sous la dictée. Le matin, M. de Lamoricière donnait ses ordres, puis l'on se retrouvait à l'heure du déjeuner, où presque toujours prenaient place quelques-uns de ceux que les affaires de service avaient amenés au Château-Neuf, car l'hospitalité était grande, et le soir comme le matin la table du général était toujours prête à recevoir les hôtes que la fortune lui envoyait. Le déjeuner fini, on passait dans l'immense pièce mauresque aux arceaux de marbre sculptés, et, tout en fumant un cigarre sans fin, le général s'entretenait avec les chefs de corps qui avaient à lui parler. Le chef d'état-major, M. le colonel de Martinprey, arrivait ensuite avec toutes ses signatures. Nul n'était plus respecté dans l'armée que le colonel de Martinprey. Sa loyauté, son courage, sa bonté bienveillante, pleine de fermeté, lui avaient attiré l'affection de tous. On aimait à entendre sa parole grave, toujours écoutée avec déférence. C'était une de ces grandes figures qui rappelait les guerriers du temps passé. Le travail de l'état-major fini, le général étudiait les questions, écrivait ou discutait les projets, montait parfois à cheval quelques instants, et, le soir venu, quand, n'étant pas de service, on se croyait libre de prendre sa volée, bien des fois il nous arrivait d'être retenus pour achever un mémoire ou un projet en train, et de ne regagner notre chambre qu'au milieu de la nuit.

Telle était la vie qui s'appelait *le repos d'Oran;* mais aussi, grâce à cette activité incessante, à la promptitude et à la rapidité de son intelligence, le général de Lamoricière, dont la ligne de conduite à cette époque était clairement tracée par des devoirs bien définis, exécutait ou préparait d'utiles projets, cherchant partout les avis ou les conseils, et souffrant qu'on lui dît et qu'on lui prouvât qu'il avait tort, lorsque *son esprit hardi se laissait aller* à l'un de ces brillants paradoxes qu'il aimait parfois à soutenir. Nous vivions tous dans l'accord le plus intime. Les compagnons les plus anciens, les plus éprouvés du général, tels que le commandant d'Illiers et Bentzmann, le capitaine philosophe, étaient les premiers à partager nos passe-temps : le capitaine Bentzmann lui-même nous permettait de railler son étude de prédilection, l'économie politique, et les graves méditations qui l'entraînaient parfois au milieu des nuages. Ainsi les heures passaient rapides, et pourtant l'on soupirait en songeant à cette paix monotone qui menaçait de se prolonger éternellement. Les causeries et les travaux du Château-Neuf nous plaisaient sans doute, mais nous aurions préféré courir les champs en pays inconnu et bivouaquer au milieu des coups de fusil. C'était aussi l'avis de deux officiers indigènes, de deux *Douairs* attachés à la personne du général : l'un, Caddour-Myloud, vrai renard, savait mieux que pas un *tondre la laine arabe*, ou, comme dit le proverbe, *pêcher en eau trouble*; mais sa finesse, son intelligence, sa connaissance des choses et des hommes, les services nombreux qu'il avait rendus et qu'il rendait encore, faisaient fermer les yeux sur bien des méfaits ;— l'autre, Ismaël-ould-Caddi, était l'un des plus braves d'entre les Douairs. Neveu de ce Mustapha-ben-Ismaël que sa valeur fit nommer général, et dont le renom est venu jusqu'en France, on retrouvait en lui le cavalier maure, tel que les conteurs espagnols se sont plus à nous représenter ces Abencérages de Grenade, qui couraient si vaillamment au danger. L'un par amour de la poudre, l'autre par l'instinct de l'homme de proie, désiraient donc, ainsi que nous le bruit et les combats. Enfin, dans le courant de décembre 1846, ordre fut donné de se tenir prêt à partir; mais ce n'était point pour une expédition bien périlleuse. Le général nous traitait un peu comme ces enfants à qui l'on donne un osselet pour distraire leur caprice : il allait nous faire parcourir, en nous promenant, ces terrains où nous ne devions rencontrer, au lieu de tribus rebelles à combattre, que des Arabes amis, accourus pour saluer le chef de la province.

Notre petite troupe eut bientôt terminé ses préparatifs de départ. Sur l'invitation du général, un compagnon se joignit à nous : c'était M. de Laussat, venu pour rendre visite à son gendre, concessionnaire de la belle terre d'Akbeil, à dix lieues d'Oran. Nous aimions tous son esprit enjoué et sérieux, sa bienveillance pleine de délicatesse; aussi nos mains serrèrent la sienne avec joie, lorsque, fidèle au rendez-vous, il vint, à huit heures précises du matin, dans la cour du Château-Neuf. Un cheval bai, le seul qu'il eût pu se procurer en toute hâte, lui servait de monture; mais sa peau transparente, sa maigreur qui criait famine, firent, séance tenante et au milieu des rires, décerner à la pauvre bête le surnom d'*Apocalypse*. Malgré le mauvais temps dont nous étions menacés, la mélancolie, on le voit, n'était guère notre fait, lorsque nous prîmes la route de Mascara.

Le général Alava, ancien ambassadeur d'Espagne à Paris, visitant Ceuta dans sa jeunesse, voulut monter sur le rempart de cette ville pour examiner la campagne; un vieil officier le retint, lui fit élever son chapeau au bout de son fusil, et aussitôt un coup de fusil partit des broussailles extérieures. « Souvenez-vous qu'ici, dit l'officier, toutes les fois qu'un Castillan se montre, il se trouve un Arabe pour l'ajuster. » Ce fut, pendant dix années, l'histoire des Français à Oran. A peine si le canon des remparts faisait respecter les Douaires et les Zmélas, qui, dès les premières années de notre occupation, étaient venus à nous. L'escorte du général était choisie dans ces tribus fameuses, et les plus illustres d'entre nos alliés avaient tenu à honneur d'accompagner le *bou-haraoua* (littéralement le *père du bâton*) tant qu'il marcherait sur leur territoire. C'était Mohammed-ould-Caddour, l'homme de fer au regard de feu; toujours le premier quand parlait la poudre, son bras frappait, sans jamais se lasser, à la voix qui le commandait; car il ne fallait pas lui demander de comprendre; comment, sans cela, aurait-il mérité le surnom de *Caddour-le-Bête*, qui servait à le faire reconnaître, tout aussi bien que celui de *Caddour-le-Brave*, dont il était également digne? Venaient ensuite Adda-ould-Athman, le *cavalier de la matinée noire*, El-Arbi-ben-Yusef, la *tête du goum*; mais le mieux reçu par le général, le plus entouré de respect par les Arabes, c'était un enfant, le fils de ce brave général Mustapha, qu'une balle kabyle avait frappé dans le bois des Flittas. Partout, sur notre route, nous devions rencontrer des souvenirs de la tribu des Douairs et aussi du noble général dont le fils marchait avec nous.

Au moment de notre départ, un vent violent d'ouest balayait des nuages. Dès que nous eûmes franchi la première lieue, nos regards ne rencontrèrent plus au loin que des terrains dénudés, depuis le fort Sainte-Croix et les crêtes arides qui s'arrêtent à l'ouest de Miserghin, jusqu'au grand lac salé, que nous laissions à droite, et aux montagnes du Tessalh, se dressant face à nous sur une ligne parallèle à la mer; car, du bassin d'Oran, l'on ne peut apercevoir la forêt d'oliviers de Muley-Ismaël. A l'est, près de la mer, on voyait des montagnes, des collines, puis de grandes nappes de terre : partout la tristesse. A mesure que nous avancions pourtant, les tentes de la tribu des Douairs se montraient plus pressées; nous entrions dans la plaine fertile de la Melata, où les Arabes laboureurs traçaient leur sillon peu profond avec une charrue semblable à celle que l'on retrouve dans les dessins des premiers âges de Rome. Nombreuses et puissantes tribus, les Douairs et les Zmélas, si l'on en croit la tradition du pays, vinrent du Maroc en 1707 au temps du bey *Bou-Chelayrham* (le père de la moustache), à la suite du chériff Muley-Ismaël; battus par le bey de Mascara, ils se soumirent, devinrent ses auxiliaires fidèles, et contribuèrent puissamment à chasser les Espagnols d'Oran. Le bey, pour les récompenser, leur donna l'usufruit du territoire des Beni-Hamer, qui s'étaient alliés aux Espagagnols, et les établit dans la riche plaine de la Melata, pendant qu'il reléguait les Beni-Hamer de l'autre côté des montagnes du Tessalah, à seize lieues au sud d'Oran. Depuis cette époque, les Douairs et les Zmélas devinrent les instruments de la puissance turque; c'était le fouet dont les conquérants se servaient pour châtier les tribus, faire rentrer les impôts ; en un mot, vassaux, ils devaient le service militaire à leur seigneur en échange de certaines immunités, et trouvaient aussi dans ce service de nombreux profits. Ils étaient devenus *marghzen* de la province. *Marghzen*, en arabe, signifie magasin, arsenal; c'est la force prise dans le pays même, et sur laquelle l'autorité s'appuie.

En 1830, lorsque l'arrivée des Français détruisit la

puissance turque, les Douairs avaient pour chef Mustapha le plus considérable d'entre eux par la naissance comme par l'illustration personnelle, car il descendait des Ouled-Aftan, une vieille famille issue des Mehal, les premiers conquérants de l'Afrique, que la politique turque avait eu l'habileté de mêler à son marghsen ; sa réputation de droiture était si grande qu'il était connu sous le nom de Mustapha-el-Haq (Mustapha la Justice). Tous regardaient sa parole comme la meilleure garantie. Jamais, en effet, Mustapha n'y manqua ; il avait promis fidélité aux Turcs : tant que le bey conserva une ombre d'autorité, il resta son serviteur ; dès qu'il nous eut engagé sa foi, il la garda loyalement jusqu'à la mort.

Si jamais vous avez vu le tableau d'Horace Vernet représentant *Abraham et Agar*, vous aurez vu la figure du vieux Mustapha. C'était la même majesté, la même grandeur ; ce nez aquilin, cette barbe blanche et ces deux yeux étroits comme l'œil de l'aigle d'où jaillissait l'éclair ; son regard fascinait : la volonté, la décision, le courage, étaient gravés sur les traits du noble vieillard ; on sentait en lui un homme que la mort frapperait avant qu'il eût plié. Telle fut aussi l'histoire de sa vie depuis le jour où les tribus arabes de la province d'Oran, délivrées du joug de fer qui pesait sur elles, se livrèrent au désordre et à l'anarchie. L'empereur du Maroc essaya alors d'établir son autorité ; mais, sur les représentations de la France, il dut rappeler les chefs qu'il avait envoyés à Mascara et à Tlemcen. Mustapha et ses Douairs avaient été les derniers à saluer comme sultan le *chériff de l'ouest* ; cependant lorsqu'en 1832, trois tribus, pour rétablir l'ordre et la sécurité, avaient proclamé le fils de Mahiddin, El-Hadj-Abd-el-Kader, chef du pays, Mustapha, dans son orgueil d'homme de race, ne put consentir à se soumettre à un homme de *zaouia* (association religieuse), et, après avoir battu par deux fois celui dont par le traité Desmichels nous fondions la puissance, voyant ses offres au général français repoussées et les pertes qu'il venait de faire éprouver à Abd-el-Kader réparées par les Français, plutôt que de courber le front devant le nouveau sultan, il renvoya sa tribu dans la plaine de la Melata, en lui commandant de se soumettre, et se retira, avec cinquante mille familles dévouées à sa fortune, dans le *mechouard* de Tlemcen (enceinte fortifiée), où les Coulouglis (1) se défendaient courageusement. En 1835 pourtant, les Douairs vinrent se soumettre au général Trézel. Un an après, Mustapha, délivré par l'occupation de Tlemren, se trouvait de nouveau à la tête de ses braves cavaliers, et commençait à nous rendre les glorieux services qui lui méritèrent l'admiration de l'armée entière.

Tous les anciens de nos colonnes d'Afrique parlent encore avec enthousiasme de cet homme à barbe blanche, et se plaisent, dans leurs récits des combats passés, à dire combien le vieillard était majestueux quand il s'avançait debout sur ses étriers d'or, ses haïks flottant au vent, et que, l'œil enflammé, il tirait le premier coup de fusil en s'écriant : *Ettlog el goum,* découple le goum. Alors tous ses hardis cavaliers partaient à fond de train, jaloux de se distinguer sous les yeux du chef redouté. « Je n'ai que deux ennemis, répétait-il souvent, Satan et El-Hadj-Abd-el-Kader. » Aussi sa joie fut grande lorsqu'au mois de juillet 1842, la colonne du général de Lamoricière quittant pour la première fois les terres de labour du Tell,

---

(1) Fils de Turcs et de femmes arabes.

son cheval foula ces plateaux du Serrssous qu'il n'espérait plus revoir. La colonne alla jusqu'aux Montagnes Bleues et bivouaqua au pied du piton de Goudjila, où Abd-el-Kader avait caché, comme dans une retraite inaccessible, les approvisionnements dérobés jusqu'alors à nos recherches. Ceux de cette course racontèrent depuis que le vieux chef monta au sommet de la montagne, et que, semblable à un prophète des premiers âges, il chargea les vents de porter à son ennemi ces paroles : « Fils de Mahiddin, cette terre n'est pas écrite au nom d'un marabout comme toi, d'un homme de *zaouia*. La conquête l'a arrachée à ceux que j'avais servis toute ma vie ; cette terre est maintenant le bien de ceux dont le bras a su la prendre ; elle ne te reviendra pas, à toi qui ne l'avais que volée. De mon sang et de mes forces, j'ai aidé les Français à reprendre leur bien. Soldat, mon obéissance ne devait être donnée qu'à des soldats. Je les ai conduits jusqu'aux portes du Sahara ; la mort peut venir maintenant, car justice sera bientôt faite de ta vaine ambition. »

Quinze jours plus tard, le marghzen rentrait à Oran, et célébrait, au bruit de la poudre, les nouvelles noces de son chef. Depuis lors Mustapha se montra moins ardent. L'heure du repos semblait venue pour lui ; il chérissait sa jeune femme, et craignait de perdre cette vie qu'il avait prodiguée jusque-là. Vers le mois de juin 1843, il se trouvait pourtant encore à cheval à la tête de ses *goums*, et, par une razzia heureuse, tombait, avec la colonne du général de Lamoricière, sur les débris de la *Smala* que M. le duc d'Aumale venait de frapper. Tandis que le général de Lamoricière retournait à Mascara, Mustapha devait regagner la plaine de l'Illill par le chemin direct, en traversant le pays des Flittas. Les chevaux étaient chargés de butin; la troupe marchait en désordre; arrivée dans un passage difficile, elle fut attaquée par des Kabyles, et, comme Mustapha se portait du côté du danger, une balle inconnue le frappa. Il tombe; aussitôt une panique s'empare de toute la troupe; le cadavre reste à terre; deux cavaliers seuls se font tuer en essayant de l'enlever; chacun fuit, et il y en eut qui arrivèrent d'une traite à Oran, à plus de quarante lieues, semant l'épouvante sur leur passage. Dépouillé par des gens de la montagne, qui ne savaient pas quel était celui dont la mort leur livrait tant de richesses, le cadavre, étendu le long d'une broussaille, fut reconnu par un courrier d'Abd-el-Kader à une blessure reçue à la main lors de la bataille de la Si-Kak. La main et la tête détachée du corps furent portées à l'émir, qui ne pouvait se lasser de contempler le sanglant témoignage de la mort de son ennemi. Il voulut que sa mère se rassasiât aussi de ce spectacle; mais Zora refusa. « De pareils trophées, dit-elle à son fils, doivent être confiés à la terre, et non promenés de tribu en tribu, comme les restes d'un homme du vulgaire. » Le tronçon du corps, racheté le surlendemain aux Kabyles, fut rapporté à Oran, où l'armée française rendit au guerrier arabe les honneurs dus à un général.

A l'heure de sa mort, durant un instant, l'âme de Mustapha sembla s'être retirée de ses cavaliers; les Douairs eurent peur, mais plus tard ils vengèrent sur l'ennemi ce moment d'effroi, car ils sont d'une vaillante race, où le courage est un titre de gloire, même parmi les femmes. L'on cite encore avec fierté dans leur tribu le nom de Bedra, qui enlevée près de Ras-el-Aïn, dans une razzia, le 22 octobre 1841, par Bou-Hamedi, refusa, lorsque le khalifat de l'émir voulut l'envoyer aux tentes de la fraction des Douairs soumise à Abd-el-Kader, d'accepter la protection de ses frères transfuges. « Votre cœur est tortueux, leur dit-elle ; vous avez abandonné le sentier de vos frères ; et la lâcheté est votre compagnie. Et toi, ajouta-t-elle en s'adressant au khalifat devant la foule étonnée de son audace, tu es semblable au voleur de nuit qui se glisse dans la tente comme un chacal. L'ombre du guerrier t'inspire la crainte ; tu n'oses attaquer les femmes sans défenseurs : devant les fusils de nos cavaliers, tu aurais fui, mais ta fuite est vaine ; quelque profonde que soit ta retraite, le bras de Mustapha saura t'atteindre. » Bou-Hamedi envoya la courageuse fille à Nedroma. Quelques mois plus tard, lorsqu'une colonne française parcourait cette partie du pays, Mustapha se présentait devant la ville et exigeait des habitants que Bedra, la fille des Douairs, fût solennellement ramenée dans son camp par les notables, tenant eux-mêmes la bride de sa mule richement caparaçonnée.

Chacun de nos pas nous rappelait des souvenirs de cette grande figure de Mustapha, dont l'ombre semble encore planer sur les Douairs, et nous prenions plaisir à les raconter à M. de Laussat, quand Ismaël-ould-Caddi, qui comprenait le français et avait suivi nos récits, se mit à psalmodier lentement ce chant que les rapsodes du pays ont composé sur la mort de l'agha.

« O malheur ! le fils de Mustapha se jette éperdu au milieu du goum, il parcourt les rangs des cavaliers et ne voit plus Mustapha, Mustapha, le protecteur des malheureux.

« Il parcourt les rangs des cavaliers et demande son père. Hélas ! l'homme héroïque, celui dont l'ascendant maintenait la paix dans les tribus, a quitté pour toujours la terre, et nous ne le verrons plus !

« Lorsqu'il s'élançait à la tête des goums, sur un coursier impétueux, l'animant des rênes et de la voix, les guerriers le suivaient en foule.

« Pleurons le plus intrépide des hommes, celui que nous avons vu si beau sous le harnais de guerre, faisant piaffer les coursiers chamarrés d'or ; pleurons celui qui fut la gloire des cavaliers.

« Tant que les hommes se réuniront, ô Dieu miséricordieux ! ils verseront des larmes sur son trépas, ils passeront dans le deuil les heures et les années.

« Braves guerriers, poussez des gémissements unanimes sur cette mort si soudaine qui a fermé pour nous les portes de l'espérance.

« Comment est-il tombé dans les ténèbres de la mort, lui si brillant de gloire, laissant ses amis dans l'affliction, comme s'il n'avait jamais existé ;

« Comme si jamais nos yeux ne l'avaient vu ? Ah ! quelle blessure pour nos cœurs ! Il ne s'élancera plus à notre tête au jour du combat !

« Guerriers, pourquoi vous rassemblez-vous ? Qui pourrait avoir aujourd'hui la prétention de vous commander, d'égaler celui qui remplit le pays de la renommée de ses hauts faits ?

« Souvenez-vous du jour où il fut appelé à Fez par ordre du chériff ; comme il brilla parmi les grands de la cour, plus grand par ses belles actions que tous ceux qui l'entouraient !

« On reconnut en lui le sang de ses nobles ancêtres, et, pour le lui témoigner, le chériff le combla d'honneurs.

« Présents de toutes sortes, chevaux richement caparaçonnés qui semblaient composer à son coursier une escorte d'honneur, on lui offrit tout ce qu'il pouvait désirer.

« Qu'il était beau dans l'ivresse du triomphe, lorsque, sur le noir coursier du Soudan à la selle étincelante de dorure, il apparaissait comme le génie de la guerre ou le dragon des combats!

« Souverain dispensateur de la justice éternelle, tu nous l'as enlevé, et cette mort, ô mes frères ! rend intarissable le fleuve de nos larmes.

« Contemplez ces armes, ces nobles dépouilles, et devant ce spectacle de désolation, vos yeux se consumeront dans les douleurs !

« Comme les rameaux de nos jardins se dessèchent après avoir fleuri, de même, dans ces temps malheureux, les vents et la tempête l'ont emporté dans leur tourbillon.

« Il fut la gloire de notre époque ; mais le flambeau de sa maison s'est éteint depuis qu'il a mêlé sa poussière à la poussière des cavaliers qui l'avaient précédé dans le tombeau.

« Il ne reste plus personne qui puisse remplacer le lion, et ses amis consternés n'ont plus de force que pour remplir la contrée de leur désolation.

« Dieu est témoin que Mustapha-ben-Ismaël fut fidèle à sa parole jusqu'à la mort, et qu'il ne cessa jamais d'être le modèle des cavaliers. »

Au son voilé du chant monotone, nos chevaux avaient ralenti le pas, ils semblaient comprendre la tristesse du cavalier douair ; mais la mélancolie ne pouvait faire longue route avec nous. Les causeries reprirent leur entrain dès que nous eûmes chassé la tristesse et le froid à l'aide de cigarres et de la gourde du commandant d'Illiers. Un Parisien ne se doute guère, en voyant les tonnes d'eau-de-vie roulées sur le quai de Bercy, qu'il se trouve auprès du meilleur et du plus fécond encouragement de la colonisation d'Afrique. Le *trois-six*, le modeste *trois-six*, méprisé des élégants, rend la force au soldat fatigué, ranime le courage de celui qui allait s'abandonner à la peur. Quant à nous autres coureurs de grands chemins, nous le bénissions, car, sans le petit verre et ses profits attrayants, nous n'aurions pas trouvé sur les bords déserts du Tlelat une auberge en planche, où, sur la table raboteuse, l'industrieux Martin, ce maître-d'hôtel du bivouac du général de Lamoricière, bien connu de la division d'Oran, put placer quelques plats français au milieu de la *diffa* arabe apportée en l'honneur du général.

Pendant que nous déjeunions, la pluie voulut prendre part à la fête, et il fallut remonter à cheval, le capuchon du caban rabattu sur les yeux pour se garer d'une de ces averses à larges gouttes dont le ciel d'Afrique a le secret. Fort heureusement, la route traversait la forêt de Muley-Ismaël. Le terrain pierreux résistait au sabot des chevaux, tout joyeux d'avoir quitté enfin les terres grasses et boueuses de la Melata. Aux époques de guerre, la traversée de ce bois est périlleuse; on s'y est battu souvent. Nous laissâmes un peu sur la droite le tertre où le colonel Oudinot, du 2e chasseurs, trouva la mort, en 1835, dans une brillante charge à la tête de son régiment. Près du retrait d'eau que le général Lamoricière fit établir au milieu du bois, afin de désaltérer les colonnes à leur passage, on montre un vieil olivier sauvage tout couvert de petits morceaux d'étoffes et dont le pied est encombré de pierres. C'est l'arbre sous lequel s'arrêta le chériff du Maroc Muley-Ismaël, lorsque, il y a cent quarante ans, à la tête d'une cavalerie nombreuse, dont les Douairs et les Abids faisaient partie, il vint tenter la conquête du pays. Cette forêt a pris son nom de sa défaite; toute femme qui a son mari en guerre, fidèle à la croyance populaire, jette en passant une pierre au pied de l'olivier, et attache à ses branches un morceau de ses vêtements, afin de le préserver du mauvais sort.

A trois heures, nous traversions le pont de bois, et le tambour du poste saluait l'entrée du général dans le village du Sig, composé de six baraques et d'une maison en pierre. Quant aux autres habitations, elles étaient à moitié construites ou en projet, et ceux des colons que la fièvre n'avait pas menés à l'hôpital passaient leur temps à se disputer. L'année précédente, lorsque l'on construisait l'enceinte du village, tous croyaient à sa prospérité rapide. Cette partie de la plaine était saine, la terre d'une fertilité proverbiale; le canon faisait retentir les échos de la vallée, les cavaliers arabes couraient à fond de train le long des canaux d'irrigations, saluant de leurs coups de fusil l'arrivée de l'eau dans la plaine, et toute la population était dans la joie. C'était en effet un grand jour, car, sous l'habile direction du capitaine du génie M. Chapelain, l'ancien barrage turc venait d'être relevé. Rien de plus beau que cette maçonnerie, large de plus de cent pieds, élevée avec de gros blocs de pierre tirés presque tous des ruines romaines qui couvrent le sol dans un rayon de quatre mille mètres. Arrêtées entre les deux rochers par l'obstacle, les eaux se répandent sur les deux rives par deux canaux principaux portant dans tous les champs l'abondance et la fertilité. Lorsque, placé sur le petit pont d'où l'on fait manœuvrer les vannes, vous vous tournez du côté de la plaine, tandis que sous vos pieds vous entendez les eaux inutiles franchir la barrière et tomber avec fracas dans l'ancien lit, vos yeux découvrent un horizon immense, une plaine verdoyante, fertile, des collines qui se perdent dans la brume, et sur la droite, à huit lieues du Sig, les marais de la Macta et les dunes de sable se déroulant comme les mailles d'un filet. En 1841, les troupeaux des Garabas, nos ennemis, paissaient librement dans cette plaine, sous la protection des bataillons réguliers de Mustapha-ben-Tami ; mais le général de Lamoricière, qui venait de prendre le commandement de la division, ne devait pas les laisser longtemps en repos.

Dans le courant de décembre, un cavalier arabe se présenta aux portes d'Oran, demandant à parler au général. Amené au Château-Neuf, conduit en sa présence, il lui dit : — Je suis Djelloul, mon nom est connu dans le pays, et tous savent que je n'ai jamais reculé devant une vengeance. J'ai tué des hommes de tous les partis, en ce moment je viens de chez Abd-el-Kader, et je me rends à toi : prends ma tête ou mes services, la vengeance m'amène.

— Je prends tes services, dit le général; je garde ta tête pour te punir, si tu me trompes.

— Écoute, reprit Djelloul, et tu croiras. Bou-Salem, le chef des Garabas, avait une fille, et je l'aimais. Je la lui ai demandée en mariage, et il me l'a refusée : alors j'ai juré vengeance sur lui et sur les siens. J'ai quitté Abd-el-Kader et suis venu vers toi pour mettre les Garabas dans tes mains. Je reste à tes ordres, et, lorsque l'heure du châtiment sera venue, je t'avertirai.

— C'est bien, retire-toi ; tiens ta parole, et tu seras récompensé.

— Le sang de Bou-Salem sera ma récompense.

Deux semaines se passèrent, et le général n'avait plus revu Djelloul. Un soir, il donne l'ordre qu'on le lui amène. On le trouva près de la porte de la ville, dans un café maure où il se rendait chaque jour.

— Et tes promesses, tu les as donc oubliées ? lui dit le général.

— Tu es bien impatient, reprit Djelloul ; je sais bien

attendre, moi, et cependant ce n'est que ma vengeance que tu exécutes. Chaque nuit, je sors et je veille ; mais, quand la vingt-neuvième (1). Nuit sans lune sera venue, l'heure sera proche, et, s'il plaît à Dieu, je te guiderai suivant mes désirs.

La vingt-huitième nuit, Djelloul était chez le général. — Que ceux que tu commandes soient prêts demain à la nuit ; le moment est venu.

Le lendemain, à six heures, les troupes étaient sur pied, et la colonne s'ébranlait dans la direction du Sig. Au jour, pendant que les bataillons de Mustapha-ben-Tami se dirigeaient de leur côté sur Oran pour tenter un coup de main, la colonne française arrivait sur les tentes des Garabas. — Voilà l'ennemi ! s'écria Djelloul ; je te l'ai donné, maintenant je suis libre et à ma vengeance. Et l'Arabe partit en tête des cavaliers. Quand le ralliement sonna, quand le butin était épuisé, Djelloul revint, mais le dernier. — Mon bras s'est rassasié de sang, disait-il au capitaine Bentzmann, mais Bou-Salem m'a échappé. Comme je m'en revenais, pourtant, tout à l'heure, j'ai trouvé derrière un buisson le plus vieux de la tribu ; je lui avais déjà mis mon pistolet sur la tête, quand le Puissant m'a envoyé une idée. Alors je lui ai dit : — Toi, Mohammed, tu es le plus vieux d'entre les Garabas ; je te rends la vie, retourne vers Bou-Salem et les tiens, et dis-leur que c'est Djelloul qui les a livrés. Dis à Bou-Salem que ma vengeance n'est pas satisfaite. Dis-lui que, toutes les fois qu'il posera sa tête sur une pierre, il regarde dessous, pour voir si mon poignard n'y est pas.

Depuis cette époque, Djelloul s'est vengé, mais lui-

---

(1) Nuit sans lune.

même a reçu la mort dans un combat. Les Garabas soumis et fidèles cultivent maintenant en paix la plaine, et si vous leur demandez pourquoi, pendant deux heures dans la journée, et même durant une partie de la nuit, quand la lune est dans tout son éclat, le vent soulève régulièrement des tourbillons de poussière. — La ville, vous diront-ils, dont on voit les ruines de tous côtés, avait refusé de *témoigner* à la foi musulmane, lorsque les *Mehal* firent la conquête du pays. Le prophète alors envoya un vent violent, qui détruisit ses murailles et fit mourir une partie de la population. Depuis lors, une fois la nuit, une fois le jour, toutes ces âmes traversent en pleurant, les ruines de la ville, enterrées maintenant en partie sous les terres d'alluvion; de là viennent les bruits et les gémissements que ce vent fait entendre.

Le général voulait se rendre compte des causes qui arrêtaient le développement d'un village placé dans les meilleures conditions de prospérité; il fit donc annoncer qu'à partir de cinq heures il recevrait tous les colons qui auraient à lui parler. Je ne sache pas spectacle plus triste que cette audience, tenue dans la salle enfumée d'un cabaret de planches. Assis sur un méchant escabeau de bois, le général interrogeait avec bonté tous ces malheureux, pendant que, sur une table boîteuse, on prenait note de leurs noms, de leurs familles, de leurs ressources et de leurs besoins. C'était toujours la même histoire : personne qui pût employer leurs bras et leur faire gagner un salaire; les maladies, la mort décimaient leurs familles. Deux familles pourtant des montagnes des Pyrénées s'étaient tirées d'affaire : leurs terres rapportaient, elles avaient un petit troupeau, et, si elles venaient voir le général, c'était pour lui demander un bélier. Le général prit plaisir à les écouter. « Eh bien ! vous êtes heureux, disait-il à la femme ; c'est meilleur qu'en France ? — Ah ! oui, monsieur le général, répondit la bonne femme, on est bien ici, mais il y a une chose qui fait bien souffrir, allez ; c'est dur de ne pas entendre le son des cloches. » Pour qu'une colonie réussisse en Afrique, il ne faut pas, en effet, seulement songer à la chair et au corps, il faut ce qui console et rappelle les souvenirs de l'enfance, l'église et la cloche. Le premier ordre qu'expédia le général fut celui de la construction d'une chapelle à Saint-Denis-du-Sig. Un seul homme avec ces deux familles, un nommé Nassois, avait su se tirer d'embarras. Il possédait une longue et belle maison en pierre, où s'arrêtaient presque tous les rouliers qui parcouraient sans cesse la route d'Oran ; mais celui-là était un vieux routier, façonné depuis longues années à l'Afrique. Habile, énergique, industrieux, il tirait parti de tout, et, qui le croirait ? le billet de banque, grâce à lui, était connu des Arabes, non pas la banque de France, mais la banque Nassois. Un bon de lui se passait de main en main sur tous les marchés des environs comme argent comptant.

Dès que le général eut fini son interrogatoire et comparé les notes prises, sa résolution fut arrêtée. Il fallait à la petite colonie un commandement ferme et net, décidant promptement les contestations, et pourvu des ressources nécessaires pour venir en aide avant l'hiver à tous ces malheureux. Ordre fut immédiatement envoyé au commandant Charras de venir au Sig bivouaquer sous les tentes avec son bataillon. Les soldats devaient se faire chaufourniers, tailleurs de pierre, maçons et laboureurs, pour tirer cette misérable population de sa souffrance. Quelques mois plus tard, celui qui aurait traversé le Sig n'aurait plus reconnu St-Denis : ce village était transformé.

Un peu au-delà de Saint-Denis commencent les gorges des montagnes qui séparent de Mascara et de la plaine d'Eghris la vallée du Sig et de l'Habra. La nuit était noire, quand nous traversâmes ces défilés, pour gagner le pont de l'Oued-el-Hamam (la rivière du Bain), où nous devions bivouaquer ; le lendemain matin, il fallut se remettre aussitôt en route. Nous laissâmes derrière nous la petite redoute où, lors de la révolte de 1845, renfermé dans le blockhaus avec deux vigoureux compagnons, un cantinier, ancien sous-officier d'un régiment, tint tête aux Kabyles, et fut dégagé par un détachement se rendant à Mascara. La pluie recommençant de plus belle, nous quittâmes la route des prolonges, et nous escaladâmes le chemin de traverse, au risque de culbuter dans les ravins ; mais enfin la fameuse montée, baptisée par les soldats du nom de *Crèvecœur*, fut franchie, et nous rencontrâmes peu après le général Renaud, venu à la rencontre du général Lamoricière, avec un grand nombre d'officiers, de chefs arabes et le commandant de place, M. Bastoul, le Salomon de l'endroit. Nous arrivions à Mascara.

II

L'histoire de Mascara se rattache aux souvenirs les plus glorieux de la province d'Oran. En 1704, Bou-Kedach, le dey d'Alger, confia le commandement de l'ouest à l'un de ses favoris, un jeune homme de vingt-quatre ans, nommé Bou-Chelagrham (le père de la moustache). Ambitieux, actif, intelligent, Bou-Chelagrham avait juré de venger la mort de son prédécesseur, le bey Chaban, tué par les chrétiens d'Oran ; mais, avant de tourner ses armes contre l'infidèle, il voulut réduire toute la province sous son autorité. Jusqu'alors, la ville de Mazouna, située dans le Dahra, entre le Chéliff et la mer, avait servi de résidence aux beys ; mais, trop éloignés du centre de la province, ceux-ci voyaient un grand nombre de tribus échapper à leur autorité. Le premier acte du nouveau bey fut de quitter Mazouna, et de transporter le siége de la puissance turque de l'autre côté de la première chaîne de montagnes, dans un lieu appelé le *Pays des Querth*, du nom d'une tribu berbère qui l'habitait. Cette position, qui permettait aux cavaliers de Bou-Chelagrham de prendre à revers les tribus des plaines de la Mina, de l'Illill, de l'Habra et du Sig, les mettait également à portée des tribus du sud, qui, jusqu'à cette époque, avaient osé braver les ordres des beys, et, par les hauts plateaux de Sidi-Bel-Abbès, les communications des chefs turcs avec Tlemcen avaient lieu sans difficulté. Sur les derniers mamelons de la chaîne qui domine la fertile plaine d'Eghris, s'éleva donc la ville de Mascara (*Ma-Askeur*, littéralement la *mère des soldats*), qui devint la résidence des beys jusqu'au jour où ils chassèrent les chrétiens d'Oran. Mascara ne tarda pas à prospérer.

Cette ville renfermait une population nombreuse, peu morale, si l'on en croit le dicton de Mohammed-ben-Yousef le voyageur : « J'avais conduit les fripons jusque sous les murs de Mascara ; ils se sont sauvés dans les maisons de cette ville. » Ses habitants pouvaient être de mauvais drôles, mais, à coup sûr, leur position militaire était excellente ; aussi, à toutes les époques, Mascara fut regardé par les hommes de guerre comme la clé du pays, et lorsque le général Bugeaud, ayant réuni une forte colonne à

Mostaganem, était incertain s'il marcherait sur Tegdempt, le nouveau poste fondé par Abd-el-Kader à la limite du Tell, ou sur Mascara, pour s'y établir comme le conseillait le général de Lamoricière, le général Mustapha-ben-Ismaël, interrogé, fit cette réponse : « Lors de l'insurrection de Ben-Chériff (1810), il y eut un grand conseil d'hommes à barbes grises, de Turcs et d'Arabes. L'on discuta ce qu'il fallait faire : aller à Mascara, ou faire la guerre aux tribus par razzia. Les hommes bons par le conseil et les hommes bons par l'étrier furent tous d'avis d'aller à Mascara. Je n'ai pas la prétention d'en savoir plus qu'eux, et ce qu'ils disaient alors, je le dis aujourd'hui : il faut aller à Mascara, et y rester. » L'armée, cependant, partit pour Tegdempt; mais l'on fut bien forcé de revenir à l'avis du vieux Mustapha et du général de Lamoricière. Établi, durant l'hiver de 1841 à 1842, dans cette ville, sans approvisionnements, sans ressources, le général de Lamoricière dut entreprendre et sut mener à bonne fin une campagne qui assura la pacification de la province, et porta le plus rude coup à la puissance de l'émir, pendant que le général Changarnier, le *montagnard*, comme l'appelait le maréchal Bugeaud, par son audace et son énergie, amenait à merci les populations de la province d'Alger.

Bien des gens s'étonnent de la considération attachée à l'uniforme du soldat, même pendant la paix. Ils en seraient moins surpris, s'ils se rappelaient que, dans un régiment, chaque soldat est l'héritier de ceux qui l'ont précédé au danger. On sait bien aussi que la guerre d'Afrique n'est pas semblable à la guerre d'Europe ; que la souffrance y est de chaque heure. Combattez, en effet, en Allemagne ou en Italie, vous combattez des hommes, des nations où l'humanité est une loi ; le blessé est secouru, le prisonnier bien traité, et, lorsque la bataille est livrée, vos membres fatigués trouvent des abris, des maisons pour se reposer ; parfois les fêtes se rencontrent sur le passage, et les plaisirs viennent ranimer votre ardeur. En Afrique, dès que la lutte commence, plus de repos. L'ennemi est invisible, il est partout. On marche le jour, on marche la nuit, bravant la rosée froide, le soleil ardent, ou, l'hiver venu, les pluies glacées, qui s'abattent sur vous des semaines entières. Pour soutenir le corps au milieu de tant de fatigues, on n'a qu'une nourriture insuffisante qu'il faut porter avec soi, et, pour relever le courage, rien, absolument rien, toujours les mêmes visages, toujours l'isolement. Durant des mois, vous n'entendez pas une parole amie, vous ne rencontrez pas un regard qui encourage. Ces souffrances, ces fatigues, l'oubli sera leur récompense ; elles resteront inconnues, et le lendemain n'apportera que le même labeur et une force de moins. Que la fatigue brise le corps, le soldat accablé, si le général prévoyant ne le faisait relever, serait livré à la barbarie de ces tribus, que l'instinct du sang rend semblables aux bêtes fauves. Dans la guerre d'Afrique, la mort glorieuse qui arrive au bruit de la poudre n'assure pas le repos; parfois même, dans l'ardeur du combat, l'inquiétude s'empare du plus courageux, car, au milieu des hurlements de ces sauvages, il est poursuivi par l'image de son corps privé de tête, devenu le hideux trophée qu'outragent les femmes et les enfants de ses ennemis. Pour dominer une pareille vie, il faut des soldats que rien n'abatte, et que l'âme du chef remplisse. Si le succès a couronné nos efforts en Afrique, nous le devons au caractère vigoureusement trempé de nos soldats, à cette gaîté énergique qui les faisait plaisanter de leurs misères et de leurs douleurs. La campagne qui suivit l'occupation de Mascara peut donner une juste idée de ces souffrances et de l'énergie que le général de Lamoricière sut inspirer à ses troupes.

Le climat est affreux, durant l'hiver, dans cette partie du pays : neige, pluie, grêle, vents, toutes les intempéries du ciel, et, dans certaines directions, le manque de bois, pour surcroît de misères! Quand la division s'établit dans la ville conquise, il ne restait plus une maison intacte, pas un abri; on se hâta de réparer celles qui étaient en moins mauvais état pour établir les magasins et les hôpitaux, car il fallait conserver avec soin le peu d'approvisionnements que l'on avait pu apporter. La place ne pouvait être ravitaillée avant quatre mois, il n'y avait qu'un mois de vivres. « N'importe, avait dit le général Lamoricière, les Arabes vivent et tiennent la campagne, nous vivrons comme eux, et nous les battrons, » et il fut fait comme il l'avait dit. Le troupeau amené de Mostaganem fut enlevé au moment où on le conduisait au pâturage; les courses de nuit, la razzia rapide, rendirent bientôt la viande aux soldats; le biscuit dut être soigneusement ménagé, mais il y avait du blé dans le pays, enfoui, il est vrai, dans ces greniers souterrains que les Arabes nomment *silos*, on saurait le découvrir, et des moulins portatifs permettraient à la colonne de faire elle-même sa farine et son pain, et de prolonger ainsi ses sorties. Quand les renseignements des espions indiquaient un emplacement de silos, c'était vraiment un spectacle singulier que celui de ces soldats piquant le sol avec leurs baguettes de fusil, essayant une place, puis l'autre, jusqu'à ce que la terre, plus friable, cédant sous la baguette bienheureuse, eût indiqué l'étroite ouverture du silos : alors le soldat favorisé du sort recevait dix francs, et, l'administration s'emparant de ce magasin, les distributions régulières commençaient, car le blé était un spécifique universel qui, dans les mains de l'intendant, se changeait en riz, sucre, café, biscuit, que sais-je? blé-riz, tant de livres; blé-sucre, tant de livres, puis les moulins à bras tournaient, et la farine recueillie se métamorphosait en galettes entre deux gamelles, four improvisé quand le temps manquait pour établir ces fours en terre et en branchages que quelques heures suffisent à creuser. C'était une vie pénible, et j'ai peine à croire que les élégants du Café de Paris se fussent contentés de l'ordinaire de la colonne de Mascara; mais l'entrain y régnait : le succès a aussi son ivresse, et rien ne fait supporter la fatigue comme l'heureuse réussite d'un coup de main. Or, les espions étaient bien payés, les renseignements excellents, et l'on manquait rarement son coup.

Chaque jour, après dîner, le général Lamoricière interrogeait lui-même les prisonniers : un soir on lui en amène un, qui commence par s'accroupir à terre, puis, tout-à-coup, relevant la tête et le regardant fixement, s'écrie : — *Enta bou chechia, enta bou haraoua*, et il répéta constamment ces paroles avec des gestes de terreur. Il faut savoir que dans la province d'Alger, lorsqu'il commandait les zouaves, le *chechia*, coiffure tunisienne que M. de Lamoricière portait toujours, lui avait donner le surnom de *père du chechia*, de même que, dans la province d'Oran, il avait celui de *père du bâton*, ou, pour mieux dire, *père la trique*. Or, ce prisonnier était le cafetier d'un bataillon réguliers de l'émir, il avait connu le général dans la province d'Alger, et il était frappé de crainte en voyant que le *bou haraoua*, dont tous les Arabes parlaient dans le pays, n'était autre que le *bou chechia*, qu'il avait appris à redouter.

— Je te connais, lui dit le prisonnier au bout d'un instant, te rappelles-tu que c'est moi qui t'ai remis une lettre au bois des Oliviers?

— Oui, répondit le général, alors donne-moi des renseignements sur le bataillon.

— Sur Dieu ! jamais. Je serai muet.

— Fais attention, je vais faire appeler le *chaous*, et le bâton frappera.

— Frappe, je serai muet.

— Non, je ne vais pas m'y prendre ainsi avec cet homme, dit le général à ses officiers, qui assistaient à l'interrogatoire ; il est trop fanatique. Je veux vous prouver que la corruption peut tout sur les Arabes. Bentzmann, allez chercher un sac de mille francs, et versez-en la moitié sur la table.

Au bruit des pièces d'argent, les yeux de l'Arabe commençaient à s'ouvrir, et sa prunelle se dilatait à mesure que les pièces s'ajoutaient aux pièces.

— Tu les vois, dit le général, elles t'appartiennent, si tu me mènes où sont les bataillons.

— Tes gens sont-ils prêts? partons, dit l'Arabe en se levant brusquement.

— Ce n'est pas tout, reprit le général. Et il fit signe à Bentzmann de verser le reste du sac. Il me faut ta tribu.

— Je suis prêt, je te conduirai, dit l'Arabe, qui ne quittait pas l'argent du regard ; partons.

— Si tu es prêt, je ne le suis pas encore, dit le général, et je n'ai pas encore besoin de ta tribu ; mais demain, si tu me fais rencontrer les bataillons, comme je l'ai promis, la moitié de cet argent sera à toi.

Le lendemain, la colonne surprenait les bataillons de l'émir, et depuis cet homme fit faire un grand nombre de razzias au général; mais aussi le succès de ces entreprises était rendu plus facile par l'habileté de nos soldats. En peu de temps, les Français étaient devenus aussi rusés que les Arabes, et souvent ils les prenaient dans leurs piéges. Parfois, quand la colonne traversait un pays en apparence vide, et que l'on voulait attirer les Arabes qui se cachaient, on envoyait des cavaliers douairs et des spahis qui avaient ôté leur burnous rouge, leur seul uniforme alors, simuler une attaque contre l'arrière-garde. Au bruit des coups de fusil, des broussailles, des ravins, de chaque pli de terrain sortait bientôt toute la population du pays, qui venait prendre part à la fête, et recevoir ce que les soldats nomment, dans leur langage si expressif, *une bonne frottée*. « Avec du pain et des cartouches, on va jusqu'au bout du monde, disait un général de la révolution passant en revue ses troupes en guenilles. — Et les souliers donc, il n'en parle pas, celui-là, » grogna un des soldats. Les troupes du général Lamoricière auraient pu lui faire la même réponse; car bientôt souliers et culottes furent, non pas usés jusqu'à la corde, mais détruits. L'industrie était là, elle tira tout le monde d'embarras : les peaux de bœufs, fraîchement écorchés, étaient distribuées aux soldats, qui, avec des cordes d'une espèce de joncs, nommés *alpha*, se faisaient des espadrilles excellentes, et remplaçaient pour leurs culottes le drap par le cuir. Les habiles mêmes savaient très-bien choisir le cuir de résistance, celui du dos. L'activité du général de Lamoricière ne leur laissait pas une seconde de repos : grâce à l'imprévu et à l'entrain de la colonne, les quatre mois furent si bien remplis, qu'à l'arrivée du général d'Arbouville, venu de Mostaganem avec un convoi et des troupes fraîches, le coup mortel était porté au cœur même de la puissance de l'émir. Bientôt de toutes parts allait commencer la dissolution du faisceau qui formait sa puissance.

C'était, en effet, au pied de Mascara, dans la plaine des Hachems, que cette puissance, que nous avions semblé prendre plaisir à fortifier par une série de fautes, avait pris naissance. A quatre lieues de Mascara, sur le revers de la colline opposée, on voit les ombrages de Cachrou, la *zaouia* de Si-Mahiddin, père d'Abd-el-Kader, et sur la droite, tout près de la ville, Ersibia, où les chefs des trois tribus des Hachems, des Beni-Hamer et des Garabas se réunirent pour nommer un chef qui devait tirer le pays de l'état de désordre où le renversement de la puissance turque l'avait plongé; car, disaient les sages, l'Arabe a toujours besoin, pour le conduire, d'un homme qui sache manier avec une égale hardiesse le mors et le *chabir* (1). Tous les hommes influents, marabouts et guerriers, s'y rendirent à cheval, et le conseil fut présidé par Si-Larach, marabout centenaire des Hachems, que tous tenaient en respect.

A cette époque, Mahiddin, le père d'Abd-el-Kader, jouissait dans toute la contrée d'une grande considération, que lui avaient méritée sa réputation de savant, les persécutions des Turcs, et ses deux pèlerinages à la Mecque. Lorsqu'il visita pour la seconde fois le tombeau du prophète, vers 1828, il emmena avec lui son fils Abd-el-Kader, et, quand les pèlerins eurent fait leurs dévotions à la Mecque, ils se rendirent à Bagdad, où se trouve la *kobba* (tombeau)

---

(1) Tige de fer pointu qui sert d'éperon aux Arabes.

de Si-Abd-el-Kader-el-Djélalli (le sultan des hommes parfaits), en grande vénération dans toutes les contrées de l'ouest de l'Afrique. Ils étaient entrés pour prier dans une des sept chapelles au dôme doré, qui entourent le tombeau du saint, quand le saint lui-même entra dans cette chapelle, sous la forme d'un nègre, portant un panier qui renfermait des dattes, du lait et du miel. « Où est le sultan de l'ouest ? dit le nègre à Mahiddin. — Il n'y a pas de sultan parmi nous, répondit Mahiddin ; nous sommes de pauvres gens craignant Dieu, et venant de la Mecque. » Et comme ils avaient mangé une des dattes apportées par le nègre, ils se trouvèrent rassasiés. Alors le nègre, se retirant, ajouta : « Le sultan est parmi vous ; gardez souvenir de ma parole, le règne des Turcs va finir. »

Cette légende, qui avait couru le pays lors de la chute de la puissance turque, avait donné un nouveau crédit à la famille de Mahiddin, et l'on s'en entretenait dans l'assemblée arabe d'Ersibia, lorsque Si-Larrach, le marabout centenaire, raconta que, pendant la nuit, Muley-Abd-el-Kader-el-Djélalli lui était apparu, et avait causé avec lui. Un trône s'était dressé devant ses yeux. « Pour qui ce trône ? avait-il demandé. — C'est celui d'El-Hadj-Abd-el-Kader-Ould-Mahiddin. » L'assemblée aussitôt fut unanime pour reconnaître le choix que Muley-Abd-el-Kader avait fait lui-même, et l'on envoya Si-Larrach avec trois cents cavaliers à la tente de Mahiddin pour chercher le nouveau sultan. Mahiddin avait eu précisément la même vision que Si-Larrach, et lorsqu'il avait demandé à Muley-Abd-el-Kader à qui était destiné ce trône, il lui fut répondu : « A toi, ou à ton fils Abd-el-Kader. Si tu acceptes, ton fils mourra ; dans le cas contraire, tu mourras bientôt. » Lorsqu'il se fût entretenu avec Si-Larrach, Mahiddin, appelant son fils, lui fit cette question : « De quelle façon commanderais-tu, si tu devenais le sultan ? — Si j'étais sultan, répondit Abd-el-Kader, je gouvernerais les Arabes avec une main de fer, et, si la loi ordonnait de faire une saignée derrière le cou de mon propre frère, je l'exécuterais des deux mains. » Mahiddin sortit alors de sa tente avec Abd-el-Kader, et s'écria : « Voilà le fils de Zora, voilà le sultan qui vous est annoncé par les prophètes. » Et le nouveau sultan, suivi de la foule des cavaliers, fit son entrée à cheval dans Mascara, n'ayant pour tout trésor qu'un franc noué dans l'un des coins de son haïk. Le lendemain, une contribution de 20,000 boudjous, frappée sur les Juifs et les Mozabites, lui assurait les premières ressources, et, depuis lors, il plaça sous la protection de Muley-Abd el-Kader tous les actes importants de son commandement, annonçant toujours que le saint les lui avait conseillés dans la nuit.

Les tribus de la province, à l'exception des trois qui avaient nommé le fils de Mahiddin, refusèrent d'abord de reconnaître l'autorité du jeune sultan ; mais son habileté, sa réputation de justice, les audacieuses entreprises qu'il tenta, les amenèrent pourtant bientôt en grand nombre à l'obéissance. Nous avons été nous-mêmes, il faut bien le dire, les principaux instruments de sa puissance. Le traité Desmichels, en 1834, fut notre première faute. Par ce traité, où nous faisions reparaître en son honneur le titre des anciens kalifes, nous lui fournissions les moyens matériels qui lui manquaient pour asseoir son autorité. Ouvriers, poudre de guerre, armes, tout lui fut donné, et, lorsqu'à la suite de querelles de tribu à tribu il se voyait en deux rencontres battu et presque ruiné par Mustapha-ben-Ismaël et ses Douairs, nous refusions les offres de Mustapha, et nous envoyions de nouveau à l'émir des munitions et des fusils. Le traité de la Tafna vint compléter cette série de fautes, et fit naître chez Abd-el-Kader l'espoir de créer à son profit une nationalité arabe. Lorsque le nouveau sultan des pays musulmans voulut reprendre les hostilités en 1839, les idées d'organisation qu'il avait prises en traversant l'Égypte vers 1828 avaient porté leurs fruits, et il avait une armée *régulière, des serviteurs dévoués, des ressources en armes et en munitions, des places de dépôt à la limite du Serssous.* Nous voyant alors si lourds et si lents, il croyait que nous ne parviendrions jamais à l'y atteindre. Les espérances de l'émir furent déçues, et nos colonnes, devenues bientôt aussi mobiles que l'ennemi, commencèrent les opérations qui devaient amener sa ruine. Les premiers coups furent portés dans la province d'Alger, et ce fut après la campagne de 1840 que le général de Lamoricière, eut avec M. le duc d'Orléans une longue conférence, où il exposa et ses idées sur les Arabes, et son plan d'attaque. Dans la première pensée du général de Lamoricière, la province de l'ouest était la base de la puissance de l'émir; il venait du *Grheurb* (1), c'était dans le *Grheurb* même qu'il fallait l'attaquer, tout en poussant vigoureusement l'offensive du côté d'Alger. Un mois plus tard, M. de Lamoricière était nommé au commandement de la province d'Oran, et, dès les premiers jours, il commença ces razzias et ces hardis coups de main qui amenèrent le succès de nos armes. « Les Beni-Hamer et les Garabas sont mes vêtements, les Hachems sont ma chemise, » disait l'émir en parlant des trois tribus qui l'avaient proclamé sultan. C'est pour lui enlever à la fois les vêtements

---

(1) Grheurb, en arabe, veut dire ouest.

et la chemise que fut entreprise la campagne d'hiver de Mascara. Ce système, suivi cent quarante ans auparavant par les beys turcs, devait avoir le même résultat (1). Qui eût vu en effet Mascara, lorsque la colonne expéditionnaire de 1841 vint pour l'occuper, n'aurait plus reconnu la ville, s'il nous eût accompagnés en 1846. Ruinée par deux fois, Mascara n'est plus habitée maintenant que par un petit nombre d'Arabes; en revanche, sa population européenne est nombreuse, et de toutes parts s'élèvent maisons, casernes, établissements militaires qui lui donnent l'aspect d'une ville de France. Bâtie sur deux collines que sépare un ruisseau dont les eaux font tourner un moulin, entourée de jardins, d'oliviers, de vignes, d'arbres fruitiers, l'ancienne capitale de l'émir domine la fertile plaine d'Eghris. La terre des Hachems, qui s'étend à ses pieds sur quatre lieues de largeur et dix de long. Çà et là, de grands champs de figuiers coupent la monotonie de cette plaine, le regard se perd sur les longues silhouettes des collines, et, du côté de l'ouest, sur les hautes montagnes que l'on découvre par une large ouverture dans un horizon lointain, où leur sommet semble toujours flotter dans la brume.

— Le voyageur arabe Mohammed-ben-Yousef a dit:

---

(1) Lorsque nous eûmes enlevé à l'émir les places où il avait déposé ses approvisionnements, il constitua la *Smala*, c'est-à-dire une villi nomade. Là se trouvaient réunies plusieurs tribus et les familles de ses serviteurs groupés autour de la sienne; mais les Arabes qui venaient vendre des approvisionnements trouvaient à la *Smala* tout ce qui leur était nécessaire. Des Juifs, en grand nombre, fournissaient à tous les besoins. Aussi, dès que les places de pierre eurent été prises le soin le plus important fut la poursuite et la destruction de cet arsenal mobile. C'est ce que M. le duc d'Aumale accomplit par un glorieux fait d'armes en 1843.

« Si tu rencontres un homme gras, fier et sale, tu peux dire : C'est un habitant de Mascara. » Vois si la parole de Mohammed-ben-Yousef est la vérité, ajoutait Caddour-Myloud, l'officier douair, en me montrant du doigt le premier Arabe que nous rencontrions à la porte de Mascara, et il se mit à rire de ce rire silencieux que donne l'habitude de l'embuscade. Force nous fut de partager l'opinion de Caddour-Myloud, car, au milieu de cette foule bigarrée qui se pressait pour saluer le général, l'indigène de Mascara se faisait facilement reconnaître, et Dieu sait pourtant s'il y avait des Arabes déguenillés, des Kabyles aux haïks rapiécés. Pour les Européens, chacun avait la veste de son pays; du nord ou du midi, d'Espagne comme d'Italie, il y en avait de toutes terres, et, au moment où nos chevaux avaient peine à se frayer un passage dans la foule, notre compagnon de route, M. de Laussat, qui se trouvait à côté de moi, s'entendit tout à coup appeler par son nom et saluer dans le plus pur patois des Pyrénées. Étonné, il tourna la tête : c'était un Béarnais qui l'avait appelé, une figure mâle et décidée, tout heureuse de retrouver là *le monsieur*. Dès qu'il eut reconnu son compatriote, deux coups d'éperon obligèrent *l'Apocalypse* à traverser la foule, et la main de M. de Laussat serra, non sans une certaine émotion, la main de l'enfant d'un village auprès duquel il avait été élevé. Joyeux et content, ce Béarnais avait une jolie concession dans les jardins de Mascara; tout lui prospérait, et il fit promettre à M. de Laussat de venir goûter dans sa maison le vin de la récolte.

La maison de la halte se trouve sur la place, au centre de la ville, auprès d'un gros mûrier soigneusement respecté. A peine descendu de cheval, le général commença à tenir cour plénière pour l'expédition des affaires, pendant que la musique du régiment jouait ses fanfares ; car c'était jeudi, et ce jour-là les *douze* femmes de Mascara se paraient de toutes leurs parures sous le prétexte d'entendre la musique, et coquetaient du regard avec les désœuvrés de la garnison, qui, le service fini, viennent promener leurs ennuis, fumer leur cigare, et prendre leur verre d'absinthe chez Vivès, pâtissier illustre. Arrivé avec la première colonne d'occupation, sous une tente de toile, Vivès eut ensuite baraque de bois, puis pignon sur rue, et sa fortune marche de pair avec celle de la ville.

« Une pièce fausse est moins fausse qu'un homme des Hachems, » dit le proverbe arabe. Pour ne point faire mentir le dicton, les chefs des Hachems venaient de commettre quelques peccadilles qui avaient fort irrité le général de Lamoricière, et son premier soin fut de traiter cette affaire. Lorsque le chef du bureau arabe lui eut amené les coupables, le général commença par les admonester en arabe avec cette verve et cet entrain qui font de tous ses discours une charge de cavalerie. Il écouta leur réponse, traita à leur juste valeur leurs protestations menteuses, et termina le lit de justice en faisant prendre au corps, et conduire en prison, séance tenante, l'un des caïds, qui parut peu flatté de l'aventure ; puis il s'occupa de la situation des hommes et des choses avec le général Renaud et le commandant Bastoul. Le commandant Bastoul, plus connu de tous ceux qui ont été à Mascara sous le nom de *père Bastoul*, est un gros homme aux épaules carrées, au ventre bien établi. Dans sa grosse tête, et sous son large front, brillent deux yeux pleins de perspicacité et d'énergie ; aussi le nom de père Bastoul ne lui vient-il que de sa bonhomie pleine de malice et de sa réputation de justice et de bon sens, établie par maintes décisions devenues célèbres. Commandant de la place, et juge sans appel, dans bien des cas, il trouvait toujours moyen de renvoyer les plaideurs contents, et sa renommée était si grande, que les Arabes préférèrent souvent recourir à son bon sens plutôt que de s'adresser à leur cadi.

III

Nous passâmes deux jours à Mascara; puis, toutes les affaires terminées, le vin du Béarnais goûté par M. de Laussat, nous nous mîmes en route pour Mostaganem : mais, au lieu de couper en ligne droite par le chemin qui suit la ravine des Beni-Chougran, nous prîmes la route des prolonges, et marchâmes d'abord à l'ouest, afin de visiter El-Bordj (le fort), dont nos soldats relevaient l'enceinte. Nous devions y déjeuner et bivouaquer au pied de la montagne, à la fontaine dont les eaux se perdent dans la plaine de l'Habra. Caddour-ben-Murphi, agha de la cavalerie, qui était venu la veille saluer le général, nous accompagnait, faisant fête aux hôtes auxquels il allait offrir la *diffa*. C'était un grand soldat de six pieds de haut, à la figure mâle et décidée, *un maître du bras*. On sentait en lui l'énergie et l'audace d'un homme élevé dans la poudre, qui aime la guerre, et doit sa grandeur à sa force. A ses côtés, presque caché par le large trousquin de la selle arabe, le petit Murphi, son fils, charmant enfant de onze ans, à l'œil vif et moqueur, dont la petite voix savait déjà se grossir pour commander, était surveillé par un nègre fidèle qui ne le perdait pas de vue. L'esclave portait le fusil au court canon qui avait déjà lancé la balle, et servait maintenant à l'enfant pour jouer sur son cheval avec la poudre. A la limite des jardins, les officiers de Mascara échangèrent avec nous les adieux, et nous continuâmes notre route en suivant le bord de ces grandes falaises, si l'on peut parler ainsi, descendant en pentes douces jusqu'à la plaine, tandis qu'à leur sommet s'ouvrent des précipices à pic et des ravines inextricables, retraite d'une tribu Kabyle, les sauvages Beni-Chougran.

Maîtres des passages directs qui relient Mascara à Oran et à Mostaganem, ces Kabyles nous ont fait d'abord une rude guerre; puis, les *têtes de pierre* ont fini, comme les autres, par se courber sous le joug. Durs et intraitables, les Beni-Chougran passent toutefois pour fidèles à leur parole, et, en 1831, les Turcs de Mascara leur durent la vie, lorsque, les tribus de la plaine s'étant révoltées, les Kabyles les firent échapper, avec leurs richesses, par les passages des montagnes dont ils étaient maîtres. Chedly, leur ancien agha, marchait avec nous, et le bruit courait que le général de Lamoricière allait lui rendre son autorité. La longue conversation qu'il avait à l'écart avec Caddour-Myloud, *le renard*, me portait à croire que, cette fois, le bruit public était d'accord avec la vérité. Chedly était, du reste, un homme plein d'intelligence, qui avait compris toutes les ressources de notre civilisation. Par ses soins, presque tous les oliviers dont ces montagnes sont couvertes étaient greffés, et depuis deux années la pomme de terre était mangée à sa table avec le couscouss national. Chedly avait voyagé en France, et rien de plus curieux que de l'entendre vous raconter ses impressions de voyage, vous parler *des fleuves de mer* sur lesquels marchaient les bateaux de feu, et des chemins de fer. — Tu as vu la balle fuyant la poudre qui la chasse, disait-il aux siens, c'est ainsi de leur voiture de feu. — Et il imitait avec une perfection merveilleuse tous les bruits de la machine. Son œil vif, ses traits fins et rusés prouvaient qu'il avait dû tirer bon parti de ses observations, et, bien qu'il prétendît que le gaz et la façon dont il prenait feu était ce qui l'avait le plus frappé, on voyait bien que rien n'avait échappé à ses remarques; mais l'instinct défiant du sauvage lui faisait garder le silence.

La terre est un livre pour les cavaliers, disent les gens du marghzen; on y lit la trace de ceux qui ne sont plus. C'était ainsi que nos souvenirs s'égaraient à travers le pays, et, pendant que les cavaliers arabes se livraient aux joyeux exercices de la *fantasia*, j'écoutais le commandant d'Illiers raconter à M. de Laussat un de ces mille accidents de la guerre que lui rappelaient les collines et les campagnes qui se déroulaient devant nous.

Chargé du commandement d'une petite colonne mobile aux environs de Mascara, M. Bosquet, alors attaché à l'état-major du général de Lamoricière, était campé dans les jardins de Sidi-Dao, quand ses coureurs lui annoncèrent que les cavaliers rouges d'Abd-el-Kader s'avançaient vers une fraction des Hachems qui s'étaient rapprochés de nous, afin de les emmener vers le sud. Donnant aussitôt l'ordre du départ, M. Bosquet se dirrigea vers l'Oued-Traria, où se trouvaient les tentes des Hachems, en face de Mascara. Les cavaliers d'Abd-el-Kader avaient ordre de ne point engager le combat, mais seulement de s'efforcer d'entraîner les populations. Les tentes s'étendaient sur les deux rives du Traria. Du haut de la colline, on voyait les réguliers rouges de l'émir allant de tente en tente, pressant le départ. C'était une confusion incroyable : femmes, enfants, troupeaux mêlant leurs cris et leurs mugissements; mais, à mesure que nos cavaliers s'avançaient, ceux de l'émir se retiraient; on eût dit un filet que de deux côtés opposés chacun tire à soi. Enfin la dernière maille nous resta, les tentes furent rassemblées, et, sous la conduite de Mohammed-Ben-Sabeur, les Hachems vinrent bivouaquer près des faisceaux français. Cette nuit-là M. Bosquet dormit tout armé, il avait peine à croire qu'elle se passât sans rien d'extraordinaire. Par son ordre, une compagnie se tint prête à marcher, et un officier d'une bravoure éprouvée, le lieutenant Gibon, du bataillon indigène, se plaça en embuscade à un endroit qui avait été reconnu au crépuscule. Cependant tout resta calme, rien ne vint troubler le silence. Au point du jour, Mohammed-Ben-Sabeur, appelé chez M. Bosquet, reçut l'ordre de se préparer à partir pour Mascara, sous escorte, avec ses tentes. — Si tu n'as pas envie de t'en aller, ajouta-t-il, l'escorte te protégera en cas d'attaque; si au contraire tu veux fuir, j'aime mieux qu'elle te garde.

— Sois sans crainte, lui répondit Mohammed, mon cœur est droit; je viens à vous, et, en venant, je n'ai qu'une pensée. Ce que je te dis là, je l'ai dit à l'émir lui-même.

— Et où donc l'as-tu vu?

— Cett nuit, dans les touffes de lauriers de la rivière. Il m'avait fait appeler, il voulait me voir : j'ai écouté sa voix, et je m'y suis rendu. Et toi aussi, Ben-Sabeur, tu me quittes? m'a-t-il dit; pourquoi m'abandonner dans la lutte? — Je te quitte, ai-je répondu, parce que l'heure de la résistance est passée; crois-moi, tu succomberas; contre les Français, ton bras est impuissant. Pour toi, j'ai tout sacrifié : mes frères sont morts, j'ai perdu mes biens, et la pauvreté est mon partage; il ne me reste même plus un cheval pour combattre. L'heure est venue d'écouter les cris de douleur des femmes et les gémissements des petits enfants. — Le regard de l'émir était plongé vers la terre, il resta silencieux ; mais une larme coula le long de ses joues, et, se levant, il me dit : Prends ce cheval, et qu'il te porte bonheur. — Puis il me mit dans la main la bride de son cheval et se retira du côté des siens.

— L'embuscade était à cent pas de là, reprit M. Bosquet, comment ne l'as-tu pas avertie ?

— Si un ami que tu as servi longtemps était venu à toi ainsi, répondit Ben-Sabeur, l'aurais-tu trahi ? Par ton cœur, je te le demande.

— Non, dit M. Bosquet ; tu es un brave cavalier.

Et Mohammed-Ben-Sabeur partit sans escorte pour Mascara, où il arriva loyalement ; depuis il nous a toujours servis avec fidélité.

Ces pauvres Hachems avaient eu, en effet, assez de mésaventures pour désirer un peu de repos. Leur histoire est, du reste, curieuse, car elle montre l'un des côtés particuliers à la guerre d'Afrique, le *déshabillement et rhabillement* d'une tribu, si l'on peut parler ainsi. Pour ruiner une tribu, pour la dompter (la chose, quand il s'agit des Arabes, est presque toujours synonyme), il n'y a qu'un moyen, la *razzia*, le coup de main, qui fait tomber une troupe sur une population avec la rapidité de l'oiseau de proie et lui enlève sa richesse, ses troupeaux, ses grains, le seul côté vulnérable de l'Arabe. C'est par ce moyen que l'on a action sur lui, de même que, dans les guerres d'Europe, la chasse aux intérêts, car la guerre n'est pas autre chose, se fait d'une autre façon, en s'emparant des grands centres d'industrie et de production, par lesquels on est maître de la nation entière. Quelques coups de main suffisent d'ordinaire pour amener une tribu à composition ; mais de même que parmi les hommes il y en a qui ont un mauvais sort attaché à leurs pas ; de même il y a des tribus qui sont toujours frappées ou par l'un ou par l'autre. C'était le cas d'une fraction des Hachems que la colonne du colonel Géry rencontra chez les Ouled-Aouf. Les courses du général de Lamoricière avaient porté la ruine dans cette grande tribu ; mais la fraction des Hachems rencontrée par le colonel Géry avait été plus maltraitée qu'aucune autre. Comme les hommes de cette troupe rejoignaient la Smala, les Assennas les avaient dépouillés. A la Smala, les Hachems étaient parvenus, par leur industrie, à rétablir leur petite fortune, quand ils furent *rasés* par le duc d'Aumale. Le général Lamoricière pourchassa ensuite les débris de la Smala : les malheureux lui échappèrent en partie, mais cette fois c'était pour tomber dans les Harars, qui les laissèrent tout nus, de sorte que, lorsqu'ils furent rencontrés par la colonne Géry, il ne resta plus qu'à les mettre au tas avec les autres prisonniers. Fort heureusement pour ces captifs, le général de Lamoricière venait de remettre la main sur les autres familles de la tribu des Hachems, et maintenant que la guerre était portée loin de Mascara, comme la plaine d'Eghris était complétement vide et qu'il lui importait au point de vue politique de la repeupler, il résolut de replacer les Hachems sur leur ancien territoire. Rien n'est en effet plus dangereux qu'un pays désert, car alors le champ est libre pour les coupeurs de bourse, la surveillance et la police qui s'exercent sous la responsabilité des tribus ne peuvent plus avoir lieu. Il importait que la sécurité régnât aux environs de Mascara, et c'est dans cette vue que le général de Lamoricière expédia, du

Haut-Riou, où il venait de les surprendre après le coup de main de la Smala, les fractions les plus nombreuses des Hachems, jusque-là fidèles à la fortune du sultan. Ce n'était plus cette fière tribu, si orgueilleuse de ses cinq mille cavaliers; misérables, ruinés, réduits à la misère la plus affreuse, à peine si les Hachems avaient cinquante chevaux éreintés; plus de tentes, plus de troupeaux, mais des femmes et des enfants, et c'était cette population qu'il fallait planter sur la terre et faire vivre. Les armes manquaient; une redoute construite dans la plaine, où l'on mit du canon, et deux cent cinquante *zéphirs* leur assurèrent la sécurité. Voilà les Hachems passés à l'état de réfugiés politiques. La moisson était sur pied, de sorte que la nourriture était assurée; mais tout le reste faisait défaut, et il fallait bien leur trouver des abris. Les tribus amies leur donnèrent des tentes, et ils se mirent à vendre du bois, de la paille, de la chaux, des nattes à Mascara, ramassant ainsi un peu d'argent. Dans les razzias, l'on mettait toujours de côté des bœufs, quelques moutons, des chevaux, que l'on donnait aux principales familles, car, en relevant celles-ci, grâce à la constitution féodale des Hachems, on relevait la tribu entière. Si l'homme de grande tente, en effet, jouit de priviléges nombreux, de lourdes charges lui sont aussi imposées, et il n'est élevé si haut que pour protéger tous ceux qu'il couvre de son ombre. Le vol était d'ailleurs une des grandes ressources des Hachems: les tribus ennemies l'apprirent à leurs dépens; bientôt l'on prit assez de fusils arabes pour constituer une sorte de milice avec contrôle, qui accompagna les colonnes, rendit des services et profita du butin. Au temps du labour, le *beylik* (état) prêta des grains, les tribus voisines fournirent des bœufs, et deux ans après, grâce aux bonnes récoltes, la tribu des Hachems était remise à flot; n'offrant plus aucun danger comme ennemi politique, elle assurait, par la responsabilité qui pesait sur elle, la sécurité des routes.

Tout en causant, nous étions arrivés sur le petit plateau d'El-Bordj, où nous devions recevoir l'hospitalité de Caddour-ben-Murphi. Les grandes tentes de la halte, les tentes de laine blanche, étaient dressées à la porte de l'enceinte qui fait appeler ce lieu le fort (El-Bordj). Un détachement de soldats de la garnison de Mascara s'occupait en ce moment à relever la muraille et à bâtir dans l'intérieur, aux frais des Arabes, des maisons en pierre pour l'agha et ses cavaliers. Le général était enchanté de ces travaux, qu'il regardait à juste titre comme très-importants ; car l'Arabe ne sera complétement à nous que le jour où, dans tout le pays, la pierre le fixant au sol, il ne tiendra plus seulement à la terre, comme maintenant, par le piquet de sa tente. Il encouragea de ses éloges ces braves soldats, qui, dès que la paix est revenue, quittent le mousquet, prennent la pioche et donnent leur sueur, comme l'instant d'avant ils auraient versé leur sang pour la grandeur de la France. Il était plus de midi quand le général eut fini de tout regarder, et, à cheval depuis cinq heures du matin, nos estomacs criaient famine ; aussi le plaisir fut grand lorsque assis, les jambes croisées sur les tapis des grandes tentes, nous vîmes arriver les larges plats de couscouss, les ragoûts aux piments et les moutons rôtis. Le couscouss est une pâte de blé dont la farine se roule sur des tamis comme on roule la poudre. Cette pâte, cuite ensuite à la vapeur de la viande, est arrosée au moment où on la sert, soit avec du lait, soit avec du bouillon de mouton, car les

29.

Arabes ne mangent jamais de bœuf, à moins d'y être forcés par la faim. Des plats énormes, creusés dans un seul morceau de noyer, reçoivent la pâte et la pyramide de viande bouillie et de légumes qui la surmonte; puis de petites cuillers de bois sont distribuées aux convives, et tous à l'envi de plonger dans la montagne fumante, d'y creuser un souterrain pour arriver plus vite au centre, où le couscouss se conserve plus chaud, où le bouillon l'a mieux pénétré. C'est une recherche de gourmet. Le grand Caddour et son fils, le petit Murphi, se tenaient debout à la porte de la tente, suivant l'usage arabe, qui veut que l'hôte surveille les apprêts du repas. — Dès que Caddour vit aux cuillers plantées dans le couscouss que ses convives ne mangeaient plus, sur un signe, des nègres enlevèrent les plats et les portèrent aux cavaliers qui, répandus en groupes sur la pelouse, se délectèrent des reliefs des chefs; mais, comme ce n'étaient point des gens de distinction, la paume de la main leur servait de cuiller. Pendant ce temps, d'autres serviteurs apportèrent des écuelles sans nombre, remplies de ragoûts de mille sortes, œufs au poivre rouge, poulets aux oignons, piments saupoudrés de safran, autant de bonnes choses, pour peu que le gosier français soit devenu assez arabe pour pouvoir les supporter. Ceux qu'on nomme les *roumi saphi* (1), les nouveaux débarqués, se jettent avidement sur ces premiers plats et se trouvent sans faim pour le dernier service. Quant à vous, si jamais vous allez en Afrique, imitez notre exemple; nous nous étions tenus dans une sage réserve, afin de faire honneur aux *étendards* que

---

(1) *Roumi*, de *romani*, les étrangers; *saphi*, en arabe, veut dire pure, limpide; *roumi saphi*, un étranger naïf, un nigaud.

nous apercevions dans le lointain. Une douzaine d'Arabes en effet s'avancèrent bientôt, portant au bout de longues perches des moutons entiers rôtis tout d'une pièce. Tiré d'un côté, poussé de l'autre, le mouton glissait de la perche et se trouvait servi sur un morceau de coton bleu. Un Arabe, d'une main habile, faisant alors de larges entailles avec son couteau, facilitait la besogne des convives, et chacun d'étendre la main et d'arracher le morceau qui lui convenait. A ces rôtis, dignes des héros d'Homère, succédèrent des pâtisseries par milliers, au miel, au sucre, au raisin ; puis, les derniers plats enlevés, les serviteurs apportèrent de larges aiguières au col recourbé, et, chaque convive s'étant rafraîchi les mains dans un bassin d'argent, chacun alluma son cigare ou fuma sa pipe, puis le café *bouilli* fut offert dans de petites tasses sans anses contenues dans une grille d'argent, afin d'éviter toute brûlure. Enfin, comme l'heure avançait, le général donna le signal du départ.

Le vent d'ouest avait amené les nuages, et les nuages, suivant leur maussade habitude, la pluie aux larges gouttes, qui fit bientôt glisser nos chevaux dans les pentes glaiseuses de la montagne ; fort heureusement, pluie et vent cessèrent une heure avant notre arrivée à la fontaine où nous passâmes la nuit. Le lendemain au jour, la campagne étincelait sous un beau soleil, et nous traversâmes les champs qui se paraient de leur première verdure, salués par les cris aigus que les femmes des *douars* poussaient selon l'usage arabe, pour rendre honneur au chef de la province. A mi-chemin, les *goums* de la Mina, conduits par le khalifat Si-el-Aribi, rejoignirent le général et prirent place à sa droite, marchant drapeau en tête du côté opposé au goum de Caddour. Ces cavaliers s'avançaient sur une ligne, sans s'inquiéter du terrain, à la hauteur du cheval du chef; ils nous donnaient le spectacle que l'on voyait autrefois dans notre vieille France, lorsque le haut baron partait suivi de tous ses gens d'armes. A deux titres divers, Si-el-Aribi et Caddour-Ben-Murphi représentaient les deux grandes influences de la société féodale comme de la société arabe, la noblesse religieuse et la noblesse de guerre.

Tout dans le khalifat de la Mina, la noblesse de ses manières, la majestueuse dignité de sa démarche, la simplicité avec laquelle il recevait l'hommage des Arabes, sa générosité pleine de grandeur, la fermeté de son commandement, tout indiquait en lui l'homme de vieille race religieuse qui sait que ses aïeux ont été puissants, et que, héritier du respect qui leur était dû, il commande aux consciences et aux bras; c'était surtout l'homme du conseil, décidant la lutte, la dirigeant par ses ordres, mais dédaignant d'y prendre part. Caddour, au contraire, était le chevalier banneret frappant d'estoc et de taille. Son courage l'a élevé, son courage lui conservera la puissance. Marteau qui brise tout obstacle, le péril est sa vie; il aime le danger; le combat est sa richesse et une source de grandeur pour sa famille. « D'où te viennent ces nègres? lui demandait-on un jour. — Ceux-ci, je les ai achetés, répondit-il; ces deux là, je les dois à mon bras. » Tous deux étaient superbes sous leurs haïks blancs comme la neige, montés sur des chevaux aux harnachements d'or. Nous avancions ainsi en gagnant du chemin, lorsqu'en traversant un terrain sablonneux, coupé çà et là par des enclos de figuiers, nous vîmes venir un flot de poussière d'où se dégagea bientôt la silhouette d'une ligne de cavaliers courant à fond de train; on prend le trot, et, comme nous arrivions au sommet d'un petit mamelon, ces cavaliers, les gens du marghzen de Mostaganem, arrêtant brusquement l'élan de leurs chevaux, se précipitèrent à terre pour embrasser l'étrier du général, tandis que M. le colonel Bosquet, le chef du bureau arabe, qui était venu à leur tête, serrait sa main. Chacun descendit de cheval, et les saluts s'échangèrent. Le colonel Bosquet était un de ces hommes comme l'on en rencontre si rarement. D'une volonté de fer, d'un bon sens et d'une sûreté de jugement égale à l'étendue de son esprit, à la vivacité de son intelligence, il avait réussi dans toutes les entreprises dont on l'avait chargé, tous l'estimaient; mais sa bonté bienveillante lui méritait aussi l'affection de ceux qui l'approchaient. On sentait en lui quelqu'un fait pour les grands commandements, l'un de ces hommes capables de sauver d'un péril, quand tous désespèrent de la fortune. Bien jeune encore, depuis nommé général, commandant maintenant à Sétif, Dieu seul sait l'avenir qui lui est réservé; mais ce dont ne doute aucun de ceux qui l'ont connu, c'est que, si l'occasion se présente, il ne fera défaut ni à l'occasion, ni à lui-même.

Au reste, le spectacle qui nous entourait était vraiment singulier. Animé par la course, chacun avait le regard brillant et la joie sur le visage. De tous côtés, on entendait le son des armes et des éperons, tous les bruits précurseurs du combat; on eût vraiment dit que l'on se préparait à courir au danger, tandis que nous n'avions plus qu'une heure de marche pour rencontrer le général Pélissier, commandant la subdivision de Mostaganem, qui nous attendait aux trois marabouts avec le 4e chasseurs à cheval. — Figures de bronze aux longues moustaches, grands hommes fièrement campés sur leurs petits chevaux trapus, ce régiment était digne de cette cavalerie dont le seul nom porte la terreur dans les rangs ennemis. *Sassours ! sassours !* crient les Arabes du plus loin qu'ils voient s'ébranler leurs escadrons, et les cavaliers même des *jours noirs* hésitent à les attendre ; ce prestige, les chasseurs le doivent au sang versé, au courage impétueux qui les distingue, à leur fermeté dans les heures difficiles. Les traits de ces soldats et de ces officiers, qui nous saluaient en passant du sabre, se retrouvent au musée de Versailles fixés sur la toile dans toute leur mâle vigueur par la main d'Horace Vernet, car ces escadrons, c'étaient ceux de la Smala, de l'Oued-Foddha, d'héroïque mémoire, où le général Changarnier, privé de canon, les lançait comme des boulets, disant d'eux : » Voilà mon artillerie ! » C'étaient ceux de l'Oued-Mala, le tombeau des bataillons réguliers, d'Isly, que sais-je ? de vingt combats encore où ils restèrent toujours dignes d'eux-mêmes. Le colonel Dupuch commandait alors cette vaillante troupe, dont les fanfares animaient la marche comme nous traversions la vallée des Jardins, qui précède Mostaganem.

Cette vallée, couverte d'arbres fruitiers et de figuiers, est abritée des vents de la mer par les collines du rivage ; elle est la promenade habituelle des habitants de la ville de Mostaganem. On la quitte à une demi-lieue des murailles pour traverser un terrain où les colonnes bivouaquèrent souvent, et qu'illustrèrent les bœufs du maréchal Bugeaud, et le grand chapeau de M. de Corcelles. Lors de l'expédition de Mascara, le maréchal Bugeaud, manquant de moyens de transport, voulut essayer de tirer parti des bœufs, que les Arabes habituent à porter des fardeaux comme les mulets ; on en réunit un grand nombre, et les sacs de riz et les sacs de café furent attachés à leurs flancs. Ce fut alors qu'un *loustic* de régiment composa une chanson qui se répète encore dans le pays, sur le rhythme et l'air des *Gueux* de Béranger :

> Les bœufs, les bœufs
> Sont bien malheureux,
> Leur sort est affreux,
> Plaignez les bœufs.

Les bœufs le trouvèrent sans doute ainsi, car à la première sonnerie, la panique avait gagné l'espèce cornue, et ils partirent à fond de train, semant partout les vivres confiés à leur réputation de sagesse.

Quant à M. de Corcelles, il était resté tout aussi célèbre que les bœufs porteurs du maréchal. Un grand chapeau gris, surmonté d'une plume d'oiseau de proie, une redingote noire coupée au milieu par un grand ceinturon blanc que tirait un grand sabre ; bref, un *Fra Diavolo* député avait produit une sensation dont on parle encore, je vous jure, quand on perd le temps en causeries comme nous le faisions en ce moment. Nos joyeux propos pourtant furent interrompus ; le tambour qui battait aux champs nous ramena auprès du général ; nous entrions à Mostaganem.

Au dire d'un conteur arabe, deux enfants jouaient pendant le Rhamadan, sur le bord d'un ruisseau qui s'en allait, après une course d'une lieue, se perdre dans la mer. Au milieu de leurs jeux, le plus jeune, cueillant un roseau, le porta à sa bouche, et l'offrant ensuite à son camarade, lui dit : *Muce kranem* (suce le morceau de canne à sucre). Hammid-el-Abid, le puissant chef de la tribu des Mehal, débouchait en ce moment sur la colline, et il entendit les paroles des enfants. Hammid voulait fonder une ville en ce lieu, mais il ne savait quel nom lui donner ; les deux enfants le tirèrent d'embarras, car ce fut ainsi, dit la légende, qu'en l'année 1300 fut nommée la ville bâtie par Hammid-el-Abid. Quelque répandue que soit cette légende, le chef guerrier a laissé des traces plus durables. Le fort des Mehal existe maintenant encore, et les travaux exécutés par les soins de ses trois filles ont rendu sa mémoire chère à tous les habitants, car ils doivent leurs aqueducs à la belle Seffouana, leurs jardins à Melloula la gracieuse, tandis que Mansoura, femme d'une haute piété, attirait la bénédiction du ciel sur la ville en faisant bâtir une mosquée qui lui servit de tombeau. C'est sans doute à ses prières que Mostaganem doit la prospérité qu'elle eut toujours en partage, même sous le chrétien maudit.

Une ravine, où coule le ruisseau, la sépare d'une petite colline appelée *Matemore*. Les nombreux *silos* que les Turcs y avaient creusés, renfermés dans l'enceinte d'une muraille crénelée, lui ont fait donner ce nom. Les principaux établissements militaires occupent la crête de cette colline, d'où l'on découvre une vue magnifique : — à vos pieds, la ville, ses maisons, ses jardins ; en face, la mer et ses grandes vagues sans cesse remuées par le vent d'ouest ; sur la droite, à une lieue, de hautes montagnes, tandis que vers la gauche le regard suit les silhouettes boisées des collines qui longent la mer dans la vaste baie de la Macta, se relèvent à la pointe du cap de Fer, et dressent vers le ciel les arêtes dénudées de leurs roches grisâtres ; au loin enfin, dans la brume, la montagne des Lions. L'horizon est immense, l'œil cependant en découvre sans peine tous les détails ; mais, si l'air est humide, si aucun vent ne l'agite, comme il arrive souvent aux approches d'un gros temps, alors, par un singulier effet d'optique, les distances se rapprochent, et il semble que quelques coups d'aviron doivent suffire pour vous amener au port d'Arzew, que l'on aperçoit, avec ses maisons blanches, sur le rivage opposé, à une lieue du cap.

Quatre mille indigènes, des colons de tous les pays, une garnison nombreuse, vivent en bon accord dans la ville de Mostaganem, passant leurs jours sans soucis comme sans chagrins. Le musulman dit : C'était écrit, et le baptisé : Qu'importe ? Le résultat est le même ; aucun ne s'inquiète du lendemain ; le chef ne veille-t-il pas pour tous ? Le chef veillait en effet et voulait se rendre un compte exact de la situation des choses ; aussi, l'on peut m'en croire sur parole, le général n'eut guère de repos pendant le peu de jours qu'il resta à Mostaganem. Pour nous, dès que la liberté nous était rendue, nous passions notre temps avec les officiers de chasseurs, nos braves camarades, que nous retrouvions chaque soir au cercle qu'ils avaient établi dans l'une des baraques du quartier de cavalerie. Chacun trouvait à ce cercle la distraction ou le calme, à son gré. Les journaux et les *revues* couvraient la table, les canapés bourrés de foin invitaient au repos ; mais en revanche les échecs et les dames étaient la seule distraction du joueur, s'il se rencontrait par hasard, car les cartes étaient sévèrement interdites. Dans cette salle, pour tout ornement, une peinture grise couvrait les murs, une pendule décorait la cheminée, et les meubles étaient cachés par du coutil rayé ; mais un drapeau taché de sang, enlevé à l'ennemi par Geffine, et deux tambours du bataillon régulier d'Embarek, exterminé à l'Oued-Mala, étaient suspendus à la muraille. Il fait bon dans cette atmosphère de franchise et de cordialité ; tous ces hommes revêtus de la même livrée glorieuse ont rencontré le danger, leur regard a vu la mort, et les armes dont le bruit accompagne chacun de leurs pas ne sont pas une vaine parade, mais bien souvent la protection de leur vie. Là, quand la main serre la main, chacun sait qu'au besoin elle se lèverait pour vous porter secours. Compagnons de fatigues et de périls, ils étaient sans cesse rapprochés par le danger. Tel était l'esprit de ce régiment.

Comme le Juif errant, nous ne pouvions, hélas! nous arrêter nulle part, pas même aux lieux où la halte était la meilleure. Le bateau à vapeur de la correspondance laissa en passant devant Mostaganem des plis pour le général de Lamoricière, lui annonçant la prochaine arrivée du maréchal Bugeaud à Oran. Ordre fut aussitôt donné de remonter en selle, et deux jours après nous mettions pied à terre dans la cour du Château-Neuf.

LA PROVINCE D'ORAN.

DEUXIÈME PARTIE.

LES PRISONNIERS DE SIDI-BRAHIM. — LA FRONTIÈRE DU MAROC.

I

— Mon lieutenant, un Maltais veut vous parler.
— Que le diable l'emporte ! Qui va là ?

Et, me frottant les yeux avec ce mouvement de colère qu'éprouve toujours un homme dont le premier sommeil est brusquement interrompu, je parvins enfin à rattraper mon bon sens.

— Lieutenant, reprit le planton de la légion étrangère dès qu'il me vit en état de le comprendre, un Maltais dit avoir à parler au général.

— C'est moi, Durande; j'arrive de Djema-Rhazaouat, me cria à travers la porte entrebaillée celui que l'honnête Allemand baptisait ainsi.

Aussitôt je saute à bas de mon lit, et, tout en passant à la hâte mon uniforme : — Entrez donc, dis-je à M. Durande ; entrez bien vite, et pardon de la sottise de ce soldat. Quelles nouvelles apportez-vous?

— Bonnes, monsieur. Grâce au ciel, les prisonniers sont sauvés, je les ai laissés à Djema.

— Courons chez le général, sa joie sera grande.

Et, m'élançant vers la porte, je descendis l'escalier tortueux quatre à quatre, au risque de me rompre le cou, suivi de M. Durande, affublé d'un grand caban napolitain, couvert de vêtements de pêcheur, et ressemblant si bien à un flibustier des côtes, que l'erreur du soldat était vraiment excusable. M. Durande attendit dans la grande salle mauresque du Château-Neuf, pendant que j'entrais chez le général. Il me fallut le secouer rudement, car, si le général de Lamoricière était un travailleur infatigable, il était aussi difficile de l'arracher au sommeil qu'à l'étude. Dès que je lui eus fait part des nouvelles :

— Envoyez chercher, me dit-il, le colonel de Martinprey. Que l'on réveille ces messieurs. Donnez l'ordre à deux courriers arabes de se tenir prêts à monter à cheval.

Il était une heure et demie du matin; mais, dans un état-major, le jour ou la nuit les ordres s'exécutent sans retard. Deux minutes après, les plantons se mettaient en route, et j'avais rejoint le général. Nous trouvâmes ce pauvre Durande assis sur un des canapés de la grande salle : la fièvre commençait à lui faire claquer les dents. Constamment en mer depuis soixante heures sur une méchante balancelle, tour à tour en proie à la crainte et agitée par l'espérance, l'excitation nerveuse l'avait soutenu tant qu'il avait dû conserver ses forces pour accomplir son devoir; mais maintenant la réaction commençait à se faire sentir. Il pouvait à peine ouvrir la bouche; aussi quelles n'avaient pas été ses fatigues depuis un mois!

Le 2 novembre 1846, un Arabe remettait au gouverneur de Melilla, ville occupée par les Espagnols sur la côte d'Afrique, une lettre de M. le commandant Courby de Cognord, prisonnier de l'émir. Dans cette lettre, M. de Cognord annonçait que, moyennant une rançon de 40,000 francs, le chef chargé de leur garde consentirait à les livrer, lui et ses dix compagnons d'infortune, les seuls qui eussent survécu au massacre de tous les prisonniers faits par Abd-el-Kader dans ce malheureux mois de septembre 1845, une époque pour nous si fatale! Le gouverneur de Melilla transmit immédiatement cette lettre au général d'Arbouville, commandant alors par intérim la province d'Oran. Bien qu'il eût peu d'espoir, le général d'Arbouville, ne voulant pas laisser échapper la moindre occasion, fit demander au commandant de la corvette à vapeur *le Véloce* un officier intelligent et énergique pour remplir une mission importante. M. Durande, enseigne de vaisseau, fut désigné. Quant aux 40,000 francs, prix de la rançon, on ne les avait pas; mais heureusement la caisse du payeur divisionnaire se trouvait à Oran. Toutefois, comme aucun crédit n'était ouvert au budget, l'on dut forcer la caisse; ce qui se fit de la meilleure grâce du monde. Les honnêtes gendarmes, devenus voleurs, prêtèrent main forte au colonel de Martinprey; procès-verbal fut dressé, et les 40,000 francs, bien comptés en bons douros d'Espagne, furent emportés à bord du *Véloce*, qui déposa M. Durande à Melilla. Depuis ce moment, *le Véloce* touchait dans ce port à chaque courrier de Tanger pour prendre des nouvelles, lorsqu'un ordre d'Alger envoya la corvette à Cadix. *Le Véloce* allait se mettre à la disposition de M. Alexandre Dumas : Oran resta sans stationnaire, et les courriers du Maroc furent interrompus.

Nous étions depuis lors sans nouvelles, et il est facile de comprendre avec quelle impatience nous attendions le récit de M. Durande ; mais la fièvre lui fermait la bouche. Alors une boisson chaude et fortifiante est préparée à la hâte ; on l'entoure de soins, on cherche à le ranimer. Il fallait qu'il parlât ; chacun était suspendu à ses lèvres. Enfin, il reprend ses forces, et il nous raconte que, dès son arrivée à Melilla, un Arabe, par les soins du gouverneur espagnol, avait porté à M. de Cognord une lettre lui donnant avis que l'argent était dans la ville, que l'on se tenait prêt à toute circonstance, et qu'une balancelle frétée par M. Durande croiserait constamment le long des côtes. Pendant longtemps la balancelle n'avait rien vu, et tous avaient déjà perdu l'espoir, lorsque, le 24 novembre, deux Arabes se présentèrent dans les fossés de la place, annonçant que les prisonniers se trouvaient à quatres lieues de la pointe de Bertinza ; le lendemain, 25, ils y seraient rendus. Un grand feu allumée sur une hauteur devait indiquer le point du rivage où se ferait l'échange. Le gouverneur de la ville et M. Durande se consultèrent : n'était-ce pas un nouveau piége ? quelles garanties offraient ces Arabes ? « J'ai pour mission, dit M. Durande, de sauver les prisonniers à tout prix ; qu'importe si je péris en essayant d'exécuter les ordres du général ; » Ils convinrent donc que le lendemain, vers midi, M. Durande se trouverait au lieu indiqué, et que don Luis Coppa, major de place à Melilla, marcherait, de conserve avec la balancelle, dans un canot du port monté par un équipage bien armé. L'argent devait être déposé dans ce canot, qui se tiendrait au large jusqu'à ce que M. Durande eût donné le signal.

A midi, le feu est allumé; à midi, la balancelle accoste au rivage. Quatre ou cinq cavaliers sont déjà sur la plage : ils annoncent que les prisonniers, retenus à une demi-heure de là, vont arriver; puis ils partent au galop. M. Durande se rembarque dans la crainte d'une surprise, et se tient à une portée de fusil. Bientôt il aperçoit un nuage de poussière, soulevé par les chevaux des réguliers de l'émir. De la barque on distingue les onze Français, et les cavaliers s'éloignent, emmenant les prisonniers sur une hauteur, où ils attendent; une cinquantaine seulement restent avec un chef, près de la balancelle, qui s'est rapprochée. Ce fut un moment solennel, celui où la longueur d'un fusil séparait seule la poitrine de nos braves matelots du groupe ennemi. La trahison était facile. Le chef arabe demande l'argent; on lui montre la barque qui croisait au large; s'il veut passer à bord, il est libre de compter. Le chef accepte; au signal convenu, le canot espagnol se rapproche; on compte l'argent; la moitié des lourdes caisses est transportée à terre, la moitié des prisonniers est remise en même temps; le reste de l'argent est compté, les derniers prisonniers s'embarquent, et M. Durande se hâte de pousser au large. Le vent était favorable; on arriva promptement à Melilla, où la garnison espagnole entoura d'hommages ces vaillants soldats dont le courage n'avait pas faibli un instant durant ces longs mois d'épreuves.

Tous cependant avaient hâte d'arriver sur une terre française; aussi, comme le vent soufflait du détroit, ils s'embarquèrent sur la balancelle, et, douze heures après, le colonel Mac-Mahon et la petite garnison de Djema-Rhazaouat fêtaient dans un repas de famille à quelques lieues du marabout de Sidi-Brahim, témoin de leur héroïque valeur, le retour de ceux que l'on croyait perdus. Quant à M. Durande, il s'était dérobé aux félicitations de tous; impatient d'accomplir jusqu'au bout sa mission, il avait repris la mer, afin d'annoncer au général la bonne nouvelle.

Nous obtînmes ces détails à grand'peine; mais enfin, le thé et le grog aidant, M. Durande avait parlé; on en savait assez pour écrire sur-le-champ à M. le maréchal, qui arrivait à Mostaganem par la vallée du Chéliff, et, tandis que l'un de nous menait le brave enseigne prendre un repos si bien gagné, le colonel de Martinprey, assis devant le bureau du général, écrivait sous sa dictée la lettre que les cavaliers arabes allaient porter en toute hâte. L'année d'auparavant, c'était une dépêche du colonel de Martinprey qui avait donné la première nouvelle du désastre; chargé aussitôt d'une mission pour Djema, c'était lui qui avait transmis tous les détails du combat de Sidi-Brahim, et maintenant sa main encore allait envoyer la nouvelle de la délivrance de ceux dont, par deux fois déjà, il avait raconté la terrible histoire. Aussi, lorsque nous nous étions approchés du bureau, nous avait-il écartés, nous disant : « Pour cette fois, je prends votre place; laissez-moi, je suis superstitieux. »

Les courriers expédiés, chacun regagna son lit, et le lendemain, réunis au déjeuner, nous nous réjouissions en pensant que nous verrions bientôt nos compagnons d'armes, car l'ordre venait d'être envoyé de faire repartir pour Djema *le Véloce*, que l'on attendait à chaque heure, sans lui laisser le temps de s'amarrer, lorsqu'on vint annoncer que *le Véloce* était signalé passant au large avec le cap sur Alger. L'embarras était grand : pas de bateau à vapeur, un vent du détroit qui rendait toute navigation à voile impossible. *Le Caméléon*, bateau à vapeur du maréchal, venu pour l'attendre, avait éprouvé une forte avarie, qui ne lui permettait pas de reprendre la mer avant quarante-huit heures. L'on ne savait comment se tirer d'embarras, lorsque d'honorables négociants d'Oran, MM. Dervieux, apprirent l'embarras où se trouvait le général de Lamoricière. Ils possédaient un petit bateau à vapeur, *la Pauline*, qui faisait le service d'Espagne : ils le lui offrirent, ne demandant même pas le prix du charbon brûlé. Douze heures après, *la Pauline* mouillait en rade de Djema, pendant que le maréchal, de son côté, recevait les dépêches à Mostaganem et annonçait son arrivée pour le lendemain. Dans la nuit, *la Pauline* était de retour, et, dès cinq heures du matin, l'état-major expédiait les ordres. A sept heures, les troupes descendaient vers la Marine pour aller recevoir les prisonniers. La ville entière était en joie ; chacun avait mis ses habits de fête ; gens du midi et gens du nord, le Valencien au chapeau pointu, l'Allemand lourd et blond, le Marseillais à l'accent bien connu, toute la foule bariolée enfin, les femmes surtout, toujours avides de spectacle, marchaient à la suite des troupes. Les bataillons, rangés au Château-Neuf jusqu'au fort de l'Hamoun, se déroulaient au flanc de la colline, sur un espace de près de trois quarts de lieue, comme un long serpent de fer.

Le ciel était sans nuage ; ce beau soleil de décembre d'Afrique, plus beau que le soleil du mois de mai à Paris, éclairait la foule, le port et la ville. La vaste baie, unie comme un miroir d'azur, semblait se prêter à la joie de la terre, et les murmures des flots qui baignaient les rochers du fort étaient si doux, qu'on eût dit les murmures d'un ruisseau. Au fort l'Hamoun, un pavillon est hissé; *la Pauline* a quitté Merz-el-Kébir, elle double bientôt la pointe, rase les rochers et s'arrête à quelques mètres du quai. Tous les regards se portent vers le navire. Le canot major du *Caméléon*, avec ses matelots en chemises blanches au col bleu, se tient près de l'échelle; les rames sont droites, saluant du salut réservé aux amiraux le soldat qui a versé son sang et supporté la captivité pour l'honneur du drapeau.

Le canot s'éloigna du navire, la foule devint silencieuse; on était avide de voir ceux qui avaient tant souffert. — Ils accostent; le général de Lamoricière le premier tend la main au commandant de Cognord, et l'embrasse avec l'effusion d'un soldat. — La musique des régiments entonna alors un chant de guerre, et elle répondait si bien aux sentiments de ce peuple entier, que vous eussiez vu des éclairs jaillir de tous les regards, des larmes sortir de tous les yeux, à meusre que le son, roulant d'écho en écho, allait porter à travers tous les rangs la bonne nouvelle de l'arrivée. On se remet en marche, les tambours battent aux champs, les soldats présentent les armes, les drapeaux saluent, et ils s'avancent ainsi, avec une escorte d'officiers, traversant tous ces respects. — Deux heures après, la ville avait repris son repos, mais la fête continuait dans la famille, au sein des régiments.

Le même jour, à midi, cinq cents cavaliers de la tribu des Douairs et des Smélas étaient à cheval, et suivaient le général de Lamoricière, qui allait à la rencontre du maréchal Bugeaud. Toute la troupe bruyante marchait sur une ligne droite, faisant caracoler ses chevaux, brûlant de temps à autre la poudre de réjouissance, lorsque les coureurs annoncèrent que le maréchal était proche. Les cavaliers s'arrêtèrent aussitôt, et, formant le demi-cercle, se tinrent immobiles, haut le fusil, pour faire honneur au gouverneur du pays. Le général de Lamoricière et le maréchal s'abordèrent très-froidement. Chacun avait sur le cœur des querelles de systèmes de colonisation, et il paraît qu'entre hommes d'état, ces querelles sont aussi graves que les rivalités de coquettes entre femmes. Le maréchal était venu de Mostaganem dans un petit char-à-bancs; il offrit à ses côtés, d'assez mauvaise grâce, une place au général de Lamoricière, et la carriole qui portait les puissants de l'Afrique se remit en marche au milieu d'un tourbillon d'hommes, de chevaux, de poussière et de poudre dont les Arabes, suivant le vieil usage, balayaient la route.

Le lendemain, les réceptions officielles commencèrent. Le vieux maréchal était debout dans cette grande salle mauresque du Château-Neuf, dont les arceaux de marbre sculpté portent encore le croissant de la domination turque : — derrière lui, ses officiers, état-major de guerre que l'on sent toujours prêt à sauter à cheval et à courir au péril; à sa droite, tous les corps de l'armée, l'infanterie, si laborieuse, si tenace et si utile; la cavalerie, dont le bruit du sabre frappant les dalles résonne comme un lointain écho du bruit de la charge; et à sa gauche, les gens de grande tente des Douairs et des Smélas, revêtus du burnous blanc sur lequel brillait pour plusieurs ce ruban rouge que les services rendus ou les blessures reçues pour notre cause avaient fait attacher à leur poitrine.

Leur attitude pleine de dignité, les longs plis de leurs vêtements tombant jusqu'à terre, leur regard limpide et brillant comme le diamant, ce regard dont les races d'Orient ont le privilége; rappelaient les scènes de la Bible; et le vieux chef français, salué avec respect comme homme et comme le premier de tous, semblait le lien puissant qui devait cimenter l'union des deux peuples. Ce fut ainsi entouré, que le maréchal Bugeaud reçut les onze prisonniers de Sidi-Brahim, et qu'on le vit, faisant les premiers pas, s'incliner en embrassant ces confesseurs de l'honneur militaire. Il nous prit le cœur à tous, lorsque nous entendîmes les nobles paroles que son âme de soldat sut trouver en remerciant, au nom de l'armée, ces débris qui semblaient survivre pour témoigner que nos jeunes légions d'Afrique avaient conservé intactes les traditions d'honneur et d'abnégation léguées par les bataillons des grandes guerres. Puis l'on se sépara, et le maréchal se retirant avec le général de Lamoricière, tous deux s'occupèrent d'assurer le sort de quelques pauvres colons qui, transportant leur misère de France en Afrique, allaient demander au travail et à une terre nouvelle, l'adoucissement d'une vie de fatigue et de privations.

Une partie de la nuit fut employée par les deux généraux à l'expédition des affaires, car les heures du maréchal étaient comptées, et le lendemain il prenait la mer pour regagner Alger. *Le Caméléon* croisa le courrier ordinaire à la hauteur d'Arzew, et les deux navires échangèrent la correspondance. Plusieurs députés se trouvaient à bord. Ces messieurs venaient pour étudier, avant la session des chambres, l'Afrique, la province d'Oran surtout et les divers systèmes de colonisation que l'on y essayait. Débarqués à dix heures à Merz-el-Kébir, les députés déjeunaient à onze au Château-Neuf. Le temps était gris et sombre; ils avaient eu le mal de mer, tout leur paraissait triste. Dans notre candeur, nous avions mis à leur disposition tous les moyens matériels pour parcourir commodément la province; mais, quand on leur dit que le soir même ils pouvaient écrire en France par le courrier du commerce, il se trouva que des motifs d'un haut intérêt les rappelaient immédiatement à Paris. Le soir donc, à cinq heures, après avoir passé sept heures dans la province d'Oran, dont deux en voiture et quatre au Château-Neuf, les députés s'en allèrent à toute vapeur, appuyant leur opinion de cette phrase, qui a toujours tant de crédit : — J'ai vu, j'ai été dans le pays. — C'est ainsi que l'on jugeait l'Afrique.

II

Après le départ du maréchal et des députés, rien ne retenait plus à Oran le général de Lamoricière. Il donna donc l'ordre de se tenir prêt. Nous allions parcourir l'ouest de la province, comme nous avions parcouru quelque temps auparavant les cercles de Mascara et de Mostaganem.

Le lendemain à midi, après avoir eu durant la route pour compagnon de joyeuse humeur un beau soleil qui faisait étinceler l'herbe humide sortie de terre comme par enchantement aux premières pluies, nous arrivions aux ruines romaines d'Agkbeil. Ces ruines, qui s'étendent au sud des collines du Tessalah, appartenaient à M. de Saint-

Maur, qui vint nous recevoir à la limite de ses domaines, suivi de deux lévriers, ses seuls sujets. C'est ainsi qu'autrefois les tenanciers d'une terre rendaient hommage aux suzerains du pays. Tous, et M. de Saint-Maur le premier, se mirent à rire de ce rapprochement, de ces souvenirs du passé, que l'imagination évoque toujours. Et pourtant cette marche du général de Lamoricière à travers la province, escorté par les chefs indigènes et ces populations guerrières que la paix contraignait à jouer avec leurs fusils, elle avait eu son pendant plus d'une fois au XVIe siècle, dans ce même pays, et on eût pu en trouver le récit dans l'historien espagnol Marmol, rapportant les *fantazias* et les brillants simulacres de combats qui eurent lieu en l'année 1520, lors d'une promenade du comte d'Alcaudète, le gouverneur d'Oran, à travers les populations soumises. « Le comte, dit Marmol, prit la route d'Agkbeil, qui est une ville ruïnée; et comme il fut proche, plusieurs Maures des alliés lui vinrent offrir leurs services. Ils venaient par famille ou lignée, comme ils ont coutume, chacun selon son rang. La première étant arrivée, les principaux embrassaient le comte et lui parlaient, puis faisant faire quelques passades à leurs chevaux, donnaient lieu à d'autres de s'avancer et de venir saluer le comte à leur tour. Il y vint plus de cinquante familles ou lignées de la sorte, dont il y en avait de cent chevaux, sans compter les gens de pied, et les moindres étaient de cinquante, tous avec la lance, le bouclier, et leurs chevaux richement enharnachés.... Ils donnèrent ensuite devant le comte le simulacre d'un combat.... Les Maures représentèrent ce combat avec plus de quinze bandes de cinq cents chameaux chacune, précédées de douze femmes sur douze chameaux, lesquelles, accompagnées toujours des mieux faits de la famille, s'avancèrent vers le comte et lui disaient : — A la bonne heure, sois arrivé le restaurateur de l'état, le protecteur des orphelins, le bon et honorable chevalier dont on parle tant ! — Elles lui disaient plusieurs autres galanteries en arabe, qu'un interprète expliquait à mesure, et à chaque fois les hommes jetaient de grands cris d'allégresse. »

Trois cents ans plus tard, chevaux richement enharnachés et chefs aux brillants vêtements, rien ne manquait au cortège. Les différends qui existaient entre M. de Saint-Maur et quelques-uns de ces chefs pour le partage des eaux devaient être réglés ce jour-là. Tout se passa à l'amiable ; les conventions furent arrêtées sous un figuier, près du ruisseau sujet de la discussion ; les plaideurs étaient assis sur ces immenses blocs de pierre que les Romains ont jetés dans tout le pays, comme pour témoigner à travers les siècles de leur puissance et de leur grandeur. Le jugement rendu, l'hospitalité de la *diffa* vint rassasier les voyageurs. Le mouton né dans la plaine et roti tout entier était si succulent, qu'il donna bon espoir à M. de Saint-Maur pour la colonisation future. Il jura d'avoir, lui aussi, des moutons à la longue laine et à la chair délicate ; depuis, il a tenu la promesse faite sur un couscouss arabe, le serment du figuier. De belles constructions, une population active et laborieuse, animent maintenant ce pays, naguère si désolé et pourtant si plein de grandeur. L'impression que vous gardez de ces lieux est singulière. Si le voyageur gravit la ruine la plus élevée et laisse son regard errer sur la plaine immense, il est saisi par une de ces sensations qui sort, en Afrique, des entrailles mêmes de la terre, et que le pays de France n'a jamais fait éprouver. Devant lui, à ses pieds, les grands lacs salés, dont les facettes de diamants éclatent sous le soleil ; à droite, les lignes onduleuses de la terre, qui, se mariant au mirage de l'air, semblent flotter et se perdre dans la brume ; sur la gauche, des collines verdoyantes et boisées, dont le demi-cercle vient s'arrêter à Miserghin, pour se redresser en crête rocheuse, aride, et, s'élevant peu à peu, atteindre le sommet de Santa-Cruz, ce piton de pierre que les Espagnols avaient choisi pour fonder une forteresse d'où le regard rayonnait sur tout le pays. Plus loin, se confondant avec le ciel bleu, l'œil découvre une ligne plus foncée : c'est la mer dont les flots ont baigné les rivages de la Provence ; mais, sur la droite, l'aspect sauvage de la montagne des Lions rappelle que l'on est bien loin de la terre de France. En contemplant ces solitudes, un sentiment indicible s'empare de l'âme ; on éprouve de la tristesse ; cette tristesse pourtant est pleine de grandeur ; loin d'abattre, elle élève. Les ombres des siècles passés vous couvrent, et ces plaines, ces montagnes, où tant de peuples luttèrent tour à tour, semblent avoir gardé une vertu mystérieuse qui vous domine. De là vient peut-être l'attachement que tous ceux qui ont vécu là-bas éprouvent pour ce sol, pour ce pays, et cela depuis le chef jusqu'au soldat, qui, de retour en France, lassé bientôt de l'existence monotone qu'il y rencontre, va de nouveau chercher le hasard, l'imprévu, et ces brises de l'Afrique dont il ne peut plus se passer.

Il se passerait pourtant bien de la pluie et du brouillard ; mauvaise rencontre, je vous jure, surtout lorsqu'il faut escalader les gorges étroites et les sentiers glaiseux du Tessalah. A peine avions-nous pénétré dans les montagnes, que la brume arrêtait le regard à deux pas de la tête de nos chevaux. Un homme de France eût probablement, à notre place, mis pied à terre ; nous étions trop paresseux pour cela, et, au risque de rouler dans les ravines, nous cheminions, le capuchon du caban rabattu sur les yeux, fumant un cigarre et nous confiant à la sûreté des jambes de nos chevaux. — Si mon cheval me fait rouler dans le ravin, il fera aussi la culbute, disait un chasseur de l'escorte ; ainsi tu comprends, bonhomme, ajoutait-il en causant avec son cheval, habitude que donnent les longues routes et la solitude, que tu serais un bien grand nigaud si tu faisais pareille sottise. — Ce raisonnement rassurait notre homme et le faisait passer sans sourciller aux endroits les plus dangereux. Malgré le vent, le froid, la pluie et le brouillard, nous franchîmes sans encombre les passages difficiles, et, dès que nous eûmes traversé les ruines romaines qui commandent les gorges, la route commença à descendre jusqu'au plateau de Bel-Abbès.

Quand votre voix s'élève à ce passage, vous l'entendez courir de montagne en montagne ; à droite, à gauche, devant, derrière, le son est répété par mille voix diverses. Si vous questionnez l'Arabe, votre compagnon de route, il vous dira seulement : *Ireud el chitan* (le diable répond) ; l'endroit est maudit ; mais le *taleb* (savant) fera ce récit à voix basse : — Lorsque la lumière vint de la Mecque, portée par les messagers de la foi, les adorateurs de *Sidna-Aïssa* (Jésus-Christ) fermèrent les yeux à la vérité et refusèrent de témoigner. Alors ils se retirèrent dans les forteresses du Tessalah, avec leurs femmes, leurs enfants, leurs richesses, croyant que le flot allait poursuivre son cours ; mais ceux qui avaient la parole sainte ne s'avançaient que lorsque tous les fronts s'étaient inclinés, que toutes les bouches avaient répété : Il n'y a d'autre Dieu que Dieu, et Mahomet est son prophète. Les croyants se réunirent donc et vinrent assiéger *les dédaigneux du bien*. Comme le ciel était pour eux, Dieu ferma la porte des eaux, et, durant une année entière, les nuages qui passaient ne laissèrent point tomber la pluie sur le Tessalah. La provision d'eau des baptisés s'épuisa, la soif les saisit derrière leurs grandes murailles; mais, plus durs que la pierre, ces esclaves du démon préférèrent la mort au témoignage, et tous périrent. Ce qui est écrit est écrit, les oiseaux du ciel dispersèrent leur chair dans tout le pays; pourtant leurs âmes parcourent encore ces collines et ces montagnes, et c'est pour effrayer les voyageurs qu'ils répètent ainsi leurs moindres paroles. Les traditions qui courent le pays sur les chrétiens se terminent toutes de même, par un récit d'extermination, et, dans le nord de l'Afrique, l'on ne cite qu'une seule tribu où se soient conservés des signes extérieurs du christianisme. En passant dans des endroits réputés dangereux, certains Kabyles des montagnes aux environs de Bougie font encore le signe de la croix.

A quelque distance des ruines romaines voisines de Bel-Abbès, les goums de ce poste nous attendaient. Comme la pluie continuait à tomber à torrents, dès que le terrain le permit, nous partîmes au grand trot, et, sur les cinq heures, nos chevaux étaient attachés à la corde dans le camp formé par les deux bataillons de la légion étrangère qui bivouaquaient auprès de Bel-Abbès.

Situé derrière la première chaîne des montagnes à dix-huit lieues au sud, sur le méridien d'Oran, le poste de Bel-Abbès prenait à revers et assurait la sécurité de la plaine de la Mélata, tout en permettant à nos colonnes un prompt ravitaillement, lorsqu'elles devaient opérer à la lisière du Tell et du Serssous. Fondé en 1843 sous le nom de *Biscuitville* par le général Bedeau, l'établissement de Bel-Abbès complétait cette série de postes-magasins, qui, de vingt lieues en vingt lieues, de trois marches en trois marches d'infanterie, de deux marches en deux marches de cavalerie, s'élevaient sur deux lignes parallèles des bords de la mer à l'intérieur, dans toute l'étendue de la province d'Oran. Quand la guerre prit une allure décidée, nous dûmes une grande part de nos succès à deux causes diverses, la création des postes-magasins et celle des bureaux arabes. Les postes-magasins, en effet, multipliaient nos forces en rapprochant nos ressources, et les bureaux arabes en assuraient un emploi efficace. Le bureau arabe, c'est la centralisation dans les mains militaires de tous les intérêts du pays. Le chef du bureau arabe représente les anciens chefs turcs; son commandement est direct ou à deux degrés, soit que ses ordres se transmettent sans intermédiaire, soit qu'il se serve des *agas* ou des *khalifats*. Selon l'usage du pays, le cadi rend la justice dans les affaires civiles; mais, dans les affaires où un intérêt politique ou administratif est en jeu, les décisions sont rendues par le chef du *margzhen*, qui n'est autre que le chef du bureau arabe. On comprend dès-lors combien l'institution des bureaux arabes, c'est-à-dire d'un centre où venaient naturellement aboutir les renseignements sur les hommes et sur les choses, a dû contribuer à nos succès, à la bonne direction de nos forces.

Bel-Abbès, comme poste-magasin, avait paru dans une si heureuse position qu'il était en ce moment question d'y établir le siège de la subdivision d'Oran, et le lendemain de notre arrivée le général de Lamoricière passa toute la journée sur le terrain à étudier les différents plans proposés. Le soir au retour, il trouva au camp des batteurs d'estrade venus pour l'avertir que les Hamian-Garabas, nos ennemis, s'étaient montrés sur les hauts plateaux au sud de Tlemcen. Les éclaireurs reçurent l'ordre de repartir aussitôt, de remarquer les emplacements et de se trouver dans quatre jours à Tlemcen. Le surlendemain, nous prenions la route de cette ville, sous l'escorte de deux beaux escadrons de chasseurs d'Afrique; car, depuis que les Beni-Hamer avaient été emmenés au Maroc par l'émir, en 1845, l'année de la grande révolte, tout le pays, depuis Bel-Abbès jusqu'à l'Isser, était vide et livré aux coupeurs de route. Quelques lions, dont nous vîmes plusieurs fois la large trace à forme de grenade majestueusement gravée sur la terre, des hyènes et des sangliers à foison étaient maintenant les seuls habitants de ces fertiles collines. Nous troublâmes leur repos en leur donnant une chasse vigoureuse; il s'agit, bien entendu, des sangliers et des hyènes; le lion était généralement respecté. Cette chasse n'est point sans danger, non pas à cause du sanglier : avec un peu d'adresse et de sangfroid, on évite toujours ses coups de boutoir; mais ces Arabes maudits qui nous accompagnaient, sans s'inquiéter si nous nous trouvions devant eux, n'en lâchaient pas moins leurs coups de fusil, au risque de se tromper de bête et de nous envoyer la balle.

Il y a loin de Bel-Abbès à l'Isser, où nous devions bivouaquer. Il faisait nuit noire lorsque la petite colonne arriva au bord de la rivière; point de lune, point d'étoiles, on ne savait où poser le pied, et il fallait trouver le gué, car la rivière est rapide et large en cet endroit. Le premier qui tente le passage fait la culbute, un second n'est pas plus heureux, un troisième atteint l'autre bord.

Allumant alors des jujubiers sauvages arrachés aux buissons voisins, nous plaçâmes au bout de nos sabres ces fanaux improvisés, et toute la troupe passa sans encombre. Au point du jour, les trompettes des chasseurs sonnaient la diane. L'air était vif, énergique; quelques nuages couraient sur le ciel bleu, et les crêtes des montagnes, formant à l'est et au sud un fer à cheval, dessinaient le bassin où s'élève Tlemcen. Le Mansourah et ses eaux admirables, qui répandent la fertilité dans les environs de la ville, se dressaient face à nous; sur notre gauche, un peu en arrière, on apercevait les collines d'Eddis, où, vers la fin de décembre 1841, eut lieu l'entrevue solennelle qui décida la soumission de la plus grande partie de ce pays.

Dans l'hiver de 1841 à 1842, pendant que le général de Lamoricière portait du côté de Mascara les plus rudes coups à la puissance d'Abd-el-Kader, l'autorité du khalifat de l'émir, Bou-Hamedi, était sérieusement ébranlée dans l'ouest de la province. Mouley-Chirq-Ben-Ali, de la tribu des Hachem, avait été l'instigateur de ce mouvement. Son influence était grande, car il avait longtemps commandé le pays comme lieutenant de Mustapha Ben-Tami, ancien khalifat de l'émir. Destitué par Bou-Hamedi lorsque ce dernier remplaça Mustapha Ben-Tami, Mouley-Ben-Ali avait juré de se venger, et voici comment il tint parole : — Ben-Ali était patient à la vengeance ; il savait attendre l'heure et le moment. Son premier soin fut de parcourir les tribus et de préparer par ses discours les esprits à un changement; puis, dès que l'instant lui parut favorable, sentant que son autorité n'était pas assez forte pour lever lui-même l'étendard, il jeta les yeux sur un homme dont le prestige religieux vint rehausser la puissance. Si-Mohamed-Ben-Abdallah, de la grande tribu des Ouled-Sidi-Chirq, fut choisi par lui. L'influence religieuse de cette tribu de marabouts s'étend depuis l'oasis où ils se sont retirés jusqu'aux rivages de la mer. Établi depuis longues années déjà dans le pays de Tlemcen, Mohamed-Ben-Abdallah y était en grande réputation. On citait sa piété, et les gens des douars racontaient, que tous les vendredis, il se rendait, les pieds nus, au tombeau de Si-Bou-Medin, passait la nuit en prière, et que de sa bouche sortaient les paroles de Dieu, lorsqu'il quittait les lieux saints, car l'esprit d'en haut le visitait. Cette croyance fut bientôt générale, et tous se préparaient à le reconnaître pour chef.

Le vieux Mustapha Ben-Ismaël, instruit de l'agitation qui régnait du côté de Tlemcen, sachant que Bou-Hamedi commençait à concevoir des craintes sérieuses et et n'avait pu parvenir à s'emparer de Mohamed-Ben-Abdallah, crut que l'on pouvait se servir du marabout comme d'un levier puissant pour attaquer l'émir. Sur le rapport de Mustapha, le général de Lamoricière autorisa notre vieil allié à se mettre en relations avec Mohamed-Ben-Abdallah; secours et protection lui furent promis, une première entrevue arrêtée; mais, le 3 décembre, au moment où elle allait avoir lieu, Bou-Hamedi coupa la route à Mohamed-Ben-Abdallah. Trois semaines plus tard, relevé de cet échec, Mohamed demandait une entrevue nouvelle, et le colonel Tempoure, appuyant le goum de Mustapha avec une petite colonne d'infanterie, se mettait en route par un temps affreux. Le 28, accompagné seulement de quelques officiers et des gens de Mustapha, il marchait à la rencontre du nouveau chef.

Les cavaliers se déroulaient en longues files sur les escarpements d'une montagne élevée; à leurs pieds s'étendait la vallée de la Tafna avec ses riches cultures ; à l'horizon, apparaissaient les blanches murailles de Tlemcen, la ville des sultans. Tout à coup, au détour de la montagne, ils découvrent les collines et les mamelons couverts des gens des tribus. Des deux côtés, les étendards s'arrêtent, les cavaliers restent immobiles, et les chefs s'avancent entre ces haies vivantes. Mustapha mit le premier pied à terre ; il rendait ainsi hommage, en présence de tous, au caractère religieux de Mohamed-Ben-Abdallah ; mais ce dernier, descendant de cheval, le serra dans ses bras, sans lui permettre d'autre marque de déférence. Ceux qui assistaient à l'entrevue ont raconté depuis que le général Mustapha, après s'être incliné devant le chef français, le colonel Tempoure, prononça ces paroles : « Le jour de ma vie où le bonheur m'est venu le plus grand, c'est celui-ci, car, par mes soins, je vois naître l'estime et l'amitié entre les Français et un personnage aussi vénéré. Grâce au Dieu tout-puissant, ce jour est le commencement de l'union qui doit se sceller entre les deux races, sous la protection du grand sultan de France. Quant à moi, les derniers jours qui me restent ne sauraient recevoir un emploi plus salutaire que celui de travailler à la paix du pays et à l'élévation de ta maison, ô Mohamed, de ta maison déjà si illustre parmi nous. »

Puis Mustapha, avec cette dignité qui ne le quittait point, désigna du doigt une touffe de palmiers nains, et, tous s'asseyant en cercle, la conférence de la soumission commença : elle fut courte, et les conditions furent bientôt arrêtées. Les derniers pourparlers échangés, le colonel Tempoure offrit au chef arabe les présents apportés en son honneur, puis tous se levèrent. Les chefs remontèrent à cheval, et se tinrent réunis autour de Mohamed, pendant que, se dressant sur ses étriers, le marabout prononçait la prière qui devait appeler la bénédiction d'en haut sur leurs entreprises. Son œil était ardent, ses traits pâles et fatigués par les jeûnes et les veilles, sa voix grave et austère. Ce fut un imposant et majestueux spectacle.

— O Dieu, Dieu clément et miséricordieux, s'écria Mohamed, nous te supplions de rendre la paix à notre malheureux pays, désolé par une guerre cruelle. — Et les voix des deux mille cavaliers répétèrent le long de chaque ligne : — O Dieu! Dieu clément et miséricordieux, nous te supplions de rendre la paix à notre malheureux pays, désolé par une guerre cruelle! — Prends pitié, reprit le chef en élevant les yeux au ciel, prends pitié de cette population réduite à la misère! Fais renaître au milieu de nous l'abondance et le bonheur! Donne-nous la victoire sur les ennemis de notre pays, et que la sainte religion révélée par ton prophète soit toujours triomphante! — Et les guerriers répétèrent d'une seule voix :
— Donne-nous la victoire sur les ennemis de notre pays, et que la sainte religion révélée par le prophète soit toujours triomphante !

Le bourdonnement de ces prières, s'en vint jusqu'aux cavaliers de Bou-Hamedi, leur annonçant la grandeur du danger. L'heure approchait en effet où Tlemcen allait pour toujours devenir française. A la première nouvelle de ces événements importants, le maréchal Bugeaud, jugeant avec la rapidité habituelle de son coup d'œil le parti que l'on pouvait en tirer, s'était hâté de quitter Alger. Le 20 janvier, le maréchal débarquait à Oran, et le 24 février, au bout d'un mois, après avoir ruiné la citadelle de Zebdou et occupé Tlemcen, il quittait la ville, laissant le commandement de la subdivision au général Bedeau, mandé à cet effet de Mostaganem.

Établi dans Tlemcen, le général Bedeau montra cet esprit régulier et méthodique qui fait de lui un agent si précieux, toutes les fois que l'on détermine d'une façon nette et précise l'étendue de ses devoirs, les limites dans lesquels il doit agir, commander. C'est assez dire que Tlemcen se releva bientôt de ses ruines, que des casernes furent construites comme par enchantement, et que le pays entier reçut une organisation sage et mesurée. Plusieurs fois le général Bedeau dut combattre; mais, comme il n'y avait aucune hésitation dans son esprit, il n'y eut aussi aucune hésitation dans le succès. Ce pays de Tlemcen n'est pourtant point facile à gouverner; de tout temps, il a été le théâtre de grandes luttes, et voilà bien des siècles que Si-Mohamed-el-Medjeboud (bouche d'or) a dit : « Tlemcen est l'aire rabotueuse dans laquelle se brise la fourche du moissonneur. Combien de fois les femmes, les enfants et les vieillards n'ont-ils pas été abandonnés dans ses murs ! » — L'histoire de cette ville n'est en effet qu'un long récit de guerre, depuis ce fameux siége de Tlemcen en 1286 par Abi-Saïd, frère d'Abou-Yacoub, le sultan de Fez, qui, pendant sept ans, tint les Ben-Zian assiégés et fit construire dans son camp une ville dont les ruines existent encore, jusqu'au blocus que le commandant Cavaignac soutint derrière ses murailles en 1837, avec le bataillon franc.

Singulière destinée que celle de cette province d'Oran, champ-clos où les races chrétiennes et musulmanes semblaient s'être donné rendez-vous pour livrer leurs derniers combats ! — En l'année 1509, le cardinal Ximenès parcourait, la croix à la main, les lignes des troupes espagnoles rangées en bataille sur les rivages de la baie des Andalouses, et les exhortait à se livrer tout entières au danger pour combattre l'infidèle. En l'année 1516, deux pirates, appelés par le chef de la ville d'Alger, fondaient sur la terre d'Afrique cette puissance turque qui ne devait plus reculer que devant le drapeau de la France ; mais ce ne fut pas sans des luttes opiniâtres contre les armes espagnoles, car Oran était un poste d'avant-garde, et, dans son occupation d'Afrique, l'Espagne cherchait surtout la sécurité pour ses côtes. Chrétiens et musulmans se rencontrèrent plus d'une fois devant les murailles de Tlemcen. Enfin les rois de Tlemcen, dont l'autorité s'étendait des rives de la Moulouia aux montagnes de Bougie, et qui recevaient le tribut des galéasses de Venise venant chercher dans le port d'Oran les cires, les huiles et les laines, furent obligés de reconnaître la suzeraineté des rois d'Espagne, et même d'implorer leur protection. Barberousse, le fameux pirate, les avait attaqués au siège même de leur puissance : les Espagnols vinrent au secours de leurs vaisseaux ; Barberousse trouva la mort dans cette aventure, et sa veste transformée en chape d'église, alla orner, comme trophée de victoire, la sacristie de la cathédrale de Cordoue. On le voit, quelle que soit l'époque à laquelle on prenne l'histoire de Tlemcen, les paroles de Mohamed Bouche-d'Or sont une vérité ; mais il faut connaître l'histoire pour y ajouter foi, car le voyageur qui n'aurait jamais entendu parler de Tlemcen, s'il avait fait route avec nous, se serait plu dans tous ses récits à peindre cette ville comme l'asile du repos et de la vie facile.

Nous arrivions au pont jeté par les Turcs sur la Safsaf,

et devant nous s'étendaient les grands oliviers qui ombragent la campagne entière et se déroulent comme une nappe de verdure au pied de la ville. Rien de plus coquet, de plus gracieux, de plus charmant que cette cité, dont les blanches maisons s'appuient d'un côté aux flancs d'une montagne rocheuse, qui lui jette en cascades magnifiques ses eaux jaillissantes, et voient à leur pied une riche ceinture de jardins embaumés, tandis qu'au loin les collines succèdant aux collines, les montagnes aux montagnes, vont se confondre avec la ligne bleue du ciel.

Au-delà du pont, nous appercevions le général Cavaignac et les officiers de la garnison qui venaient saluer le général de Lamoricière, car le général Bedeau, nommé lieutenant-général, était allé prendre le commandement de la province de Constantine. Les deux chefs s'avancèrent, le général Cavaignac faisant les premiers pas, ainsi que le voulait la discipline militaire, saluant comme le prescrivait le règlement; mais sa froideur glaciale, le silence qu'il garda dès qu'il eut prononcé la phrase d'usage, furent remarqués de tous. *Une petite cause produit souvent un grand effet*, dit le proverbe : le proverbe, cette fois-ci, avait encore raison. Je ne sais plus quel oubli de bureau, dans lequel le général Cavaignac avait cru voir une atteinte portée à sa dignité, expliquait son attitude si grave.

Absolu dans le commandement, énergique dans l'action, lent à se décider, parce qu'il est lent à comprendre, mais cachant ce travail laborieux sous un silence solennel et ne parlant que lorsqu'il s'est décidé, le général Cavaignac était estimé de tous, aimé de quelques-uns, redouté par beaucoup. Ceux qui avaient eu des rapports avec lui étaient cependant unanimes à reconnaître que si l'on s'adressait à son cœur, cette dignité orgueilleuse dont il se plaisait à s'entourer, disparaissait pour faire place à une bienveillance toute paternelle, mais ces moments d'oubli étaient rares. Le silence dans lequel vivait le général, cet isolement qu'il se plaisait à créer autour de lui, exaltaient froidement son imagination, et le feu sombre de son regard indiquait un homme qui s'est cru toute sa vie voué au sacrifice, même lorsque les grades et les dignités de l'État venaient le chercher; car, cette justice doit lui être rendue, ces grades, il les a reçus, mais son orgueil était trop grand pour aller au-devant d'eux. C'est ainsi que le général Cavaignac, à force de se créer un modèle et de le placer constamment devant ses yeux par le culte des souvenirs, préférant sa propre estime à l'opinion du monde, finissait par éprouver les sentiments les plus opposés à son caractère et à son instinct. Dans sa carrière militaire, le général Cavaignac avait donné de nombreuses preuves de sa froide obstination. Il obtint son grade de commandant dans cette ville même de Tlemcen en 1836, lors de l'expédition du maréchal Clausel, quand il se maintint dans la place durant six mois, privé de tout secours et de toute nouvelle. Ce fut une des belles actions de sa vie de soldat; au reste, le général Cavaignac ne manqua jamais à la guerre, lorsque la guerre lui offrit l'occasion de s'abandonner au danger et à la lutte.

Cette marche silencieuse embarrassait les deux généraux, l'éperon le fit comprendre aux chevaux, et nous traversâmes rapidement les jardins de Tlemcen, bénissant les rois auxquels ce pays doit en partie sa fertilité: ce sont, en effet, les rois de Tlemcen qui ont fait construire un bassin immense où les eaux viennent se réunir avant de se répandre dans la plaine. Ce bassin était si grand, qu'il servit plusieurs fois, lorsqu'on le répara, de champ de manœuvre à un escadron de cavalerie. Tlemcen se divise en deux enceintes. La ville, ses maisons à un étage et ses rues étroites se groupent autour d'une enceinte fortifiée nommée *Mechouar*, que les anciens rois avaient fait construire. Le *Mechouar* renferme maintenant de belles casernes et des établissements militaires. La maison des hôtes où le général était descendu se trouvait dans la première enceinte. Aussitôt son arrivée, selon l'usage, il se mit à expédier rapidement les affaires réservées à son appréciation, et s'occupa surtout avec le général Cavaignac de l'établissement des nouveaux colons, presque tous anciens soldats libérés, braves gens, bien constitués, mais célibataires ; or, pour fonder une colonie, la ménagère est nécessaire, et la ménagère manquait. Le général Cavaignac et le général Lamoricière, afin de parer à cet inconvénient très-sérieux, adressèrent en bloc des demandes de mariage à l'établissement des orphelines de Marseille, et maintenant sans doute les épousées vivent près de Tlemcen, propriétaires heureuses et mères de famille.

Le soir, comme nous étions occupés à écrire sous la dictée du général, dans une petite pièce mauresque d'une forme allongée, deux cavaliers arabes s'arrêtèrent devant la porte : c'étaient les deux coureurs envoyés de Bel-Abbès dans la direction des hauts plateaux, afin de nous renseigner sur la position des Hamian-Garabas. Ces hommes avaient une figure remarquable ; accroupis sur le sol, immobiles, les bras cachés sous le burnous, l'impassibilité de leur physionomie donnait un nouvel éclat à leur regard, d'où par moments jaillissait l'éclair, et qui se voilait l'instant d'après, cachant sous une bonhomie confiante la finesse et la ruse. On reconnaissait de ces routiers, formés par l'habitude de l'embuscade, qui d'un coup d'œil saisissent le terrain, reconnaissent la piste. *Coupeurs de route*, gens de sac et de corde, prêts à tout faire si la mauvaise action était bien payée, mais honnêtes et consciencieux dans le mal, tenant loyalement la promesse donnée, ces deux hommes étaient des agents précieux, dont le général de Lamoricière se servait plus habilement que pas un. Assis sur un petit tabouret, en face d'eux, il ne les quittait pas du regard, lisant leur visage. Leurs paroles s'échangeaient à voix basse, et la lumière vacillante d'une bougie placée sur la table voisine animait tout à coup, par ses reflets changeants, ou rejetait brusquement dans l'ombre ce groupe singulier. Le général se leva enfin, et, après s'être promené à grands pas de long en large pendant cinq minutes, en fumant son cigarre par bouffées rapides, comme il le fumait lorsqu'un parti s'agitait dans sa tête, il prit brusquement son képi et se rendit chez le général Cavaignac. La razzia était décidée; puisque les Hamians-Garabas avaient l'imprudence de se mettre à portée de filet, il ne fallait point laisser échapper l'occasion de les atteindre. Les ordres furent immédiatement expédiés, et, les dernières dépêches écrites, nous allâmes rejoindre les officiers de la garnison au cercle où ils se réunissaient; car Tlemcen est une ville où rien ne manque: vous y trouverez un théâtre, bien mieux, des Espagnoles au sourire provoquant. Tlemcen doit tout ce bien-être au général Bedeau, et l'on parle encore du jour où les prolonges du train, couronnées de feuillages, entrèrent dans la ville au son de la musique et des fanfares des régiments.

Le surlendemain, le général Cavaignac prenait la direction du sud, pendant que nous faisions route pour Lèla-Marghnia, le poste le plus voisin de la frontière marocaine.

VIII

Tromper les heures, c'est le grand talent des gens habitués aux longues marches, et tous nous courions les grands chemins depuis trop longtemps pour n'être point passés maîtres en la besogne. Un ruisseau, une pierre, une colline étaient l'occasion d'une histoire. Je me rappelle encore le rire de ceux de nos compagnons de course qui traversaient ce pays pour la première fois, lorsque l'on raconta les niches d'un lion à la colonne du général de Lamoricière en 1844, et la vengeance que le général en tira.

La colonne qui allait fonder en 1844 le poste de Lèla-Marghnia, surprise par les inondations entre la Tafna et le Mouila, fut obligée de bivouaquer. Le pays était sûr, malgré la proximité de la frontière; mais, comme trois ou quatre lions rôdaient depuis quelque temps aux environs, le général avait donné l'ordre d'entourer le troupeau de broussailles et d'abattis d'arbres, et recommandé à la garde d'avoir l'œil au guet. Les ordres exécutés, la colonne s'endormit. La moitié de la nuit était passée, la pluie tombait à torrents, et les factionnaires, s'abritant de leur mieux dans les couvertures de campement, se croyaient bien tranquilles, lorsqu'un rugissement se fait entendre près du camp; puis l'on voit passer dans l'air trois ou quatre points noirs, et aussitôt, frappé de terreur, le troupeau se précipite dans toutes les directions, renversant les hommes, les tentes, les faisceaux, et soulevant sur tout son passage une tempête de jurements. Un lion s'en était venu chercher sa provision du jour ; de là tout ce tapage. Le lendemain, on eut beau battre l'estrade, on ne retrouva que quatre bœufs ; maigre chère pour dix-huit cents hommes ; aussi bien qu'il fût parvenu à tirer sa troupe d'embarras, le général de Lamoricière n'en avait pas moins conservé une rude dent contre le lion. — C'est bon ! c'est bon ! disait-il, tu es venu me tourmenter : rira bien qui rira le dernier. — Comme il repassait, à quelque temps de là, au même endroit, il y fit placer une embuscade et attacher un bœuf. Le bœuf mugit, le lion l'entendit, il avait faim, et, par un beau clair de lune, se mit tranquillement en route, pour chercher le repas que la Providence lui envoyait. Arrivé à vingt pas du bœuf, il s'étendit les pattes en avant, se lécha les barbes de plaisir, rugit ; puis tout à coup, d'un bond, il sauta sur la proie et lui arracha une épaule avec sa griffe ; mais à ce moment cinq coups de feu partirent, et le lion, frappé au cœur, roula en poussant un rugissement terrible. Sa peau, trophée de vengeance, fut envoyée au Château-Neuf, et depuis, les lions s'étant raconté l'aventure, ils n'osèrent plus jamais s'attaquer à la colonne du général de Lamoricière. — Telle fut, du moins, la morale ajoutée par le conteur.

Ce jour-là, nous fîmes la grande halte près de sources d'eau chaude, dans un des sites les plus originaux que l'on puisse rencontrer. Aux alentours le terrain est sombre, pierreux, le sol rougeâtre et les oliviers au noir feuillage couvrent les collines. L'aspect de ce bassin est d'une grande tristesse. Tout à coup, au détour de la route, la baguette d'une fée semble dresser devant vous un jardin de délices. Des palmiers énormes s'élancent de leurs rachées séculaires, liés les uns aux autres par les lianes et les pampres des grandes vignes, et, sous ce dôme de verdure, les eaux bouillonnantes viennent baigner le pied des arbres gigantesques. L'imagination d'un poëte en ses jours de caprice n'a jamais rien inventé de plus séduisant. Il semble toujours, lorsqu'on se trouve sous ces ombrages enchantés, qu'un génie mystérieux va vous apparaître. Si vous entendiez jamais Mouley-Ismaël, l'officier douair, vous raconter la légende qui court sur ce bois de palmiers, vous seriez saisi de compassion. Voyez plutôt :

Aux siècles passés, les rois de Tlemcen eurent des relations avec les lapidés (1). Ces rois, qui se nommaient les *Beni-Mériin,* et qui venaient de l'ouest, expliquaient le langage du tonnerre, et par des combinaisons mystérieuses de chiffres, ou en jetant du sable sur une table noire, ils prédisaient l'avenir, châtiant ceux qui les avaient offensés à l'aide du démon leur allié. Or, il arriva que l'un des Beni-Mériin fut frappé par le regard d'une jeune fille qu'il rencontra un jour sur les bords de la Tafna, comme elle s'en venait puiser l'eau. Fier de sa puissance, il crut qu'un mot lui donnerait une nouvelle esclave, mais la jeune fille avait livré son cœur à un guerrier de sa tribu, et les paroles dorées du sultan furent repoussées avec dédain. Furieux de se voir ainsi traité, — car, s'il était tout-puissant pour la vengeance, il ne pouvait, comme les démons ses alliés, se faire aimer à son gré, et c'était là son châtiment, — le roi jura de se rassasier des lar-

(1) Dans la croyance musulmane, les anges rebelles furent précipités du ciel à coups de pierres. De là le nom de lapidé donné aux démons.

mes de celle qui lui refusait un sourire. Un soir donc que la jeune fille, se glissant hors du douar, était allée rejoindre sous les palmiers celui qu'elle aimait, le sultan appela à son aide le lapidé. A son ordre, le démon se saisit des deux jeunes gens, les entraîna dans la terre, et au même instant le pays entier changea d'aspect : on le nommait la vallée des fleurs, elles disparurent de la terre, et le sombre feuillage des oliviers couvrit les collines. Les palmiers seuls sous lesquels la jeune fille s'était retirée restèrent debout, témoins de la vengeance, car à leur pied, à la place où elle fut engloutie, jaillit aussitôt la source merveilleuse ; et cette source n'est autre que les larmes que ces deux infortunés versent nuit et jour dans les entrailles de la terre, où les retiennent les sortilèges infernaux du maudit.

Le poste français de Lèla-Marghnia, où nous arrivâmes le soir, est bâti à un quart de lieue de la frontière, et une plaine de six lieues sépare de la ville marocaine d'Ouchda. Dans cette plaine immense, traversée par l'*Oued-Isly*, les tourbillons marocains furent brisés par nos bataillons, lorsqu'ils eurent, sous les ordres du maréchal Bugeaud, ces glorieuses rencontres où le sangfroid discipliné l'emporta sur ces masses plus serrées que les nuées de sauterelles. Époque glorieuse pour le drapeau de la France, car je vous jure qu'un mois plus tard, sur toute la côte marocaine, le pavillon aux trois couleurs, que venait d'*appuyer* les boulets de l'amiral prince de Joinville, était salué avec crainte par tous ces barbares ! Le pinceau guerrier d'Horace Vernet a fixé sur la toile ces scènes de combat, ou plutôt il a montré la fête après la bataille. Dans l'angle du tableau seulement un bataillon de chasseurs s'élance en sonnant la charge, son commandant en tête.

Il semble déjà courir à la mort qui l'attendait tout entier, un an plus tard, au marabout de Sidi-Brahim.

Lorsque la colonne du général Cavaignac parcourut pour la première fois ce pays, trois mois après l'engagement, les ossements répandus sur le sol racontaient les différentes phases de la lutte. — La charge a commencé en cet endroit. — Elle s'est arrêtée là. — Voici le dernier cadavre. — Plus loin, ils se sont formés en carré, la terre en porte les marques. — Et tous ces os déjà blanchis furent réunis, et la colonne défila devant eux en portant les armes, solennel hommage rendu par ceux qui marchaient au danger à ceux qui étaient morts au combat! — Huit jours après, deux bataillons d'infanterie et le régiment de chasseurs à cheval du colonel de Cotte venaient pour rapporter à Djema ce qui restait de tant d'hommes. L'abbé Suchet les accompagnait, et le sacrifice de la religion s'accomplit sous la voûte du ciel, au milieu de soldats dont les armes chargées résonnaient sur la terre. Puis les rangs s'ouvrirent, le pieux fardeau fut emporté. Après avoir traversé, nous aussi, le terrain de cette héroïque défense, nous vîmes à deux cents pas de Djema, sous l'ombrage de grands caroubiers, au milieu d'une prairie, la pierre funéraire qui fut élevée à nos soldats. Chacun se découvrit devant le tombeau où la mort du combat avait réuni le soldat et l'officier. Cinq minutes après, nous entrions à Djema. Ce poste-magasin est bâti sur le bord même de la mer, à l'embouchure d'une petite rivière, entre deux falaises escarpées, où l'on aperçoit les ruines de villages, anciens repaires de pirates. Des baraques de planches, une muraille crénelée, de grands magasins, des cabarets; sur le rivage quelques barques de pêcheurs, les embarcations de la marine; en rade des bricks de transport, parfois un bateau à vapeur de guerre ; au milieu de tout cela des soldats affairés, des cantinières et des marchands : voilà Djema.

Le séjour en est triste, et, lorsque la paix règne dans le pays, la chasse et l'étude sont les seules ressources de ceux qui sont condamnés à tenir garnison dans un de ces postes avancés. Bien des gens de France s'en étonneront ; ils ont peine à se figurer des officiers au teint hâlé, à la longue barbe, pâlissant sur des livres, se livrant à des recherches scientifiques ou à des passe-temps littéraires. Rien n'est pourtant plus exact ; c'est même l'un des caractères particuliers à cette armée d'Afrique, où l'intelligence et les choses de l'esprit ont une part si grande. Cette tendance a toujours été favorisée par les chefs. Chaque poste a aujourd'hui sa bibliothèque établie par les soins du ministère de la guerre et composée d'environ trois cents volumes, choisis parmi les meilleurs auteurs, soit dans la science, soit dans les lettres. Ces lectures ont eu souvent une grande influence, et il serait curieux, maintenant que la génération de soldats formés par la guerre d'Afrique est appelée à peser d'un si grand poids sur l'avenir de la France, de chercher quels étaient les livres, nourriture habituelle de leur esprit ; peut-être y trouverait-on de curieux indices de caractère ; car tous lisaient, et lisaient beaucoup. Sans doute, ce serait une erreur de croire que l'armée d'Afrique n'est qu'une armée de savants ; mais il est certain que l'on retrouve souvent dans son sein des mouvements d'intelligence que l'on ne rencontre point d'ordinaire à ce degré parmi les gens de guerre. La raison en est simple : l'esprit de l'homme a besoin de variété et de changement ; s'il est forcé durant de longs mois à vivre dans une prison libre avec les mêmes personnes, au bout d'un certain temps l'ennui le saisit; il lui faut une distraction, et cette causerie, qui lui est nécessaire, il la trouve avec ceux du passé, ces hommes immortels que chaque siècle lègue à celui qui vient, comme un résumé de l'esprit de la génération entière, comme un viatique pour les hommes condamnés encore à la peine et au labeur.

Si les morts ont un grand charme, la vie reprend toujours ses droits, et la rencontre d'un ami n'est jamais plus agréable qu'aux avant-postes. Ce fut aussi avec une joie très-vive que je retrouvai à Djema un de mes camarades, un de mes meilleurs amis. Nous avions dîné dans la baraque où chaque jour les officiers venaient prendre leur repas. La salle, je suis forcé d'en convenir, était moins élégante que les salons des Frères Provençaux. Des planches de sapin remplaçaient les panneaux sculptés, et les escabeaux de bois tenaient lieu de fauteuils ; le vin était bleu, d'un beau bleu ; mais les convives avaient l'insouciance, la jeunesse, et la certitude de pouvoir marcher toujours droit. C'est là une des grandes raisons de ce calme imperturbable que l'on trouve si souvent chez les militaires. Le dîner fini, nous étions allés, mon camarade et moi, fumer notre cigare sur la plage ; le flot se mourait à nos pieds. La lumière tremblante d'un beau clair de lune semblait bercer les navires qui s'inclinaient doucement sous la houle ; l'air était tiède ; ce silence de la terre et des eaux, où l'on croit parfois saisir le lointain écho de voix mystérieuses, entraîne toujours en Afrique la pensée vers la France. Appuyés contre une balancelle, nous restions plongés dans nos rêveries, lorsque tout à coup j'entendis mon camarade s'écrier :

— Ah ! la belle soirée ! que je voudrais être à Paris !

— Et qu'y ferais-tu?

— Écoute, je ne t'ai jamais raconté cela; mais par un temps comme celui-ci, je suis amoureux.

— Bah !

— Oui, et pourtant Dieu sait si je me plais en Afrique; mais, n'importe, je voudrais être à Paris.

— Et s'il y gelait nous sommes au mois de janvier.

— A Paris, que fait le temps? Je te dis que je suis amoureux; seulement je l'oublie, et je ne me le rappelle que par des soirées comme celle-ci. C'était par une soirée du mois d'août que je suis devenu amoureux d'elle; je ne lui ai, du reste, jamais parlé, et j'en aurais même été désolé.

— Qu'est-ce que toutes ces fariboles?

— Fariboles... pas tant que tu crois ! Voici le fait : au mois d'août dernier, je me promenais sur le boulevard; il faisait un temps superbe, ce temps-ci, ma foi, et pourtant je m'ennuyais, lorsqu'en passant devant le Gymnase je vois écris en grosses lettres : *Clarisse Harlowe.* J'avais toujours eu un faible pour Clarisse; aussi je ne voulais pas entrer dans la crainte qu'on ne me l'eût gâtée; mais mon cigarre s'éteignit juste devant la porte du théâtre; c'était un présage, j'entrai. Ah ! si tu savais... Après les premières scènes, je m'émeus; au deuxième acte, je pleure, et au troisième, furieux, j'injurie Lovelace. J'étais amoureux fou de Clarisse. Il fallait partir dans quatre jours, je retournai quatre fois au Gymnase : tout ce temps-là, j'ai été heureux, et ces émotions me reviennent par des soirées comme celle-ci. Mais aussi elle était si digne, si confiante dans son amour ! elle avait tant de grâce ! et comme elle mourait ! Voilà pourquoi je suis amoureux ce soir; heureusement qu'il ne fait pas toujours si beau. Au fait, sais-tu ce que c'est que l'amour ?

— Je crois, répondis-je, que le poëte a eu raison de dire :

> L'amour, hélas ! l'étrange et la fausse nature,
> Vit d'inanition et meurt de nourriture.

Mais cet Arabe qui se promène là-bas avec Manuel, l'Espagnol, aura sans doute une définition à ton service.

Et sans attendre la réponse de mon camarade, j'appelai par son nom l'Arabe que je venais de reconnaître :

— Caddour! viens par ici. Veux-tu un cigarre? Ils sont bons : Dolorita d'Oran me les a vendus.

— Donne, dit Caddour après avoir échangé le salut. Est-il venu des nouvelles?

— Rien que je sache, lui répondis-je.

— Bien.

— Voilà mon ami qui veut te faire une question. Sa pensée est en France; il a emporté un souvenir; il ne sait pourtant pas si ce souvenir est dans son cœur ou dans sa tête. Il me demandait donc ce que c'était au juste que l'amour. Ma réponse ne lui plaît pas. Toi, qu'en penses-tu ?

— As-tu jamais vu, me répondit Caddour, un petit oiseau venir chercher refuge sous la tente, lorsque l'hiver envoie la neige froide et la pluie glacée ? Le pauvret respire un instant le chaud et le bien-être; bientôt, poussé par la force d'en haut, l'instinct, il regagne les airs ; il vole vers la souffrance. Ce que la chaleur de la tente est au petit oiseau durant une seconde, l'amour l'est pour l'homme : une halte où il reprend des forces. A ceux à qui Dieu destine puissance et action, il donne grand cœur et grand amour.

— Ceci me semble sujet à discussion, repartit mon ami, et Manuel nous donnera peut-être une explication meilleure que celle-là.

— Oui, répondit Manuel, Espagnol au teint bronzé, dont l'œil ardent et le regard toujours droit et rapide indiquaient le caractère décidé, oui vraiment, je me souviens d'un chant que les femmes de Grenade répètent souvent ; il vient, je crois, des Maures.

Et il nous chanta d'un voix lente et grave ces paroles d'un *romance* espagnole dont voici la traduction.

« Quand aux jours du commencement Dieu punit le monde, il déroba de sa lumière ; et le soleil, reflet de Dieu, perdit de sa clarté de feu ; et les nuages gris et les jours sombres parurent pour la première fois.

« Un rayon pourtant fut laissé par miséricorde, et ce rayon se transmet d'âme en âme. Heureux ceux qui le rencontrent ! il les sauve de la mort et leur donne part de Dieu. L'amour est ce rayon, l'amour, dernier lien de la terre et du ciel.

« Et comme du ciel était resté le rayon de miséricorde qui donnait le bonheur des anges, l'esprit du mal fut jaloux.

» Et des profondeurs de la terre sortit une lueur fatale, et cette flamme gagna aussi d'âme en âme. Alors beaucoup souffrirent, et tous dirent : L'amour nous a mis en grande douleur.

« Tous étaient trompés, et Satan riait, car il semait partout le désespoir, et les âmes arrivaient à lui.

« Si un matin tu te sens devenir meilleur, si tu reçois tes pensées d'en haut, enhardis ton cœur et dis : J'aime.

« Si tu ne connais que le dévouement, enhardis ton cœur et dis : J'aime.

« Si, toujours oublieux de toi, tu veux le bonheur pour celle à qui tu penses, enhardis ton cœur et dis : J'aime.

« La lueur de l'enfer est loin, le rayon du ciel te remplit ; aie confiance. »

— Ami, reprit mon compagnon lorsque la dernière note eut été emportée par la brise, il y a là un parfum des jasmins de Grenade, et il me semble entendre le murmure des eaux dans les jardins du Généralife ; mais assez de discussions. Qu'importent les systèmes ! les faits seuls ont quelque valeur : ce qui est écrit est écrit. Si je dois le comprendre et l'éprouver, je le comprendrai et l'éprouverai, à moins que la fin du monde ne vienne me surprendre.

— Vous autres, vous vous raillez de tout, dit Caddour ; souhaite pour toi de ne pas voir les temps que précéderont la fin des siècles.

— Eh ! qu'y aura-t-il donc alors de si extraordinaire ?

— Les temps ont été prédits, dit Caddour, et, lorsque les iniquités auront rempli la coupe, les cercles de fer qui tiennent enfermée la race des hommes terribles entre les pitons des deux montagnes s'écarteront, et ils se précipiteront à travers le monde pour le dévorer, desséchant les fleuves en les buvant, détruisant les arbres et les fruits, semant sur leur passage le carnage et la mort.

— Lieutenant, le général vous demande avec Si-Caddour, me dit en ce moment un planton qui, depuis un quart d'heure, me cherchait dans tout le camp.

— C'est bien, j'y vais. — Et c'est comme cela que finira le monde ? repris-je tout en me dirigeant vers la baraque du commandant supérieur, où le général était descendu.

— Non, reprit Caddour, car Dieu est miséricordieux, et Si-Aïssa (Notre-Seigneur Jésus-Christ), qui n'est point mort, descendra du ciel pour rétablir la paix dans le monde.

— Ainsi soit-il! ajouta mon camarade. C'est égal, voilà un joli conte. Caddour, à demain ; viens déjeuner avec moi, tu as une trop belle imagination pour que je ne veuille pas te revoir.

— Quand il aura passé trois ans dans le pays, me disait Caddour, au moment d'entrer avec moi chez le général, ton ami rira moins et croira davantage.

Ce n'était pas pour discuter sur l'amour que le général de Lamoricière nous attendait. Il fallut, durant de longues heures, écrire d'ennuyeuses dépêches sur la situation des esprits dans la province, sur les approvisionnements et les marchés de foin. Heureusement enfin, tout le travail fut terminé, et le lendemain matin rien ne nous retenait plus à Djema. *Puce-Ville* était alors le sobriquet de Djema-Rhazaouat ; ce surnom fera comprendre sans peine combien nous avions hâte de nous remettre en marche. La route, pour regagner Oran, longeait Nedroma avant de traverser les montagnes kabyles. Le général prit avec lui une petite colonne commandée par le colonel de Mac-Mahon, afin de juger en passant les contestations qui s'étaient élevées entre l'autorité française et les Kabyles, et de frapper ceux-ci au besoin, s'ils refusaient de reconnaître le bien jugé. Nedroma, où le général reçut la *diffa*, est une ville aux frais ombrages, entourée de bonnes et solides murailles qui défieraient au besoin une attaque à main armée. Ses habitants sont riches, industrieux, habiles, et les méchantes langues disent que l'argent est aimé dans cette ville « à ce point que jamais l'on ne s'inquiète de son origine. »

A partir de Nedroma, nous commençâmes à escalader

les montagnes kabyles. Sur toute la route, nous trouvions des gens furieux d'être obligés de se soumettre, mais payant sans mot dire l'arriéré. La vue du régiment du colonel de Mac-Mahon les rendit doux comme des moutons, et ils avaient raison, je crois, car le colonel était connu pour ne point plaisanter une fois une affaire engagée. Tout se passa donc de la meilleure grâce du monde ; et, ayant regagné de nouveau la plaine avant de franchir le col qui nous conduisait au poste d'Aïn-Temouchen, sur la route de Tlemcen à Oran, nous pûmes courir le lièvre par un soleil magnifique. En chasse, le général reçut des dépêches qui lui annonçaient l'heureuse réussite du coup de main sur les Hamian-Garabas. Après une marche de vingt-cinq heures, le général Cavaignac les avait atteints et complétement rasés. Ce fut notre dernier beau jour. La pluie nous prit dans la nuit et commença à tomber par torrents. *Le diable bat sa femme*, dit-on en France lorsqu'il pleut. Il faut qu'il y ait en Afrique un diable dont la femme soit bien sujette aux larmes, car des seaux d'eau jetés de seconde en seconde peuvent seuls donner une idée de ces pluies qui tombent sans jamais s'arrêter. Ah ! comme les terres du Sidour, *la Brie* de la province d'Oran, étaient agréables pour nos chevaux ! On y enfonçait, on y pataugeait, on y glissait en descendant les côtes, et on y jurait surtout, car muletiers et officiers sont de même pâte, la colère venue. Enfin nous arrivâmes à Aïn-Temouchen, où nous pûmes nous réchauffer à l'abri.

Lorsque l'insurrection de 1845 éclata, le poste d'Aïn-Temouchen n'avait qu'une très-petite réserve de cartouches. A chaque instant, dans la province d'Oran, on craignait d'apprendre que ce poste avait été enlevé faute de munitions, et cependant il n'y avait pas un soldat dé disponible, aucun moyen d'en envoyer. Le colonel Walsin-Estherasy commandait les goums arabes; dans cette circonstance critique il tenta l'aventure. Seul Français au milieu de cinq cents arabes, qui commençaient déjà à douter, à une demi-journée de marche de l'émir, dont les forces alors étaient nombreuses, le colonel n'hésita pas une seconde. Il donna l'ordre de se mettre en marche; un caïd lui fit une observation, il renouvela l'ordre; le caïd refuse de l'exécuter; prenant son pistolet, il lui fait sauter la cervelle. L'instant d'après, un second eut la même audace; il eut aussi le même sort. Par cet acte d'énergie, dans un moment qui pouvait être un moment suprême, le colonel maintint la troupe arabe et parvint à conduire jusque dans Aïn-Temouchen les munitions dont ce poste manquait. Ces lieux, du reste, ont des souvenirs héroïques, et *le Défilé de la Chair* (*Chabat-el-Lhâme*), où passe la route, témoigne par son nom du courage de ces mille Espagnols, glorieux précurseurs de nos soldats de Sidi-Brahim. Accablés eux aussi par le nombre, ils surent y tomber un à un, faisant face à l'ennemi. «Le capitaine Balboa, dit Marmol, y mourut avec tous ses soldats, qui ne voulurent jamais se rendre et combattirent vaillamment jusqu'à la mort, et Martinez fut mené à Tlemcen avec treize prisonniers seulement. Enfin, de tous les Espagnols il ne s'en sauva que vingt, qui se retirèrent sous la conduite de quelques guides et s'en retournèrent à Oran. »

Il est probable que les vingt Espagnols dont parle le chroniqueur eurent plus d'embarras que nous; mais, certes, ils ne gagnèrent pas plus rapidement la ville, car la pluie est une compagne de route trop maussade pour qu'on n'ait pas hâte de s'en délivrer. Le soir, nous arrivions à Oran, et, deux jours après, il était déjà question du départ. M. le général de Lamoricière allait s'embarquer pour la France, afin d'assister à la session de la chambre; son ardeur inquiète se réjouissait des nouvelles luttes qui *l'attendaient*; sa pensée prenait plaisir à ces nouveaux combats. Pour nous, qui restions sur la terre d'Afrique, nous le vîmes partir avec regret. Les souhaits que nous lui adressâmes en lui serrant la main, comme il montait à bord, étaient sincères. Ces souhaits ont-ils porté bonheur au général de Lamoricière? Ceux qui l'ont suivi au milieu des agitations de sa vie politique en jugeront.

Depuis cette époque, un grand nombre des *compagnons* que le bivouac avait réunis pour un temps se sont séparés, et maintenant chacun suit sa destinée; mais aucun n'a oublié ni les courses de la province d'Oran, ni les longues causeries du Château-Neuf.

L'EXPÉDITION DE KABYLIE [1].

MAI, JUIN, JUILLET 1851.

I.

Ce fut un grand vaurien dans sa jeunesse qu'Ali-Ben-Hamed, et pourtant, de tous les habitués du café de Si-Lakdar à Constantine, Ali était mon meilleur ami. Au fait, devait-on lui chercher chicane de n'avoir eu personne qui lui enseignât les délicatesses dont notre civilisation est si fière ? Sa vie fut celle d'un soldat des beys. Riche souvent quand le coup de main réussissait, pauvre le reste du temps, calme et patient toujours, il avait déchargé son dernier fusil du haut des remparts en 1837, et depuis lors, soumis et résigné, Ali n'avait gardé du

[1] Le récit qu'on va lire n'était point destiné à la publicité. Nous avons cru néanmoins devoir réunir et mettre en ordre ces souvenirs, recueillis à la hâte durant une courte mais glorieuse campagne, par un de nos anciens compagnons d'Afrique. Il nous a semblé que tout ce qui touchait à notre armée était le bien de la France, et que nous remplissions un devoir en publiant une relation où il y avait de la gloire pour quelques-uns et de l'honneur pour tous.

service que ses longues moustaches et un regard qui sentait encore le Turc habitué à la domination.

Vers la fin du mois d'avril dernier, soucieux et inquiet, car je craignais de ne point faire partie de l'expédition de la Kabylie, dont le départ était annoncé pour les premiers jours du mois de mai, je me promenais sur la petite plate-forme carrée que l'on nomme la place de Constantine, quand la figure d'Ali me revint à l'esprit. Plus d'une fois, j'étais parvenu à le faire parler entre les deux longues bouffées de tabac qu'il aspirait jusqu'au fond de sa poitrine. Les récits du temps passé, de ce temps où celui qui raconte trouve toujours la vie meilleure, s'échangeaient alors entre nous, — Il m'arrachera peut-être à mon ennui, me dis-je, et, descendant du côté du Rummel, je me mis à suivre les ruelles étroites de la vieille ville. Le café de Si-Lakdar est situé au centre du quartier arabe de Constantine, non loin d'un carrefour où viennent aboutir plusieurs rues renommées pour leur commerce. Les rues des Tisseurs, des Selliers, des Restaurateurs, des Forgerons, se croisent tout auprès; aussi la position centrale de ce café en aurait-elle fait le lieu choisi par les marchands, les étrangers, les savants (et Constantine en compte un grand nombre), pour se livrer, selon leur dire, au repos de l'esprit, si même sa grande vigne courant le long des arceaux, son jasmin, ses roses et sa musique célèbre à juste titre, n'eussent pas été un attrait suffisant. Comme de coutume, quand j'entrai, Caddour, le cafetier, me salua d'un cordial *bonn-jour*, et je pris place près de quelques vieux Turcs, amis d'Ali, avec lesquels je livrais souvent de rudes combats au jeu de dames, leur passe-temps favori. Ali était, comme moi, de mauvaise humeur sans doute, car toutes mes questions n'eurent pour réponse que des monosyllabes ; alors, impatienté, je demandai les dames et l'eau-de-vie de figue chérie des Turcs, malgré les préceptes du Coran, et je commençai une lutte acharnée avec l'un des hôtes du café.

Le dos appuyé le long des colonnes, les jambes croisées sur une natte, sans nous soucier de la foule bruyante qui se coudoyait à deux pas de nous dans la rue large de quatre pieds, nous étions absorbés par le jeu. Je me voyais battu, et je cherchais à parer les coups terribles du Turc Ould-Adda, lorsque cinq ou six fusils vinrent rouler sur le damier et renverser nos soldats de bois. Un armurier kabyle, en regagnant sa boutique, avait trébuché, et tombait avec sa charge.

— Fils du démon ! cria mon compagnon d'infortune. Ce fut sa seule exclamation ; il reprit sur-le-champ sa gravité.

— Pourquoi l'as-tu appelé ainsi ? lui dis-je lorsque tout le dégât eut été réparé.

— L'enfant porte le signe de celui qui l'a créé, reprit-il, et ces têtes de pierre ont conservé la marque de leur origine. La parole du prophète les a enveloppées comme un vêtement, mais son rayon n'a pu pénétrer leur peau. Vois comme ils s'en vont, désertant leur terre, courir tous pays, forçant les bras de travailler, non pour rassasier le ventre, mais pour ramasser l'argent. Celui qui a soif de richesse doit la demander à la hardiesse, non au labeur. On dit que dans la montagne de ces sauvages l'autorité est dans la bouche de tous, que leurs femmes sont sans voiles, et qu'au jour de fête ils dansent comme des bouffons. Avec leurs yeux bleus, leurs grands corps et leurs membres couverts d'une mauvaise pièce de laine, ils semblent les serviteurs du *lapidé* (Satan) ; ainsi que les animaux, leur crâne nu brave le soleil, et durant la neige et l'hiver ils secouent la tête pour s'en débarrasser comme des bœufs.

— « L'ennemi ne devient jamais ami, le son ne devient jamais farine, » dit alors Ali, quittant son silence. Tu as gardé dans ton cœur, Ould-Adda, la mémoire du fils qu'ils t'ont tué au jour de la rencontre et les souvenirs amers entraînent tes paroles. Chaque arbre porte son fruit ; la plante qui fleurit près de la fontaine meurt desséchée sur la pente de la colline. La montagne a des rochers, la montagne a des Kabyles. Dans la plaine, tu trouveras le blé, les troupeaux aux riches toisons, et l'Arabe pour l'habiter. Les deux races sont différentes, le son de leur bouche n'est pas le même. Là est la vérité ; mais, dans la plaine comme sur la montagne, le démon a ses serviteurs, et Dieu ses fidèles. Il ne faut mépriser aucun musulman : chacun suit sa voie.

— D'où vient, lui dis-je, que tu ne partages pas le mépris que les tiens leur portent d'ordinaire ?

— J'ai lu en eux, reprit Ali ; sous leurs dehors sauvages, j'ai trouvé le bien. Ma parole peut le dire en ce moment, car je dois la vie au respect que, dans ces tribus, chacun a pour ceux de sa race. J'étais soldat lors de la course du bey Osman et j'ai vu le désastre. Vous tous, dit-on dans la ville, vous allez entrer dans leur pays. Si le bras de Dieu dirige vos coups, le succès suivra vos pas ; Dieu seul peut vous le donner. Le Kabyle, quand il défend son village et son champ, c'est la panthère protégeant ses petits : pour quoi aller les chercher ?

— As-tu vu l'huile tomber sur l'étoffe ? lui répondis-je ; la tache gagne, gagne et ne s'arrête qu'à la dernière trame du tissu. Ainsi de nous. Il faut que nous couvrions ce pays;... puis leurs montagnes sont devenues l'asile des insoumis, les remparts des coupeurs de route. Tous ceux qui nous font du mal sont leurs amis, et nos villages ont été menacés. Nous ne pouvons supporter l'injure. Le cheval qui n'est pas dompté renverse son cavalier. Nous voulons rester les maîtres du pays.

— La vérité est dans ta bouche, dit Ali après un instant de réflexions. Ta pensée est droite; mais tu trouveras une terre différente de toutes celles que tu as vues jusqu'ici. Les journées suffisent à peine pour descendre les précipices. Le flanc des montagnes est garni de villages bâtis à l'abri du coup de main, et les hommes ont la bravoure dans le cœur, l'œil exercé et un bon fusil. Dans la paix, le jeu des armes est en honneur, et il n'est point de fête, s'ils ne guident leur regard au long du fusil, et celui qui a brisé le plus d'œufs suspendus à un fil qui leur sert de cible, celui-là est applaudi de tous. Il tient dans son œil la vie de son ennemi, il est bon à la défense de la terre, bon à la protection des siens, car le Kabyle aime la vengeance, il la lègue en héritage, et le sang seul lave l'offense, bien que chez lui la mort ne soit pas dans les lois : le bannissement est regardé comme le plus dur châtiment. Durant la paix, quand ils se livrent au commerce, fabriquant les tissus, les armes, la poudre et — que Dieu les punisse pour cette faute ! — les pièces fausses qui trompent l'Arabe des plaines, le commandement est dans la bouche de tous; ils ne souffrent point l'autorité, et n'inclinent leurs respects que devant leurs marabouts : les décisions de l'assemblée qu'ils ont nommée sont soumises à l'approbation de chacun, et en temps voulu les crieurs publics courent de village en village, appelant les habitant pour approuver ou rejeter ; mais au jour de l'attaque la volonté de tous se réunit dans le *soff* (alliance). Les tribus se fondent dans les tribus, les chefs dans les chefs, et un seul est proclamé le *maître de la mort*. Il fixe le combat et guide le bras. Je te le dis, la poudre est abondante, les défenseurs nombreux : dès que l'enfant peut soulever un fusil, il est inscrit au rang des défenseurs et doit son sang jusqu'à ce que la vieillesse fasse trembler sa main. Les chefs commis par tous veillent à ce que les armes soient toujours en bon état. — A *l'heure de la poudre*, les plus jeunes prennent leurs bâtons noueux; ils achèvent l'ennemi, lancent les pierres et emportent les blessés. Les femmes elles-mêmes, dans le combat, excitent les hommes de leurs cris et de leurs chants, car chez les Kabyles la femme doit oser et souffrir autant que son mari, et si le cœur de l'un d'eux faiblit et qu'il vienne à prendre la fuite, elle le marque au *haïk* d'une marque de charbon. La flétrissure désormais s'attache aux pas du lâche. — Non, jamais tu n'auras entendu autant de poudre, jamais tu n'auras franchi des montagnes semblables; mais, s'il plaît à Dieu, tu en reviendras, car il est le maître des événements.

Ali semblait douter dans le fond de son cœur de l'accomplissement de son souhait, et, comme j'allais lui répliquer, il ajouta : — Si un désastre frappait toi et les tiens, souviens-toi de l'*anaya* (1), et n'oublie pas que les femmes peuvent la donner; leur cœur est plus facile à émouvoir. C'est à une femme que je dois la vie.

— Je ne sais ce que c'est. Qu'appelles-tu *anaya?*

— L'*anaya*, répondit-il, est la preuve du respect que

---

(1) On trouvera sur l'*anaya* et sur les coutumes kabyles des détails pleins d'intérêt dans le remarquable ouvrage de M. le général Daumas et de M. le capitaine Fabar, *la Grande Kabylie*. (Chez Hachette.)

dans les montagnes chacun se porte à soi-même, le signe de la considération, le droit de protection. Pour un Kabyle, sa femme, son bœuf et son champ ne sont rien, s'il les compare à l'*anaya*. Le plus souvent un objet connu pour appartenir à celui qui accorde l'*anaya* est le signe de la sauve-garde. Le voyageur, en quittant le territoire de la tribu, échange ce signe avec un autre gage donné par un ami auquel il est toujours adressé, et de proche en proche il peut ainsi traverser le pays entier en toute sécurité. Il y a aussi l'*anaya* qui se demande dans un danger pressant : si le Kabyle vous en couvre, eussiez-vous le couteau prêt à frapper votre tête, le salut est pour vous. L'*anaya* est une grande chose, un grand lien, et, pour des gens dont le commerce est une des occupations, c'est un gage de prospérité, car elle assure la sécurité à ceux que leurs affaires appellent dans le pays. Aussi est-ce un droit qui, s'il était violé, aurait pour vengeur la tribu entière ; mes yeux l'ont vu au jour de la mort du bey, et mon cœur en a gardé le souvenir.

— La journée fut terrible ?

— Mes moustaches sont grises ; bien des fois depuis elles ont été noircies par la poudre, et pourtant jamais depuis je n'ai vu le danger. Quand le souvenir de cette heure me revenait en mémoire, les autres combats n'étaient auprès que jeux d'enfants.

— Mais les forces n'étaient donc pas suffisantes, ou peut-être le bey fut-il abandonné des siens ?

— Prenez garde, s'il vous plaît, lieutenant, me dit en ce moment le cafetier Caddour en glissant ses jambes par-dessus mon épaule, afin d'allumer une petite lampe à trois becs dont les mèches nageaient dans l'huile. — Le jour était brusquement tombé, et avec lui le silence s'était fait dans la rue étroite. Au fond du café, la musique arabe jouait, sur un rhythme brusquement coupé, un air de guerre, tandis que l'improvisateur racontait les hauts faits d'un chef du sud. Les mèches fumeuses de la lampe suspendue au plafond envoyaient, suivant que le courant d'air poussait à droite ou à gauche, une lumière rougeâtre sur les traits d'Ali, puis les rejetait brusquement dans l'ombre pour les éclairer de nouveau. Le vieux soldat relisait le passé, et il se marquait sur sa figure, d'ordinaire impassible, une impression si profonde, que, sans me rendre compte de ce mouvement, je me rapprochai de lui, impatient d'écouter sa parole.

Alors, secouant la tête comme un homme qui voit dans le lointain ce qu'il dit : — C'était un homme puissant qu'Osman-Bey, reprit-il ; c'était un *maître du bras*. Un jour de poudre, la balle d'un fusil lui avait brisé l'œil droit; mais sa pensée guidait l'autre et courbait les fronts. Il était le digne fils du bey Mohamed-le-Grand, qui dans l'ouest chassa les gens d'Espagne de la place d'Oran. Après avoir gouverné l'ouest et éprouvé la disgrâce du pacha, il fut envoyé à Constantine, où il commanda dans la force et le bien. Durant ce temps se formait dans la montagne la nuée de l'orage; chez les Beni-Ouel-Ban, non loin de la mer, il était venu un homme ayant le nom Bou-Daïli ; il arrivait d'Égypte et faisait partie de cette secte qui a la haine du chef. C'était un de ceux que l'on nomme *Derkaoua* (1), soit à cause des lambeaux qu'ils portent, soit parce qu'ils affectent de tirer les paroles du fond du gosier. Cet homme appelait les montagnards à l'attaque contre les Turcs, leur promettant le succès, le partage des

---

(1) Secte de fanatiques musulmans.

biens et la domination du pays, la ville de Constantine une fois prise. Ses paroles se glissèrent si avant dans leur cœur, qui, tandis que le bey Osman était parti vers le sud pour châtier les Ouled-Deradj, Bou-Daïli emmena vers la ville douze mille des gens de la montagne ; mais l'heure de l'abaissement des Turcs n'était pas encore arrivée : nos canons *brisèrent les attaques* des Kabyles, et le bey, revenu en toute hâte, trouva la plaine balayée de ces corbeaux.

Lorsque le messager porteur de la mauvaise nouvelle fut arrivé à Alger, le divan en prit connaissance, et le pacha répondit : « Tu es bey de cette province, Osman ; le chérif a paru dans la circonscription de ton commandement ; il est de ton devoir de marcher contre lui en personne, de tirer vengeance de son agression, de l'atteindre partout où il sera, et de le tuer ou de le chasser du pays. » Le bey lut cette lettre et réunit en conseil les grands et les puissants. Tous furent d'avis qu'il fallait user de patience, afin d'obtenir par la ruse ce qu'il était dangereux de demander à la force : on n'attaquait pas la bête fauve dans la tannière, on attendait qu'elle descendît dans la plaine ; mais le cœur du bey était trop grand pour s'abaisser à la crainte, et il dit : — Mon père se nommait Mohamed-le-Grand, moi je suis Osman. Le pacha a parlé, j'irai. Tenez-vous prêts au départ.

Aussitôt avis fut donné à toutes les milices que le bey allait brûler la poudre dans la montagne. C'était un beau spectacle, je te le dis, que le départ de tant de braves soldats. En tête marchait le bey ; à droite et à gauche, un peu en avant de lui, ses quinze *chaous* écartaient la foule qui se pressait pour baiser son étrier d'or. Malgré les coups de bâton, elle était si serrée, que le poitrail du grand cheval noir la coupait comme le couteau coupe la chair. Derrière flottaient les sept drapeaux du bey, puis venaient sa musique retentissante, les officiers de sa maison avec de brillants harnachements, suivis d'une cavalerie nombreuse. Son plus ferme appui, les compagnies turques au cœur de fer, fermaient la marche. Le premier jour où le bey entra dans la montagne, la poudre parla peu ; les Kabyles méditaient la trahison, ils attendaient l'heure et le moment. Lorsque nous arrivâmes à l'Oued-Zour, jamais nos pieds n'avaient franchi ravins si difficiles, et plus d'un mulet avait roulé le long des pentes. Ils nous attendaient là, cachés presque tous dans les bois épais qui entourent une vallée dont le terrain de boue cède sous le pied de l'homme. Des envoyés des tribus arrivèrent au camp. — Pourquoi la poudre parlerait-elle plus longtemps? disaient-ils. Un étranger était venu parmi eux et avait égaré leurs cœurs ; mais, puisque le bey ne venait point les arracher à leurs coutumes et ne demandait que la tête du coupable, pourquoi se querelleraient-ils? Refusait-on jamais d'enlever l'épine d'une plaie? la guérison n'en est-elle pas la suite? Donne-nous une partie des tiens disaient-ils au bey, car Bou-Daïli est retranché dans un endroit plein de forces, et nous le ramènerons à ton camp, où tes *chaous* agiront selon tes ordres.

Le jour de la mort s'était déjà levé pour le bey Osman et voilait son regard d'aigle ; il crut à la vérité de ces paroles. La moitié de ses fidèles partit par son ordre et marcha, pleine de confiance, vers l'embuscade. De notre camp, leurs derniers cris furent entendus. Les Kabyles venaient de s'élancer sur eux comme la bête fauve s'élance de sa tanière. Alors Osman sentit battre son grand cœur et bondit pour voler à leur secours. Nous suivions ses pas. Il coupa à travers la vallée, croyant trouver un chemin ; mais le terrain s'affaissait sous nos rangs. Les Kabyles, à ce moment, accourent le long de chaque pente, et leurs longs fusils faisaient pleuvoir les balles ; la grêle, au jour d'orage, tombe moins serrée. Nous étions abattus comme l'herbe, et celui qui était tombé ne pouvait plus se lever. Osman, debout sur ses étriers, semblait les défier de sa haute taille, et son regard portait la menace ; leurs balles s'écartaient de lui. Avec quelques cavaliers, il allait atteindre un terrain plus solide, lorsque son cheval posa le pied sur un trou profond que voilait une herbe serrée ; il disparut, et l'abîme se referma sur lui. Un bey devait mourir, c'était écrit ; mais son corps ne pouvait tomber entre les mains des Kabyles. Moi et quelques autres, nous avions gagné le bois, mais nous quittions la mort pour courir à la mort. Les Kabyles frappaient sans pitié, excités au carnage par les cris de leurs femmes. La dernière minute de l'homme au combat est le miroir de sa vie : tout ce qui lui est cher se présente à sa pensée. — Zarha, ma femme, notre petit enfant et son sourire passèrent devant mes yeux, et mon âme faiblit devant la mort ; Zarha m'apporta une pensée de salut. — Je saisis le vêtement d'une femme en demandant l'*anaya*. Elle, fière de montrer sa puissance, me jeta son voile, et je fus entouré de sa protection. Bientôt l'on n'entendit que les coups de fusil tirés par les Kabyles en signe de réjouissance. Il n'y avait plus un Turc pour répondre, et le sang coula si fort dans le marais, que depuis les Kabyles l'ont nommé le *Mortier*. Là où le bey qui, d'un signe de la main, courbait les têtes jusqu'au désert, a vu briser sa puissance, crois-moi, le danger est grand, et le succès incertain. Toutefois, Abi-Saïd l'a dit en ses *Commen-*

taires: « Soumettez-vous à toute puissance qui aura pour elle la force, car la manifestation et la volonté de Dieu sur cette terre, c'est la force. » Si vous devez commander, vous arriverez portés par un nuage de poudre, et le Kabyle reconnaîtra son maître.

Ali avait fini de parler : il ralluma sa pipe, et se replongea dans son silence. La flûte arabe et la viole continuaient toujours pendant ce temps à jouer sur leur rhythme guerrier, et l'improvisateur psalmodiait ces paroles : « Son fusil au long canon faisait mourir l'ennemi la bouche ouverte. »

— Voilà le présage, dis-je en me levant ; merci, vieil Ali ; s'il plaît à Dieu, nous ferons bonne besogne, et nous n'aurons pas le sort du bey (1).

Les ruelles étroites de la vieille ville étaient maintenant plongées dans le silence ; de temps à autre, une ombre blanche glissait le long des murailles. Sur la place, plusieurs courriers arabes, accroupis près de leurs chevaux, attendaient à la porte du palais du bey les dernières dépêches du général de Saint-Arnaud ; car, pendant qu'Ali me racontait les désastres du bey Osman, le général avait une conférence avec les divers chefs de service. S'il était loin de partager la terreur superstitieuse du vieux Turc, notre chef n'en savait pas moins qu'un rude ennemi l'attendait, et il voulait avoir toutes les chances pour lui.

En rentrant chez moi, j'appris que les ordres de départ étaient arrivés, et ma joie fut telle que toute la nuit, dans mes rêves, je vis un Kabyle qui sautait de rocher en rocher, ne pouvant éviter ma balle. Au jour, la réalité avait repris ses droits, et, dans l'après-midi, les clairons

---

(1) Le désastre du bey Osman est arrivé vers l'année 1802.

du bataillon sonnaient la marche sur la route de Milah, petite ville située à douze lieues sud-ouest de Constantine, non loin des montagnes kabyles.

II

Deux brigades d'infanterie, deux cent cinquante chevaux de cavalerie, douze cents bêtes de somme portant un lourd convoi, en tout neuf mille cinq cents hommes venus des différents points de la province, et même d'Alger, se réunissaient, le 7 mai dernier, sous les murs de Milah. Les zouaves, les tirailleurs indigènes, les chasseurs d'Orléans, la légion étrangère, le 8° et le 9° de ligne, tous vieux routiers d'Afrique ; le 20°, qui venait de passer par la brèche de Rome ; le 10° enfin, nouvel arrivé de France, tels étaient les solides bataillons de la colonne de Kabylie. Pour chef, le général de Saint-Arnaud, habile dans ces luttes où souvent il faut étonner l'ennemi ; d'une décision rapide ; l'action engagée, ferme en ses desseins et plein d'une entraînante ardeur ; — le général de Luzy, en qui l'on retrouve toutes les traditions de la garde, où il a fait ses premières armes ; — le général Bosquet enfin, dont la calme et belle figure réfléchit si bien la vigueur de l'âme et l'élévation du caractère ; — sous leurs ordres, à la tête de chaque corps, d'énergiques officiers, obéissants, dévoués, assez fermes pour assumer au besoin la responsabilité ; dans les rangs, des soldats passés au crible par les fatigues et les halliers, de ces natures vigoureuses qui saisissent dans son regard la pensée du chef et lancent leurs corps sans songer au péril : — il ne fallait pas moins pour assurer le succès de nos armes dans les montagnes où elles pénétraient pour la première fois. Derrière chacune de ces roches, de ces escarpements que tous les renseignements présentaient comme du plus difficile accès, se tenait une rude population prête à disputer chèrement le passage de ses terres que n'avait jamais souillées le triomphe de l'ennemi. Nous allions marcher droit sur le port de Djidgelly, traversant d'abord le pays comme un boulet. Dans la première partie de cette course, nos fusils traçaient un sillon ; dans la seconde, prenant les tribus à revers, nous devions amener les Kabyles à soumission.

Le 8 mai, du haut des remparts à demi ruinés de leur petite ville, à l'ombre de leurs jardins en fleurs, les habitants de Milah regardaient les longues files de la colonne passées en revue par le général Saint-Arnaud dans la plaine qu'un soleil ardent éclairait. Les tambours battaient au champ devant le brillant état-major ; les soldats présentaient les armes, la musique jouait ses fanfares, et à l'horizon se dressaient les montagnes où tant de braves gens allaient rester. C'était dans tous les rangs un frémissement de guerre qui saisissait l'âme, car il n'y avait pas là un spectacle, un des jeux de la paix, le chef comptait sa troupe avant de la mener au danger. Nul pourtant n'y songeait. L'impatience du général, fier de la mâle attitude des bataillons, était partagée par tous ces cœurs de soldats. Le lendemain, au point du jour, la colonne prenait la direction du col de Beïnem, et après avoir traversé l'Oued-Eudjà, dont les eaux limpides glissent sous des buissons de lauriers roses, elle s'établissait au bivouac à la limite du territoire ami.

Dans la matinée du 10, vers les neuf heures, le général

Saint-Arnaud, accompagné de tous les chefs de corps, se porta vers une crête rocheuse située à environ deux kilomètres du camp. Le regard plongeait de ce point élevé sur le pays des Ouled-Ascars, et se trouvait arrêté à l'extrémité de la vallée de l'Oued-Ja par le rideau de montagnes qu'il fallait franchir le lendemain. La route, ou, pour dire vrai, le sentier, bon tout au plus pour des chèvres, passait par un évasement nommé le col de Menazel ; ce col était dominé par deux pitons. A l'œil nu, le terrain semblait d'abord assez facile ; mais, dès qu'on prenait la lorgnette, on distinguait les ravines profondes qui déchiraient le flanc de la montagne, les bois, les abris pour la défense que présentaient surtout les roches du piton de droite, et les petits plateaux d'un difficile accès où de gros villages étaient bâtis. C'était par ces *sentiers affreux*, sous le feu d'un ennemi qui, comprenant toute l'importance de cette position, l'avait choisie pour théâtre du premier combat (on le voyait déjà construire des talus de terre, des obstacles de pierre sèche), qu'il fallait faire défiler un par un le long convoi des bêtes de somme. Le général, après avoir examiné le terrain avec soin dans tous ses détails et s'être rendu un compte exact des difficultés, se plaça au centre du cercle formé par les chefs de corps : il expliqua les dispositions qu'il venait d'arrêter dans son esprit, indiquant du doigt la place où chacun devait opérer, écoutant les observations qui lui étaient soumises. La brigade Bosquet balaierait le piton de droite, le général Luzy le piton de gauche ; les deux brigades devaient tourner les Kabyles par la crête. Le général Saint-Arnaud marchait de sa personne droit vers le col, ayant une réserve toute prête pour appuyer celle des deux colonnes qui aurait besoin de secours. A chacune quatre-vingts chevaux étaient donnés, afin de profiter des petits plateaux qui se trouvaient par intervalle dans les escarpements. Une cavalerie aussi leste que celle d'Afrique pouvait rendre des services même dans un terrain semblable. Derrière cet éventail de feu, le convoi, confié à la garde du colonel Jamin, qui commanderait l'arrière-garde, s'avancerait dans le sentier nettoyé par les colonnes d'attaque. La mission n'en était pas moins difficile et importante, car, selon toutes probabilités, une partie des Kabyles refoulés des sommets se rejetterait, en se coulant le long des ravines, sur l'extrême arrière-garde. Tous ces gens de guerre discutant à cheval offraient un spectacle simple et grand. Les paroles étaient brèves, comme sont les paroles d'hommes dont le corps portera l'heure d'après la responsabilité de la discussion. C'étaient des pères de famille cherchant à dérober à la mort le plus grand nombre possible de leurs enfants. — Ben-Asdin et Bou-Renan, les deux chefs du Zouargha, assistaient à la conférence de nos généraux. Ce pays offre en effet le singulier contraste de grands feudataires rappelant les ducs de Bourgogne et de Bretagne de notre ancienne France, et entourant une contrée dont toutes les institutions sont essentiellement républicaines dans la plus large acception du mot. Ben-Asdin, pendant toute la conférence, resta triste et silencieux : il doutait du succès. Bou-Renan, grand soldat bien découplé, homme de cheval, sauvage, leste et hardi, avait au contraire jugé d'un coup d'œil ceux qui allaient marcher au combat et calculé les chances de réussite : tout en lui respirait la confiance. Il se croyait déjà chef des populations nouvellement soumises. Quant aux généraux français, ils avaient plus d'une fois vu le danger, et ils étaient habitués à le dominer par cette union intelligente qui fait des efforts de tous un seul effort que guide la pensée d'un seul homme.

Au retour, lorsque le bivouac eut été porté plus en avant, à Ferdj-Beïnem, chacun prit du repos et se prépara ainsi aux luttes promises pour le lendemain. A quatre heures du matin, la musique des régiments fêtait le réveil par une marche de guerre. Tous furent bientôt debout, les tentes abattues, les mulets chargés ; en un clin d'œil, la ville de toile avait disparu. Le trompette de l'état-major sonna alors la marche, les clairons de tous les corps la répétèrent ; les régiments prirent les positions assignées, les colonnes toutes formées étaient prêtes à se déployer lorsque le moment serait venu.

— J'ai vu ce matin en me levant un chacal, et deux corbeaux à ma droite en me mettant en route, me disait un guide kabyle ; la journée sera heureuse. — Qu'il soit fait selon ton dire ! lui répondis-je, et toute mon attention se porta bientôt sur le mouvement des troupes qui se dessinaient. Nous arrivions aux premières pentes de la montagne de Menazel. Pour ceux qui faisaient partie de la colonne du centre, le coup d'œil était plein d'intérêt. A notre approche, le bourdonnement lointain de l'ennemi avait cessé ; puis tout à coup de ces roches, de ces ravins, de ces bois, sortent des cris, des rugissements de bêtes fauves ; les Kabyles se glissent entre les broussailles ; habiles à l'embuscade, habiles à la retraite, ils rampent le long des terres pour joindre l'ennemi de plus près, tirer leur fusil à bout portant, puis bondissent, afin d'éviter la balle qui répond à leurs coups. Peu à peu le nuage de poudre se forme, l'ivresse monte à leur tête, et pour celui qui ne s'est jamais trouvé à pareille bagarre, leur vue seule alors est un effroi. Il n'y a plus là des hommes ce sont des animaux déchaînés. Les têtes de colonne s'inquiètent peu de ce bruit ; les oreilles des soldats y sont endurcies depuis longtemps. A droite, les zouaves et les chasseurs d'Orléans, les troupes de Zaatcha : — le général Bosquet.les guide et leur communique son énergique sang-froid. Une balle brise son épaulette, déchire son épaule, il est toujours à leur tête. — En avant ! crie-t-il ; la charge bat, pas un coup de fusil, on perdrait du temps ; en haut, à bout portant, la revanche sera prise. — Zouaves et chasseurs escaladent les broussailles. A la colonne de gauche, pendant ce temps, le 20ᵉ de ligne, commandé par le colonel Marulaz, gravit les pentes en régiment qui se souvient de sa gloire d'Italie. Les obusiers suivent, et au plateau d'un village, Bou-Renan, ses cavaliers et 80 chevaux réguliers joignent, avec le commandant Fornier, les Kabyles, qu'ils percent de leurs sabres. Le commandant Valicon tombe mortellement blessé à la tête des soldats, pendant que les *turcos* du commandant Bataille soutiennent l'héroïque tradition de valeur de la milice des beys. La mêlée fut rude en cet endroit ; la longueur du fusil séparait souvent seule les combattants, et la redoutable épée kabyle, la *flissa*, fit plus d'une blessure. M. de Vandermissen, officier belge, donna là des preuves d'une brillante et imprudente valeur en se laissant entraîner à la poursuite de l'ennemi. Au centre, le colonel Espinasse poussait vivement la charge, tandis que le général de Saint-Arnaud embrassait tous les mouvements d'un coup d'œil, prêt à réparer le moindre accident. Les coups de feu remontent bientôt la montagne ; le piton de droite est escaladé par les zouaves ; leur turban vert paraît au sommet. Ils jouent de la baïonnette et jettent les Kabyles du haut des roches. — Saute, s'il vous plaît, monsieur Auriol ! disait l'un d'eux en regardant un Kabyle qui venait de faire la cabriole devant sa baïonnette, et, tout riant, il essuyait le sang de sa joue légèrement entaillée par la *flissa* du montagnard. — Sur la gauche en même temps, les tambours battent, les clairons sonnent, le col de Menazel est enlevé. Chefs et généraux viennent faire leur rapport, et n'ont qu'à témoigner de la bravoure de leurs soldats.

Les troupes reprirent haleine. Chacun essuya la sueur glorieuse du combat. On apportait alors un à un aux chirurgiens militaires ceux que les balles kabyles avaient frappés, et, tandis que le lourd convoi se traînait péniblement dans les étroits sentiers, les soldats, libres maintenant de tout souci, s'abandonnaient au repos. Plus d'un regardait avec étonnement du haut de ces crêtes les escarpements qu'il avait parcourus dans l'ardeur de la lutte, et à cette vue seulement il songeait à la fatigue. Quelques compagnies maintenaient à distance les Kabyles ; mais, lorsqu'il fallut descendre les pentes opposées pour gagner El-Aoussa, où l'on devait bivouaquer, le général de Saint-Arnaud, craignant de voir tous les efforts de l'ennemi se porter sur l'arrière-garde, donna l'ordre aux deux généraux de brigade, MM. Bosquet et de Luzy, de garder leur position jusqu'à l'entier défilement du convoi. On marcha de longues heures ; la nuit était venue avant que les troupes eussent atteint le lieu du repos. Bien des coups de fusils s'échangèrent encore ; l'arrière-garde fut parfois rudement attaquée. Le colonel Jamin, qui depuis le matin se montrait digne de la délicate mission confiée à son intelligence et à sa vigueur, prenait place à huit heures du soir, avec les dernières compagnies, dans la ligne du camp d'une défense difficile. Si l'eau avait forcé de s'établir là, le général Saint-Arnaud du moins s'était promis d'empêcher les Kabyles de venir troubler le sommeil de sa troupe. Aussi toutes les positions militaires furent-elles occupées même à de grandes distances par des bataillons. La légion étrangère reçut l'ordre de passer la nuit sur un piton séparé du camp par un bois qu'elle devait surveiller avec soin. En se rendant à son poste, elle trouva déjà une troupe ennemie qui s'y était logée. Les Kabyles préparaient tranquillement leur repas en attendant l'heure de l'attaque. Aussitôt une chasse vigoureuse aux Kabyles commença à travers les arbres, et toute la nuit les grand'gardes eurent l'œil et l'oreille au guet, de telle sorte que pas un montagnard ne tenta l'aventure.

M. le commandant de Neveu, chef du bureau arabe, avait appris par ses espions que de nombreux contingents des Ouled-Aouns s'étaient réunis pour nous attaquer le lendemain. Ces contingents avaient pris position dans une ravine non loin du camp. Le général de Saint-Arnaud résolut de les prévenir et de les faire attaquer pendant qu'une brigade raserait les Ouled-Ascars, nos ennemis de la veille. Le général Bosquet eut à se charger des Ouled-Aouns; les Ouled-Ascars furent le partage du général Luzy. Après ces débuts heureux, les troupes étaient, selon l'expression du soldat, *en confiance* dans la main du chef; on pouvait tout leur demander, mais c'était le lendemain que devaient commencer les plus rudes fatigues.

Lorsque pour tout chemin il y a un étroit sentier de deux pieds de large, descendant à pic les ravins, courant le long des escarpements, à droite, à gauche, dominé par des rochers, des bois épais; quand souvent même ce sentier vient à manquer et qu'il faut le tailler dans le terrain pierreux, c'est une rude tâche que de protéger un convoi qui s'allonge homme par homme, bête de somme par bête de somme, sur un espace de plus d'une lieue et demie. Pour mettre les vivres, les munitions de réserve et les blessés à l'abri d'un ennemi audacieux, agile, nombreux et déterminé, il faut l'entourer d'une haie vivante. L'avant-garde, suivant l'étroit sentier, fraie la route. A droite et à gauche, sur le flanc du convoi, des bataillons ont l'ordre de marcher parallèlement à sa hauteur, quel que soit le terrain, détachant des compagnies, occupant en entier, s'il est nécessaire, les positions qui dominent le chemin. On comprend maintenant quelle est la fatigue du soldat, chargé d'un sac rempli de vivres, quand, durant une journée entière, du point du jour au coucher du soleil, il coupe à travers un pays bouleversé, sans cesse la cartouche aux dents, le fusil à la main. L'arrière-garde vient ensuite; c'est elle d'ordinaire qui a la plus grande part dans la lutte. Le général de Saint-Arnaud avait donné l'ordre que, d'intervalle en intervalle, le convoi fût divisé par des compagnies d'infanterie, tant il craignait de le voir coupé. Les renseignements étaient exacts; le pays parcouru jusqu'alors par la colonne semblait une plaine en comparaison de celui qu'elle traversait dans la journée du 13. Tout se passait cependant avec ordre. Le convoi, pressé par les sous-officiers du train, serrait sans perdre de terrain ; les positions occupées *tour à tour* assuraient son passage, et l'ennemi, bien qu'il fût hardi et nombreux, était maintenu à distance.

A l'un des passages difficiles, sur le flanc gauche, il y avait une position importante, car elle dominait complètement le sentier des mulets. Les zouaves l'avaient occupée les premiers, le 16° léger et le commandant Camas ensuite. La marche des flanqueurs amena pour les remplacer deux compagnies du 10⁰ de ligne, nouvellement arrivées de France : ce régiment se trouvait pour la première fois jeté dans la fournaise, il n'était point encore façonné à la souffrance, et ces ennemis sauvages lui causaient ce premier étonnement par lequel passe toute troupe de récente venue. Le commandant Camas montra lui-même au capitaine Dufour les points qu'il fallait occuper, les sentiers à suivre pour la retraite, et ne s'éloigna qu'en laissant tout en bon ordre. L'ennemi, depuis quelques instants, ne se montrait plus de ce côté : le silence régnait dans le bois. Avec l'inexpérience d'une troupe ignorante de la guerre, les soldats du 10⁰ se croient en sûreté : les uns, cédant à la fatigue, se couchent et se reposent, les autres regardent le combat livré par l'arrière-garde. Aucun ne veille. Les Kabyles, durant ce temps, se glissent, rampent le long des buissons, et plus de quatre cents se précipitent tout à coup en poussant leurs rugissements de combat. Surpris, les soldats se réunissent pêle-mêle autour de leurs officiers : — Allons, mes enfants, à la baïonnette ! crie le capitaine Dufour. Tout ce qui porte galons ou épée écoute sa voix Le devoir les anime; ils se jettent en avant, et les cinq officiers, les sous-officiers, trente-cinq grenadiers tombent frappés à la face. Autour de ces hommes, d'autres plus faibles parlent, crient, tentent la résistance, puis laissent échapper leurs armes. Le vertige les saisit; ils veulent la vie, même au prix de la honte : les Kabyles sont leur seul effroi, tout autre danger disparaît : ils s'élancent du haut des roches et arrivent, meurtris de leur chute, les chairs ensanglantées, dans les rangs du convoi. Sur la hauteur, pendant ce temps, une mort héroïque expiait la faute que l'inexpérience de la guerre avait fait commettre. Maîtres de leur position, les Kabyles envoient leurs balles dans le convoi, quelques-uns même tentent de le couper : le désordre s'y met, les bêtes de somme prennent le trot ; il y a un instant de confusion. Le général de Saint-Arnaud se trouvait près de là ; il accourt, tout est bientôt réparé ; deux compagnies du 9ᵉ sont lancées sur les rochers ; le capitaine La Gournerie les entraîne : une balle le tue raide en tête de sa troupe, qui le venge dans le sang kabyle.

Ce succès avait ramené l'audace de l'ennemi et les chasseurs d'Orléans étaient vigoureusement poursuivis, lorsque quittant la position, ils trouvèrent la compagnie d'extrême arrière-garde. Le colonel Espinasse, s'attendait à cette attaque. Ne gardant avec lui que cent hommes du 20ᵉ, il avait envoyé les *turcos*, préparer d'avance des échelons de soutien dans le fourré, mais trompés par le terrain les *turcos* s'arrêtent à une trop grande distance et quand le colonel commença sa retraite, la petite troupe assaillie de toutes parts, fut sur le champ débordée.— Le désordre se mit un instant dans les rangs, la moindre hésitation eut été fatale. Le colonel l'a compris, par une vigoureuse offensive, il repousse les Kabyles, dégage ses blessés, les fait enlever à dos d'hommes, lui-même en charge un sur ses épaules et bientôt soutenu par des troupes fraîches, il reprend sa place à l'extrême arrière-garde qu'il maintenait depuis le matin, avec les *turcos* du commandant Bataille et le 20ᵉ de ligne. La lutte continua vive et ardente. A la halte, les grand'gardes avaient veillé l'arme au pied, pendant que leurs camarades plus heureux mangeaient le *café-soupe*. Eux-mêmes à leur tour furent relevés, et vinrent réparer leurs forces près du ruisseau où l'on s'était arrêté, sous l'ombrage touffu des grands arbres qui faisaient de cette pelouse un lieu de délices et de repos. On avait étendu les blessés sur l'herbe, les chirurgiens replaçaient les appareils mis à la hâte pendant le combat, et un peu plus loin la musique des régiments jouait, avec la même précision qu'à l'Opéra-Comique, les barcarolles d'*Haïdée*. A voir les soldats attentifs se presser en vrais badauds des Champs-Élysées, qui aurait cru vraiment que ces flâneurs-là sortaient, selon l'expression arabe, du coup de fusil, pour y rentrer l'instant d'après ? La vie militaire est ainsi pleine de contrastes bizarres, et c'est là le charme qui enchaîne : l'imprévu au milieu de l'ordre, l'insouciance de l'avenir et la certitude de faire toujours son devoir. On est le maître de l'heure présente, l'avenir est au chef ; qu'il ait des soucis si bon lui semble, il peut être inquiet de la fin de la journée ; moi, *Haïdée* me plaît, et je l'écoute. Mais, hélas ! il n'est si bonne chose qui n'ait une fin.

Comme le général se mettait en marche, vingt coups de feu partirent du fourré. Un guide est tué à ses côtés, un zouave blessé dans les jambes de son chevel. Le commandant Fleury, quelques cavaliers d'escorte, des zouaves qui reprenaient leur rang, se précipitent et pourchassent les Kabyles embusqués. Une compagnie de zouaves avait reçu l'ordre de fouiller le bois dans cette direction ; mais, se jetant trop à gauche sous ces maquis où il est si difficile de prendre des points de repère, elle avait laissé un des côtés dégarni. Cet accident sans importance fut vite réparé, et la colonne reprit sa marche pénible jusqu'à la nuit. Plus d'une fois le colonel Creuly, du génie, et le capitaine Samson durent faire mettre la pioche en mains à leurs sapeurs pour établir des lacets qui permissent aux mulets de gravir les escarpements.

Lorsque l'on s'avance ainsi, descendant en longues files les ravines, escaladant les montagnes, harcelé par des chiens enragés que les flanqueurs repoussaient à grand'peine, la conduite de l'extrême arrière-garde est aussi difficile que périlleuse. Le chef est forcé de régler ses mouvements d'après ceux du convoi. Jamais pour se battre il n'est maître ni de l'heure, ni du terrain; tantôt il doit s'avancer rapidement, tantôt tenir ferme. Un mulet a roulé, il faut le relever; des blessés ne sont pas encore chargés sur les cacolets, on les attend. Chacun reste à son poste, opposant le calme et le sang-froid de la discipline à des hordes furieuses jusqu'à ce que les soldats du train aient emporté les blessés. L'abnégation dévouée des hommes de ce corps, exposés constamment à un danger qui ne sera certes pas pour eux la source d'une gloire bruyante, ne saurait trop être admirée. Au reste, s'ils se conduisent ainsi, sans croire même à leur mérite, cela tient au sentiment de l'honneur et du devoir dont l'armée est imbue. De là vient sa force.

Les *turcos* faisaient merveille à l'heureuse arrière-garde ils opposaient ruse à ruse; *turcos* et Kabyles s'insultaient comme les guerriers d'Homère, que sans doute ils n'avaient jamais lu. Trois hommes du bataillon turc attendaient *la belle* derrière un maquis, un peu en avant de leur compagnie. En face d'eux, des Kabyles les ajustent; les coups de feu ennemis partent, les trois turcos tombent. Les Kabyles aussitôt courent vers eux pour les dépouiller. Les voilà déjà penchés; mais une balle en pleine poitrine les redresse : nos trois turcos avaient fait les morts; ils rejoignent leurs camarades en glissant comme des serpents dans les broussailles. C'est ainsi que dans cette guerre l'action individuelle joue un grand rôle. Tout est et doit être subordonné dans les différents degrés à l'action du chef; mais, l'ensemble des ordres une fois connu, l'intelligence de chacun a beau jeu. La guerre de montagne, en Afrique, ressemble assez à ces pièces où les situations sont indiquées par l'auteur, le canevas et les caractères tracés, mais où l'acteur lui-même est chargé de composer le dialogue. Il y a même parfois des moments où le dialogue est un peu vif.

Les troupes se battaient bien, mais il n'y avait pas l'entrain du jour précédent. Quand le soldat voit son ombre grandir et que depuis le matin il se bat dans un pareil chaos de bois et de montagnes, la fatigue de l'âme vient parfois se joindre à la fatigue du corps et produit un malaise singulier. L'affaire des compagnies du 10e était triste : ces têtes de vos camarades, de ceux à qui vous parliez il y a quelques heures, brandies par les Kabyles au bout de longs bâtons, les yeux roulants, la langue pendante pleine de sang, frappaient l'imagination, assombrissaient bien des physionomies. Le soldat sait qu'il doit mourir un jour ou l'autre, peu lui importe, c'est son lot; mais rien ne le tourmente autant que l'idée d'avoir la tête coupée.

A la nuit, les bataillons d'avant-garde s'établissaient au bivouac, et le convoi commençait seulement à déboucher de l'étroit chemin où il était impossible de passer deux de front. La fusillade roulait toujours à l'arrière-garde. Il n'y avait point de lune, tout était sombre. Le général de Saint-Arnaud venait de placer les postes; il se tenait près d'un feu d'olivier pendant le défilé du convoi ; ses officiers d'état-major MM. de Place, de Vaubert et de Clermont-Tonnerre étaient près de lui, attendant ses ordres, quand tout à coup, de la queue du convoi à la tête, court le bruit que l'arrière-garde est coupée. Deux mille hommes séparés de la colonne!.... la circonstance était grave. Le général Saint-Arnaud se rend compte de toutes les chances. Par ces chemins affreux, un officier mettrait trop de temps pour rapporter des nouvelles ; s'il y avait un accident, il fallait le réparer sur-le-champ. L'ordre est envoyé aux zouaves de reprendre les armes.

Ayez seulement une demi-heure de repos après une longue route, et la fatigue se fait sentir plus accablante. Les zouaves étaient harassés, car dans la journée on les avait employés à toute besogne. C'était le moment où les *mollets*, selon leur langage, *sont allés à Rome*, dicton qui vient sans doute du proverbe des *cloches de la semaine sainte*. Au premier coup de clairon pourtant, ils étaient debout; au second, prêts à partir. Ces vieux coureurs d'Afrique se réveillaient toujours pour le danger, et l'annonce du péril chassait la fatigue de leurs corps. C'est ainsi du reste qu'ils ont conquis l'honneur de leur nom. Qui ne connaît les zouaves en France? Réputation juste, glorieuse récompense d'une troupe qui, mieux que pas une, sait se garer d'un danger inutile et dominer le péril nécessaire. — « Si tu veux franchir un péril, jette ton âme de l'autre côté, » me disait un jour un vieux soldat. Telle est la devise des zouaves, elle résume toute leur conduite.

L'alerte cette fois était fausse; M. le capitaine Boyer, de l'état-major, rassura bientôt le général. Il venait de voir le colonel Espinasse. — Tout va très-bien, lui avait dit ce dernier : il n'y a rien eu de nouveau : quelques tués, des blessés, mais point en trop grand nombre. — Se reposer, c'était maintenant la seule chose à faire. Aussi une heure après, tout ce qui n'était point de service dormait du sommeil du juste.

Le 14 mai, on devait partir à neuf heures du matin. Le

général de Saint-Arnaud voulait laisser à ses troupes le temps de reprendre haleine. La marche du jour ne devait pas être trop longue, et il pouvait accorder quelques heures au chef de l'ambulance, M. de Maistre, qui avait en ce moment plus de deux cent cinquante blessés à soigner. Le départ de blessés du bivouac est à la fois un beau et triste spectacle. Presque tous portent la douleur avec une simplicité touchante. La plainte n'est jamais dans leurs bouches, et sur ces figures vous retrouvez un sentiment de fierté. La marque frappée sur leurs corps par la balle ennemie, ils le sentent, est une marque glorieuse. L'on éprouvait une grande tristesse, par exemple, en regardant ceux que leur blessure allait tuer. Malgré tous les soins, leurs souffrances étaient affreuses; il fallait les attacher sur les petites chaises de fer suspendues aux flancs des mulets qui les ballotaient ; les amputés seuls pouvaient être étendus dans des litières. L'aumônier de la colonne, M. l'abbé Parabère, que l'on voyait partout où il y avait douleur à consoler, ne quittait pas un instant les blessés durant les longues marches. Sa figure ascétique était là bienvenue dans tout le bivouac, et les soldats avaient pour lui un profond respect. Les soldats du commandant Valicon portaient son brancard en avant de l'ambulance ; ils avaient sollicité cet honneur comme une grâce ; ces braves gens voulaient rendre plus douces ses souffrances, car sa blessure était mortelle ; le commandant le savait. Les dernières heures qu'il passa dans nos rangs furent l'écho de sa belle vie de soldat. Jusqu'à la fin, jusqu'au lendemain, jour de sa mort, le commandant Valicon se montra calme, patient, simplement courageux. Une seule inquiétude agitait son esprit, et il la confiait à son plus vieil ami, le général Bosquet; l'objet de son inquiétude, c'était son enfant et sa jeune femme qu'il laissait sur le point de devenir mère encore. M. Valicon avait son épée pour toute fortune, et ce fut peut-être l'unique moment où il en éprouva un regret (1).

Les positions, au départ du bivouac, avaient été occupées d'avance. Le général Luzy frayait la route; la brigade Bosquet était d'arrière-garde. Une bonne nuit avait remis tout le monde du malaise de la veille, et nos soldats, en belle humeur, faisaient gaiement le coup de feu. Le terrain, du reste, offrait des difficultés moins grandes; on redescendit donc la vallée, laissant un peu sur la droite le lieu où périt le bey Osman. Là, dit-on, à la place même où il fut englouti paraissent souvent deux flammes : aussi les Kabyles s'en écartent-ils avec terreur. Sur le flanc gauche, la fusillade devenait très-vive; le commandant Meyer, de la légion étrangère, brave soldat qui avait ses vingt ans d'Afrique, et faisait sa dernière campagne avant de prendre sa retraite, n'entend plus le feu de deux compagnies occupant une position de gauche. On se battait donc à la baïonnette; il court les dégager avec le reste du bataillon. Ces compagnies tenaient comme des sangliers acculés ; trois fois elles avaient arraché un de leurs officiers des mains des Kabyles ; ceux-ci se ruaient toujours comme sur une proie qui leur était due. Redoutant les zouaves et les chasseurs d'Orléans, ils croyaient que ces soldats portant l'uniforme de la ligne étaient aussi de nouveaux débarqués, comme ceux du 10e, et qu'ils auraient la même bonne fortune que la veille. Lorsque le commandant Meyer arriva, les soldats de la légion avaient

(1) M. le président de la république, informé de la situation de la veuve du commandant Valicon, a veillé à ce que son avenir fût assuré.

déjà prouvé à l'ennemi qu'il comptait sans son hôte. Le commandant continua sa marche le long de la crête; mais il dut demander des cacolets pour ramener ses blessés. L'adjudant du bataillon, envoyé par le commandant Meyer, traversa seul le bois. « Avertissez le général Luzy, lui avait dit le commandant, que je tiendrai vingt-quatre heures s'il est nécessaire, mais qu'il me faut du renfort pour descendre. » Le général envoya les mulets avec des compagnies du 16e et des chasseurs d'Orléans. Déjà l'on sentait la brise de mer, et le lendemain 15, quand les yeux se reposèrent sur l'immense ligne bleue, tout le monde éprouva un sentiment de bien-être. L'étouffement de ces gorges avait disparu; on avait de l'air, de l'espace au moins: l'œil n'avait plus besoin d'être toujours en quête pour chercher derrière chaque arbre, chaque roche, l'ennemi embusqué. On marchait, au bord de la mer, le flanc droit protégé par les chasseurs d'Orléans, qui brûlaient les villages des Kabyles à leur barbe, faisant des prodiges d'adresse sur ces cibles vivantes. « Il fut tellement battu, que sa maison a été brûlée; » c'est là un dicton kabyle, et il explique la nécessité où l'on est de livrer à la flamme les beaux villages que l'on rencontre. Du bivouac de Kanar, établi dans une vallée magnifique, malgré la pluie battante et les coups de feu kabyles, la cavalerie alla, de son côté, brûler plusieurs de ces villages.

Le 16 mai, après cinq jours d'une fusillade continuelle, nous étions arrivés sous les murs de Djidgelly, et le camp s'établissait non loin de la ville, dans une riante plaine. La première partie de l'œuvre était accomplie. Nous allions maintenant prendre à revers toutes ces confédérations, en ayant la ville pour base de nos approvisionnements, et pousser de rudes chasses dans les montagnes.

Djidgelly, qui eut l'honneur d'être prise par le duc de Beaufort et de voir Duquesne s'occuper de son port et proposer à Louis XIV d'y fonder un établissement maritime, était l'un des principaux chantiers de construction de la marine algérienne. Le bois provenait des magnifiques forêts des Beni-Fourghal. La ville, petite, bien tenue, propre comme une bourgade flamande, est un triste séjour, car, constamment bloquée, la garnison n'a pour se distraire que la vue du bateau à vapeur qui, de temps à autre, mouille sur sa rade. La venue de la colonne avait répandu une grande animation. *Le Titan*, portant le général Pélissier, y arrivait en même temps que nous, et le gouverneur-général, réunissant les officiers, se fit un plaisir et un devoir de leur adresser les compliments que méritait leur brillante valeur. Le général Pélissier assistait le lendemain avec la colonne entière à la messe que l'abbé Parabère célébrait dans le camp. Tous ces soldats venaient là volontairement, rien ne les y forçait; mais, qu'on le sache bien, le danger trempe l'âme, et lui fait comprendre qu'au-delà de la chair et du temps, il est encore autre chose. L'affection, l'épanchement et la prière sont un besoin; l'hommage rendu à Dieu donne de la force. On ne raisonne point tout cela, on le sent, et dès-lors, là-bas, on le fait, car s'il est un reproche que l'on puisse adresser à cette armée, ce n'est point certainement le reproche d'hypocrisie.

La veille, ces officiers et ces soldats, qui s'inclinaient alors devant un modeste autel, entouraient de leurs adieux la tombe creusée pour le commandant Valicon. Son corps, pieusement rapporté par son fidèle régiment, reposait à l'abri du drapeau pour lequel il était mort, et les physionomies de tous ces braves gens respiraient plus vivevent encore le dédain de la vie et l'ardeur pour la lutte, lorsque leurs fusils eurent salué d'un dernier salut la fosse du chef qui les commandait naguère. Tel est le sentiment que fait toujours éprouver à l'armée la mort d'un camarade, d'un ami ; et n'allez point accuser les soldats d'insensibilité ou de sécheresse : à quelques jours de là, lorsque la jeune femme du commandant Valicon, partie en toute hâte au premier bruit de sa blessure, arriva à Djidgelly, les soins dont elle fut entourée, les délicatesses dont on usa pour tromper sa douleur étaient vraiment les soins et les délicatesses d'une mère. Quand elle débarqua, elle voulait encore se faire illusion. — N'est-ce pas qu'il n'est pas mort ? disait-elle... Comment voulez-vous qu'il soit mort ?... il m'aimait tant ! — Et alors nous étions obligés de lui raconter ses heures suprêmes : elle ne pouvait se lasser d'entendre nos récits ; elle pleurait, puis elle voulait entendre encore... Il est plus facile de braver un danger que de supporter, sans souffrir, la vue d'une douleur si pure et si profonde.

Chacun avait remis ses vêtements en bon état, ses souliers à neuf ; le navire était radoubé, et l'on s'étonnait déjà du repos. Aussi l'ordre du départ donné, le 19 fut-il le bienvenu. La colonne marchait contre un foyer de résistance, les Beni-Amran. Le général Saint-Arnaud voulait séparer les contingents de l'ouest de ceux de l'est ; mais il n'espérait vraiment pas que les Kabyles allaient lui faire la partie si belle. A midi, le camp était établi à deux lieues de la ville, sur un charmant plateau. Dans ces terrains riches et superbes, on voyait sur toute la ligne de crête les Kabyles bourdonner, s'agitant, se préparant à la défense. Le terrain même indiquait l'ordre du combat. La brigade du général Bosquet, formant un grand arc de cercle sur la droite, rabattrait l'ennemi ; au centre marcherait le général Saint-Arnaud; plus à la gauche, le général Luzy ; enfin, à l'extrême gauche, la cavalerie irait fermer le col par lequel les Kabyles pourchassés essaieraient de passer. Vers ce point convergeaient toutes les colonnes d'attaque. Dans le mouvement tournant de droite, trois compagnies de zouaves avaient pris position, afin de protéger le passage d'un ravin. Elles eurent à supporter tout l'effort des Kabyles ; mais c'étaient les soldats auxquels le colonel Canrobert disait à Zaatcha : — Quoi qu'il arrive, il faut que nous montions sur ces murailles, et si la retraite sonne, zouaves, sachez-le bien, elle ne sonne pas pour vous. — Maintenant ces zouaves devaient tenir comme des murailles, et ils se seraient fait tous démolir un à un plutôt que de reculer d'une semelle. Quel regret pour de braves soldats comme eux de n'avoir point alors entre les mains les armes qui leur sont promises depuis si longtemps, ces carabines à tiges, bonnes pour la défense, sûres pour l'attaque ! Le colonel Jamin voyait du camp l'ennemi se porter de ce côté ; il envoie aussitôt quelques compagnies faire une heureuse diversion. La brigade Bosquet continue son mouvement; le général Saint-Arnaud avait joint aussi l'ennemi. Les Kabyles cherchent, mais en vain, à se dérober aux obus du colonel Élias et à la fougue des chasseurs d'Orléans, qui, durant toutes ces courses, rivalisèrent de sang-froid, d'énergie, de courage et d'adresse. Le général Luzy, moins heureux, ne pouvait que tirer quelques coups de fusil éloignés ; mais le colonel Bouscaren, au col, tombait au milieu des montagnards; chasseurs et spahis sabraient à l'envi. A quatre heures, l'on était rentré au camp, et les spahis, selon l'usage arabe que la discipline française n'essaie pas de détruire, car à leurs yeux ce serait un déshonneur, avaient chacun les arçons de la selle garnis de chapelets d'oreilles, et une tête de Kabyle au bout du fusil. Pour les chasseurs du 3ᵉ, ils s'étaient contentés de sabrer les Kabyles sans jouer avec leurs cadavres.

Si le 19 avait été journée de bonne humeur dans le camp français, le 20 devait être un jour de fête, car nos soldats eurent enfin la joie de tailler en plein Kabyle. Les contingents de l'ouest, malmenés le 19, s'étaient imaginé qu'ils devaient uniquement attribuer l'insuccès de leurs efforts au manque d'union dans l'attaque. Ils s'étaient donc établis en grand nombre au col de Mta-el-Missia, où passait la route, et ils nous attendaient. Le général de Saint-Arnaud part de son camp avec huit bataillons sans sacs, quatre obusiers et toute la cavalerie ; il marche droit sur eux ; les Kabyles garnissaient une crête boisée d'environ deux kilomètres. La gauche s'appuyait à un ravin profond ; à la droite s'étendait une plaine communiquant par un plateau aux dernières hauteurs sur lesquelles ils étaient établis. Ces hauteurs s'abaissaient et aboutissaient elles-mêmes à un col de facile accès, qui dominait le ravin de gauche : c'était la seule issue. La cavalerie, suivie au trot gymnastique par les chasseurs d'Orléans, devait occuper le col. Les turcos avaient pour mission d'escalader des terrains affreux sur la gauche et d'attaquer de ce côté. A droite, le 8ᵉ et les zouaves de la brigade Bosquet se chargeaient de les pousser vigoureusement. Au coup de canon, tout s'ébranle, chaque colonne marche en même temps, et, ces mouvements se prêtant un mutuel appui, les Kabyles sont renvoyés comme un volant par une raquette. Ils défilent ainsi sous le feu de l'infanterie, sous le sabre de la cavalerie, et quatre cent quatre-vingts cadavres sont comptés lorsque les bras se lassent de frapper. Un tel coup de massue pouvait étourdir même une tête kabyle. Le lendemain, les chefs des Beni-Amram arrivaient au camp pour demander l'*aman*.

Mais ce n'était là, que la première partie de l'expédition. Le général de Saint-Arnaud allait maintenant prendre le pays à revers en décrivant deux grands arcs de cercle ; marchant d'abord vers le sud et l'est pour revenir à Djidgelly, longer le bord de la mer, s'avancer de nouveau vers le sud et regagner enfin la ville, base de toutes les opérations, avant de terminer cette pénible campagne par le châtiment des montagnards de Collo. Plus d'une difficulté attendait encore le général, le terrain couvert de riches bois d'oliviers ou de forêts magnifiques, présenta les plus grands obstacles. Ces tribus étaient sauvages, désireuses de la lutte, habiles pour la défense à tirer partie de leurs ravins et de leurs montagnes, aussi bien des épisodes signalèrent ces derniers jours. Le 14 juin, le général qui s'était séparé de la brigade Bosquet, envoyé prêter main-forte au général Camou, occupé en ce moment à tracer la route entre Bougie et Sétif se trouvait chez les Madht-ben Ahmet. Le bivouac était établi aux pieds d'une crête rocheuse de près de quatre cents mètres d'élévation, on la croyait inaccessible. Les grands'gardes avaient pris position et les troupes se livraient au repos, lorsque les Kabyles qui s'étaient glissés en rampant, ouvrent le feu sur le camp, et du haut de ces sommets, pa les étroits sentiers que les eaux d'orage ont creusé, roulent d'énormes quartiers de roche. Aussitôt, les zouaves par la gauche, le 20e de ligne par la droite, commencent à tourner au pas de course la position, afin de prendre l'ennemi à revers, tandis que deux compagnies du 16e léger de grand'garde, sur cette face du camp, escaladent le rocher, s'accrochant aux pierres, aux buissons ; les Kabyles inquiétés par le mouvement tournant qu'ils aperçoivent, ne remarquent point cette poignée d'hommes. Les quartiers de roche cessent de rouler. Alors se coulant dans les étroits sentiers, les petits soldats de l'infanterie légère grimpent comme des chèvres. Le bivouac tout entier, témoin de leur adresse, les regarde, les encourage, reste suspendu, espérant le succès, doutant de la réussite de leur audace. Ils arrivent enfin : ils sont au sommet. Une décharge à bout portant fait fuir les Kabyles qui essayent, mais en vain de résister encore, et les deux compagnies s'établissent sur la crête, aux applaudissements du camp, dont ils viennent d'assurer le repos pour la nuit.

C'est ainsi que dans ces guerres de montagne, l'action individuelle joue un très-grand rôle. L'officier supérieur, comme le soldat, doit payer d'audace et de décision ; une résolution prompte, un ordre rapide assure le succès. Le 24 juin, les Beni Marcas, une fraction des Beni-Habibi étaient revenus en nombre considérable autour du camp pour faire leur soumission. Ils occupaient les bois d'oliviers sur la rive droite de la rivière, pendant que leurs chefs se rendaient auprès du général. Les chefs Kabyles veulent, au lieu de soumettre purement et simplement, discuter les conditions. Le général de Saint-Arnaud les chasse aussitôt, et faisant prendre les armes aux zouaves, au 20° de ligne et aux tirailleurs indigènes, ordonne une charge à la baïonnette sur toutes les faces du camp. Un grand nombre sont frappés. Le lendemain des colonnes légères brûlaient leurs villages, et le colonel Espinasse achevait par son sang-froid, ce que la rapide décision du général avait commencé. La veille le colonel Espinasse, en allant brûler les magnifiques villages des insoumis, se trouva arrêté dans sa marche, par un ravin à pic de près de cent mètres. Confiant dans cette défense naturelle, l'ennemi se croyait en sûreté. De l'autre côté, à une demie lieue on voyait les villages, et le colonel n'était pas homme à lâcher si facilement sa proie. Il donne l'ordre à une compagnie de turcos, de se débander, et coûte que coûte, d'arriver de l'autre côté, si un seul parvient se disait-il, on le peut, et ma troupe passera. Durant trois quarts d'heure, on suivit du regard les turcos, s'accrochant aux pierres, s'attachant aux broussailles, roulant parfois, enfin un turco paraît sur l'autre bord. Il y a donc un chemin. Aussitôt le colonel Espinasse laisse ses mulets, son artillerie, son cheval même avec une réserve, et lance la troupe dans le ravin. Après bien des efforts, ils escaladent l'escarpement. Mais si les Kabyles attaquaient, la position pouvait devenir dangereuse, il faudrait abandonner les blessés. Le colonel avait compté sur la hardiesse même pour écarter la lutte. Il crie aux Kabyles, accourus en leur montrant la fumée des villages brûlés par les autres colonnes, que le même sort les attend, s'ils ne le suivent à l'instant auprès du général. Nul obstacle, eux-mêmes pouvaient en juger, n'étaient capables de l'arrêter. Il leur donnait cinq minutes pour prendre un parti. Le temps marqué n'était pas écoulé, que les chefs suivaient le colonel, et la rapide soumission des Beni-Habibi permettait à la colonne de continuer sa course. Elle allait bientôt avoir un rude combat à soutenir.

Le 26, au matin, cependant, rien n'indiquait que le combat dut avoir lieu ce jour-là. L'ordre de marche fut donné, les précautions habituelles prises, et la colonne s'ébranla, hommes par hommes, mulet par mulet, précédé par les sapeurs du génie, qui la pioche à la main, taillaient par moment un étroit sentier dans la montagne à pic. Le général de Saint-Arnaud, du haut d'un piton, fouilla longtemps l'horizon avec sa lorgnette, cherchant l'ennemi du regard, puis comme rien ne présageait l'attaque, il gagna la tête de colonne, laissant la brigade Marcelay à l'arrière-garde. Les zouaves, le 20° de ligne et le colonel Espinasse assuraient au besoin une bonne défense. Il était près de onze heures, et l'arrière-garde occupait encore le terrain du bivouac, tant ce défilé prenait de temps, mais déjà on pouvait reconnaître que la lutte serait ardente, car des montagnes et des vallées, les Kabyles accouraient par bandes nombreuses, et les avant-postes qui avaient reçu l'ordre de ne point tirer, étaient obligés de repousser leurs attaques à la baïonnette. Enfin vers midi les dernières troupes se mirent en mouvement. Le colonel Espinasse en voyant les masses qui tentaient de le déborder, avait échelonné d'avance des compagnies, et il se retirait promptement pour gagner la crête où la défense était plus facile, quand il fallut s'arrêter à deux cents mètres et tenir bon. Le convoi empêchait d'avancer. Alors, l'ardeur des Kabyles redouble, l'élan de nos soldats y répond. Un petit piton était la clef de la position. Cet étroit espace devient le théâtre d'une lutte acharnée. Le colonel Espinasse joue avec ses soldats du 20° pleins de feu, mais parfois inexpérimentés, comme le joueur de paume avec la balle qu'il lance à son gré : les vaillants zouaves sont la digue qui les appuie, contre laquelle se brise le flot ennemi. Chaque soldat dévorait le péril; les coups s'échangeaient à la baïonnette et plus d'un poignet fut coupé sur le fusil par le long flissa kabyle. Morts et blessés, Kabyles et Français, jonchent la terre, le temps manque pour les enlever. Sur le plateau même où ils sont tombés, la lutte continue toujours. Il est pris et repris tour à tour. Si nous cédions un instant accablés par le nombre, la troupe entière criait en avant, en avant, et se ruait de nouveau. Le colonel Espinasse, les entraînait, se jetant le premier au plus gros du danger, sauvant la vie à un officier, le lieutenant Joannier qu'il arrachait lui-même des mains des Kabyles, enfin le convoi avait marché, on quitta la position. — Là encore les zouaves firent merveille et la compagnie du capitaine Beissières rendit de grand service, grâce au calme énergique, au sang-froid courageux de son chef.

Les 105 blessés, les 26 morts, dont deux officiers, étaient chargés sur les bêtes de sommes, lorsque des bataillons de secours arrivaient à l'arrière-garde ; une fois de plus l'on avait vu ce que peut l'âme du chef sur des soldats. Un autre exemple remarquable devait en être donné dans cette course. Le 30, la colonne se trouvait chez les Ouled Aïssa, et les espions avaient prévenu le général que les tribus voisines, se préparaient à venir attaquer son camp durant la nuit. Le côté sud, défendu par des obstacles naturels, ne pouvait présenter aucune chance de succès, l'ennemi devait donc tenter l'attaque sur les autres faces du camp. Les précautions furent prises, les grands'gardes doublés, et les soldats tenus éveillés étaient prêts à rompre les faisceaux. — Sur les dix heures, on commença, à entendre le bourdonnement d'hommes en mouvement, puis ces cris prolongés à l'aide desquels les contingents ennemis, s'appelaient les uns les autres. — Le temps était à l'orage, le vent commençait à s'élever, et sur l'ordre du général, les troupes avaient rompu les faisceaux, immobiles, attendant dans le silence, l'arme au pied. Pas un bruit, pas un son dans ce bivouac, et les cris se rapprochaient de plus en plus, on distinguait les craquements des broussailles écrasées sous les pieds des Kabyles. — Par moment de longs éclairs embrasaient l'horizon, éclairant les lignes, puis la nuit noire retombait sur le camp. — Ils approchent; — Déjà on se demande si les grands'gardes du nord ont été surprises. Les hurlements partent du piton occupé par les chasseurs d'Orléans. — L'inquiétude gagne le général. — Durant ce temps, sur le piton, les chasseurs étendus ventre à terre, la baïonnette enfoncée dans le sol, afin que son éclat ne les trahit pas, attendaient les ordres du capitaine Lassalle. — Les Kabyles ne voient point d'obstacles, ils s'avancent pleins de confiance, un d'eux trébuche en marchant sur un chasseur, en avant, crie le capitaine Lassalle, et les cent hommes sont debout, la décharge part à bout portant, la baïonnette poursuit les Kabyles. — L'effroi les saisit, ils fuient de toutes parts et disparaissent frappés de terreur.

Malgré les chaleurs et les fatigues sans cesse renaissantes, la colonne continua ses courses jusqu'au 18 juillet. Alors seulement sa mission fut remplie, et le général de Saint Arnaud, sur qui avait pesé la lourde responsabilité du commandement dans ces pays difficiles, put retourner à Constantine. Les troupes regagnaient en même temps leurs cantonnements, et après quelques jours de repos, elles allaient s'occuper de ces travaux utiles, qui toujours en Afrique, succèdent aux glorieux labeurs de la guerre.

Un soir, sous la tente du caïd Mohamed de la tribu des Harars, j'entendais un arabe du Sud raconter une histoire de guerre, où de braves gens mal commandés furent battus. Le conteur ajouta cette moralité : — Il vaut mieux une troupe de cerfs commandés par un lion, qu'une troupe de lions commandés par un cerf. — Quant à vous autres, reprit-il en se tournant vers nous, dans les temps qui viendront, lorsque les pères rappelleront aux enfants l'histoire de vos fantassins et de vos cavaliers en ces jours de lutte : — La victoire, diront-ils, suivait leurs pas. — Des lions conduisaient des troupes de lions.

FIN.

TABLE DES MATIÈRES.

La province d'Alger.
Le général Changarnier. — L'oued Foddah. — Le général Korte. — L'ouar-Senis... 1

Zouaves et Spahis.
Le colonel Cavaignac. — Blocus de Médéah............... 75

Le Dahra.
Le Bou-Maza. — Le lieutenant-colonel Canrobert.......... 119

Le Khamis des Beni-Ouragh.
La vie aux avant-postes. — Thomas Moore. — La Légion étrangère.. 163

Une campagne d'hiver.
Le général de Bourjolly. — Les Flittas. — Le colonel Tartas. Le maréchal Bugeaud.................................. 203

Le Sersou, le Sahara et le grand Désert. 251

La province d'Oran.
LE TELL.
Première partie.
Le général de Lamoricière. — Le général Mustapha. — Mascara. — L'hadj Ab-del-Kader. — Mostaganem........... 295

Deuxième partie.

Les prisonniers de Sidi-Brahim. — Le colonel Courby de Cognord. — Tlemcen. — Le général Bedeau. — Le général Cavaignac. — Djema. — Le colonel Mac-Mahon......... 361

L'expédition de Kabylie.

(MAI, JUIN, JUILLET 1851.)

Constantine. — Le général de Saint-Arnaud. — Le général Bosquet. — Le colonel Espinasse....................... 395

FIN DE LA TABLE.

CORBEIL, typographie de CRÉTÉ.

www.ingramcontent.com/pod-product-compliance
Lightning Source LLC
Chambersburg PA
CBHW071110230426
43666CB00009B/1903